中国企业管理研究会社会责任专业委员会

国家社会科学基金重点项目"互联网平台型企业社会责

合意的企业社会责任

Desirable Paradigms for Corporate Social Responsibility

肖红军 著

经济管理出版社

ECONOMY & MANAGEMENT PUBLISHING HOUSE

图书在版编目（CIP）数据

合意的企业社会责任/肖红军著. —北京：经济管理出版社，2019.4
ISBN 978 - 7 - 5096 - 6561 - 9

Ⅰ.①合…　Ⅱ.①肖…　Ⅲ.①企业责任—社会责任—研究—中国　Ⅳ.①F279.2

中国版本图书馆 CIP 数据核字（2019）第 075720 号

组稿编辑：申桂萍
责任编辑：赵亚荣
责任印制：黄章平
责任校对：张晓燕

出版发行：经济管理出版社
　　　　　（北京市海淀区北蜂窝 8 号中雅大厦 A 座 11 层　100038）
网　　　址：www. E - mp. com. cn
电　　　话：(010) 51915602
印　　　刷：三河市延风印装有限公司
经　　　销：新华书店
开　　　本：720mm×1000mm/16
印　　　张：25.25
字　　　数：468 千字
版　　　次：2019 年 4 月第 1 版　　2019 年 4 月第 1 次印刷
书　　　号：ISBN 978 - 7 - 5096 - 6561 - 9
定　　　价：88.00 元

前　言

　　经过百余年的激荡与革新，企业社会责任已经成为当今经济社会发展不可忽视的重要思潮和不可分离的核心元素，更成为新时代打造新型企业的新要求、新范式和新路径。然而，企业社会责任"一路走来"一直饱受争议，理论认知的偏差与行为实践的偏离共同引致企业社会责任悲观论的多次兴起，企业社会责任是否已死的拷问使得企业社会责任发展面临百余年来最大的危机。企业社会责任未来前行的"路在何方"，迷思的企业社会责任如何重新起航，已经成为社会各界必须回答的重大问题。企业社会责任发展出路的探寻要求我们首先需要反思：我们到底需要什么样的企业社会责任？现实中我们到底可以用什么样的方式实现企业社会责任？

　　长期以来，社会各界对企业社会责任一直秉持理想主义认识，企业社会责任被赋予"高大上"的神秘色彩，企业社会责任的功能被过度预期，企业实践与推进社会责任的标准和方式被理想化，结果是在企业社会责任缺失与异化现象频繁出现的现实面前，对企业社会责任的发展前景产生悲观情绪，企业在"伪装"或真实的努力尝试之后，也对企业社会责任丧失了基本信心。走出企业社会责任发展困境必然要求对此进行改变，从理想主义走向"合意性"（Desirability）。合意性强调现实可行、社会认可、各方满意，即不是最完美但适宜于现实企业、不是最优但易于被企业所接受、不是最彻底但具有可持续性、不是最理想但能够被社会所认可。合意的企业社会责任是满足底线、符合人性、匹配企业核心社会功能、契合社会理性、具有可持续性的负责任行为，是承认企业价值追求、依托企业商业化与市场化运行规律、能够易于被企业接受、可以获得社会认可的社会责任。合意的企业社会责任并不追求"完美的企业"，也不要求行使"上帝角色"的企业，更不希冀企业社会责任能够发挥万能功能。相反，合意的企业社会责任要求企业在商业运营中多一个责任维度和视角，以增进商业运营"微改进""微创新"，让商业运营更符合人性、更具价值性、更健康、更为社会所认可、更可持续。

　　合意的企业社会责任并不能自动实现，传统的理想主义范式设计在现实中也无法推广甚至难以实现，因此需要进行合意的企业社会责任实现范式创新。合意的范式应当具有情境性，不同情境的企业社会责任实现范式应当表现出异质性。正因如此，本书以走出企业社会责任发展困境为出发点，试图探寻合意的企业社会责任实现范式，对新工业革命情境下的责任共演范式、混合组织情境下的共益企业范式、社会化情境下的平台化履责范式、平台情境下的生态化治理范式、国有企业情境下的高质量发展范式、上市公司情境下的责任铁律范式、"一带一路"建设中的可持续发展范式进行了研究，希望通过社会责任实践范式与情境的匹配融合实现合意的企业社会责任。

本书在对合意的企业社会责任研究过程中，虽然总体上依据不同情境进行了结构安排，但不同情境之间并没有刻意追求关联，目的是希望对不同情境的社会责任实现范式进行相对独立的探寻，以便对特定情境的社会责任实现范式形成整体概念。根据研究的需要，本书既运用了理论推演方法，也嵌入了实证研究方法，涉及大量工作，研究过程中得到了诸多师长和朋友的指导与帮助，在此表示深深的谢意。

目　录

第一章　迷思与反思：以合意的范式创新走出企业社会责任困境 / 1

　本章概览 / 1

　第一节　企业社会责任悲观论的反思 / 2

　　一、企业社会责任悲观论的缘起与演进脉络 / 3

　　二、企业社会责任悲观论的类别及主要观点 / 6

　　三、企业社会责任悲观论的逻辑透视与批判 / 14

　　四、走出企业社会责任悲观论的建议 / 19

　第二节　企业社会责任寻租行为研究 / 26

　　一、企业社会责任寻租的概念及隐含前提 / 27

　　二、企业社会责任寻租的表现及后果 / 31

　　三、企业社会责任寻租的治理 / 36

第二章　责任共演：新工业革命情境下企业社会责任的合意转型 / 41

　本章概览 / 41

　第一节　工业革命与企业社会责任：共同演化的视角 / 42

　　一、工业革命与企业社会责任共同演进的逻辑 / 43

　　二、第一次工业革命与商人主导的企业社会责任 / 45

　　三、第二次工业革命与公司主导的企业社会责任 / 49

　　四、新工业革命与平台主导的企业社会责任发展 / 54

　　五、工业革命与企业社会责任共同演进的规律总结 / 61

　第二节　共享价值：商业生态圈与企业竞争范式转变 / 64

　　一、竞争环境：超竞争环境成为新常态 / 65

　　二、竞争理念：基于共享价值的竞合观成为新主流 / 68

　　三、竞争方式：生态圈竞争成为新潮流 / 70

　　四、竞争资源基础：战略性资源构成出现新变化 / 73

五、竞争能力基础：核心能力发展呈现新动态 / 76

六、竞争重点：订单赢得因素发生新转移 / 78

第三章 共益企业：合意的企业社会责任组织范式 / 81

本章概览 / 81

第一节 共益企业产生背景：理论认知与实践范式亟须双重突破 / 83

一、共益企业背后的理论渊源 / 84

二、企业社会责任的正当性解释 / 86

三、企业社会责任实践范式演变规律 / 88

四、企业社会责任实践范式亟待转型 / 90

第二节 共益企业概念解构：多维透视与类别归属 / 92

一、共益企业的重新界定 / 92

二、共益企业的多维透视 / 94

三、共益企业的类别归属 / 95

四、共益企业成长的影响因素 / 99

第三节 共益企业的合意性：内生型企业社会责任实践的组织范式 / 103

一、合意的使命建构：均衡型企业使命催生实践
社会责任的内生性动力 / 104

二、合意的企业家精神：共益型企业家展现强烈的责任领导力 / 105

三、合意的运行逻辑：多重制度逻辑的融合共生塑造
履责行为的新导向 / 106

四、合意的商业模式：构建可持续的价值共创共享商业生态圈 / 107

五、合意的治理主体：更加充分发挥企业社会责任的
社会治理功能 / 108

第四节 共益企业的健康成长：固有魔咒与内生难题的突破 / 110

一、共益企业的运行构面：与组织使命的匹配性 / 110

二、共益企业的固有魔咒：对问题的批判性反思 / 114

三、共益企业的可持续成长：困境突破与实现路径 / 116

第四章 平台化履责：合意的企业社会责任实践范式 / 121

本章概览 / 121

第一节 平台化履责对传统履责范式的超越 / 123

一、企业履行社会责任范式的新划分 / 123

二、平台化履责与传统履责范式的多维度比较 / 125

第二节　平台化履责范式的运作机理／128

　　一、前提条件：四个前置性问题与四层次假说／128

　　二、演化目标：打造可持续的社会责任生态圈／131

　　三、核心机制：基于履责平台网络演进的动态调适／132

第三节　企业实施平台化履责的战略选择／135

　　一、战略决策：平台化履责的多因素情境选择模型／135

　　二、战略模式：基于"平台基础—实现方式"的六种战略／139

　　三、促进企业实施平台化履责的对策建议／143

第五章　生态化治理：平台型企业社会责任的合意治理范式／147

本章概览／147

第一节　内容边界再界定：平台型企业社会责任治理的逻辑起点／149

　　一、平台型企业社会责任的复杂性与特殊性／150

　　二、平台型企业社会责任内容边界的界定逻辑／152

　　三、平台型企业三个层次社会责任的内容边界／154

第二节　治理错位与失效：社会责任传统治理范式与平台情境的冲突／160

　　一、点对点的原子式社会责任治理／160

　　二、传导式的线性化社会责任治理／164

　　三、联动型的集群式社会责任治理／166

第三节　生态化治理：平台型企业社会责任治理的新范式／169

　　一、平台情境呼唤社会责任生态化治理／169

　　二、平台型企业社会责任生态化治理的范式解构／172

第四节　治理机制共演：平台型企业社会责任生态化治理的动态实现／177

　　一、主要生态位的社会责任自组织机制／177

　　二、扩展与主要生态位的责任共演机制／182

第六章　高质量发展：国有企业社会责任的合意实现范式／185

本章概览／185

第一节　国有企业社会责任的发展与演进／186

　　一、国有企业社会责任发展与演进的总体脉络／186

　　二、不完全企业下的责任错位阶段（1978～1993年）／191

　　三、真正意义企业下的责任弱化阶段（1994～2005年）／195

　　四、现代意义企业下的责任重塑阶段（2006～2013年）／199

　　五、企业新定位下的责任创新阶段（2014年至今）／205

　　六、国有企业社会责任发展与演进的规律特征 / 210

　第二节　论国有企业高质量发展 / 214

　　一、对企业高质量发展的理解 / 215

　　二、国有企业高质量发展的特殊性 / 222

　　三、国有企业高质量发展的应然性 / 229

　　四、国有企业高质量发展的实现性 / 237

第七章　责任铁律：上市公司合意的社会责任行为探寻 / 244

　本章概览 / 244

　第一节　外延式边界扩张的企业社会责任增进效应研究 / 245

　　一、理论分析与研究假设 / 247

　　二、研究设计 / 253

　　三、实证结果与分析 / 257

　　四、稳健性检验 / 268

　　五、研究结论与相关建议 / 275

　第二节　社会责任披露对股价崩盘风险的影响研究 / 279

　　一、理论分析与研究假设 / 279

　　二、研究设计 / 284

　　三、实证结果与分析 / 290

　　四、会计稳健性的传导机理 / 294

　　五、内生性控制与稳健性检验 / 295

　　六、研究结论与政策建议 / 299

第八章　可持续发展："一带一路"建设的合意推进范式 / 301

　本章概览 / 301

　第一节　社会责任规制会抑制企业对外直接投资吗 / 302

　　一、理论与模型 / 303

　　二、样本、变量与数据 / 307

　　三、实证结果与分析 / 309

　　四、社会责任规制与 FDI 产业结构 / 314

　　五、主要结论与启示 / 317

　第二节　"一带一路"倡议与可持续发展：来自沿线国家的证据 / 318

　　一、可持续发展的理论基础 / 318

　　二、"一带一路"沿线国家可持续发展现状 / 323

三、"一带一路"现有政策回顾及效果评估／326

四、"一带一路"倡议对可持续发展的影响分析／330

五、"一带一路"政策效应评估结论与对策建议／338

参考文献／344

第一章 迷思与反思：以合意的范式创新
走出企业社会责任困境

本章概览

　　自从 20 世纪 Clark（1916）首次提出企业社会责任思想以来，企业社会责任在蓬勃的发展和喧嚣的质疑声中走过了百年。虽然越来越多的企业、消费者、社会组织和政府意识到企业履行社会责任的重要性，但对于企业社会责任存在的合理性、企业社会责任的未来发展方向等问题，从学界到政界、从商业领域到社会领域一直以来争论不休。尤其是从 2006 年开始，伴随着中东危机、全球变暖、全球金融危机等经济社会发展环境的恶化，有关企业"社会责任是否已经死了"的争论开始在媒体、学界、社会组织中发酵，企业社会责任悲观论愈演愈烈。新古典经济学家、诺贝尔经济学奖获得者 Friedman（1970）曾经提出的"企业的社会责任就是尽可能地盈利"的观点，成为企业社会责任悲观论者追捧的理论基石，仿佛要将企业社会责任走过的百年之路一否到底。Ellis 等（2010）应用语言学分析手段，对 *Business Week*、*The Economist*、*Financial Times*、*Ethical Corporation*、*Accountancy Age* 等颇具影响力的报纸杂志于 2008 年 7 月至 2009 年 8 月发表的所有文章进行了实证研究，结果显示，金融危机以来，媒体正在越来越多地对企业社会责任死亡学说进行报道，而学界对企业社会责任的讨论热点也倒退回了对社会责任定义的争辩。Fleming 等（2010）声称"企业社会责任从未开始"；经济合作与发展组织（OECD）Responsible Business Conduct 主席曾在 2016 年的会议中公开明确表示企业社会责任已死（Suicide）；甚至一些对企业展开的案例研究结果也表明，企业和非政府组织正在越来越消极地对待社会责任，并且预测社会责任将会在 2015 年濒临死亡（Moribund）。整个社会正在渲染着"企业社会责任将死"的悲观氛围，好像 White（2005）对社会责任未来发展的情景预测正在变为现实：后金融危机时代，企业社会责任会进入"不断消退"模式。

在此背景下，本章通过梳理企业社会责任发展的百年历史，对企业社会责任悲观论的缘起和规律进行探索，并对当前较为流行的企业社会责任悲观论进行了不同维度的归纳和逻辑剖析。针对企业社会责任悲观论存在的理论和逻辑谬误，本章构建了走出企业社会责任悲观论的逻辑框架，并提出了企业社会责任远离悲观论的两个建议，即加速推进企业社会责任领域形成共识及构建健康可持续的企业社会责任生态圈。

同时本章指出，企业社会责任发展正呈现出前所未有的"悖论"，企业社会责任运动蓬勃深入开展与企业社会责任异化现象大量涌现并交织在一起，其中企业社会责任寻租行为与现象的不断出现，正在成为阻碍企业社会责任持续健康发展的重要因素。在社会大众对企业社会责任的偏好前提下，企业社会责任领域的模糊性，为企业以社会责任的名义向公权力、公信力和垄断力寻租提供了可能，并导致了严重的经济社会后果。本章创新性地对企业社会责任寻租概念、特征、前提假设、租金来源和影响后果进行了系统研究，构建了以企业、权力主体和终端决策者为主体的社会网络治理框架，明确了基于偏好治理的企业社会责任寻租治理原则，并针对性地提出了企业社会责任寻租治理的具体建议，包括对企业社会责任行为的非理性结果进行纠正、对设租主体的行为进行治理，以及对企业社会责任行为的评价进行标准化。

第一节　企业社会责任悲观论的反思

企业社会责任真的会死吗？这个问题成为企业社会责任经历百年风雨后不得不正视的问题。尽管越来越多的企业社会责任研究者、践行者、传播者开始站出来为企业社会责任的未来进行辩护，但甚少有人对"企业社会责任是否会死"的缘起进行审视，也很少有人对企业社会责任悲观论进行系统的概括和理论剖析，更缺乏对企业社会责任悲观论的深刻反思。本书认为，之所以"企业社会责任已死"的论断大行其道，是因为随着经济社会环境的不断变化，企业社会责任实践面临新的挑战，难免出现不健康或异化行为，从而导致悲观论者对企业社会责任的未来发展持悲观态度。因此，本节从企业社会责任实践的历史发展规律和现状出发，对企业社会责任悲观论进行理论溯源和逻辑透视，并对如何走出企业社会责任悲观论提出可行的对策和建议。①

---

① 本节核心内容发表于：肖红军，张哲. 企业社会责任悲观论的反思 [J]. 管理学报，2017（5）.

一、企业社会责任悲观论的缘起与演进脉络

早在 20 世纪 30 ~ 60 年代，社会责任领域就已开展过两次著名的社会责任思想大论战。但在对企业社会责任思想进行质疑的声音中，最为有力的仍数 Friedman（1970）"企业的社会责任就是尽可能地盈利"的观点。自此之后，伴随着企业理论、管理理论、企业—社会理论（Business Society Theory）等多个理论领域的发展，企业社会责任悲观论开始不时出现，并呈现出图 1 - 1 所示的规律。

1. 20 世纪 70 年代社会自由主义与企业社会责任悲观论

1970 年之前，企业管理以股东的利益最大化为目标，政府的经济政策奉行凯恩斯主义，直到 1970 年出现金融危机，Friedman（1970）提出："私人企业的唯一责任就是最大化企业的经济利润，并为公司股东负责。"这在当时的学术界得到了广泛的支持。芝加哥学派还在此基础上形成了企业代理理论，将企业社会责任划归为非生产性活动（Unproductive Activity），并且认为企业不履行社会责任能够有效地防止作为代理人的经理人将企业的利润用于非生产性活动，从而确保企业实现经济利润的最大化和效率最大化（Fama 和 Jensen，1983；Fama，1980；Jensen 和 Meckling，1976）。芝加哥学派的理论学说对当时的企业管理实践产生了重大的影响，很多企业根据财务金融理论、代理理论修改了企业的管理构架。到 1979 年和 1980 年撒切尔夫人和里根执政时期，政府开始实施放松管制的公共政策，Friedman 作为两位领导人的经济顾问，其思想得到了更多的社会认可（Frazer，1982）。有些大企业如通用电气甚至公开宣称 Friedman 的思想可以适用于大部分的企业，并且认为"大部分情况下，企业对社会不具有其他责任"（Kemper 和 Martain，2010）。彼时，社会责任实践中掀起了反企业社会运动（Anti - Corporate Social Movement）（Hambrick 和 Chen，2008），这是第一次企业社会责任悲观氛围的大行其道。

此后的很长时间内，很多企业以利益最大化为目标、以股东责任为唯一责任的公司管理战略并没有实现企业利润的最大化。与此同时，社会期望（Social Expectation）、谨慎管理（Managerial Discretion）逐渐流行起来，社会契约理论（Social Contract Theory）、社会责任金字塔理论（Carrol，1979）等不断丰富完善，很多有关企业社会责任与财务绩效关系的研究成果论证了企业社会责任与财务绩效之间的正相关关系。如 Sethi（1975）在 Fama 有关有效市场理论假设的基础上证明了企业的财务绩效应该能够反映或"标价"（PriceIn）社会绩效；Spicer（1978）以 Fama 理论证明了企业社会绩效与财务绩效存在正相关关系。在这些积极的研究成果基础上，企业社会责任的社会认可度开始提升。

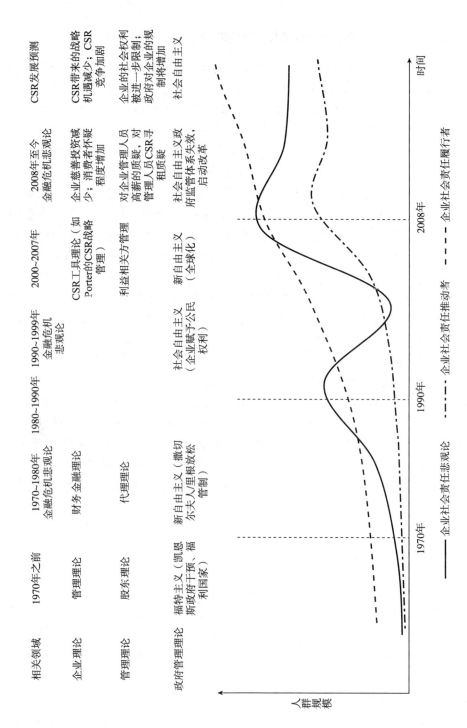

图 1-1 企业社会责任观论演进的历程

---- 企业社会责任悲观论　　---- 企业社会责任推动者　　---- 企业社会责任履行者

2. 20 世纪 90 年代企业社会责任模糊性与企业社会责任悲观论

在 1990 年金融危机后，政府管制加强，世界各国有关企业社会责任的非政府组织（NGO）或社会组织快速发展。尤其在联合国 1992 年召开联合国环境与发展会议后，可持续发展思想开始流行，企业社会责任也迎来了大发展。从 Kinderman（2013）对欧盟国家企业社会责任组织数量的统计来看，从 1994 年开始企业社会责任组织的数量出现了急速增长，加入企业社会责任组织的企业成员数量也不断增加。

然而，由于企业社会责任的内在模糊性（Inherent Ambiguity）（Kinderman 和 Martin，2010），企业社会责任制度和实践开始呈现出多样性，甚至还一度出现了倒退。Kinderman（2013）通过梳理欧洲社会责任发展历史发现，尽管在国际组织推动下，西方国家形成了诸多社会责任制度和政策，如 EU CSR（Social Exclusion Agenda）、EBNSC（European Business Network for Social Cohension），但由于企业社会责任内生的模糊性，不同国家、不同产业对企业社会责任的理解和实践开始出现分化。在当时政府规制增强的社会自由主义环境下，社会责任制度以统一性为特征，但越来越多的企业希望能够自主界定企业社会责任（Kinderman，2013），导致很多企业开始利用企业社会责任的模糊性来实现自主界定社会责任的目的，并且财务绩效再次成为声称践行社会责任企业的决策要件。这导致出现越来越多的社会责任异化现象，如漂绿行为、漂白行为、社会责任丑闻，结果导致企业社会责任组织中的企业成员数量下降（Kinderman，2013）：从欧洲劳动就业率的预期变化数据可以看出，企业为社会事业所做的贡献越来越少。至此，企业社会责任再次陷入衰退危险中，悲观论再次出现。例如 Roberts（2003）提出，由于企业社会责任实践中出现的双重标准，加上社会责任绩效评价往往通过"口口相传"，这最终并不能真正带来社会改进，所以作者提出"企业社会责任其实是一种退步"，将会被企业所抛弃。

3. 2008 年金融危机与企业社会责任悲观论

进入 21 世纪以来，尽管企业社会责任组织规模不断扩大（Kinderman，2013），社会对企业履行社会责任的预期持续上升，但企业社会责任的实践却差强人意。依据 GlobeScan（2009）对全球八个企业社会责任发展较快国家的相关数据分析，2008 年之后，社会对企业社会责任的预期值在缓慢增加（2001 年为 45 左右，2009 年为 51），但产业的社会责任绩效却在不断下降：从 2001 年略高于 0 的水平下降为 2009 年的 −18。一方面，企业社会责任绩效与大众预期背离程度加大，企业社会责任异化现象愈加泛滥；另一方面，随着新自由主义下经济全球化的发展，跨国企业在发展中国家市场中的不负责任行为、伪社会责任行为等使社会大众对企业社会责任行为的怀疑程度加深。基于此，企业社会责任悲观论又有卷土重来之势，媒体、学者对企业社会责任的负面评论越来越多。尤其在2008 年金融危机后，企业社会责任悲观论的呼声越来越高，很多企业降低了社会责任预算，有些直接声称将暂停社会责任行为（Ellis 等，2010；Fleming，2010；Martain 等，2010）；越来越多的企业退出了企业社会责任组织，NGO 也渐渐感到推进企业社会责任过程中的艰难；学术领域以 Friedman 理论为代表的社会责任否定论卷土重来，对企业社会责任的理论探讨甚至退回到"定义辨析"的层面；甚至媒体上一度出现了"企业社会责任已死"的论断，企业社会责任悲观论再次以更加强势的姿态出现在大众视野。

二、企业社会责任悲观论的类别及主要观点

通过对不同人群、不同立场、不同依据的企业社会责任悲观论断进行梳理，可将企业社会责任悲观论概括为三类：第一类是以企业社会责任现象为依据预测未来企业社会责任会死亡的"企业社会责任现象悲观预测论"；第二类是以学者为代表，依据对企业社会责任理论认知不同而产生的"企业社会责任认知推理悲观论"；第三类是随着履行社会责任的环境变化，越来越多不利于企业社会责任发展的环境因素对企业社会责任造成冲击而产生的"基于环境的悲观决定论"。

1. 基于现象的悲观预测论

纵观企业社会责任悲观论的缘起和演进，从最初以理论框架争辩为悲观论依据到当前以企业社会责任乱象为悲观论依据，占据舆论主流和最广为人知的是基于现象的悲观预测论。该种悲观论者大多是基于当前企业社会责任的不同实践行为，尤其以广泛存在的社会责任重大缺失事件、伪社会责任现象、社会责任异化现象为依据，从而预测未来企业社会责任发展前景悲观。以企业社会责任现象为依据的悲观预测观点往往通过舆论、媒体等发出，传播速度快、传播人群广，是当前企业社会责任悲观论中最深入人心的观点。

（1）重大社会责任缺失事件频发。进入 21 世纪以来，在新自由主义环境下，随着大众对企业社会责任预期的不断提升，企业被赋予越来越多的公民权利，对社会责任的重视程度不断提升。但是，随着媒体对重大企业社会责任缺失事件的曝光力度越来越大，很多具有良好企业形象的知名企业被爆出社会责任丑闻事件，致使很多人开始对企业社会责任产生质疑。一方面，社会大众开始对某些企业的正常经营行为提出不履行社会责任的质疑。比如，根据 Kemper 和 Martain（2010）的阐述，金融危机以后，美国国际集团（AIG）在寻求美国议会 150 亿美元救助的同时，但在此后还解雇了大量员工，并花费 1.25 亿美元赞助曼彻斯特球队联队。很多公众质疑政府对 AIG 救助决策的不合理，也有人认为 AIG 拿纳税人的钱不履行社会责任而投资球队是对公共资金的浪费。另一方面，社会大

众对某些行业整体的企业社会责任产生了不信任，造成了某些行业整体陷入对社会不负责任的泥淖。社会责任缺失事件频发的企业往往具有一定的行业集中性，比如大量的食品药品零售行业企业、日用品零售行业，由此引发了人们对食品药品行业社会责任消亡的担忧，费显政（2010）称之为"企业社会责任的溢出效应"。金融危机之后，社会大众对金融行业的社会责任也产生了悲观论断。很多人认为金融行业一方面享受公共资金的救助和补贴，另一方面员工享有高额的奖金或分红，但没有履行其企业社会责任，这在美国引起了公愤，并将金融业的奖金制度视为"昭然若揭的丑闻"。

基于此，重大社会责任缺失事件频发下的企业社会责任前景悲观论者认为，社会责任缺失事件频发增大了社会大众对企业社会责任行为的怀疑程度和谨慎程度，从而对越来越多的企业社会责任行为产生悲观预测。

（2）伪社会责任泛滥。随着金融危机的爆发和社会自由主义的回归，政府管制逐渐替代企业自治。越来越多的企业规制出台后，很多企业利用社会责任的内在模糊性从事伪社会责任行为，即以社会责任之名不行社会责任之实，如道德伪善、社会责任商业作秀、夸大性公益营销、"漂绿、漂白、漂红"等（肖红军等，2013）。一方面，企业伪社会责任的泛滥导致真正履责企业的履责动力大大降低，很多企业悲观地判断企业社会责任将会被成本低、绩效高的伪社会责任行为所取代，甚至有些企业转而"同流合污"，产生了"柠檬市场"效应。由于企业伪社会责任的隐蔽性，在信息不对称的情况下，行使伪社会责任行为的企业往往能以较低的社会责任成本获得与履行真实社会责任企业一样的消费者美誉度或忠诚度，甚至同等的市场份额增加等经济回报，从而扭曲了社会责任的激励回报机制，让很多真正履责的企业丧失了履责动力，在一定程度上驱逐了真实的企业社会责任。另一方面，企业伪社会责任行为增加了社会大众对企业社会责任行为的怀疑程度。在无法明辨"黑白"的情况下，越来越多的人认为真正的企业社会责任正在消亡。随着新闻媒体对企业社会责任丑闻事件的评选和曝光，漂绿榜、漂白榜也相继出台，企业社会责任整体正在被贴上"伪善"的标签，有媒体2009年报道称，有些贴着绿色产品标签的产品甚至被消费者认为是"欺诈"（Frauds）（Lim等，2013）。

因此，在伪社会责任泛滥的环境下，社会大众对企业社会责任的"怀疑主义"就是企业社会责任悲观论者的有力论据。正因如此，伪社会责任泛滥社会责任前景悲观论者认为，伪社会责任正在将真正的企业社会责任"逐出市场"，未来企业社会责任将不复存在，取而代之的将会是伪企业社会责任。

（3）社会责任异化普遍。企业社会责任异化现象是指企业在履行社会责任时，仅对社会的某些方面、某些维度"负责任"，但从全社会整体而言其结果却是不负责任的。在信息不对称的环境下，企业社会责任的异化行为往往会被误解为企业社会责任行为，实则并未产生真正的社会绩效。在模糊的企业社会责任界定和统一的企业社会责任规制环境下，社会责任异化悲观论者认为，随着诸如社会责任议题论、社会责任道德竞赛论等在社会责任实践中不断泛滥，企业履行社会责任将陷入道德高地陷阱，从而将企业的社会责任与企业核心业务脱离，变为纯粹的道德竞赛。届时，企业社会责任异化的泛滥将会把社会责任带离其本质，不再是解决企业运营中面临的社会问题，而变成免于"社会责任风险"的工具，社会责任的初衷又回到了"利己"而非"利人"，从而真正的社会责任也就不复存在了。

从具体表现来看，一方面，企业偏颇地选择某一"议题"来履行社会责任，并对外标榜负责任的形象，不但能够实现社会责任合规，而且迎合了大众的社会责任预期，从而社会责任异化现象受到很多企业的追捧。但是，它们却可能在一些基础"议题"上并不负责任，甚至企业的整体经营行为对社会产生了负面效果。随着媒体对企业社会责任异化行为曝光率的增加，越来越多的人认为企业履行社会责任往往"以偏概全"，这引发了大众对企业社会责任的悲观预期。例如，星巴克的社会责任战略一直以注重员工福利而广受赞誉，但是 2008 年却被曝出一天浪费百吨水等有关生产的丑闻，引发了人们对其社会责任行为的广泛质疑。另一方面，企业履行社会责任脱离核心业务的现象越来越严重，甚至正在演化为道德竞赛，出现了道德绑架。很多企业、媒体、大众认为企业社会责任就是捐赠、慈善，一味强调企业的道德责任，例如，5·12 汶川地震中，捐赠少的企业被网民列入"铁公鸡榜"。同时，由于企业社会责任的同伴效应（Peer Effect）（Liu 等，2016），竞争对手之间的道德竞赛也愈演愈烈。这些导致很多企业被迫通过慈善捐赠等来规避企业社会责任风险，但贫困、饥饿等非但没有减少反而有恶化趋势（Fleming 等，2010；Kemper 和 Martin，2010），导致很多企业对企业社会责任的社会绩效持怀疑态度，悲观地认为企业社会责任已无法解决社会问题，并迟早会走向衰亡。

（4）社会责任推进困难。企业社会责任悲观论者中很大部分是企业社会责任的推进者，包括政府、社会组织（国际社会责任组织、NGO、行业协会），以及一些具有市场影响力的大企业。无论是企业社会责任推进组织还是企业、个人，它们越来越感到推进企业履行社会责任的难度在增加，它们对企业的社会责任行为的影响力有所削弱，甚至面临着被边缘化的风险，对企业社会责任的发展前景也感到悲观。

对于企业社会责任组织而言，它们目前正在面临着艰难的社会责任推进压力。从 Kinderman（2013）对欧洲各国企业社会责任组织数量及成员企业数量的变化趋势来看，2006 年以来，企业社会责任组织的数量大幅上涨，但组织内的企业成员数量却出现了下降趋势，这让很多企业社会责任组织对企业社会责任发展的前景产生了悲观的态度。例如，在 2007 年欧盟议会召开的欧洲多利益相关方论坛（European Multi‑Stakeholder Forum）中，对企业社会责任是否应该自愿或进行统一规制进行的投票引发了 NGO 的集体抵制和示威。金融危机之后，尽管社会组织的数量出现了积极的增长，但很多国际组织的悲观观点仍在持续。例如，CSR Europe 的前执行董事 Kerstin Born 在 2012 年接受访谈时表示，很多国际合作组织无法阻止组织内企业成员的退出，并提出了"企业社会责任是否失败了"的疑问，甚至对企业社会责任的概念产生了怀疑；OECD Responsible Business Conduct 主席在 2016 年曾明确公开表示企业社会责任已死。

对于政府而言，尤其是在 2008 年金融危机之后，欧美等国政府在企业社会责任的规制和自由度上加强了管制，表现出明显的悲观态度。这些国家的政府管制开始从新自由主义转向社会自由主义，以防范金融危机再次发生。很多企业社会责任的实践者及推动者开始对通过企业解决社会问题不再抱有信心，转而寻求政府对社会问题的干预（Norris，2009）。

对于企业社会责任的践行企业而言，社会责任推进吃力和企业经营者的冷漠态度导致企业社会责任悲观氛围浓重。一方面，全球化发展的大型跨国企业在推进供应商履行社会责任方面总感到事与愿违，如耐克、苹果等在发展中国家的工厂不时被曝出供应商血汗工厂等侵害劳动权利的社会不责任行为。另一方面，受金融危机影响，很多企业对社会责任的态度变得冷漠，如 Booz 和 Co.（2008）对 828 名企业高管金融危机时期的社会责任规划进行了调研，40% 表示会暂停社会责任行为；CIES（2009）对跨国食品企业的调研证实它们将会下调社会责任在企业战略中的优先级。对于企业中的社会责任从业者，他们在企业中往往处于被边缘化的弱势地位，对于在企业中推动社会责任理念落地感到十分乏力，因此对企业社会责任发展前景也感到十分沮丧。

2. 基于认知的悲观推理论

企业社会责任自问世至今始终是个极富争议性的话题（沈洪涛和沈艺峰，2007），而对企业社会责任认知长期存在的巨大分歧是很多学者或企业家对企业社会责任发展前景持悲观态度的重要根源。他们看到了企业社会责任认知领域的复杂性和多样性，认为这些正在导致企业社会责任实践的无所适从，更有部分学者对企业社会责任认知存在理论逻辑上的偏颇，导致企业社会责任认知悲观论在企业社会责任发展历史上持续存在。

（1）概念边界模糊。很多学者认为企业社会责任概念边界模糊是难以解决的，这导致企业社会责任概念天然存在多样性，例如，在 1980～2003 年出现的企业社会责任概念已有 37 种之多（Dahlsrud，2006）。而多样性会导致社会责任异化、伪社会责任，这是很多企业社会责任悲观论者的逻辑。

一种观点认为，企业社会责任是一个有争议、模糊且多维度的概念，这意味着在不同国家、对不同的人，社会责任具有不同的含义。这种社会责任概念的模糊性导致了欧洲社会责任制度的多样化，并已经阻碍了社会责任的发展（Abbott，1997；Fairbrass，2011；Kinderman，2012）。Kinderman 等（2013）研究发现，欧洲的商业组织 BusinessEurope 和社会责任组织 CSREurop 就企业社会责任应该自愿履行还是被统一规制进行了旷日持久的争辩，两种观点随着经济社会管制环境的变化而此消彼长，导致了企业社会责任在欧洲行进缓慢甚至出现了退化。另一种观点认为，企业社会责任的内在模糊性导致企业社会责任概念的异质性（Heterogeneity），甚至出现了一些偏颇的（Biased）企业社会责任概念界定（Berger 和 Luckmann，1966；Van Marrewijk，2003；Dahlsrud，2006），并被不同利益集团作为为自己谋取利益的手段（Dahlsrud，2006；Blowfield 等，2008）。虽然经济合作与发展组织（OECD）等国际组织就企业社会责任的概念进行了较为公正的界定，却并没有得到企业的广泛认同和推广。这直接导致了企业社会责任实践中有很多的社会责任概念被滥用，例如很多企业依据经济环境和企业战略的变动，对企业社会责任的概念表述进行弹性（Flexibility）修改，使企业社会责任概念在模糊框架下成为很多企业谋利的工具（Blowfield 等，2008；Fleming，2010）。这种由企业社会责任定义模糊所引发的社会责任制度与标准的多样性，会最终导致企业社会责任实践中对多样的制度和标准感到无所适从，从而出现大量的伪社会责任、社会责任异化、道德竞赛行为，并最终将真正的企业社会责任冲淡甚至逐出市场。

事实证明，悲观者的担忧不无根据。尽管 NGO、政府等通过不断出台社会责任的规制、标准等来试图降低企业社会责任的模糊性，但实践证明收效甚微，企业社会责任绩效差强人意，社会责任异化现象、伪社会责任现象依旧泛滥，导致很多学者认为企业社会责任的内在模糊性难以解决，最终将导致企业社会责任的死亡。

（2）本质认知错位。企业社会责任本质是学者们一直在探索的课题，也是影响企业社会责任发展方向的核心问题。长期以来，学者们对企业社会责任本质的认知形成了多样甚至对立的观点，而其中许多偏颇的认知因为迎合了众多利益集团的需要而被广泛采纳。这不但导致很多人依据企业社会责任本质的偏颇认知推理出企业社会责任发展的悲观前景，而且错误认知指导下的错误企业社会责任实践更是导致更大范围群体对企业社会责任发展前景的悲观预测。

企业社会责任本质认知错位的代表性观点包括"赚钱论""工具论"和"公

共物品论"，它们均从理论逻辑上推论出企业社会责任发展的悲观结果。以Friedman（1970）为代表的"赚钱论"导致众多的追随者认为企业社会责任本质上就是尽可能地赚钱，因此基于其他责任内容的社会责任必然没有存在的必要，企业社会责任最终将走向衰亡。金融危机以来大行其道的"工具论"认为社会责任是企业获取财务价值的工具，与"赚钱论"如出一辙，也是对企业社会责任行为社会功能的否认。例如，企业社会责任竞争工具论认为，企业履行社会责任的目的是要获取竞争优势；企业社会责任声誉工具论认为，企业履行社会责任是为了提升企业声誉和公众形象，进而为企业带来盈利。因此，"工具论"本质上仅仅是将企业社会责任看作营销工具、管理工具或获得竞争优势的工具，最终是要通过履行社会责任为企业带来市场份额的增加、消费者忠诚度或美誉度的提高，并最终形成为企业财务报表上的绩效和盈利。尽管它们也认可企业通过履行社会责任可以实现社会总体福利的提升，但这并非它们履行社会责任的重要考量。虽然企业社会责任的工具属性能够增进企业履行社会责任的动力，但同样也容易导致企业履行社会责任的行为表面化、空洞化甚至表演化，长此以往企业社会责任必将失去存在的价值，也会丧失生命力。"公共物品论"认为，企业社会责任的实质是一种公共物品。根据公共物品理论，公共物品如果由私人部门提供，会因为"免费乘车者"造成公共物品供给不足，甚至出现"公地悲剧"，进而论证了企业履行社会责任最终会走向失败。或者有较为乐观的学者认为，当政府或公共部门对履行社会责任的企业予以一定程度的补偿或给予一定的激励时，能够实现企业对社会责任的主动履行（王永宁，2011）。但是，公共物品论的本质是将企业社会责任视为非竞争、非排他的公共物品，这不免让很多学者对企业社会责任未来出现"公地悲剧"产生担忧。

（3）正当性难以获证。企业社会责任绩效与经济绩效之间的关系研究一直是企业社会责任研究领域的热门话题。然而，几十年过去了，有关企业社会责任与经济绩效之间的实证研究成果层出不穷，但对于企业社会责任是否与企业经济绩效之间存在正相关关系却一直无法获证。有学者直接利用计量经济分析方法对企业的财务绩效与社会责任绩效进行相关性分析，依据研究对象的不同，一种观点认为企业社会责任与企业经济绩效之间呈正相关关系，另一种观点则通过实证研究结果证实企业社会责任绩效与企业经济绩效之间没有相关关系，甚至存在负相关关系。例如，Bhattacharya 和 Sankar（2004）的实证研究发现，尽管财富500强的80%都关注企业社会责任，但是企业社会责任动机与实际的消费者购买模式之间并不存在相关关系。企业消费者也不愿意支付更多的钱来购买社会责任企业的产品（Wicks 等，2010）。这让很多企业担忧履行社会责任并不一定有助于实现企业的经济利润，从而没有实施社会责任战略的动力，进而认为没有经济助力的企业社会责任是企业的负担，最终将会被企业所摒弃。

3. 基于环境的悲观决定论

企业社会责任发展是与经济社会环境共同演化的，它受到经济发展周期和社会发展阶段的影响。正因如此，基于环境的悲观决定论者认为，企业社会责任的发展在很大程度上甚至完全取决于外部环境条件，当外部经济社会发展环境出现恶化或者企业社会责任发展所需的外部条件不成熟时，他们就会对企业社会责任的未来发展产生悲观看法。

（1）金融危机冲击。从上文的梳理可以看出，企业社会责任悲观论往往发生在经济危机等经济社会环境出现重大变化的时期，而有关企业社会责任倒退的文献中，金融危机冲击论者占大多数，这是企业社会责任悲观论近年来大行其道的主要原因之一。

有些金融危机冲击社会责任前景悲观论者认为，金融危机会降低企业履行社会责任的能力和资金预算，从而会在金融危机或经济衰退时期，企业社会责任陷入停滞或消亡。例如，Ellis（2011）认为，在金融危机时期或经济衰退时期，企业寻求金融资本的难度增加，企业运转的流动性缩紧，企业会以安然渡过金融危机为决策第一要义。为了抵抗不确定性风险，企业会尽可能增加流动性而缩减开支，从而有很大可能企业会削减社会责任成本，企业社会责任战略会偏向紧缩（Saving）；Booz 和 Co.（2008）对 828 名企业高管的访谈中，40% 表示会在危机时期暂停社会责任活动；CIES（2009）对跨国食品企业的调研中，很多企业表示会下调企业社会责任的战略优先级；Kinderman（2013）对欧美各国企业社会责任组织成员数量的统计数据变化也印证了企业在危机时期对社会责任的消极态度。还有一些金融危机冲击社会责任前景悲观论者认为，危机往往会伴随着政府对市场规制程度的增加，从而加大对企业社会功能的限制，导致很多人产生企业社会责任失败的错误判断。例如，Kemper 和 Martin（2010）指出，金融危机时期，政府会倾向于通过援助政策等来帮助企业渡过危机，从而政府对市场的管制程度也会增加，导致企业的自我规制被政府规制所代替，企业作为社会问题的解决者，其角色作用将会被政府替代。

（2）固有制度缺陷。很多学者通过理论演绎认为，不同的企业社会责任制度环境下，企业主动履行社会责任的可能性不同。制度缺陷导致社会责任前景悲观论者认为，由于企业社会责任制度的多样性、制度激励的不合理以及制度供给的不足，无法对企业社会责任的模糊性、溢出性进行修正，将会导致企业社会责任群体行为的非理性，并最终走向失败。一方面，企业社会责任制度不但没有消除社会责任的模糊性，反而在社会责任模糊定义下形成了社会责任制度的多样性以及多样性制度下的实践标准多样性，这导致企业社会责任实践中乱象丛生，让很多人对企业社会责任的发展前景感到悲观。另一方面，企业社会责任制度统一性与企业社会责任的自愿履行原则有所冲突，这限制了企业社会责任制度的约束力，并导致企业社会责任行为的偏离。悲观者认为，群体社会责任行为的偏离会最终导致社会责任的失败。根据 Kemper 和 Martain（2010）以及 Kinderman（2013）的研究，推行企业社会责任的 NGO 致力于通过统一的企业社会责任制度来解决社会责任的模糊性，但企业或商业组织则认为社会责任应该在自愿而非规制的基础上进行。因此，尽管很多组织建立了统一的社会责任标准体系或社会责任法律法规制度，但企业更倾向于自由决定企业社会责任策略和行为，从而产生了大量社会责任异化、伪社会责任等现象，引发了 NGO 等社会责任组织对企业社会责任前景的悲观判断。此外，目前由于企业社会责任制度化的社会辅助体系发育不完善，导致企业社会责任推进主体如 NGO、社会组织感到企业社会责任前进乏力，表现出对企业社会责任未来发展的悲观态度。适宜的企业社会责任制度需要 NGO、社会组织、制度投资者、媒体的深度参与，并且需要某些社会辅助体系将企业社会责任制度化，例如一定数量的商业出版物、商学院或其他企业家教育的纳入（Bühner 等，1998；Schneiberg 等，2001）。目前，绝大多数国家尤其是发展中国家还未就企业社会责任形成系统的制度设计，企业社会责任制度供给不足现象普遍。

（3）社会环境不成熟。企业社会责任的健康发展离不开完善的社会环境。然而，很多国家的企业社会责任发展环境并不成熟，甚至出现了退化风险。在这种情况下，很多悲观论者认为，企业履行社会责任的社会环境不成熟会滋生诚信问题、寻租问题、信息扭曲问题、消费者不合理预期问题等，这些问题会将企业的社会责任行为带向异化，也会打击企业履行社会责任的积极性，从而将真正的企业社会责任逐出市场。这一观点的具体理由包括：

一是在 NGO 等社会组织不发达、媒体公信力危机的情况下，企业社会责任信息传播将会发生扭曲，从而导致企业社会责任寻租事件时有发生，甚至有学者悲观地认为，企业社会责任已经沦为企业的游说工具（Kemper 和 Martain，2010；Ungericht 和 Hirt，2010），真正的企业社会责任正在消失。企业社会责任寻租是企业将部分用于履行社会责任的支出用于寻租，谋求获得公权力、公信力更高的社会责任绩效评价和名不副实的社会责任信息传播的行为（肖红军和张哲，2016）。在中国以及很多发展中国家，NGO 组织数量较少，管理能力还很欠缺，媒体寻租等诚信缺失事件时有发生。它们通过社会责任评比、慈善评比、社会责任优惠政策、社会责任信息传播报道等方式向企业设租，导致企业为免于社会责任危机不得不进行寻租，从而造成了企业社会责任效率的浪费，导致了企业社会责任悲观论的产生。

二是消费者对企业社会责任的预期过高，导致对企业社会责任行为的判断标准越来越高，态度越来越谨慎，这无疑增加了企业履行社会责任的压力和成本，阻碍了企业社会责任的发展。根据 Fleming（2010）、Ellis 和 Bastin（2011）、Kemper 和 Martin（2010）及 Kinderman（2013）的研究，大众的企业社会责任预期正在不断增加。与此同时，企业的社会责任绩效却有所下降，并且有背离大众预期之势（GlobeScan，2009）。这一事实说明，企业社会责任预期过高反而会阻碍企业社会责任绩效的提升。Fleming（2010）通过实证研究解释道，这主要是因为道德消费者、绿色消费者等对企业社会责任行为具有较高预期的消费者并不一定能够提升企业的真实社会责任水平，反而有可能增加企业为迎合消费者需求而进行的伪社会责任行为或社会责任异化行为等。

三是由于企业的社会责任行为具有一定的外部性、溢出性（Spillover Effect）（费显政，2010），因此，企业的社会责任行为天然面临着一定的风险和不确定性，这就需要适宜的社会责任环境对以上风险进行对抗。然而，目前企业履行社会责任的环境出现了恶化，企业社会责任行为的激励出现了扭曲，风险性和不确定性增加，从而导致企业社会责任有被异化现象吞并之势。

三、企业社会责任悲观论的逻辑透视与批判

企业社会责任悲观论的形成要么依据一定的现实现象，要么通过某些理论推导，因此具有一定的合理性，但也反映出当前企业社会责任发展面临前所未有的困局。然而，深入挖掘各种企业社会责任悲观论的主要论点及其背后逻辑可以发现，它们在理论逻辑和推理逻辑上存在缺陷，这使这些看似合理的企业社会责任悲观论并不能有效成立。

1. 理论逻辑透视与批判

企业社会责任悲观论中的很多论点要么是建立在不正确、不合时宜甚至错误的理论基础上，要么是经过了不恰当的理论演绎，从而并不具有理论说服力。

（1）企业社会责任模糊性并不等同于社会责任失败。致力于研究模糊领域分离现象的学者通过模型预算分析后发现很难设计出可持续的制度标准（Bromeley 等，2012），解决企业将社会责任制度内部化时带来的分离（Decouple）：表面遵守制度规则，但实际行为与制度目标对立（Wijen，2014）。这一结论可以找到很多现实论据进行佐证，如社会责任异化现象、伪社会责任现象等社会责任扭曲现象，这导致很多社会责任悲观论者认为，在企业社会责任模糊性难以消除的情况下，社会责任扭曲现象会泛滥并最终导致企业社会责任的失败。

然而，企业社会责任的模糊性并不意味着企业社会责任将走向失败。根据 Weiji（2014）的理论，通过统一、明确的规则来消除模糊性是很难的，但仍然可以通过改进企业社会责任制度，建立企业履行社会责任的利基市场，根据不同企业因地制宜地推进将社会责任正式制度、非正式制度内化于企业。事实上，随着 NGO 和政府等组织对企业社会责任的协同推进，目前有关企业社会责任模糊性的改善的确取得较大进展。Kinderman（2013）通过对当前欧洲各国的企业社会责任实践的追踪发现，欧盟、EU CSR 等组织正在致力于通过修正社会责任的概念框架消除企业社会责任的模糊性。OECD 等国际组织近年来也在不断地推进企业社会责任定义的统一化和标准的细化，并有 ISO26000 等被世界广为接受的制度细则出台。还有一些学者甚至认为，企业社会责任模糊性并不妨碍其获得广泛发展，如 Stone（1975）就提出，在过去很长一段时间，"正是缘于这种模糊性，才使该词（企业社会责任）获得了广泛的支持"；就连强烈反对企业社会责任的 Manne（1972）也不得不承认，虽然企业社会责任概念不清，但这并没有妨碍它的流行。

（2）企业社会责任本质认知错位缘于错误的企业本质理解。要想对企业社会责任的本质进行正确认知，首先应该对企业本质进行正确理解。由"赚钱论""工具论"和"公共物品论"等企业社会责任本质认知错位引致的企业社会责任悲观论在很大程度上都扭曲了对企业本质的理解，其对企业本质的认知与现实世界中的企业具有相当的偏离。

"赚钱论"和"工具论"要么认为企业是承担唯一经济功能的纯粹经济组织，要么将企业的经济功能和社会功能相互割裂开来，这显然与企业的实际运行相违背。一方面，企业的企业家、股东、员工都是社会人，企业的行为决策部分地反映了企业家、股东、员工的意志，因此，企业是一个由企业家、经营者和员工组成的社会组织，其社会性是显而易见的。另一方面，企业作为在特定社会环境下成长起来的商业组织，它利用社会资源创造经济效益的同时，不可避免地与社会各方形成了互动关系，因此从企业所处的外部环境和关系网络来看，企业的社会性与其生产属性、交易属性相互融合，同样是不可否认的。

"公共物品论"对企业本质的界定同样是纯粹股东私有的私营组织，从而将企业社会责任的溢出性当作非排他性，并且错误地将企业社会责任视为公共物品，并推论出由私营的企业来履行社会责任将导致"公地悲剧"。诚然，在当前有关企业社会责任本质认知的研究中，很少有人注意到企业通过履行社会责任会对其他企业产生外部效应，但这种外部效应并非公共物品的非排他性，而是类似于创新溢出效应的"惠及他人"效应或"祸及他人"（费显政等，2010）。合理地利用企业社会责任的溢出效应，不但不会对企业社会责任的发展产生抑制，反而还会激发同行业、同等社会责任议题竞争者之间的社会责任竞争，提升行业或领域的企业社会责任水平。

（3）正当性虽未获证但却不能否认。一直以来，社会、企业及学者对企业社会责任绩效与企业经济绩效之间是否存在相关关系无法形成统一共识，这成为很多企业社会责任悲观论者的重要依据。然而，尽管企业社会责任是否有助于企业经济绩效未有定论，但反观之，如果企业不履行社会责任，则有很大可能会对企业的经济绩效造成负面的影响，即虽然企业社会责任并非企业获取经济绩效的充分条件，但却是必不可少的必要条件。尤其是伴随着公众企业社会责任期望的提高，企业社会责任已经成为企业获取经济绩效和市场竞争优势的必要条件，这一点已经在各方达成了广泛共识。一方面，从企业社会责任缺失事件的案例来看，企业社会责任缺失会对企业的经济绩效造成直接的影响，这一点已得到广泛认可。例如，肖红军等（2010）通过事件分析的方法验证了企业社会责任缺失对企业经济绩效的负面影响。另一方面，随着社会对企业社会责任的期望越来越高，出于企业风险防控的考虑，企业需要对社会责任进行"压力—回应"，并为企业提供更强的外生履责动力，这从侧面承认了企业社会责任对企业经济绩效的重要作用，并否认了企业社会责任正当性无法获证会导致企业社会责任失败的逻辑。例如，李伟阳（2010）认为，企业承担社会责任需要在足够的社会压力情况下，通过履行社会责任进行"压力—回应"，这已经成为跨国企业履行社会责任的基本原则。

（4）伪社会责任及异化现象并不一定导致"柠檬困境"。现象悲观论者认为，伪社会责任、社会责任异化现象正在破坏企业社会责任的市场激励回报机制，这会最终导致社会责任市场陷入"劣币驱逐良币"的"柠檬困境"，即真正的社会责任行为将被驱逐出市场，伪社会责任、社会责任异化等假社会责任取而代之。但是，由于悲观论者理论假设上的不合理，其有关社会责任陷入"柠檬困境"的臆断较为牵强。一是悲观论者假定信息不对称会带来劣币驱逐良币的市场失败结果，这种假设很难成立。现实中，尽管社会责任市场存在一定的市场信息，但信息不对称的程度并不足以导致履责企业的市场回报低于伪社会责任企业的市场回报，因此悲观论者所担心的"柠檬市场"效应不会出现。尽管存在着"漂白"、"漂绿"、社会责任作秀等伪社会责任行为，但与此同时，世界各国对企业社会责任的信息披露标准也在不断细化，对伪社会责任的信息披露程度也在不断增强，并有媒体评选社会责任"漂白榜""漂绿榜"，消费者也在以更强的力度对社会不负责任行为进行惩罚。依据 GlobeScan（2009）对消费者针对社会不负责任行为的惩罚力度进行的统计数据，从 1999 年开始，八个被研究国家中的绝大多数国家消费者对社会不负责任行为的惩罚力度有了大幅增加。在不断加强的信息披露强度和有效的惩罚机制下，企业伪社会责任的成本将会逐渐提高，从而保障了真实履责企业的市场激励不会被社会责任扭曲行为所赶超，从而防止了"柠檬市场"的形成和社会责任市场的失败。二是悲观论者假定消费者的认知能力是静态不变的，忽略了在信息时代，消费者长期以来对社会责任信息的辨别能力也在动态提高。Campbell（2006）和 Jones 等（2009）对企业社会不负责任的研究中指出，尽管企业社会责任行为与不负责任行为之间的界限是模糊的，但随着社会责任信息披露强度越来越大，消费者的信息感知能力也在加强，从而对伪社会责任扭曲行为的识别能力也会不断提高。因此，企业社会责任悲观论所假设的企业社会责任行为的激励不会导致群体非理性，社会责任扭曲行为也就不再具备将社会责任市场变为"柠檬市场"的充足条件。

2. 推理逻辑透视与批判

基于现象的悲观预测论和基于环境的悲观决定论往往凭借简单臆测式的推理，很多论断在推理逻辑上存在明显缺陷，因此难以令人信服。

（1）以偏概全。大部分企业社会责任悲观论者都存在着以偏概全的推理逻辑误区。尤其是现象悲观论者，绝大多数都是依据部分社会责任发展的负面现象，不当地认为所有的企业社会责任都已经走向异化或消亡。例如，基于重大社会责任缺失事件频发的悲观论者大多受到媒体有关社会责任重大缺失事件报道的影响，将社会责任缺失张冠李戴到所有的履责企业中，推断出企业社会责任将死。企业社会责任推进主体中的悲观论者大多数也是犯了以偏概全的错误，他们感到金融危机后企业社会责任推进的艰难，甚至看到企业不断退出社会责任组织、政府不断限制企业社会功能、越来越多的企业减少社会责任预算支出，就认为企业社会责任将会在金融危机中消亡。然而，他们忽略了企业社会责任长期向前发展的动力和规律。从企业社会责任实践来看，企业社会责任蓬勃发展的趋势并没有变化。企业理论有关企业社会公民属性的定位越来越被接受，管理理论中对社会责任管理理论的纳入度越来越高（Kemper 和 Martin，2010），这些为企业社会责任的长期发展奠定了良好的基础。因此，悲观论者不该以负面的企业社会责任实践来以偏概全地推断企业社会责任将死。

（2）本末倒置。企业社会责任环境决定悲观论者过度强调企业社会责任环境对企业社会责任的影响，而忽略了决定企业社会责任发展的内在因素，犯了本末倒置的错误。不可否认，企业社会责任发展环境对企业社会责任的健康发展的确有着非常重要的影响，但是，环境仅是影响企业社会责任的因素之一，并非全部。一方面，企业社会责任的发展最终取决于企业履责的内在动力。随着企业社会公民角色越来越被认可，通过履行社会责任来实现良好的公共关系管理、树立良好的企业社会形象和声誉变得越来越可行。因此，越来越多的企业在社会责任实践中认识到履行企业社会责任对企业利益相关方管理、经营管理带来的好处，内在的履责动力也较之前有所改善，而这保障了企业社会责任的长久发展。而那些依旧忽视企业社会公民角色的悲观论者仍然将企业界定为纯粹经济人，这很容易得出企业内在履责动机不足的结论，从而会片面强调外部环境对企业社会责任的影响。另一方面，金融危机冲击论者忽略了经济复苏时期企业社会责任的成长力远大于危机时期的萎缩。H. Well（2002）通过对企业社会责任发展50年历史的研究得出了企业社会责任周期性发展的结论，同时也证明了在每一次经济危机时期企业社会责任的萎缩或后退，都迎来了危机后的快速发展，这与企业社会责任发展百年历史中社会认可度、接受度不断增强的事实相吻合。

（3）思行混淆。企业社会责任具有双重性。从思想层面而言，企业社会责任是一种可持续发展理念，也是OECD、EU CSR等国际组织不遗余力地推行企业社会责任的原因，即希望能够在各国的企业社会责任实践中探索企业社会责任的合理性、可持续发展性。从行为层面而言，企业社会责任又是企业实践行为的标准，企业为了实现可持续发展或迎合社会对企业的社会责任标准和要求，往往会在企业的日常经营中践行社会责任。就本质而言，企业社会责任作为一种理念思想和作为一种企业实践行为是有很大不同的。而企业社会责任悲观论者往往忽略了企业社会责任的思想—行为两重性，从而得出了企业社会责任发展的悲观论断。一方面，企业社会责任作为一种思想理念，是符合人类社会发展趋势和规律的，是与世界各国追求经济社会可持续发展的目标相一致的，因此企业社会责任思想不会轻易消亡。另一方面，企业社会责任实践中的确存在很多不尽如人意的地方，但基于实践的黑暗面而否定企业社会责任思想的正确性和合理性，其实质是将企业社会责任的实践与社会责任思想相混淆。企业社会责任部分实践的不尽如人意与企业社会责任思想的正确与否之间并不存在由此及彼的逻辑关系，因为实践总是林林总总的，而思想应该是全面而客观的，从实践的某个侧面来概括事实、形成思想是有失偏颇的。

（4）主观臆断。企业社会责任悲观论者往往具有严重的主观主义和功利主义，从而得出企业社会责任发展悲观的结论是有失客观的。一方面，企业社会责任现象悲观论多是从企业社会责任实践中的不良现象推出企业社会责任发展前景悲观的结论，实则逻辑推理过程缺乏完整的链条，有主观臆断之嫌。悲观论者往往从自己看到的片面事实、依据自己的经验或理论推演得出企业社会责任未来发展悲观的结论，并未能从客观的企业社会责任事实出发，也就无法得出正确的结论。另一方面，由于企业社会责任利益群体的利益诉求不同，因此对企业社会责任未来发展的论断出发点有所不同，导致很多悲观论者的论断很难躲开功利主义色彩。功利主义者往往过度注重行为的结果，而不考虑行为的动机和行为手段、过程，因此企业社会责任的推行者可能会因为企业社会责任推行行为中的困难而悲观看待企业社会责任；企业社会责任的践行者（企业）可能会因为企业社会责任未能带来经济绩效而对企业社会责任产生质疑；企业社会责任的研究者可能会因为企业社会责任实践未能如理论推理那样实现社会福利的改进而对企业社会责任发展持悲观态度。因此，企业社会责任悲观论者的主观主义和功利主义都未能在全面、客观认识企业社会责任的基础上做出判断，其论断结果也是有失偏颇和逻辑错误的。

四、走出企业社会责任悲观论的建议

基于上文对企业社会责任发展悲观论的概述和逻辑剖析，企业社会责任的发展前景并非像舆论宣传的那样可怕。本书认为，尽管企业社会责任发展过程中的确面临一些困境，但是在解决企业社会责任内在的模糊性的基础上，通过营造良好的企业履责生态，企业社会责任将能迎来健康、可持续发展的未来。

1. 走出企业社会责任悲观论的逻辑框架

企业社会责任悲观论的核心依据仍然源自企业社会责任的内在模糊性，它导致了企业社会责任扭曲现象的泛滥，也导致了企业社会责任理论认知上的分歧，并且在企业履行社会责任环境不成熟的情况下，削弱了企业履行社会责任的能力。因此，走出企业社会责任悲观论的核心在于如何尽可能有效地解决企业社会责任的内在模糊性，达成企业社会责任共识，并推动企业社会责任在良好的生态环境下健康、可持续地发展（见图 1-2）。

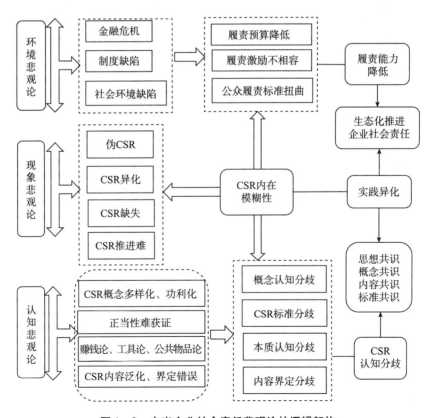

图 1-2 走出企业社会责任悲观论的逻辑架构

首先，针对企业社会责任的现象悲观论的逻辑，企业社会责任的内在模糊性导致社会责任实践中伪社会责任行为、社会责任异化和缺失行为泛滥。因此，从消除企业社会责任模糊性出发，不但需要通过达成共识来消除企业社会责任分歧进而约束社会责任扭曲行为，而且需要通过营造良好的企业社会责任生态，确保企业履行社会责任行为的正确性和正当性。

其次，针对企业社会责任认知悲观论的逻辑，由于社会大众、NGO 以及企业对企业社会责任的认知存在多重分歧，导致对企业社会责任认知的理论逻辑和推理逻辑有偏颇，从而产生了多种企业社会责任认知悲观论。基于此，应通过达成企业社会责任共识来推动走出企业社会责任认知悲观论的误区。

最后，针对企业社会责任环境悲观论的逻辑，在金融危机、制度缺陷和社会环境不完善的环境"悲观氛围"下，企业的履责预算会有所降低，制度下企业激励不相容会导致企业履责行为的异化，社会环境的不完善会导致公众对企业社会责任的评判标准扭曲。这些企业履行社会责任外部环境的负面影响无疑降低了企业履行社会责任的能力，从而滋生了环境悲观决定论。考虑到履责环境对企业社会责任行为的重要影响，可从构建企业社会责任生态圈角度入手，从宏观、系统的层面推进形成有利于企业社会责任动态、可持续、稳定发展的生态环境。

2. 加快推动企业社会责任领域形成共识

从企业社会责任行为实践层面及企业社会责任认知层面来看，企业社会责任认知悲观论和现象悲观论都根源于企业社会责任的内在模糊性。要想减少企业社会责任的异化行为实践，促成企业社会责任认知的统一，就要加速推动企业社会责任领域形成共识，这是企业社会责任走出认知悲观论和现象悲观论的前提。

（1）推动形成企业社会责任概念共识。从企业社会责任元定义出发，加速推进企业社会责任领域形成概念共识。由于企业社会责任概念的多样性，导致有些组织或群体应用偏颇（Biased）的企业社会责任概念进行扭曲的企业社会责任行为，引发了大众对企业社会责任未来发展的担忧。为了解决概念多样性的问题，可从企业社会责任的元定义出发，以国际综合性社会组织、不同国家的政府为主体，推动对企业社会责任概念形成共识，并逐渐矫正企业社会责任实践中不同主体偏颇的企业社会责任概念。一方面，以企业社会责任的元定义为基础，逐步构建不同企业、社会组织、消费者等多方共识的企业社会责任定义。李伟阳和肖红军（2011）从企业社会责任的本质属性出发，对企业社会责任领域多达上百种的企业社会责任"操作性定义"进行了抽象，将企业社会责任界定为"追求对社会负责任的企业行为"，即在特定的制度安排下，企业有效管理自身运营对社会、利益相关方、自然环境的影响，追求在预期存续期内最大限度地增进社会福利的意愿、行为和绩效。不同企业、不同社会组织或群体对企业社会责任形成的种类繁多的定义，都应在这一元定义的基础上进行操作性界定，并不可偏离"企业社会责任的核心目的是追求社会福利的最大化"。另一方面，社会组织和政府推动对企业社会责任概念的矫正过程中，允许企业社会责任操作性定义的多样化。从企业社会责任元定义出发，不同企业或组织在社会责任实践中，可对企业社会责任进行操作性的多样化界定，但谨防操作性社会责任定义与社会责任异化相混淆。企业社会责任异化是对企业社会责任概念的曲解，偏离了追求社会福利最大化的核心目的，偏向追求组织自身的利益最大化，并形成了一系列的社会责任异化、伪社会责任甚至社会责任缺失等行为。企业社会责任操作性定义的多样化仍然应该立足于企业社会责任行为是为了追求社会福利最大化，选择一个或多个社会责任领域，结合企业的核心业务，逐步推进企业社会责任的全面管理与实践。

（2）推动形成企业社会责任思想理论共识。在企业社会责任元定义的共识下，有关企业社会责任的思想认知应该得到统一，作为企业社会责任实践的参照标准。因此，企业社会责任研究者应该通过推进企业社会责任理论研究，破除企业社会责任赚钱论、企业社会责任公共物品论的理论误区，为推动企业、社会组织对企业社会责任思想形成共识奠定基础。一是要谨防企业社会责任赚钱论的阶段性返潮。从历史经验来看，企业社会责任是为了赚钱的论调总是阶段性地返潮，尤其是在金融危机时期，很多企业就会为了保障经济利润减少企业社会责任的预算或行为。企业社会责任赚钱论之所以一直保有较强的生命力，在很大程度上是因为学界仍然未能从理论上对企业社会责任赚钱论的不正当性进行证伪，而这一工作未来将仍然需要企业社会责任研究人员不遗余力地推进理论逻辑的发展，让企业社会责任赚钱论失去生存的土壤。二是矫正企业社会责任本质认知的理论误区。企业社会责任成本论、企业社会责任公共物品论等对企业社会责任本质认知的误区是很多学者、企业对企业社会责任未来发展前景感到悲观的原因。从成本论角度讲，在经济环境差的情况下，企业自然而然地会减少企业社会责任开支；从公共物品论角度讲，私人部门提供公共物品会造成"公地悲剧"，从而很多企业、学者甚至政府认为社会责任不应该由企业履行。因此，学界的研究应进一步对两种认知理论的误区进行纠正，降低社会责任实践者的悲观预期。三是加快研究并探索通过企业社会责任进行企业管理的成功实践。企业社会责任悲观思想在很大程度上受到企业社会责任管理成功实践较少的影响。截至目前，很少有企业贯彻企业社会责任管理，加上企业社会责任绩效与企业经济绩效之间相关性无法获证，让很多企业社会责任推动者、实践者加入了悲观论者的行列。因此，在理论上探求企业社会责任本质共识的同时，研究者和企业社会责任实践者还应该加快探索通过企业社会责任进行企业管理获得经济成功的案例，这是激励企业履行社会责任最直接有效的方式。

（3）推动形成企业社会责任内容共识。在对企业社会责任概念和本质认知形成共识的基础上，还应该依据概念界定划定企业社会责任的内容边界，为企业提供更为具体的社会责任实践指导。一方面，推动界定企业社会责任内容的方法形成共识（李伟阳，2011）。企业社会责任内容的确定，实则是对企业社会责任边界的刻画。鉴于企业社会责任实践以及操作性概念的多样性，对企业社会责任的内容边界进行统一划分是不科学也不实际的。为了保障企业社会责任内容的公正性，又不损害企业社会责任操作的多样性，就需要从企业社会责任内容界定方法入手推动形成共识。从理论层面讲，推动对企业社会责任内容界定方法形成共识，需要从企业社会责任操作多样性入手，研究企业社会责任内容界定的科学方法；从实践层面讲，推动对企业社会责任内容界定方法形成共识，需要企业依据其操作性定义，与理论的企业社会责任内容划分方法进行对接。另一方面，防止企业社会责任内容的泛化和错误。企业社会责任概念、实践的多样性意味着企业社会责任已经形成了"认知丛林"（李伟阳，2011），不但存在着大量的企业社会责任认知错误，还存在着很多将企业社会责任内容泛化、异化的情况。在林林总总的企业社会责任内容认知下，产生了多种多样的社会责任异化、社会责任寻租、社会责任缺失、伪社会责任现象，也造成了各式企业社会责任悲观论的泛滥。因此，在推动对企业社会责任内容形成共识的过程中，应着重对企业社会责任实践中企业对社会责任内容的错误划分进行纠正，促进企业社会责任发挥其应有的社会功能。

（4）推动形成企业社会责任标准共识。统一的判断标准和行为标准是引导企业和社会客观对企业社会责任行为进行评价的前提。为此，一是要以研究为基础，加快形成企业社会综合价值为导向的企业负责任行为标准共识。依据企业社会责任元定义，企业是否是负责任的，核心在于企业是否最大限度地创造了社会福利。因此，以企业的行为是否能够优化社会资源的配置为标准（李伟阳，2011），可对企业社会责任行为带来的社会价值（经济、社会和环境综合价值）进行判断，并作为对企业社会责任行为是否负责任的评价。然而，有关企业负责任行为标准的制定，在研究基础方面还较为薄弱，因此很难在企业社会责任层面进行推广。因此，本书建议应该以研究为基础，从社会资源配置优化的角度，探索企业社会责任行为的标准界定，并推动形成共识。二是以政府、NGO 为主体推动企业社会责任标准形成共识。作为企业社会责任标准的制定者和推行者，国际组织或政府在推行企业社会责任标准制定的过程中已经有了较多的成功经验，例如，ISO26000 等企业社会责任国际标准的出台证明了 NGO 在推行企业社会责任标准形成共识方面具备较强的能力；2008 年金融危机以后，以 EU CSR 为代表的 NGO 组织对企业社会责任进行重新梳理和界定，并形成了大量有关企业社会责任的标准文件，也证明了 NGO 在推动地区企业社会责任规则统一性、框架清晰化方面做出了较大的贡献。因此，建议 NGO、政府应该在企业社会责任发展过程中发挥应有的作用，推进企业社会责任行为标准、审计标准等企业社会责任规则的统一性。三是从国际和国家两个层面统一社会责任标准。根据上文对企业社会责任异化、概念模糊等内容的论述可以得知，目前世界上有关企业社会责任的标准过度多样化，已经对企业社会责任实践造成了很多负面的困扰，甚至让很多人产生了悲观的态度。面对企业社会责任概念的议题化、片面化、多群体多层面化，亟须对企业社会责任标准进行更宏观层面的统一。考虑到企业社会责任实践的多样性，建议可从国际、国家两个层面推进对企业社会责任标准形成共识，以 ISO26000 这一国际接受度广、影响力大的社会责任标准体系为出发点，更容易形成标准上的共识。

3. 构建健康可持续的企业社会责任生态圈

企业社会责任悲观论之所以大行其道，除了与企业自身有关，也与企业社会责任主体所在的社会责任环境息息相关。因此，企业社会责任要想实现健康可持续发展，已经不再仅仅与企业个体有关，更与企业所在的社会责任生态系统健康与否有关。

（1）基于生态圈模型的企业社会责任悲观论治理思路。一个健康的企业社会责任生态圈应该具有多样的企业社会责任需求者和提供者，并且能够通过良好的"环境—主体"互动，维系企业社会责任生态圈的健康发展。基于此，企业社会责任生态的主要内容可包括两个方面：一是企业社会责任生态主体结构的多样性。其包括企业社会责任的提供者，如企业及其社会责任的合作者、竞争者，以及企业社会责任的需求创造者，包括消费者、政府、社会组织等。二是企业社会责任生态主体和环境的双重健康性。结合企业社会责任悲观论的合理质疑，可将企业社会责任生态健康度分解为环境健康度和企业健康度，并进一步解构为如下五个方面：政府制度激励的合理性、消费者社会需求程度以及对企业社会责任信息的感知能力、社会组织对企业社会责任行为的合理监督、供应链企业社会责任健康度以及供应链企业与社会责任企业之间的社会责任协同关系、竞争企业社会责任健康度以及社会责任企业与竞争对手之间的社会责任竞争关系。这五个方面分别可为企业提供社会责任健康发展的制度激励、市场激励、社会激励。

基于企业社会责任生态圈模型，可以针对企业社会责任悲观论进行如下治理：一是从制度激励来看，基于企业社会责任模糊性的悲观论缘起依据，一方面可通过构建企业社会责任制度的利基市场来创造推动企业社会责任发展的制度激励；另一方面可继续推进明确企业社会责任的制度框架，消除企业社会责任的模糊性。二是从市场激励来看,基于企业社会责任信息不对称的悲观论缘起依据,应该通过加强企业社会责任信息披露、加强企业社会责任审计来增强消费者对企业社会责任真实情况的感知能力,调整消费者的社会责任预期,从消费者市场导向激励企业履行社会责任;同时,从社会责任履行企业的竞争对手、供应链合作伙伴来看,应该在维系与竞争对手、供应链合作伙伴之间友好的企业社会责任合作关系的同时,推进与竞争对手之间合理的社会责任竞争,监督供应链合作伙伴健康履行社会责任。三是从社会激励来看,基于对企业社会角色认可在历史变迁中时常发生反复的现象,应该通过继续推进政府对企业社会公民角色的政治认可,防止企业社会公民地位随政治规制的变化而出现反复,从而为企业履行社会责任提供社会激励。

(2)生态化推进企业社会责任主体行为的矫正。对于构建良好的企业社会责任生态圈而言,应首先推进企业社会责任主体与环境因素之间的健康互动,具体表现为企业自身社会责任行为的健康性,以及企业与供应链合作企业等其他社会责任主体互动的健康性。为此,应从以下三个方面矫正企业社会责任主体行为:

一是对于履行社会责任的企业自身而言,在企业社会责任外界环境发展不成熟的条件下,企业应该首先着力建立起正确的企业社会责任观。企业社会责任悲观论的依据大多是企业社会责任实践的异化和扭曲,从而反映了企业多种多样的社会责任观,如社会责任就是为了赚钱、社会责任就是做慈善等。为保障企业社会责任的健康发展,企业应当首先审视自己的社会责任行为,防止几大企业社会责任观念的误区。同时,在企业社会责任正当性不可获证的条件下,企业应该形成企业社会责任检验的新方法和新思路。企业不应该单纯考虑企业社会责任行为对企业财务绩效的直接影响而进行企业社会责任决策,而应该以社会需求为导向,考核企业社会责任创造的企业—社会共享价值,这是企业实现长期可持续发展的正确路径。

二是对于竞争企业而言,履责企业应该注重通过两个方面维系企业社会责任竞争环境的健康可持续发展。一方面,企业可通过自我约束并监督竞争对手的方式防止社会责任不当竞争。鉴于企业社会责任的同伴效应,在竞争激烈的产业内,竞争对手的社会责任决策会引发企业进行同等回应(Sibo Liu 等,2016),因为社会责任水平较低的企业容易失去竞争优势(Godfrey 等,2009)。但是,随着企业社会责任异化现象的泛滥,企业社会责任的回报机制陷入"柠檬市场"效应,进而导致企业社会责任的正当竞争演变成伪社会责任竞争、社会责任竞租,严重扰乱了社会责任的正当竞争秩序,成为企业社会责任悲观论者的主要依据。因此,在既定制度激励下,企业应该加强自我约束,并监督竞争对手的社会责任行为，拒绝参与伪社会责任、社会责任寻租、社会责任道德竞赛等行为，并对竞争对手的不当社会责任竞争进行监督或信息披露。另一方面，企业可联合其他行业企业，以行业协会或其他第三方组织为平台，通过正式制度或非正式制度的方式，设定负责任企业门槛，共同营造行业内企业社会责任的良序竞争环境。

三是对于供应链合作企业而言，履责企业应该在维系与供应链企业在社会责任领域的合作的同时，推进供应链企业的社会责任水平。责任供应链是企业社会责任发展从微观企业延伸到微观产业的重要连接体（Roberts，2003），目前已经引起广大社会责任研究者和企业的重视，有些企业的责任供应链实践正在形成以履责企业为中心的社会责任供应链生态，如耐克、美国通用电气、韩国三星（肖红军等，2014）。基于此，建议履责企业在注重企业微观层面的社会责任绩效的同时，注重维系并改善企业供应链整体的社会责任合作，并以履责企业为中心企业，通过合同规制、生产监督等方式推动其供应链上其他企业社会责任水平的提高。

（3）生态化推进企业社会责任环境的改善。按照构建健康可持续企业社会责任生态圈的要求，除了需要确保企业社会责任主体自身的健康性之外，还应保证企业能够在一个良好的社会责任环境中履行社会责任。结合企业社会责任生态健康互动的基本原理，应该生态化地改进企业社会责任的制度环境和公民社会环境。以形成良好的企业社会责任激励为目的，可对企业社会责任制度环境和公民社会环境进行如下改善：

一是构建良好的企业社会责任制度环境。金融危机时期，在企业社会责任模糊、信息不对称的前提下，企业社会责任的健康可持续发展离不开政府恰当的制度激励和安排。首先，政府应在企业社会责任内在模糊性的框架下，探索通过因地制宜地改进企业社会责任制度，来建立企业履行社会责任的利基市场，激励企业将社会责任的正式制度或非正式制度内化于企业日常运营。根据目前有关企业社会责任模糊性和分离现象的研究成果，在模糊的企业社会责任概念下，企业社会责任制度必然会走向多样化，而且这种多样化很难通过统一、明确的规则来消除。但允许企业社会责任存在一定模糊性的前提下，通过恰当的社会责任多样化制度，为不同类型的企业创造履行社会责任的利基市场，从而激励企业从某些方面开始逐渐履行社会责任并扩大履责范围。例如，Fleming（2010）以 Bodyshop 为例，说明了其从保护自然、保护劳工权益入手逐渐扩展社会责任范围是有效且可行的。其次，政府在设立社会责任制度利基的同时，仍然应该不遗余力地推进企业社会责任规制制度的发展，这是在调动企业履责积极性的同时，防止企业社会责任异化的重要保障。例如，政府可通过明确的社会责任惩罚政策对社会不负责任企业、重大社会责任缺失企业行为进行惩罚；也可通过法治手段，对企业社会责任赋予法律上的合法性，建立企业社会责任信息披露的法律法规制度，推动建立企业社会责任第三方审计标准和制度等，帮助企业在达成企业社会责任合规的前提下，通过其他激励手段提高企业履责水平。最后，政府应该恰当放宽对企业社会功能的管制，给予企业恰当的政治激励，让企业更加自由地通过履行社会责任的方式为自己的行为负责。根据政府管制环境的一般变化规律，金融危机时期常常伴随着政府市场管制力度的加大，往往会对企业在自由市场时期自行履行社会责任的自由度造成约束。因此，政府应该在正确认识企业社会角色定位的情况下，赋予企业恰当的社会权利，也为其履行社会责任留下足够的空间。

二是构建良好的公民社会环境。在良好的公民社会环境下，企业的社会责任行为应该能够得到良好的监督，从而更大程度地减少企业社会责任信息不对称带来的市场风险和逆向选择，确保企业履行社会责任能够获得恰当的市场激励。因此，社会消费者、NGO、行业协会、媒体等社会组织和个体应该通过恰当履行第三方监督的作用，营造良好的企业社会责任公民环境，维持市场恰当的社会责任激励。因此，建议 NGO、媒体充分发挥其社会责任信息监督的作用，推进企业对社会责任信息的披露，并通过对社会责任信息披露的监督，来减少企业社会责任信息传播的不对称性，增强对伪社会责任现象的识别和监督。NGO 作为企业社会责任的重要主体，应着力推行明晰社会责任框架下的企业社会责任信息透明化，如 EUCSR 正在推行"透明化联盟"（Transparency Coalition），并期待越来越多的成员国企业加入并发布社会责任报告；媒体作为企业社会责任行为的第三方监管者，由于具有较强的公信力，因此应该在企业社会责任的信息披露和监管方面发挥其公信力主体的作用，一方面通过披露企业的社会不责任行为、伪社会责任行为、社会责任异化行为等来惩戒社会责任不合规企业；另一方面，加强对真实企业社会责任信息、社会责任案例及社会责任实践的报道和披露，引领企业的社会责任观念走向合理的轨道。

第二节　企业社会责任寻租行为研究

目前，一些学者已经关注到企业社会责任寻租行为的存在，并基于不同的寻租对象分别开展了相关研究。从向政府寻租来看，黎文靖（2011）认为企业社会责任行为是为了寻求政治关联，而政治关联本身就是一种有价资源，能够为企业带来政策补贴、税收优惠及市场影响力等好处；戴亦一等（2014）提出了企业的慈善捐赠行为是一种"政治献金"，并且论证了慈善捐赠能够为民营企业带来融资便利、政府补助和投资机会。从向市场、社会寻租来看，李新颖（2014）研究发现，随着新闻媒体对社会责任传播的介入程度加深，新闻寻租正在越来越严重地扭曲企业社会责任的传播，因为企业为了以较低的社会责任成本获得较高的社会声誉、品牌认可度和盈利，可能会向媒体寻租。Thomas 等（2006）关注到了企业向社会机构寻租，其在对企业"漂绿"（Greenwash）行为进行分析时，指出企业与社会责任审计机构之间的合谋是造成企业"漂绿"行为越来越泛滥的原因。由此可见，企业社会责任寻租现象的确存在，并随着全球企业社会责任运动的深入推进而呈现上升趋势，造成对企业伪社会责任行为、社会责任炒作、社会责任信息不真实披露等企业社会责任异化现象的放纵，甚至导致"劣币驱逐良币"，将真正的社会责任逐出市场。然而令人遗憾的是，尽管人们已经认识到企业社会责任寻租行为的普遍存在，也有少量学者开展了相关零星的研究，但至今对这一领域的系统性研究仍十分缺乏，甚至连企业社会责任寻租的概念都尚未明确提出，其结果导致人们对这一问题知之甚少，因此亟须加强对企业社会责任寻租行为的全面深入研究。①

一、企业社会责任寻租的概念及隐含前提

1. 企业社会责任寻租的内涵

企业社会责任寻租是寻租行为的一种，目的也是为了获得租金。根据租金理论，租金的实质是经济租，其来源有两个：市场自发产生的和公权力干预产生的。前者是指经济本身在动态调整中或某些部门出现了创新活动后，要素的报酬出现了部门的差异，报酬高的部门就出现了经济租；后者是指政府或其他权力组织通过人为地干预设定壁垒，导致要素报酬出现部门的差异并产生经济租。对于企业追寻第一类经济租的行为，是正常的寻利行为，而企业追寻第二类经济租的行为，才是寻租行为。因此，企业社会责任寻租是对第二种经济租的追寻。

当企业的社会责任绩效成为企业获取竞争力的重要来源时，只要那些能够影响企业履行社会责任行为的公共权力主体对企业的社会责任行为行使公共权力，就为企业寻租创造了机会，也为公共权力创租或者抽租提供了可能。与一般的生产活动类似，企业履行社会责任需要投入成本或要素资源组合，并最终通过社会责任表现获得市场财务绩效。在公权力介入的前提下，良好的社会责任表现并不一定要求必须真的进行足量的投入，企业也有第二条路径可选，即可以将用于履行社会责任的资源用于寻租来获得同样的社会责任绩效。因此，企业社会责任寻租行为可以被界定为：在企业的真实社会责任绩效并未改变的前提下，寻租主体（企业、政府、组织、个人）假借社会责任的名义，向具有优势地位（具有公共

---

① 本节核心内容发表于：肖红军，张哲. 企业社会责任寻租行为研究［J］. 经济管理，2016（2）.

权力、公信力或市场垄断权力）的人或组织寻求权力与经济利益的交换，并对大多数社会责任行为利益相关方（企业竞争对手、社会大众、其他 NGO 或社会团体等）的利益构成伤害的行为。

2. 企业社会责任寻租的租金来源

传统的寻租经济学理论对寻租行为中的租金来源讨论仅限于政府作为设租方，如 Buchanan（1980）和 Tollison（1982）认为，政府人为制造短缺会引发寻租行为。但是，政府之所以能够人为制造短缺，是因为它具有支配资源的特权。而具有公共权力的主体并不仅限于政府，以产权为边界，还包括其他提供公共物品的部门和组织（刘小玄，2007），它们为弥补私人部门的不足而被赋予公共权力，而公共权力是人为设租的前提。对公共权力所有者进行划分，可以包括政府、第三方组织（NGO、行业协会、媒体）、部分企业（国有企业、垄断企业）。因此，对企业社会责任寻租的租金来源划分可以从对企业社会责任绩效产生影响的公共权力主体角度进行，具体包括三个方面：

（1）企业社会责任寻租租金的政府来源。政府具有干涉企业社会责任绩效的权力，为了推进企业履行社会责任，出台了越来越多的社会责任干预政策，同时这也为企业提供了很多社会责任寻租的机会。如果社会责任政策是为了弥补企业社会责任行为的外部性，则会有很多社会责任的规制政策、补贴优惠奖励政策等，以便对不负责任行为进行规制、对负责任行为的外部性进行弥补。由此，企业有机会通过寻租来干预社会责任规制的制定，或者通过寻租来获取更多的社会责任优惠补贴。如果社会责任政策是为了促进企业社会责任行为的市场化，则会创造良好的社会责任竞争秩序，如责任产业链的建设、可持续发展战略的推进等。这样，企业就有机会通过寻租影响社会责任战略的设定，通过提高企业社会责任的门槛或降低社会责任监督标准、延长社会责任战略推进的时间等行为来获得更有利于企业自身发展的社会责任环境。

（2）企业社会责任寻租租金的社会来源。社会组织作为市场失灵的重要干预者，对企业社会责任行为的绩效影响同样重要。这里探讨的社会组织包括对企业社会责任行为有影响的行业协会、公共媒体、社会责任评价或审计机构。社会组织的生命力在于它们的社会公信力（石国亮，2014），即社会组织获得利益相关方和社会公众信任的能力（王海燕，2014）。正是因为社会组织被大众所信任，其向大众传递的信息就能够影响甚至左右大众的判断。当社会组织利用公信力介入企业社会责任行为的评价和信息披露时，就拥有了利用其公信力创造租金的机会，企业也就有了寻租的机会。简而言之，社会组织利用公信力干预企业社会责任行为时，就会产生社会责任租金。

（3）企业社会责任寻租租金的市场来源。公权力和公信力除了在政府和第三方社会组织手中外，还掌握在部分市场主体手中，主要包括国有企业、行业垄断企业。当它们干预企业的社会责任行为时，也会产生社会责任租金。对于国有企业，它们与政府之间有着超出一般非国有企业更密切的政治关联，加上国有企业代替政府间接地行使部分公权力，所以在国有企业的市场行为中，原有政府对资源的某些行政垄断被部分地异化为国有企业的权力，当它们参与社会责任评价或者实施社会责任采购等行为时，就可能会引发其他企业的社会责任寻租。对于行业垄断企业，它们在行业竞争中处于优势地位，因其生产行为对整个行业的产品供求、要素供求的巨大影响，从而具备了影响市场产品价格、市场生产要素价格的能力，这种市场垄断力使垄断企业在该行业内拥有较高的公权力和公信力，甚至可以左右社会责任的标准、社会责任的门槛、社会责任的绩效评价等，进而为企业社会责任寻租的发生提供了可能。

3. 企业社会责任寻租的行为特征

从上述定义来看，企业社会责任寻租行为本身是企业伪善地借助履行社会责任的名义，实质却是谋求自身利益最大化的行为，因此，企业社会责任寻租呈现给大众的是企业的社会责任行为，而私底下却将履行社会责任的成本和资源部分地用于了寻租；企业社会责任寻租行为从表面上看是为了实现履行企业的社会责任，实际上却是为了自身利益的最大化；企业社会责任寻租行为的结果从表面上看是促进了社会福利的增进，实际上却导致了社会责任的倒退。因此，企业社会责任寻租行为本身充满了形式和实质的分离，这构成了企业社会责任寻租与一般寻租行为相区别的四大特征：

（1）动机冲突。企业的社会责任行为是指企业出于最大限度地增进社会福利的目的来实施对社会负责任的行为。从这个意义上讲，真正的社会责任行为目的是为了履行企业的社会公民责任，获得社会总福利的最大化，而非自身利益的最大化。但是，企业名义上是在履行社会责任，但实际上却是通过寻租获取社会责任租金，其行为动机不再是社会福利的进步，而是获得自身利益的最大化，实现既定社会责任绩效约束下的成本补偿，或者既定成本下的社会责任绩效提高。

（2）言行不一。企业社会责任寻租行为虽然从言语上是秉持"履行社会责任，促进社会福利提高"，但行为上并不一定真正去兑现承诺。因此，企业社会责任寻租行为是以社会责任行为为形式，以获取财务绩效为导向而非以社会福利改进为导向，利用寻租的手段部分地兑现社会责任承诺。这也就意味着企业并不一定会投入足够的资源和精力来兑现承诺，而是将资源和精力部分地用于向设租主体寻租，从而获得财务绩效的提升。

（3）结果偏离。这主要表现为企业的实际社会责任绩效与社会责任绩效的社会评价之间的偏离，最终造成用于寻租的资源被浪费。因为被用于寻租的资源或资金并没有增加社会的产出，而是用于寻租和获得名义上的社会责任绩效，因此，用于寻租的资源被浪费，而社会福利并没有达到许诺的水平。与此同时，企业自身的经济利益增加或竞争地位提升。通过寻租，企业以较少的投入获得了较高的社会责任绩效评价，进而获得了更多的经济利益。

（4）集体非理性。上文提到，企业社会责任的目的是增进社会福利。但是，由于信息不对称和社会责任信息传播的多主体性和复杂性，以社会责任为联结的社会网络中，社会责任寻租会是个体理性的最终结果，因为企业和社会责任信息传播者出于成本最小化或利益最大化的考虑，会最终合谋进行寻租，以较小社会责任成本获得较大的社会责任传播效果。但最终的结果是，寻租租金的投入分散了原本应该用于社会福利提升的资源投入，进而造成低效率，是一种集体行为的非理性。

4. 企业社会责任寻租的前提假设

企业社会责任寻租行为之所以会出现，其本身有四个方面的前提假设：

（1）社会大众的企业社会责任偏好假设。公众和政府、社会组织或 NGO 等认为社会责任是好的，并且希望企业能够履行社会责任，例如《中国青年报告》2011 年调查发现，有 71.2% 的消费者愿意优先购买履行社会责任好的企业的产品。而社会偏好会影响产品供给（Cheikbossian，2007），也能够影响租金大小（洪必纲，2010），例如以保护民族工业为名义，寻租企业可游说政府对外国产品征收较高关税，这里就隐含前提假设，即政府对民族工业保护具有偏好。因此，社会对社会责任越偏好，社会组织越倾向于鼓励社会责任行为，政府也越倾向于做出有利于社会责任发展的制度安排，公权力和公信力介入社会责任领域的程度就会越深，所对应的租金也会相应增加。

（2）社会责任领域的模糊性假设。一方面，社会责任标准是模糊的。虽然大众和政府、社会组织以及部分企业认为企业社会责任是好的，但是这个"好"的标准并不明确，具有模糊性。目前关于企业社会责任的标准评价体系并不统一，不同的国家、不同的企业在不同的时期可能会执行不同的社会责任标准，例如发达国家与发展中国家的标准必然不同，中小企业与大企业的社会责任能力不同，绩效标准也并不相同，社会责任在不同的时期议题也会有所变化。社会责任标准的模糊性，为企业社会责任行为绩效的评价提供了回旋余地，企业可以通过寻租的方式左右评价结果或信息披露情况，再或者左右社会责任评价标准，以保持在社会大众面前"负责任"的形象，获得更高的经济利益。另一方面，社会责任领域本身是模糊的领域。虽然大众对企业的社会责任具有偏好，但是，并没有清晰的证据表明社会责任对企业是好的。尽管有很多研究文献证明了企业社会责任与企业财务绩效之间具有正相关关系（如张川等，2012），但是也有很多实证研究认为它们之间存在负相关关系或不确定关系（Geoff，2001）。社会责任领域的模糊性导致某些企业并不愿意花成本履行社会责任，但出于利益集团的压力，会考虑进行社会责任寻租来达到利益集团的社会责任预期。

（3）有限理性和不完全信息假设。这里所讨论的政府、企业、媒体、社会组织都是有限理性的，它们在既定的认知水平和环境下实现自身利益的最大化。因此，在社会责任行为的评价标准并不确定的情况下，企业实施某一项社会责任行为所带来的社会福利的改进在不同的评价体系下也会有所不同。因此，对同样的企业社会责任行为，不同的评价机构、不同的消费者会有不同的评价，这是由社会大众的有限理性所造成的，即对社会责任行为的认知会受到其自身因素、外界因素等各种因素的影响。这为社会责任组织、媒体等传播者加工社会责任信息提供了可能。此外，企业履行社会责任的目的是迎合社会利益集团的需要，但是如果企业的社会责任信息披露不充分，利益团体就无法充分了解企业的社会责任行为；如果企业社会责任信息被相关组织部分披露或炒作，则可能会放大或缩小企业社会责任行为带来的实际效果。因此，信息不对称和信息不完全可能会扭曲公众对企业社会责任行为的认知，进而为企业与信息披露者之间的寻租提供了机会。

（4）企业社会责任行为决策的网络化假设。本书讨论的社会责任寻租行为，并非单纯的企业行为。因为企业社会责任行为决策是企业在考虑其所处的社会责任网络中的所有参与个体的行为后做出的，这其中包括了社会责任信息的传播者——政府、媒体或社会责任机构，以及社会责任信息的接受者——消费者、投资者等利益相关方。在以企业社会责任为联结的社会网络中，企业与媒体、政府、社会责任机构以及企业社会责任的终端获益者消费者、投资者等利益相关方之间，通过企业履行的社会责任行为而建立起直接和间接的联系，通过不断的互动，企业与媒体等传播者之间形成社会资本，并且在不断的互动中强化彼此之间的联结，形成利益共同体。而与企业间接联结的消费者或投资者等利益相关方，需要间接通过传播主体建立起与企业的关系联结，因此是一种松散和较弱的关系联结。因此，在以企业社会责任为联结的社会网络中，企业与传播者极易通过频繁的互动形成共谋。而关系联结较弱的终端消费者或投资者与企业之间，却很难通过企业的社会责任行为建立起共同利益，这是企业与传播者之间进行社会责任寻租的重要前提。

二、企业社会责任寻租的表现及后果

1. 企业社会责任寻租的表现

企业社会责任寻租的表现形式多种多样，依据划分角度的不同，可以将企业社会责任寻租的表现进行不同的区分。

（1）基于不同寻租程度的企业社会责任寻租行为表现。按照寻租程度的不同，可将寻租行为划分为两种：一种寻租是在既定的制度或政策条件下的寻租行为，目的是在既定的制度设计和政策安排下获得垄断收益，最终收益来自于市场；另一种寻租是妄图改变既定的制度或政策安排，从公共领域获得利益（仲伟周，2008；刘启君，2005）。对于企业社会责任寻租而言，根据寻租程度的不同，同样可以划分为既定社会责任标准下的寻租，以及社会责任标准寻租。

从既定标准下的企业社会责任寻租来看，由于社会责任领域的模糊性以及社会责任标准的模糊性，既定标准下的社会责任寻租主要发生在发达国家或社会责任运动较为成熟的国家，它们在很大程度上已经对社会责任的标准达成了行业领域范围内的共识，这种情况下，企业如果希望通过社会责任寻租获得更高的收益，可采取降低社会责任成本或提高社会责任收益的方式。例如，企业可以选择将一部分用于履行社会责任的资源或资金用于向政府游说或向官员行贿，声称履行社会责任对社会非常重要，从而获得政府对其社会责任行为的财政补贴、融资支持、政府采购优先权、公司某些产品的配额或许可、产品支持价格等。企业也可以将用于履行社会责任的部分资金和资源用于社会责任传播机构，花费较少的成本，通过媒体炒作来获得同样的利益相关方支持和经济利益。企业还可以选择通过向社会责任评价机构寻租，获取高于其实际社会责任表现的评价，从而获得社会声誉的提高和消费者支持等。

从社会责任标准寻租来看，由于企业社会责任的模糊性，尤其是在一些发展中国家或者企业社会责任刚刚开始推广的领域，企业社会责任标准的寻租更为常见。即企业企图影响社会责任标准的制定来获得对企业经济利益有利的社会责任标准。较为常见的是企业向政府、行业协会寻租，参与企业社会责任标准的制定，以达到经济上提高其竞争力或弥补其竞争不足的目的；企业以不正当的方式影响商业社会责任评级机构或审计机构的评级标准或审计标准，获得较高的社会责任评价，以获得较多的利益集团支持。

（2）基于不同设租方式的企业社会责任寻租行为表现。McChesney（1988）提出了政府在寻租活动中的创租和抽租行为的划分，认为政府除了以政策为诱饵引诱相关利益集团进行寻租外，还通过管制行为来威胁其进行寻租。前者是为了获得好处，而后者是为了免受处罚。在企业社会责任寻租中，根据设租主体的权力特征，企业的社会责任寻租行为在创租和抽租行为下的表现并不相同。在主体创租行为下，企业进行社会责任寻租是为了从创租主体处获得好处，如企业会游说政府或行贿政府官员来获得社会责任优惠政策或支持政策；企业会向环保组织寻租来获得环保企业证书；企业会向媒体寻租来让媒体着重报道其慈善行为而忽略其不环保行为等。基于此，企业的寻租可以让企业获得更多的利益。但是，在主体抽租行为下，企业进行寻租是为了免受利益的损失，如企业向政府寻租免受政府对企业绿色生产标准、用工合法性的审查或处罚；企业向媒体寻租免于社会责任缺失行为的报道或炒作；企业向社会责任评级机构或审计机构寻租免于获得较低的社会责任评价等。

（3）基于不同主体互动的企业社会责任寻租行为表现。按照不同主体之间的互动关系，企业社会责任寻租行为有以下四种表现：

一是政府—企业互动中的社会责任寻租。从社会责任的政府—企业互动中来看，企业社会责任寻租成为企业干扰政府决策的重要手段。然而，政府—企业互动中的社会责任寻租租金与一般经济行为的寻租租金性质有所不同，除了经济租金外，企业以社会责任的名义还可能向政府寻求政治关联，此时，企业的社会责任行为异化为一种"政治献金"，目的依旧是获得更多的经济租金。因此，在政府—企业的互动中，将企业社会责任寻租行为划分为两类：一类是企业向政府寻求政治关联的社会责任行为，例如 20 世纪 90 年代较为盛行的企业捐赠行为，往往是企业支持政府发起的社会福利项目，从而获得政协委员或者人大代表席位，进而获得企业与政府的更高政治关联度，从而有机会影响政府政策决策或资源配置，获得市场竞争的额外收益；或者由国家任命的国有企业管理人员为了寻求政治上的晋升，通过行使社会责任获取更高的政绩等。另一类是企业向政府寻求政策租金的行为，也就是前面所提到的为了获取政府相关补贴、支持政策而向政府游说或向相关部门及工作人员行贿。

二是社会—企业互动中的社会责任寻租。从社会责任的社会—企业互动中来看，社会责任寻租成为企业通过不正当竞争获得竞争优势的重要手段。社会主要是指具备公权力的主体，包括社会组织、媒体和社会责任机构。从社会组织来看，一些非营利性社会组织或公益性组织、NGO、行业协会等，凭借其对某一公益议题或某一行业的公信力，而对企业的社会责任行为进行干预，但权力进入后便有了企业借助社会责任名义进行寻租的行为，例如凤凰网 2013 年报道过中华环保联合会曾遭到媒体质疑，其容忍污染企业进入环保协会，企业只要缴费就可以成为会员。从媒体来看，向媒体进行社会责任寻租更为普遍。随着媒体对社会责任行为的曝光度越来越高，企业社会责任行为的舆论导向对企业声誉和企业形象的影响越来越大，从而具有了一定的广告传播效应（徐丽萍等，2011），于是越来越多的企业通过不正当手段干扰媒体或社会责任机构的信息传播。例如，2008 年的紫金矿业污染事件，某财经类杂志收下企业 6 万元"广告费"后进行"封口"；再如，越来越多的平面媒体开展社会责任评选榜，为企业的社会责任做宣传，从而获得企业赞助费、广告费等。从社会责任机构来看，向机构寻租也正在渐渐兴起。2006年以来，我国企业社会责任在得到快速发展的同时，社会责任机构越来越多，大多是由科研院所或事业单位等公共部门组织牵头或合作成立，主要进行社会责任咨询、社会责任绩效评价、社会责任战略规划等，并通过媒体发布各种各样的社会责任评价榜，很多单位的社会责任报告对社会大众产生了较大的舆论宣传力。因此，就出现了企业通过向社会责任评级机构"行贿"获得较高的社会责任评级排名的行为。

三是企业—企业互动中的社会责任寻租。从企业—企业的互动来看，社会责任寻租也在逐渐发生，并对产业链的优化升级产生阻碍。对于一些在产业链中处于中心地位的企业，其社会责任战略逐渐覆盖整个产业链，不符合其社会责任标准的供应商或销售商为了获取市场交易机会，就可能出现社会责任寻租行为，类似于耐克采购无资质小作坊原料的行为，以及沃尔玛销售农残超标产品的行为越来越多。企业之间的社会责任寻租行为会对真正履行社会责任的企业造成不良影响，从而将社会责任驱逐出产业链，影响产业链的优化升级。

四是政府—社会互动中的社会责任寻租。政府—社会互动中的寻租行为已经得到越来越多的关注，但是对于社会责任领域的政府—社会寻租行为还较少被提及。例如，媒体报道很多行业协会利用其政府背景，成为政府代言人和敛财工具，其中不乏环保类协会等公益组织；某地绿色行业协会向政府寻租修改本地政府的市政绿化工程的采购资质，通过提高进入门槛歧视外地企业的行为，就是社会向政府寻租的行为（徐林清，2012）。

2. 企业社会责任寻租的后果

企业社会责任寻租与一般的市场寻租行为类似，会造成资源的浪费、社会福利的损失。但是，企业社会责任寻租又不同于一般的市场寻租行为，由于社会责任行为的外部性和社会偏好性，导致企业社会责任寻租除了会带来经济上的不良后果外，更糟糕的是可能会造成公权力和公信力不再被信任，以及由此导致更严重的社会后果。具体来说，企业社会责任寻租的后果主要体现在四个方面：

（1）企业社会责任寻租会造成经济效率的损失。尽管对一般寻租行为后果的探讨中，很多人持中立态度并认为寻租行为并不一定造成资源的浪费，并且有可能推动经济制度的改革。但是，对于企业社会责任寻租而言，它的确造成了资源的浪费。企业社会责任寻租行为是企业以行使社会责任的名义隐蔽地向社会责任设租主体进行寻租的行为，因此，原本用于履行社会责任的某些资金和资源被用于寻租，导致该部分资源并没能通过增进社会责任绩效来改善社会福利，而是毫无创造地被转移给设租主体，这实际上是一种资源的浪费。另外，企业社会责任寻租还造成了社会福利总和的损失。与一般的寻租不同，企业社会责任寻租造成的资源损失，对应着社会福利的增进，从而造成了社会福利的损失。这种社会福利的损失是一种机会概念上的损失。也就是说，如果将用于寻租的资源用于履行社会责任，这部分资源将会转化为社会福利的增加；而如果用于寻租，则这部分资源只是被转移而毫无创造。因此，企业社会责任寻租不同于一般寻租，它最终造成了社会福利的损失。

（2）企业社会责任寻租会破坏社会责任秩序。企业社会责任寻租会影响机会公平。机会公平是一个政治学概念，指社会能够让每一个人的自主活力得到充分发挥并且由此获得成就的机会，即在同等能力和同等努力的前提下，应该获得应有的机会。然而，当企业实施社会责任寻租而不被发现或不被惩罚时，就会损害其他合规履行社会责任的企业获得正常社会责任绩效的机会。在这种情况下，实施寻租的企业可能只需要花费较少的成本、资源或精力，就能够获得比切实履行社会责任的企业更好的企业形象、更多的利益相关方支持和更好的经济效益，这可能会导致其他企业的付出得不到应有的回报，从而损害了其他企业参与正常社会责任竞争的机会。这种同等社会责任能力或社会责任投入却无法得到公平回报的情况会导致市场"柠檬效应"。既然寻租能够带来同等投入下更好的收益，则会有越来越多的企业参与社会责任寻租，从而破坏正常的社会责任秩序。

（3）企业社会责任寻租会形成糟糕的立法和政策。企业社会责任寻租的前提之一是社会责任标准的模糊，以及社会责任与企业绩效之间关系的模糊。但是，由于政府、公众对社会责任具有偏好，因此社会责任行为在得到鼓励的同时，社会责任寻租也会出现。而对社会责任标准的寻租将会最终导致糟糕的立法和政策体系。如果公权力和公信力主体发现它们的行为干涉能够为企业带来寻租机会，在标准模糊的前提下，就会有企业愿意寻租，游说或者行贿社会责任标准制定者、政策制定者、相关法律规制制定者，以获得有利于企业自身的社会责任标准。因此，在多方企业不同角度的寻租下，最终将会形成对某些利益集团有利的立法或政策，而这些对某些利益集团有利的政策或立法往往是维护少数人利益的，进而丧失了立法的公正性，偏离社会责任政策的目的。

（4）企业社会责任寻租会导致政府和社会组织公信力的丧失。由于企业社会责任寻租行为是企业与公权力组织、公信力组织、部分垄断企业之间的隐蔽的钱权交易，具有不正当性、不道德性甚至犯罪性，一旦被公众发现，将会面临着公众对政府、社会组织等公权力和公信力的不信任。而当公共部门失去了社会大众的信任时，它们对企业社会责任行为就没有了干涉力，进而将会失去对企业社会责任行为设租的可能，由此导致社会责任寻租行为的消失。与此同时，公共部门不再被信任也将意味着人们会对企业的任何社会责任行为的正当性、真实性产生质疑，这种质疑会改变社会大众对社会责任行为的偏好性。当社会大众不再认为社会责任是"好的"，企业社会责任对企业经济绩效和企业发展的影响力将会下降，企业履行社会责任的动力将会减弱，将导致企业社会责任的倒退。

三、企业社会责任寻租的治理

1. 企业社会责任寻租行为的治理框架

（1）企业社会责任寻租的租金产生与消散。企业社会责任寻租首先作为一种寻租行为，起源于社会责任租金的利益驱动。因此，对社会责任寻租行为的治理，最终也应该从租金的消散角度着手考虑。然而，不同于其他领域的寻租，社会责任寻租的本质是信息寻租。在信息不对称和公众偏好的前提下，社会责任领域的模糊性，为公权力、公信力、垄断力主体提供了制造租金的可能性。它们通过利用其对消费者注意力的影响，干涉企业消费者或其他利益团体对企业社会责任的注意力，从而创造租金。因此，在社会责任寻租过程中，租金的制造者来源于社会责任信息的制造者。而社会责任信息的制造是由企业、公权力主体、公信力主体、垄断力主体共同参与，并且对社会责任信息传播过程进行扭曲，从而与社会责任寻租的企业合谋获得非生产性收入即租金。因此，从社会责任寻租租金的产生分析，它对应着社会责任寻租的租金消散途径，具体可以归结为以下几个租金消散渠道：

第一，社会网络的社会责任偏好性、模糊性形成社会责任信息租金的集体非理性瓜分。如果将社会责任利益相关方群体看作一个社会网络，网络成员包括企业、公信力主体、公权力主体、垄断力主体、消费者、投资者、其他社会责任相关方，并且形成以企业为社会责任行为者，公权力、公信力和垄断力为传播者，消费者、投资者和其他间接利益相关方为终端决策者的社会网络三级结构。社会网络对社会责任的偏好形成了消费者消费或投资者投资的边际需求，从而整个社会有关社会责任的正式制度或非正式制度都是鼓励企业社会责任绩效的。根据社会网络相关理论，行动者为了实现利益最大化必然会寻求与资源拥有者进行资源控制权的交换。消费者、投资者、其他间接利益相关方作为社会责任的偏好方，同时也是社会责任信息的劣势方，更加容易地促成了行动者和传播者之间的合谋，并且在缺乏有效监管的前提下，企业、公权力主体、公信力主体和垄断力主体共同组成的社会责任网络中，个体利益与集体利益的冲突最终造成集体的非理性行为，即合谋进行社会责任寻租，最终未能实现社会责任投入带来的福利增进。因此，在基于社会网络的社会责任偏好前提下，社会责任寻租的治理需要从社会网络的整体层面协调网络成员个体利益与群体利益的非一致性，才能够有效规避社会责任寻租行为。

第二，企业对声誉和利益最大化双向追求的利弊权衡。中国处于经济转型的重要时期，企业依靠低成本进行竞争的潜在可能越来越小，声誉作为无形资产，对于企业培养市场竞争力越来越重要。企业的社会责任行为越来越成为企业建立市场声誉、提升企业形象的重要手段。然而，企业的社会责任绩效目前仍然是在投入—产出框架下，节约社会责任成本，获得最大化社会责任绩效依旧是企业逐利的最大动力，企业依旧保有社会责任寻租的动力。然而，社会责任寻租行为作为在一定风险系数下能够帮助企业同时获取企业声誉和企业社会责任绩效最大化的手段，必然成为企业履行社会责任过程中的重要决策选项之一。

第三，公权力、公信力和垄断力主体之间对社会责任租金的竞争性分配。首先，基于社会责任，公权力、公信力和垄断力主体共同形成企业有关社会责任的社会网络，在权力无法受到良好监管的情况下，双方均具有动机进行租金交换，从而在企业社会责任网络中形成社会责任租金。其次，当企业寻求与公权力、公信力或垄断力等社会责任设租主体的合谋时，设租主体之间同样存在对社会责任租金的竞争。政府对社会责任机构（媒体或社会责任评级机构）具有管制权，从而在社会责任机构设租过程中具有讨取租金的能力。媒体对垄断企业具有监督能力，它在对垄断企业的社会责任设租行为中，同样处于有利地位。因此，社会责任租金在设租主体之间的竞争性分配构成社会责任租金的产生与消散。

（2）企业社会责任寻租的社会网络治理框架。基于前文对社会责任社会网络治理构架的论述，社会责任寻租行为的治理需要通过解决社会责任行为者、传播者和终端决策者之间的集体行为非理性来减少社会责任寻租导致的效率损失。而企业对社会责任声誉的偏好，以及传播者对社会责任租金的竞争，会成为社会责任租金消散的两大重要途径，从而本书的社会责任寻租行为治理框架主要围绕以上三点进行设计，如图1-3所示。具体包括以下几个关键点：首先，对社会网络中集体非理性的治理，减少终端决策者的信息劣势；其次，对社会网络中社会责任行为者的社会责任行为动机进行矫正；最后，对社会网络中社会责任传播者的权力进行规范，增加租金竞争制约。

2. 社会责任寻租的治理对策

（1）社会责任寻租的治理原则——基于偏好治理的分析。个体对于群体非理性的结果是有所认识的，这是一种无法自拔的"囚徒困境"，要想实现困境中的突破，就必须为个体追求利益最大化的行为进行边界限制，并且在既有缺乏对个体理性思考的制度框架（正式或非正式）中加入个体理性。

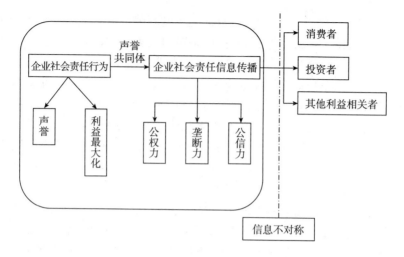

图1-3 企业社会责任寻租的社会网络治理

目前，社会网络中的群体对社会责任的偏好可以看作一种正当、理性的社会共识，并且能够约束或敦促社会责任行为主体履行社会责任，减少主体因为过度追逐经济利益带来的社会危害。但是，对社会责任的偏好还未能从非正式制度向正式制度进行转化，从而具有模糊性和不规范性，为社会责任租金的产生提供了条件。因此，对社会责任偏好的治理，首先要提升社会责任偏好的规范性，即对社会责任的标准进行更为明确的界定，并且将社会责任偏好从非正式的社会制度向正式的社会制度推进。

对于权力所有者而言，由于对社会责任的偏好具有模糊性，其往往会依据自身利益选择社会责任偏好标准和程度。在缺乏规制的情况下，作为社会责任寻租中的设租主体，它们是推动社会责任寻租的关键群体之一。因此，对于权力所有者，需要从外部正式制度上，对其个体行为进行约束。对于社会责任行为者——企业而言，社会责任可以帮助其累积声誉，但不履行社会责任可以帮助其节约成本，这意味着不同类型、特征的企业群体对社会责任的行为偏好有所不同，从而其开展社会责任寻租的程度也有所不同。因此，对于企业，制度约束社会责任寻租是必要手段，与此同时，还应该在社会责任制度中考虑企业个体理性的需求，设定针对不同类型企业的不同社会责任标准。对于终端决策者而言，可通过社会责任组织等进一步明确其对企业社会责任的偏好标准，改变其在与企业的社会责任信息交互中的劣势地位。因此，基于社会网络中社会责任主体偏好来治理社会责任寻租，应遵循表1-1所示的基本原则。

表 1 - 1　基于社会责任主体偏好特征的社会责任寻租治理原则

主体	行为特征	治理原则
企业	偏好声誉或偏好利益	治理制度设计中统一考虑声誉和利益
公权力主体	偏好具有模糊性	采用正式制度约束
公信力主体	偏好具有模糊性	公信力竞争与分散
终端决策者	偏好明确但标准模糊	明确正式制度标准

（2）企业社会责任寻租行为的非理性结果矫正。第一，正式制度约束企业寻租行为。此处针对企业的社会责任正式制度建立，需要考虑国家法律层面的普遍约束制度，并且还应该推进企业自身着手建设社会责任制度。从国家宏观层面来看，由于社会责任寻租行为的隐蔽性以及影响的不可计量性，其在企业社会责任建设刚刚起步的发展中国家往往会被忽视，在国家宏观制度、法律层面上仍然是空白。而事实上，国家宏观层面的正式制度建设是对社会责任偏好的具体化，从而降低社会责任领域的模糊性，减少寻租的空间。从企业微观层面来看，由于社会责任的履行需要付出成本，出于逐利的动机，即便企业偏好社会责任，也希望在成本最小化的基础上获得更好的社会责任绩效，进而选择社会责任寻租。而基于企业微观层面的社会责任制度建设，则是通过对企业组织行为的规范，形成对企业社会责任偏好的强化，减少其投机取巧地履行社会责任的动机。

第二，声誉制度促进寻租动机矫正。正式制度作为外部约束，是规范企业个体理性的重要方面。此外，非正式制度中的声誉制度是矫正企业社会责任寻租动机的关键。企业履行社会责任的重要动机之一在于提高声誉，而选择寻租虽然可以降低社会责任成本，但是也增加了社会责任风险，一旦寻租行为被曝光，其建立起来的社会责任声誉被毁，有可能会严重影响其经济绩效。在社会责任声誉未成为制度之前，社会责任寻租被曝光带来的声誉损失往往会低于收益，企业依旧会选择社会责任寻租。但如果将社会责任声誉外化为制度，例如通过社会责任声誉等级制度的方式，企业的声誉评价中加入对社会责任寻租行为的考察，会大大增加社会责任声誉损失，从而在很大程度上矫正企业社会责任寻租的动机。

（3）设租主体行为的治理。设租主体是公权力、公信力和垄断力的拥有者，由于社会责任在社会网络中的传播特征，使它们有了设租的可能。但由于这三种权力性质存在差异，因此对社会责任设租主体的治理，应从正式制度制约和大众监督的层面入手，着重分析对公权力和公信力两种主要社会责任设租主体的治理策略。

第一，调整公权力边界和干预形式。公权力的拥有者是政府组织或政府官员。在社会责任寻租的概念下，公权力不正当干预企业的社会责任行为，会增加社会责任租金，从而催生更多的社会责任寻租。公权力不当干预主要存在三种形式，包括社会责任权力过度干预、干预方式不得当、执行信息不公开。基于此，对社会责任公权力的治理，首先，需要公权力主体对社会责任的权力边界进行明确划分，根据经济社会发展的整体规划，调整公权力干涉企业社会责任的权力边界；其次，公权力主体对权力的干预形式进行调整，由于企业社会责任行为的动机是增进企业声誉，因此应该减少直接的财政支持，转而采取荣誉、鼓励等间接激励方式，支持建设社会责任声誉等级制度。

第二，将社会大众纳入公信力竞争和监督中。公信力的拥有者是第三方机构、非营利组织、媒体等。它们因为在社会责任信息传播中发挥作用而拥有了设租能力。由于公信力机构本身作为公正的第三方存在，当其自身的偏好无法与社会大众一致时，就会产生寻租和腐败。对于公信力的治理，除了依靠法律法规等制度制约外，更重要的是要增进公信力主体之间的相互竞争，对社会责任租金进行分散。一方面，通过新媒体、网络社区等渠道，拓宽社会责任公信力主体的范围，将社会大众容纳到社会责任评价中来，可以对原有社会责任组织公信力进行分散，从而降低寻租的可能性。另一方面，增加大众对社会责任公信力组织的监督。同样依靠互联网的力量，可以更为有效地对媒体的寻租行为进行监督，从而扼制媒体对公信力的滥用。

（4）社会责任行为评价标准化。消费者和投资者等购买或投资的决策者在整个社会网络中处于终端，他们虽然对社会责任具有明确的偏好，但是由于在社会责任信息传播中的劣势地位，不一定能够对社会责任信息进行正确的辨别。因此，增强终端决策者对社会责任信息的辨别能力，是减少社会责任寻租的直接、有效方法。除了前文提到的将更加广大的终端决策者纳入公信力的参与和监管中外，更重要的是要对企业的社会责任行为评价进行标准化。政府部门或公权力机关根据本国或本地区的社会责任发展状况及战略规划，制定容易理解的企业社会责任行为评价标准，帮助消费者和投资者等终端决策者识别传播信息，评价企业社会责任行为。

第二章 责任共演：新工业革命情境下企业社会责任的合意转型

本章概览

　　无论是从"能源基础观"（Rifkin，2011）的角度还是从"结构性技术基础观"（Wadhwa，2012；Mills 和 Ottino，2012）的角度来看，新工业革命的到来已经在很大程度上成为理论界和产业界的共识，越来越多的有识之士投入到新工业革命的内涵界定、阶段判定、基本特征、形成原因、影响效应以及应对策略等相关研究中。其中，新工业革命在宏观、中观和微观层面可能产生的影响成为研究的热点与重点。比如，从宏观影响来看，黄群慧和贺俊（2013）研究了新工业革命对中国经济发展战略调整的影响，认为新工业革命将使制造和制造业的经济功能可能被重新定义，国家和企业竞争力所依赖的资源基础和要素结构，从而全球产业竞争格局可能被重构；从中观影响来看，戚聿东和刘健（2014）探讨了新工业革命对产业组织模式的影响，认为新工业革命将推动产业组织模式出现规模经济效应弱化、产业集中度和规模起点降低、市场进入壁垒下降、中小企业优势显现、可竞争市场结构形成等特征；从微观影响来看，王钦（2014）研究了新工业革命将带来的企业管理变革，认为新工业革命将对已有企业管理理论和逻辑形成挑战，管理变革呈现出社会资源"再组合"的趋势性特征。由于企业是宏观经济发展和中观产业组织运行的微观基础，由此导致新工业革命在宏观层面和中观层面的影响都必然以企业这一微观主体为载体，这意味着研究新工业革命在微观层面对企业行为的影响至关重要。显然，目前对这一领域的研究仍然相当缺乏，尤其是对新工业革命之于企业竞争行为（范式）的影响更是缺少系统研究。

　　首先，本章探讨了工业革命与企业社会责任共同演进的逻辑关系。企业社会责任是一种新的企业行为方式，这种行为方式深受制度环境、技术变革、社会文化等方面的影响，工业革命是社会价值创造范式的巨大变革，每一次工业革命都是在技术变革基础上驱动社会生产和生活方式的变化。新的社会生产方式和生活状态引致社会问题的复杂化，在社会思潮的影响下，第一次工业革命时期"商人主导的企业社会责任"在第二次工业革命时期发展成为"公司主导的企业社会责任"，并在现阶段朝着"平台主导的企业社会责任"演进。

其次，本章进一步分析工业革命对企业竞争范式的影响。新工业革命本质上是一场技术经济范式的更迭，由此必然引起以相应的技术经济范式为基础的企业竞争范式的全面转变。这意味着在新工业革命情境中，企业需要重新思考"为什么而竞争""用什么去竞争""怎样竞争""在何处竞争"等基本问题，超越传统的竞争理念、竞争方式、竞争基础、竞争重点，适应新工业革命技术经济范式的要求。本书通过深入研究发现，新工业革命将会推动超竞争环境成为新常态，竞争理念将由传统的零和博弈竞争转变为基于共享价值的竞争与合作，竞争方式将由原来的个体间竞争、供应链和价值链间竞争转变为商业生态圈间竞争。与此同时，竞争所依赖的战略性资源构成发生新变化，资源边界由"供给侧"拓展至"需求侧"，数据、平台和关系资本都成为重要的战略性资源；竞争所依赖的核心能力与动态能力也有新发展，双元能力在动态能力中的地位更加重要，制造能力则回归成为企业的核心能力。最后，企业竞争重点开始发生转移，订单赢得因素由传统的价格和质量转向速度、服务和参与，时间竞争、服务竞争和基于用户参与的竞争代替成本竞争和质量竞争成为竞争的优先领域。

第一节　工业革命与企业社会责任：共同演化的视角

工业革命是社会价值创造范式的巨大变革，每一次工业革命都带来巨大的技术变革，引起社会生产方式、生活方式及社会思潮的变化，对制度环境、社会文化等产生剧烈影响。作为内嵌于社会网络与制度环境中的企业，其行为方式与价值创造范式也必然与工业革命的进程息息相关，相互作用甚至共同演进。特别是，企业是否应当对社会负责任、企业应当对社会承担哪些责任以及企业应当如何对社会负责任等深层次的企业行为与价值创造问题，均与工业革命触发的制度环境、技术变革、经济发展水平以及社会文化变化密切相关，均以某种方式嵌入于工业革命演进脉络之中。然而，目前尚没有研究对工业革命与企业社会责任之间的关系进行探索，更缺乏从工业革命视角研究企业社会责任的演进规律，而这些对于在新工业革命背景下推动企业社会责任健康可持续发展具有十分重要的意义。①

---

① 本节核心内容发表于：肖红军，李先军. 工业革命与企业社会责任：共同演化的视角［J］. 经济与管理研究，2017（3）.

一、工业革命与企业社会责任共同演进的逻辑

企业社会责任的发展延续着一条可追溯的逻辑主线，早期对企业社会责任的认知是将其视为纯粹的企业或者企业家自愿的慈善行为（Clark，1916；Sheldon，1924；Bowen，1953；Dodd，1932），工业革命之后企业规模的迅速增长导致企业的权利和影响力扩张，基于权责对等的基本假设，企业社会责任被视为企业对企业权利扩大化后的必然结果（Davis，1960；Davis，1967），而随着工业革命之后"环保主义""人权主义"等社会思潮的发展，企业需要在单纯的获利行动之外承担社会责任以回应"社会舆论和社会思潮"的压力（Frederick，1986）以及社会对组织所寄托的经济、法律、伦理和自由裁决的期望（Carroll，1991），并通过社会责任的承担向利益相关方履行一组多边（Freeman，1990）或者综合社会契约（Donaldson 和 Dunfee，1994），并以社会责任这一新的价值创造方式实现企业的财务以及战略目标（Porter 和 Kramer，2002；Porter 和 Kramer，2006），进而实现企业的社会价值（李伟阳和肖红军，2011）。工业革命的发展，推动了企业社会责任理念和认识的不断进步，也推动了企业履责方式、履责行为的不断丰富，工业革命与企业社会责任表现出共同演进的历史逻辑，然而，由于企业社会责任与工业革命都是囊括众多概念的系统，理解企业社会责任和工业革命的内在关系就需要在这个抽象的复杂系统中理出清晰的逻辑主线，这个逻辑主线就是企业社会责任与工业革命的内在关系逻辑。

工业革命首先是一场技术革命，推动社会生产方式和生活方式的变化，并可能引发一系列社会问题，对这些社会问题的回应和主动行动构成了企业社会问题的基本形态。以技术、能源和交通通信为基础的三次工业革命决定了社会生产过程中生产工具的选择、组织形态的设计以及竞争方式的变化，在新的社会生产方式的推动下，社会生活方式发生了巨大的变化，社会财富的增长与两极化问题被放大，人类的集聚方式在工业革命过程中以前所未有的速度推进着城市化的发展，人类的衣食住行等行为方式发生了显著的变化。生产方式与生活方式的变化也使工业革命所带来的副产品——社会问题表现出新的特点，一些新的社会问题出现以及老的社会问题在工业革命背景下被放大。这些社会问题尽管不完全是工业革命引致的[①]，但工业革命却是重要的"催化剂"，"因为企业影响了社会，那么它就必须接受随之而来的社会义务"（Davis 和 Robert，1996），企业需要回应

[①] 工业革命可能会带来一些社会问题，但工业革命的发展又会自然地解决一些社会问题，例如第一次工业革命时期出现的童工和女工问题在商人推进的立法运动中没有得到根本解决，而工业革命下的技术进步促进简单劳动力解放，它有利于将工人从繁重的日常性工作中解放出来，工业革命创造的社会财富推动了工厂条件的改善以及"不道德"行为的调整，工业革命可以促进一些社会问题的自然解决。

这些问题，并以主动的姿态和行动去促进这些问题的解决，这个过程就是企业承担社会责任的过程，可以称之为工业责任与企业社会责任的关系路径Ⅰ（见图2-1）。

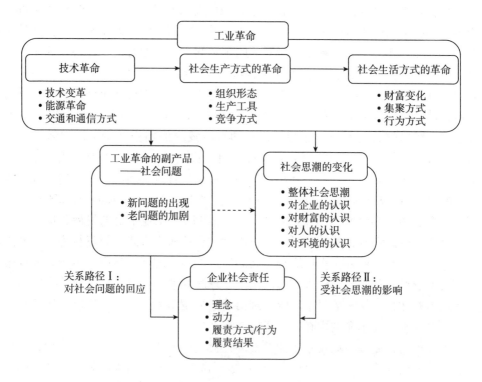

图2-1 工业革命与企业社会责任的关系路径

然而，这些社会问题是否应该由企业承担、应该承担多少以及如何承担，受到文化制度和法律制度等制度因素的影响。社会文化制度"是一个国家或一个地区在长期的社会政治经济实践活动中，逐步形成的一种被普遍遵循的人文精神、价值观念、行为方式以及根深蒂固的习惯势力，是一种没有文字的历史沉淀。它不是通过制度规范和法律条文的形式来表现它的存在，而是通过潜移默化的方式因袭传承"（吕政，2001）。它以一种难察觉的内在作用影响社会中人的行为，甚至对法律制度的形成和发展产生重要的影响。社会生产和生活方式的变化以及社会问题的严峻性使人类开始对工业革命进行反思，开始对工业革命的主体——企业的行为进行反思，开始对工业革命中人的地位和角色进行反思，开始对工业革命中社会发展模式进行反思，开始对人类与自然之间的关系进行反思，这些反思就带来了社会思潮的新变化，并且在工业革命的不同阶段表现出不同的特点。

这些思潮的变化和发展对企业（具体表现在对企业的所有者和经营者）产生了重要影响，企业为了适应变化着的社会环境及未来发展，需要将这些社会思潮融入到企业的经营管理过程中，这个过程是对企业作为"纯粹经济组织"的一种发展，企业在履行"经济责任"的同时履行了"社会责任"。社会思潮既是企业承担社会责任的压力，也是企业主动承担社会责任的理论指导，这是工业革命和企业社会责任的关系路径Ⅱ（见图2-1）。

工业革命引发的社会问题以及社会思潮的变化使企业需要对这些社会问题及社会思潮进行回应，并在社会思潮的影响下从被动回应朝着主动行动演变，促进了社会责任的发展。

二、第一次工业革命与商人主导的企业社会责任

珍妮纺纱机的发明和瓦特蒸汽机的使用是英国工业革命的技术性标志，随着棉纺织业的发展以及对机器制造需求量的提高，钢铁、煤炭、铁路运输等产业快速发展起来，形成了纺织业、钢铁业、煤炭业和铁路运输业等主要现代工业门类，至19世纪30年代，英国基本完成了第一次工业革命。随后，法国于60年代、美国于70年代、德国于80年代、俄国于19世纪末相继完成工业革命。第一次工业革命是人类从农业社会进入工业社会的决定性事件，它改变了社会的生产生活方式，但也带来诸如"城市病"、环境污染等一系列社会问题，这些社会问题也成为批判者诟病工业革命的原因之所在。受古典自由主义和宗教文化的共同影响，商人在这一阶段以一种主动的、零散化的行为履行一定的社会责任，在这一阶段的企业尚处于"二权合一"的阶段，在面对诸如此类的社会问题以及社会思潮的压力下，企业承担的社会责任实际上是商人个人承担的社会责任，因此这一阶段被称为"商人主导的企业社会责任阶段"。

1. 社会生产生活方式的剧变与突出的社会问题

蒸汽机以其力量的优势第一次取代人力、畜力、水力和风力成为社会生产的主要动力，人类从"物的奴役"中解放出来。蒸汽机的使用带动了煤炭、钢铁等行业的发展，人类从以农业生产为主导过渡到以工业生产为主导，人类生产的产品从农产品扩展到工业制品，工业取代农业成为社会生产的主导产业，生产组织朝着大型工厂化的方向发展，并且在人类摆脱水力和风力之后企业布局从河流湖泊周边向具有更多人口的城市和更多煤炭、钢铁资源的地区聚集。这一阶段企业的竞争更多体现为企业主个人能力和影响力的竞争，更有能力的企业主在技术运用、内部管理、市场开拓等方面具有显著的竞争优势，企业主个人的影响力会使其在资源获取、员工管理以及市场方面更有成效。

正如马克思（1848）所言，"资产阶级在它的不到一百年的阶级统治中所创造的生产力，比过去一切世代创造的全部生产力还要多、还要大"，生产力的极大发展也带来了社会财富的快速增长，生活条件也得到了极大的改善，进而促进了人口的快速增长（1851 年英格兰人口增长到 1700 万人，较 1701 年的 500 万人增长了 2.4 倍[①]）。工业的集聚促进了城市化进程，更多的人生活在城市，城市成为社会活动的主要载体。但是，受制于社会财富以及财富分配的限制，与第二次、第三次工业革命相比，第一次工业革命下社会的生活还停留在基本的谋生目的，圈地运动之后的农民转移到城市成为工人、家庭作坊和手工艺人成为工厂化的工人，他们的生产活动是为了个人以及家庭生存的需要，社会生活活动的形式更多地考虑短期生存以及职业发展的问题，但工业的发展促进了人类消费对象的丰富化，工业产品成为新的消费对象，并随着工业革命进程的推进工业品消费在全部消费品中的比例不断增长。

工业革命在创造财富的同时也出现了一系列社会问题，其中最为严重的就是工人工作条件恶劣、童工、女工以及"城市病"。在工厂生产条件下，企业主竭力增加劳动强度，极大地影响到工人们的身体健康，正如马克思在《资本论》第一卷中所描述的："曼彻斯特保健医官李医生证实，该市富裕阶级的平均寿命是 38 岁，而工人阶级的平均寿命只有 17 岁。在利物浦，前者是 35 岁，后者是 15 岁。可见，特权阶级的寿命比他们不那么幸运的同胞的寿命要长一倍以上。"（管佩韦，1980）围绕工人工作条件的问题，英国工人们掀起了广泛捣毁机器的"卢德运动"[②] 作为对资产阶级剥削和压迫的反抗，但这并未能够从根本上改善员工的工作条件。为了勉强的温饱，童工和女工不得不忍受恶劣的工作条件并参与到经济活动中。"在许多工厂中 75% 以上的工人都是童工"，"儿童通常在 5 岁就开始劳动，而且有时在工厂一天要劳动 14 个小时。……童工们经常在劳动时就睡着了，监工们就抓住孩子的腿把他的头浸在水桶里让他清醒一下"。"妇女进工厂劳动是为了挣钱买嫁妆、寻找嫁人的机会，或者是为了增加家庭收入而不得不到工厂来劳动，她们的处境有时也好不了多少。"（雷恩，1986）与此同时，大量人口向城市集中带来较为严峻的"城市病"问题。老汤恩比在论述英国人口移动时写道："在 1751 年以前，每十年最多增加 3%，在以后的三个十年均增加 6%。在 1781 年和 1791 年之间增加 9%，在 1791 年和 1801 年之间增加 11%，在 1801 年和 1811 年之间增加 14%，在 1811 年和 1821 年之间增加 18%。"（Arnold Toynbee，1884）城市人口的快速增长带来一系列"城市病"问题，尤其是住宿、城市卫生恶化等问题。

---

① E. A. 威格利等. 1541 - 1871 年英国人口史 [M]. 剑桥：剑桥大学出版社，1989.

② 卢德是一个年轻人，因遭到父亲的批评而捣毁其父亲的针织机而出名。"卢德运动"从来没有统一的目的和领导人，分散在各地的组织以卢德的名义捣毁机器，并称其为他们的领导人。

工厂化的生产方式必然追逐效率的提高和成本的控制，企业主对工人的剥削依旧成为必然，而工业革命过程中劳动者和土地的分离也必然使更多的劳动力，尤其是妇女和儿童为了自身的生存加入到生产队伍中；与新的生产方式相适应的生活方式的变化使城市容纳了更多的人口，带来"城市病"问题。尽管工业革命与这些问题的发生具有高度的同步性，但其是否由企业来承担，这在第一次工业革命时代很难得到满意的答复，这就变成企业主的个人选择问题。

2. 社会思潮及其对商人履行社会责任的影响

作为一种新的价值实现与行为方式，在第一次工业革命时期，企业社会责任概念尚未出现，古典自由主义（Classical Liberalism）思潮以及根植于民众生活的宗教传统以不同的方向影响企业社会责任。

洛克奠定了古典自由主义，并经由苏格兰启蒙运动发扬光大（陶红梅和陈葵阳，2012），亚当·斯密所推崇的"看不见的手"和"守夜人"是对古典自由主义的经济学阐释。在古典自由主义学者眼中，个人财产权神圣不可侵犯、自由市场经济是完美的，经济生活按照其本身的规律来发展，而置身于经济之外的政府不得加以任何干预（刘金源，2013）。在古典自由主义的指引下，"产权神圣不可侵犯"原则深入人心，企业作为财富的拥有者，应该成为纯粹的经济组织并以"利润最大化"为基本准则，而政府应当扮演好市场"守夜人"的角色，工业革命进程中的社会问题尤其是经济问题应当交由市场自身调节，这也导致诸如工作条件、童工、女工等问题得不到企业的重视。第一次工业革命打破了中世纪的宗教传统，科学成为新的潮流，人类敢于探索自然并改造自然，对自然的认识突破了宗教神学的"上帝创造"主张，人类开始改造自然，但受生产力和技术的约束，人类的改造能力有限，人类将自然置于对立面来看待和处理。此外，人类历史长期的供给不足使第一次工业革命时期生产力的快速增长形成"供给创造需求"的认识，企业在企业内和市场中交易居于主导地位，而员工和顾客相对于企业居于被动地位，这也导致企业的"强势"而无须对其他群体负责。然而，根植于西方的宗教传统却从相反的方向来认识这些社会问题，宗教的各种规定也可能会约束信徒们的行为，虔诚的宗教信徒通常面临着严格的约束（Conroy 和 Emerson，2004）。工业革命所建立的市场体系"归根到底更为依赖的是宗教约束"，而"真理、承诺、信用、义务、节制这些以信仰为基础的社会美德，正在个人主义契约经济的运行中起着核心作用"（邹穗，1998）。基督教教义中的"博爱""原罪""互济与自愿精神"（韩丽欣和郑国，2014）对商人行为具有引导和约束的作用。

在古典自由主义思潮和西方宗教文化传统的共同影响下，这一阶段的企业社会责任表现出较高的柔性特征，企业的社会责任不是"普遍的"，企业的社会责任是少数商人主动承担的社会责任，主要表现为一些商人从个人道德出发对员工工作条件的改善，是一种"朴实主义的个人社会责任"，这一阶段被称为"商人主导的企业社会责任阶段"。

3. 商人主导的企业社会责任的主要特征

在这一阶段，社会问题的出现需要企业的回应，宗教传统内化于商人的行为之中，商人"按社会的目标或者价值向有关政策靠拢，做出相应的决策，采取理想的具体行动的义务"（Bowen，1953），以被动的回应或主动行动履行着企业的社会责任，商人主导的企业社会责任表现出如下特征：

首先，基于宗教传统和个人道德，商人以个体化行为履行社会责任。古典自由主义排斥企业承担社会责任，受主张建立深刻的社会良知及完全恪守个人和社会道德的严格标准的维多利亚价值准则（于1800年左右开始形成）以及基督教中的"博爱""互济与自愿精神"等思想的影响，商人从个人道德出发，以改善员工工作条件和提高员工待遇及少量的捐助保证企业生产的连续性并赢得"尊重"，商人的履责行动表现出随机性和个性化的特征，空想社会主义者罗伯特·欧文、工厂管理的先驱查尔斯·巴贝奇是其中的典型代表。

其次，商人履责形式表现出多样化的特征，但主要关注员工工作条件的改善和少量的社会慈善行为。例如，深受循道宗的影响，工厂主、议员罗伯特·皮尔1801年在下院提出了《学徒工健康与道德法案》并很快被通过，这是著名的第一个工厂法（保尔·芒图，1983），这也成为企业社会责任的立法基础（邹穗，1998）。然而，这一法案并未能从根本上保护童工和妇女，随着工业革命的发展，更好的机器取代了一些简单的工作任务，使雇用儿童和妇女变得不经济，正是发展的资本主义这种经济力量使儿童和妇女摆脱了笼罩在他们身上的威胁。针对城市化所带来的拥挤以及城市卫生恶化问题，有先见之明的建筑商人乔治·皮鲍迪和悉尼·沃特娄开展了所谓的"模范住宅"运动，到1884年，沃特娄以每间2先令1.25便士的周租金为2.5万人建造了或者正在建造房屋，皮鲍迪董事会以1先令11.5便士的周租金满足2万人的住房需求，乔治·皮鲍迪和悉尼·沃特娄的行为既有助于伦敦当时社会问题的治理，投资者也获取了预期回报，这种履责行为已经表现出"工具理性"的基本特征（克拉潘，1975）。

最后，社会责任的履行使商人得到了良好的社会声誉及尊重，进一步促进了商人财富的增加。商人通过改善员工工作条件，提高了员工的工作积极性和个人绩效，促进企业效率的提升，进而促进了商人个人财富的增长。社会慈善活动可以提升商人的社会声誉，有利于市场的扩大和吸引更多的顾客，进而有利于商人财富的进一步增加。

三、第二次工业革命与公司主导的企业社会责任

第二次工业革命的技术标志是电力和内燃机的广泛应用，人类迎来了电气化的浪潮。以电力技术和内燃机技术为基础，一方面推动以蒸汽机为核心的动力体系朝着以电力为核心的动力体系改变，另一方面激发了通信革命，电话、电报、广播等有线和无线通信工具的发展，使人类跨入了信息时代。内燃机的发明和应用直接促进了汽车和航空工业的发展，并在此基础上推动了钢铁、石油、橡胶和精密仪表工业的发展，电力、电器、冶金、汽车、飞机、石油化工等重工业产业结构是这一时期的重要标志（徐玮，1989）。规模化和流水线成为第二次工业革命的标志性生产形态，生产效率极大地提高，要求更大规模的企业组织与之相适应，促进了垄断公司和跨国企业的发展，市场竞争表现为从企业主声誉的竞争转变为企业之间的能力竞争。生产方式的变化也带来生活方式的变化，人口更高水平的集中和集聚表现为更快、更高水平的城市化，消费在第一次工业革命的基础上朝着过度消费、奢侈型消费转变。这些变化导致一系列旧的社会问题的加剧和新社会问题的出现，如环境污染、生态破坏、资源枯竭、两极分化、种族歧视、不道德商业行为等。环保主义、可持续发展、人本主义等思潮不断影响企业对社会问题的认识以及其应承担的社会责任，在国家干预自由主义思潮的普遍影响下，公司从"工具理性"角度，出于保证自身的环境适应性、获取更多的资源、营造良好的社会声誉等目的，这一阶段的企业社会责任从商人主导的企业社会责任阶段朝着公司主导的企业社会责任阶段演进。

1. 社会生产和生活方式的变化与社会问题的加剧

电力和内燃机技术促进了内燃、冶金、石化、钢铁等重化工业以及相关产业（汽车制造、飞机制造等）的快速发展，重化工业主导的产业结构使规模经济成为企业获取竞争优势的重要来源。为获取规模经济优势，规模化和流水化生产成为第二次工业革命时代的重要标志，并进一步发展出全面质量管理（TQM）、准时生产（JIT）等方式。规模化的生产方式也必然要求大型组织与之相匹配，社会生产表现出集中化的趋势，以美国为代表的主要资本主义国家实现了从自由资本主义向垄断资本主义的过渡，企业规模发展到前所未有的程度，并形成以托拉斯为主导的产业资本和金融资本的垄断形态（到1905年大约有300家拥有70亿美元投资的公司控制了美国制造业的40%），并朝着全球公司发展。在此背景下，企业的生产强调规模扩大带来平均成本的下降，进而强调对上下游以及相关资源的控制，生产的产品标准化程度极高，并以流水化生产极大地提高了生产效率。经历第一次工业革命的沉淀，长期困扰人类生存与发展的"短缺经济"开

始朝着"过剩经济"调头，市场竞争白热化，市场竞争从商人能力和影响力的竞争发展成为公司主导的企业组织的竞争，并在规模经济时代朝着战略联盟的竞争和合作方向发展。第二次工业革命带来人类社会财富的进一步增长，人类的消费能力急剧增长，对石油化工制品、钢铁制品等的消费迅猛发展，人类对资源的索取超过了之前的任何一个阶段，强大的消费能力对自然形成巨大的压力。延续第一次工业革命的城市化进程，第二次工业革命使城市化水平得到进一步的提高，1940年美国的城镇化率达到56.5%，140个大城市居住着全美48%的人口①。随着汽车的逐步普及以及交通条件的改善，在第二次工业革命时期出现了"逆城市化"的趋势，一些富裕的中产阶级开始朝着城市周边以及农村转移，但城镇化依然是这一阶段的主流。

第二次工业革命促进了社会生产生活方式的巨大变革，推动人类进入了一个新的发展高度。然而，它也导致一系列新的社会问题的出现，而原有的一些社会问题在这一阶段被放大，如环境污染、生态破坏、资源枯竭、种族歧视、不道德商业行为等，劳资关系、"城市病"、两极分化等作为老问题被延续下来。这一阶段，自然资源的再生速度和环境的恢复能力远低于工业生产的扩张速度，生产的快速扩张也带来消费的快速增长，且两者之间表现出一种互相强化的关系，大量的工业品消费也需要大量的能源供给和其他物资供给，其中尤以对石化能源以及矿物资源的需求最为巨大，人类对物资的消费带来了大量的环境和生态问题，如汽车尾气的排放和生活废水、固体垃圾的排放等。此外，这一时期也是全球化进程的加速期，跨国企业为了在生产经营过程中获取资源或者开拓市场，会采用贿赂、军事支持、政治游说等方式，以一种非公正或者非道德的方式开展经济活动，这些不道德的商业行为已成为全球性的经济社会问题。劳资关系得到了一定的缓和，这主要取决于经济发展所带来的财富增加，工人的基本生活得到了保障，但第二次工业革命所带来的更为激烈和严峻的竞争进一步加剧了两极分化，劳资双方的收入鸿沟越来越大，并具有强烈的"代际传承效应"，成为引发下一代社会问题的重要原因。更高水平的城市化对城市功能和服务能力提出了更高的要求，先发国家在工业革命进程中积累经验并不断修正城市化过程中的问题，"逆城市化"以及更为科学的城市规划和布局在一定程度上改善了城市化过程中的社会问题。全球公司的发展也在一定程度上影响了全球的政治和军事动向，资本主导的政治力量往往引致了世界范围内和局部的战争，造成极为严重的人类灾难。

---

① ［美］阿瑟·林克，威廉·卡顿.1900年以来的美国史（上册）［M］.刘绪贻等译.北京：中国社会科学出版社，1983：292.

2. 社会思潮的变化及其对公司履行社会责任的影响

第二次工业革命进程的加快，导致出现了工厂条件恶化、贫穷、社会分化瓦解和工人流离失所等大量问题，于是人们就求助于政府，使政府的权力空前增大，两次世界大战更使政府的规模不断扩大（陶红梅和陈葵阳，2012），这是国家干预自由主义（New Liberalism）影响的结果。国家干预自由主义者倡导"积极"的自由和责任型政府，主张国家通过税收来干涉经济、调控市场，通过法律手段对社会财富进行二次分配，认为国家有义务"创造这样一些经济条件，使身心没有缺陷的正常人能够通过有用的劳动使他自己和他的家庭有食物吃、有房子住和有衣服穿"。代表人物约翰·密尔发展了"自由"的概念，即"个人的行动只要不涉及自身以外什么人的利害，个人就不必向社会负责交代……关于对他人利益有害的行动，个人则应当负责交代，并且还应当承受或是社会的或是法律的惩罚"。格林也进一步阐释了"个人自由"的概念，个人自由的实现不是无限度的，任何人或阶级都不能以牺牲他人的自由为代价来获得自由。霍布豪斯指出："自由也不以个人的自作主张为基础……自由也不与纪律、组织、对正确和公正的坚强信念对立。"（黄伟合，2005）这是对古典自由主义"放任自由"的发展，为企业承担社会责任奠定了思想基础。国家干预自由主义的发展促进了经济主体（企业和个人）在"有限制的自由框架内"开展经济活动并承担社会责任，也促进了政府干预经济的发展，使第二次工业革命期间企业的社会责任得到了快速的发展，企业社会责任发展到新的阶段。

在国家干预自由主义的整体背景下，第二次工业革命时期社会思潮也出现了新变化，在企业本质、财富、员工和顾客、人与环境之间的关系等方面都出现了一些新的观点和看法。①企业规模的扩大和垄断使企业拥有更多的权利，企业可以对经济体系及其内部主体产生强大的影响力，在"责任铁律"的逻辑下，扩大化的企业权利对应更多的责任，这也为企业从承担单一的经济责任到承担复杂的社会责任奠定了理论基础。②第二次工业革命时期是现代公司组织快速发展的阶段，股份公司成为最重要的企业类型，分散的股东在产权界定上都属于公司的所有者，而职业经理人则成为股东的代理人。股东实际上只拥有股份公司资产的收益权、转让权和处置权，公司股份及其对应的企业资产已经变成社会的共有财产，公司也就成为社会财富的托管人，公司掌握着社会财富，也必然需要为增进社会福利而承担相应的社会责任。③从弗雷德里克·泰勒开始，企业开始关注人的因素，泰勒主张雇主与雇员合作，他认为科学管理的本质是"心理革命"，强调相互之间承担责任，促进企业效率的改善进而创造更多可以共享的盈余。随着管理理论的进一步发展，对员工的关注已从个人扩散到群体，这可以从"霍桑实验"对人际关系的研究以及玛丽·福莱特对"群体原则"的解释中看出。"霍桑实验"发现了良好的人际关系（包括雇员之间以及雇员与管理者之间）有利于企业产出的增加；福莱特提出通过"整合"协调雇员和雇主利益的方式，并将这一概念扩展到公司与外部环境中，如债权人、股东、客户、竞争者、供应商及社区，为企业履行社会责任过程中"利益相关者"（Stakehold-ers）奠定了基础。人力资源和人力资本理论是这一阶段对人的认识最直接的陈述，使企业认识到除了履行经济人获利的责任外，也需要保护员工的利益。④随着人类改造自然能力的提高，自然对人类"破坏性改造"的负向反馈机制也不断强化，环境恶化、资源短缺、生态问题等成为自然摆在人类面前的现实难题，这些问题的出现使人类重新认识自身与自然和环境之间的关系，人类认识到自身与环境之间的共生关系，出现了环保主义、可持续发展观、后现代主义、人本主义等思潮。

在这些社会思潮变化的基础上，企业社会责任理论在以美国为首的西方资本主义国家表现出蓬勃发展的态势，但这些社会责任理论更多的是对第二次工业革命社会问题和社会思潮的回应，理论的发展滞后于现实问题。从 20 世纪 50 年代开始，美国企业将承担社会责任（关注雇员、顾客及一般大众）以及慈善活动（Abrams，1951）作为对企业获取利润的补充，企业社会责任从企业主个体行为朝着公司组织的行为演变。尽管 20 世纪 60 年代人权、女权、消费者权利以及环保运动得到快速发展，但主流观点认为企业承担社会责任会削弱企业利润目标（Theodore，1958），企业社会责任依然让位于企业利润目标。20 世纪 60~70 年代是"企业社会责任的觉醒和重视时代"（Murphy，1978），对企业社会责任的态度开始朝着更加积极的方向发展。Frederik（1960）认为，企业的资源应该用于更广泛的社会目标。McGuire（1963）认为，企业应该承担除经济和法律责任之外的社会责任，社会责任关注的内容极为丰富，诸如社区事务参与及对城市衰落、种族歧视、环境污染和慈善的关注等，但对企业社会责任的关注主要来自外部环境以及社会意识运动的刺激，并在 70 年代后期关注企业社会责任与绩效关系的研究。Frederick（1978）正式提出 CSR1 与 CSR2，前者企业居于履行社会责任的地位，后者关注于企业为了既定目标而履行社会责任，企业从被动地回应社会问题和社会思潮步入了主动行动阶段。进入 80 年代后，理论界对企业社会责任的实证研究增加，关注企业社会责任与财务绩效关系的研究，并在企业主动承担社会问题的基础上引入了企业伦理、企业公共政策、利益相关者等概念，进一步丰富了企业社会责任的内涵。到 80~90 年代，企业社会责任的关注点发生了变化，对企业社会责任的关注变得全球化，对企业全球市民的研究开始出现，并在 2001 年安然事件以及 2008 年金融危机之后对企业社会责任的研究出现了新局面。

3. 公司主导的企业社会责任的主要特征

新的社会问题的出现、旧的社会问题更为严重、社会思潮对企业承担社会责任给予充分肯定和关注，这些推动着第二次工业革命时期企业社会责任的快速发展。在这一阶段，公司取代商人个人成为企业社会责任的主要履责主体，因此，这一阶段被称为"公司主导的企业社会责任阶段"。

首先，履责动机从道德动机的随机履责发展到以商业为目的的"工具主义"履责，并表现出"价值履责"的趋势。这一阶段的企业社会责任是一种管理哲学，是首要的商业方法（Berger 等，2007），企业承担社会责任是为了获取财务绩效的改善，或是出于声誉维护、利益、战略整合、学习、创新和风险管理的目的（Zadek，2000），或是出于降低成本和风险、获取竞争优势、培养声誉和合法性以及通过协同价值创造寻求双赢（Kurucz 等，2008），或是为了在实现经济目标的同时与外部市场优势进行协调。通过社会责任的履行，企业可以与企业战略链接起来获取有利于回馈社会的商业机会（Porter 和 Kramer，2008）。此外，这一阶段的部分企业履行社会责任也是出于社会价值动机，企业承担社会责任的动机无关乎经济原因，"社会责任价值是组织的生命之源，并且以各种形式整合进组织之中"（Berger 等，2007）。

其次，履责方式表现出显著的地域差异。美国企业的社会责任实践深受公司慈善传统的影响，而欧洲更倾向于将企业社会责任融合于核心商业运营中，所以对慈善活动并不关注，甚至有时明显地将此排除在企业社会责任定义之外（Elkington，2004）。以美国铁路行业为开端，企业经营权和管理权开始分离，企业与企业主共同承担社会责任的局面开始形成，公司各个主体慈善捐助的合法性得到广泛的承认，并且慈善捐助的规模也不断增长。例如，埃兹拉·科内尔捐资建立纽约州的伊萨卡学院，约翰·霍普金斯在巴尔的摩创办约翰·霍普金斯大学，约瑟夫·沃顿捐资 10 万美元建立美国第一所商学院——沃顿商学院，爱德华·塔克捐资 30 万美元在达特茅斯大学创办阿莫斯·塔克管理和财政学院，1891 年利兰·斯坦福创办斯坦福大学，詹姆斯·B. 杜克建立信托基金会创办三一学院（后来的杜克大学），洛克菲勒向芝加哥大学捐献了大量财富并在 1937 年逝世时向普及教育基金会捐赠了 5 亿美元，卡耐基在逝世前共捐赠了 3.5 亿美元用于修建图书馆、大学以及其他基金，诸如此类的案例不胜枚举。欧洲国家的政府参与经济和社会活动的程度非常高，一些国家的政府会提供全民的医疗、养老保险体系，另一些（没有这样做的）国家的政府则会强制性地要求企业承担起这部分责任（Matten 和 Moon，2008）。

最后，企业履行社会责任的制度化建设不断加快。在政府干预的自由主义思潮的影响下，政府也在不断地通过立法活动推动企业履行社会责任，并成为指导和规范企业经营管理活动的依据。针对企业生产经营过程中造成的环境污染和生态破坏等问题，英国1863年颁布《碱业法》、1876年颁布《河流防污法》，日本大阪府1877年颁布《工厂管理条例》等，此后美国、法国等也陆续颁布了防治大气、水、放射性物质、食品、农药等污染的法规（梅雪芹，2000）。针对企业在追逐利润过程中可能的产品质量以及损害消费者的问题，美国1906年颁布《肉制品检查法案》和《食品法》。针对企业可能存在的不正当竞争行为，1914年颁布《克莱顿法案》和《联邦贸易委员会法》，1933年颁布《证券法案》，1934年颁布《证券交易法案》等。为鼓励企业开展慈善事业，1917年得克萨斯州第一个通过《企业慈善法案》，随后纽约于1918年、伊利诺斯州于1919年、俄亥俄州于1920年相继通过了允许企业进行不直接和企业利益相关的慈善活动的法案（万君宝和秦施洁，2015）。

四、新工业革命与平台主导的企业社会责任发展

尽管普遍认为第三次工业革命发端于1946年计算机的发明，但也有部分学者认为第三次工业革命应该从20世纪70年代新材料、生物工程的开发和应用开始，还有部分学者则认为应从20世纪末制造的"数字化""智能化"和"个性化"为代表的现代制造技术开始（黄群慧和贺俊，2013）。事实上，从20世纪中期计算机的发明，到70年代新能源（Rifkin，2011）、新材料（Mills和Ottino，2012）的开发和应用，并在20世纪末互联网革命的快速推动下，第三次工业革命正在全球悄然发生，并如前两次工业革命一样，引起了人们生产、生活方式的重大改变。社会生产所使用的能源、技术和交通通信出现新的突破，新能源、分布式能源增长势头较快，3D打印、智能制造、大数据、云计算、移动互联网等技术引发新一轮创业高潮，并成为传统企业转型升级的技术来源。这些技术的进步使传统的削减式制造朝着叠加式制造转变，从集中式生产到分散化生产转变，并进一步促进企业组织形态的转变，企业在经济系统中以网络节点的形态与其他企业和主体合作，形成平台化和网络化的组织形态。与此同时，社会生活方式也发生变化，知识和创意成为最重要的社会财富，网络的便利化推进社群组织的发展，"产销者"在一定程度上取代了传统的生产、销售、消费分离的模式，绿色消费、责任消费、责任投资、责任采购等逐渐发展，交通通信技术的进步推进人类沟通方式的改变。这些社会生产方式和生活方式的变化也带来一系列新的社会问题的出现，诸如智能化生产带来机器对人工的替代、克隆技术引发的道德危机、转基因过程引发的生态安全忧患、互联网带来社会生活的"虚拟化"和"脱离真实"，这些问题在新的伦理规范下朝着良好的方向发展，但由于社会生产方式的创新依然延续，新的社会问题也还会出现。与新的技术变化相适应的是新的社会思潮的变化，新自由主义思潮在信息社会下具有更为强大的适应性，对企业、人、人与自然关系的认识等都发生了重大变化，并促进了新的社会思潮体系的完善。基于社会问题和社会思潮的变化，需要重新审视现有企业社会责任，形成适应第三次产业革命的指导规范。

1. 社会生产和生活方式的变化及其趋势

第三次工业革命对经济社会发展的最直接影响是引发生产方式变革。首先，以大数据、智能制造、3D打印和无线网络为代表的新技术范式正在全球加速得到应用，引起传统的大规模标准化、用机器生产机器的生产方式被以互联网为支撑的智能化大规模定制的生产方式所替代，更适应单一产品生产的刚性生产系统被适合于生产小批量、多品种产品的可重构制造系统所替代，制造模式则从削减式制造转变为叠加式制造。其次，第三次工业革命以分布在世界各地、随处可见的可再生能源为基础，因此分散式生产是其显著特征。特别是，制造的数字化、智能化、定制化和信息技术的飞跃发展使传统的"集中生产、全球分销"的生产方式加速被"分散生产、就地销售"的生产方式所替代，并且呈现出明显的社会化生产特征。生产方式的变革必然引起不同类型企业的地位变化。相比以往而言，中小企业由于更符合第三次工业革命所强调的个体化和碎片化生产形态以及大规模定制、分散式和社会化生产方式，因此其在支撑整个经济社会系统可持续发展中的作用和影响力更加突出，而大型企业的地位和影响力则相对弱化。最后，第三次工业革命促进了企业的网络化和平台化发展。"分散生产、就地销售"的生产方式、合作式的商业模式，特别是互联网技术的广泛深入应用，促使企业组织模式实现从集权化层级式到扁平化网络格式的变革，"层级组织"被"节点网状组织"所替代。新工业革命是一次产业架构的革命，是价值链或价值网络重新构架的过程（王钦，2014），企业平台和生态圈成为主导的市场组织形态，竞争范式也从传统单企业竞争朝着企业平台或者生态圈的竞争转变，竞争的结果是平台的相互融合和生态圈的不断扩展和更新。

与生产方式相对应的社会生活方式也发生了巨大的变化。第一，知识和创意将成为人类最重要的财富来源。在物质生活基本丰裕的基础上，精神消费需求快速扩张，且在新工业革命时代表现出高度的多元化、差异化以及个性化特征，知识和创意成为新工业革命时代最重要的财富。第二，与分散化生产相对应的是人类生活的去中心化，社群成为新的人类集聚方式。随着互联网、移动互联网的不断普及，航空和高速机车的不断发展，新工业革命改变了工业革命时代的集聚方式，人类的集聚从实体地理空间的集聚（城市化）朝着虚拟空间集聚，形成同时存续在网络和现实中的社群。社群成员在去中心化的网络空间交互，并通过现实空间进行交易，相互重叠和补充，成为社会网络的主导群体。第三，自生产自消费和绿色消费成为新的生活方式。分布式能源、分散化知识以及共享经济的发展促进了生产与消费的统一，消费者根据自己的创意自己设计，并通过市场网络以及产业化的3D技术实现自生产自消费，并在新的道德高地上形成更高水平的绿色消费。"'可持续'这一概念越发深入人心，并内嵌于社会生活之中，而不是简单的社会责任行为。"（杰里米·里夫金，2012）第四，人们对内在价值的追求和基于互联网的社会交往，将推动以非营利组织、非政府组织和社会团体为主导的公民社会迅猛发展，并持续不断地催生出各种形态的新型社会性组织。相对于市场和政府，公民社会在社会治理中的作用更加突出，成为企业所构建的社会责任生态圈的重要组成要素。第五，第三次工业革命引起人们的沟通方式发生翻天覆地的变化。信息技术的高度发达推动信息交流实现"从个体的单向传播，到集体的多维反馈，再到互联的任意沟通"，横向的、用户对用户式的即时网络传播方式代替了一对多、自上而下、集中式、垂直式的传统信息传播方式。互联网上每天充斥的海量信息导致人们更加倾向于选择性接受信息，并加快进入读图时代，而各种网络社区的兴起则极大地增强了人们之间的沟通互动性。互联网、移动互联、高速机车等交通通信方式进一步改善了人类的沟通与交往。

2. 新旧交替的社会问题及社会思潮的变化

新工业革命带来生产与生活方式的巨大变化，一些原有的社会问题在新的技术范式下得到了较好的解决，但也引发了一些新的社会问题。智能制造、可再生能源的高速增长、基于云计算和大数据的产品溯源模式等，使传统工业时代的环境污染、生态破坏、资源枯竭、产品安全等问题得到了有效的缓解。与此同时，由于技术范式的革命性变革，一些新的社会问题开始出现，例如智能化可能引发的机器对人类替代的忧虑，虚拟的社群组织可能会出现的道德危机，互联网的发展，尤其是网络的虚拟化以及电子商务对传统产业的替代，生物转基因可以引发的物种入侵和生态安全问题等，这些问题的出现可能源于快速变化的技术与人类适应性之间的不一致性。

在社会生产、生活方式变化以及新的社会问题出现的现实背景下，社会思潮出现了新变化。第三次工业革命将人类置于巨大复杂的技术互联网和社会网络之中，互联、共享、互动取代个人主义成为更重要的社会精神，"我们逐渐意识到，真正的自由并不是对他人免责的孤岛，而是存在于与他人的紧密联系之中"（里夫金，2012）。与社会网络发展相适应，新自由主义（Neo-liberalism）取代传统无限制的古典自由主义和政府干预的自由主义成为社会的主导思想（Chomsky，1999）。在新自由主义思潮的影响下，对企业本质的认识、对商业本质的认识、对人与自然关系的认识等理念发生了重大变化。①互联网和新型通信技术使人们进入全球性的社交空间和新的时间领域之中，在互联网上分散的、合作性社交网络中，人们乐于用自己的时间和才智（大部分是不索取任何报酬）来为他人谋福利，即人们行为的驱动力来自"对社会性的需要和集体性的寻求"，这意味着亚当·斯密在《道德情操论》中推崇的"道德人"假设更多地得到倡导。相应地，企业本质上被认为是兼具经济功能和社会功能、社会生产属性和社会交往属性相融合的组织，是通过为社会提供商品和服务与有效管理内嵌于商品和服务提供过程中的人与人的关系而增进社会福利的有效方式，这隐含着企业与社会之间存在着耦合与共生关系。②商业本质上是一种生态，商业生态内的各个主体是共生关系。第三次工业革命赖以发生的互联网模式本质上是一种分享协作机制。从企业与消费者关系来看，高度发达的互联网新型交易平台使销售者和购买者之间的"零和博弈"关系被供应者和使用者之间的"共赢合作"关系所取代，利己主义被利益共享所取代。与此同时，消费的同时就是生产，每个人都可以成为生产者，由此改变了制造、营销、运输、物流和服务。消费者拥有了更大的选择权、更强的影响力、更高的价值感，因此传统以厂商为中心的商业模式必然被C2B合作型商业模式所取代。从企业与企业关系来看，交易成本的极大程度下降、消费者对响应速度要求的极大程度提高、网络的价值增值效应和溢出效应的极大程度发挥等，不仅使传统以竞争为主导的关系被以合作为主导的关系所取代成为必要，而且成为可能。企业与消费者、供应商、同业企业、合作伙伴都具有紧密的互利合作关系，共同形成以价值共享为基础的商业生态圈。③对资源认知和配置的新变化。一方面，全新的合作性商业生态圈实际上造就了复杂的资源配置系统，系统中的每一个企业、消费者和社会机构都拥有各自独特的、异质性的资源。不仅企业自身所拥有的资源是企业开展运营和健康发展必不可缺的要素，而且系统中的消费者、其他企业和社会机构拥有的资源数量与质量也会对企业生产经营产生直接影响，其重要性甚至超越企业自身所拥有的资源。企业的任何决策都必须着眼于整个商业生态圈所拥有的资源进行考量，资源配置重点由传统的聚焦企业内部资源转向统筹企业内外部资源。另一方面，不同形态的资源在企业的价值创造活动中的作用将发生明显变化。土地、资金、机器等传统有形要素资源的重要性将会相对弱化，而专有知识、信息、社会关系等无形资源对企业发展的重要性显著提升，甚至成为决定性因素。而且，知识、信息、社会关系都具有动态性特征，新的知识、信息、社会关系可能会源源不断地被创造出来，企业的"资源池"会不断变化，企业所拥有资源的优势也会动态变化。

3. 企业社会责任发展的新趋势

第三次工业革命的到来，从宏观层面来看将会推动经济社会的深度转型，从微观层面来看则会引发包括企业在内的组织运行方式的深刻变革。企业社会责任作为企业有效管理自身运营对利益相关方、社会和自然环境的影响，追求经济、社会、环境综合价值最大化的行为方式，以及作为当今全球企业发展的新趋势和新方向，将不可避免地深受新工业革命所带来的经济社会转型和企业运行方式变革的影响，其发展方向、演进路径和实践模式也必将表现出新的变化、新的特征和新的规律。

（1）企业假设变化引起履责动力更加强调内生性和价值理性动机。第三次工业革命引发人们对传统的人性假设、企业本质、企业与社会关系认知的重新反思。在经典经济理论中，经济学家秉持的是亚当·斯密在《国富论》中提出的"经济人"假设，认为人的行为动机根源在于经济诱因，人的一切行为都是为了最大限度地满足自己的私利。自然地，企业本质上被认为是一个承担唯一经济功能的纯粹经济组织，强调企业在社会中提供或交易产品和服务的经济功能，并默认弗里德曼的"公司只是股东的公司"的现代公司观，这意味着企业与社会的关系被割裂开来甚至对立起来。随之而来的是企业总是尽可能想方设法地逃避承担社会责任，即使承担社会责任，也几乎是在外部施以的强大压力之下不得已而为之或者是在精心计算收益成本之后的理性选择，即企业承担社会责任主要出自外源性动力，并具有明显的工具理性特征。第三次工业革命则对此做出截然不同的解释。互联网和新型通信技术使人们进入全球性的社交空间和新的时间领域之中，在互联网上分散的、合作性社交网络中，人们乐于用自己的时间和才智（大部分是不索取任何报酬）来为他人谋福利，即人们行为的驱动力来自"对社会性的需要和集体性的寻求"，这意味着亚当·斯密在《道德情操论》中推崇的"道德人"假设更多地得到倡导。相应地，企业本质上被认为是兼具经济功能和社会功能、社会生产属性和社会交往属性相融合的组织，是通过为社会提供商品和服务与有效管理内嵌于商品和服务提供过程中的人与人的关系而增进社会福利的有效方式，这隐含着企业与社会之间存在着耦合与共生关系。在这些新的假设认知下，企业存在的目的是创造社会价值，因此承担社会责任是企业发展的内在基因，即企业承担社会责任更多地来自内源性动力，具有显著的价值理性特征。

（2）生产方式变化引起履责主体更加强调中小企业和个体能动性。第三次工业革命对经济社会发展的最直接影响是引发生产方式变革。一方面，以大数据、智能制造、3D打印和无线网络为代表的新技术范式正在全球加速得到应用，引起传统的大规模标准化、用机器生产机器的生产方式被以互联网为支撑的智能化大规模定制的生产方式所替代，更适应单一产品生产的刚性生产系统被适合于生产小批量、多品种产品的可重构制造系统所替代，制造模式则从削减式制造转变为叠加式制造。另一方面，第三次工业革命以分布在世界各地、随处可见的可再生能源为基础，因此分散式生产是其显著特征。特别是，制造的数字化、智能化、定制化和信息技术的飞跃发展使传统的"集中生产、全球分销"的生产方式加速被"分散生产、就地销售"的生产方式所替代，并且呈现出明显的社会化生产特征。生产方式的变革必然引起不同类型企业的地位变化。相比以往而言，中小企业由于更符合第三次工业革命所强调的个体化和碎片化生产形态以及大规模定制、分散式和社会化生产方式，因此其在支撑整个经济社会系统可持续发展中的作用和影响力更加突出，而大型企业的地位和影响力则相对弱化。按照戴维斯的"责任铁律"理论，即企业的社会责任应该与其社会权利相匹配，中小企业在未来所应承担的社会责任应更大，也理应更受到社会的高度关注。因此，目前以大型企业社会责任为重点甚至中心的推动模式将会被更加强调和重视中小企业与个体社会责任的推动模式所取代。

（3）商业模式变化引起履责方式更加强调建设合作性责任生态圈。第三次工业革命赖以发生的互联网模式本质上是一种分享协作机制。从企业与消费者关系来看，高度发达的互联网新型交易平台使销售者和购买者之间的"零和博弈"关系被供应者和使用者之间的"共赢合作"关系所取代，利己主义被利益共享所取代。与此同时，消费的同时就是生产，每个人都可以成为生产者，由此改变了制造、营销、运输、物流和服务。消费者拥有了更大的选择权、更强的影响力、更高的价值感，因此传统以厂商为中心的商业模式必然被C2B合作型商业模式所取代。从企业与企业关系来看，交易成本的极大程度下降、消费者对响应速度要求的极大程度提高、网络的价值增值效应和溢出效应的极大程度发挥等，不仅使传统以竞争为主导的关系被以合作为主导的关系所取代成为必要，而且成为可能。企业与消费者、供应商、同业企业、合作伙伴都具有紧密的互利合作关系，共同形成以价值共享为基础的商业生态圈。商业模式的改变引起企业履行社会责任方式的转变。一方面，目前更加强调企业个体履行社会责任的模式将会被更加重视企业合作网络或生态圈履行社会责任的模式所取代，即认为推动企业所在的整个商业生态圈负责任更为重要；另一方面，企业个体履行社会责任方式将从"授人以鱼""授人以渔"到"搭建渔场"转变，即更加强调创建更多企业合作参与的履行社会责任平台，适应集体性行动的需要，打造形成社会责任生态圈。

（4）资源配置变化引起履责议题更加强调动态发挥比较协同优势。第三次工业革命引发企业对资源认知和配置的新变化。一方面，全新的合作性商业生态圈实际上造就了复杂的资源配置系统，系统中的每一个企业、消费者和社会机构都拥有各自独特的、异质性的资源。不仅企业自身所拥有的资源是企业开展运营和健康发展必不可缺的要素，而且系统中的消费者、其他企业和社会机构拥有的资源数量与质量也会对企业生产经营产生直接影响，其重要性甚至超越企业自身所拥有的资源。企业的任何决策都必须着眼于整个商业生态圈所拥有的资源进行考量，资源配置重点由传统的聚焦企业内部资源转向统筹企业内外部资源。另一方面，不同形态的资源在企业的价值创造活动中的作用将发生明显变化。土地、资金、机器等传统有形要素资源的重要性将会相对弱化，而专有知识、信息、社会关系等无形资源对企业发展的重要性显著提升，甚至成为决定性因素。而且，知识、信息、社会关系都具有动态性特征，新的知识、信息、社会关系可能会源源不断地被创造出来，企业的"资源池"会不断变化，企业所拥有资源的优势也会动态变化。资源认知和配置方式的改变将引起企业社会责任重点议题选择模式的转变。目前，企业往往采取不考虑自身优势而选择普遍性或一般性社会责任议题的模式，或者仅仅考虑自身优势而实施战略性社会责任议题选择的模式；而在将来，企业对社会责任重点议题的选择将从整个商业生态圈的价值创造出发，不仅要考虑自身与商业生态圈中其他组织或个体的相对优势，而且要能够发挥自身优势与其他组织或个体优势的互补效应和协同效应，并随着企业相对优势的动态变化而及时调整，形成基于优势互补与多元协同的动态性社会责任议题选择模式。

（5）组织形态变化引起履责管理更加强调价值观与开放参与管理。第三次工业革命引发的生产、生活方式变革将推动组织形态的深刻变化。一方面，人们对内在价值的追求和基于互联网的社会交往，将推动以非营利组织、非政府组织和社会团体为主导的公民社会迅猛发展，并持续不断催生出各种形态的新型社会性组织。相对于市场和政府，公民社会在社会治理中的作用更加突出，成为企业所构建的社会责任生态圈的重要组成要素。另一方面，"分散生产、就地销售"的生产方式、合作式的商业模式，特别是互联网技术的广泛深入应用，促使企业组织模式实现从集权化层级式到扁平化网络格式的变革，"层级组织"被"节点网状组织"所替代。组织形态的变化必然导致企业社会责任管理的变革。公民社会的兴起和地位提升要求企业的社会责任管理更加重视非营利组织、非政府组织和社会团体的参与，网络组织的盛行意味着企业的社会责任管理必须对所有网络成员开放，并且更加重视位于网络节点上的利益相关方的参与。同时，扁平化的组织结构和社会责任边界的动态性使集权被分权所取代、控制被自主所替代，传统的指令管理（MBI）模式和目标管理（MBO）模式在企业社会责任管理领域变得不适应，取而代之的是价值观管理（MBV）模式，充分发挥社会责任作为企业核心价值观的引领作用和全体员工履行社会责任的自主性。

（6）沟通方式变化引起履责沟通更加强调即时精准和网络互动性。第三次工业革命引起人们的沟通方式发生翻天覆地的变化。信息技术的高度发达推动信息交流实现"从个体的单向传播，到集体的多维反馈，再到互联的任意沟通"，横向的、用户对用户式的即时网络传播方式代替了一对多、自上而下、集中式、垂直式的传统信息传播方式。互联网上每天充斥的海量信息导致人们更加倾向于选择性接受信息，并加快进入读图时代，而各种网络社区的兴起则极大地增强了人们之间的沟通互动性。沟通方式的改变要求企业适应性调整针对利益相关方的社会责任沟通模式。一方面，企业的社会责任沟通应该更加即时精准，不仅传统的年度社会责任报告可能会变得像目前的财务报告披露一样，分为季度披露甚至月度披露，而且社会责任重大信息必然是第一时间披露，并且是动态连续披露；企业不仅要基于大数据对不同利益相关方的关切问题和沟通交流习惯进行深入剖析，以便针对不同利益相关方实施不同的沟通方式和传播不同的沟通内容，保证沟通的精准性和有效性，而且要通过多种技术手段跟踪和评估针对不同利益相关方的社会责任沟通效果。另一方面，企业的社会责任沟通更加强调网络互动性，不仅企业社会责任信息披露的需求了解、内容确定、信息发布、效果评估、跟踪反馈等全过程需要与利益相关方开展互动，而且企业履行社会责任实践过程中也要求通过信息网络与不同利益相关方进行更加频繁的沟通互动，甚至企业会针对特定重要的社会责任项目建立基于互联网的、囊括主要利益相关方的虚拟社区，实现企业与利益相关方、利益相关方与利益相关方之间更加便捷、更加紧密、更加开放的多维互动，拉近相互的心理距离，赢得彼此的利益认同、情感认同和价值认同。

五、工业革命与企业社会责任共同演进的规律总结

1. 三次工业革命与企业社会责任的共同演进路径

基于工业革命与企业社会责任的关系逻辑，三次工业革命的技术基础不同，其对社会生产、生活方式的影响作用不同，进而引发了不同的社会问题及社会思潮的变化，企业社会责任的履责主体、动力、履责方式以及结果均表现出差异，企业的社会责任总体上延续"商人的社会责任—公司主导的社会责任—企业平台的社会责任"的逻辑发展（见图2-2），企业社会责任与工业革命表现出共同演进的趋势。然而，由于各国、各地区工业革命发展阶段的差异性，三次工业革命和企业社会责任共同演进的三个阶段不断交叉和融合，形成同一阶段企业社会责任的"丛林"。

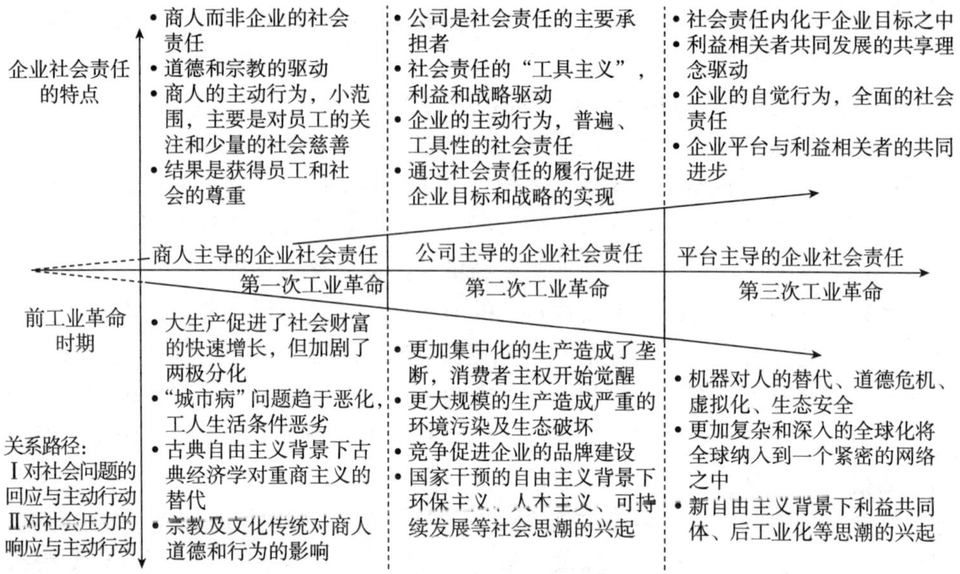

企业社会责任
的特点

- 商人而非企业的社会责任
- 道德和宗教的驱动
- 商人的主动行为，小范围，主要是对员工的关注和少量的社会慈善
- 结果是获得员工和社会的尊重

- 公司是社会责任的主要承担者
- 社会责任的"工具主义"，利益和战略驱动
- 企业的主动行为，普遍、工具性的社会责任
- 通过社会责任的履行促进企业目标和战略的实现

- 社会责任内化于企业目标之中
- 利益相关者共同发展的共享理念驱动
- 企业的自觉行为，全面的社会责任
- 企业平台与利益相关者的共同进步

商人主导的企业社会责任　　公司主导的企业社会责任　　平台主导的企业社会责任

第一次工业革命　　　　第二次工业革命　　　　第三次工业革命

前工业革命
时期

- 大生产促进了社会财富的快速增长，但加剧了两极分化
- "城市病"问题趋于恶化，工人生活条件恶劣

关系路径：
Ⅰ对社会问题的回应与主动行动
Ⅱ对社会压力的响应与主动行动

- 古典自由主义背景下古典经济学对重商主义的替代
- 宗教及文化传统对商人道德和行为的影响

- 更加集中化的生产造成了垄断，消费者主权开始觉醒
- 更大规模的生产造成严重的环境污染及生态破坏
- 竞争促进企业的品牌建设
- 国家干预的自由主义背景下环保主义、人本主义、可持续发展等社会思潮的兴起

- 机器对人的替代、道德危机、虚拟化、生态安全
- 更加复杂和深入的全球化将全球纳入到一个紧密的网络之中
- 新自由主义背景下利益共同体、后工业化等思潮的兴起

图 2-2　三次工业革命与企业社会责任共同演进的路径

2. 三次工业革命和企业社会责任共同演进的总体特征

基于三次工业革命和企业社会责任共同演进的基本逻辑和脉络梳理，三次工业革命及其导致的生产方式、生活方式变革，以及其引致的社会问题、社会思潮的变化与企业社会责任的特点以一种共同演进和发展的方式表现出来（见表 2-1）。

表 2-1　三次工业革命和企业社会责任共同演进的总体特征比较

		第一次工业革命	第二次工业革命	第三次工业革命
技术革命	技术基础	珍妮纺纱机、瓦特蒸汽机	内燃机、发电机、电动机	能源工业、生物工程、信息技术等
	能源革命	煤炭的广泛利用	电力、石油引发的能源革命	核能、风能、太阳能、潮汐能等新的分布式能源
	交通及通信革命	铁路	电话、电报、远洋轮船、飞机、高速公路	互联网、高速机车

续表

		第一次工业革命	第二次工业革命	第三次工业革命
社会生产方式	组织形态	工厂对手工作坊的替代	高度集中和垄断的生产组织，例如跨国公司、托拉斯组织等	大型的平台企业和网状的小组织共生
	生产工具	蒸汽动力的纺纱机、织布机及火车	电力、内燃机	计算机、互联网、移动终端、3D打印机等
	竞争形态	企业主个人能力和影响力的竞争	公司为主体的企业形象、品牌的竞争	平台及生态圈的竞争
社会生活方式	集聚方式	第一个城市化高潮	出现第二个城市化的高潮，"逆城市化"现象出现	去中心化、高度契合的社群组织成为新的集聚方式
	行为方式	工业品消费的快速增长	高消费，尤其是物质产品的消费	产销者、绿色消费、绿色投资
社会问题	新的表现形式	员工工作生活条件恶劣、"城市病"、种族歧视	环境污染、生态破坏、两极分化、种族歧视、不道德商业行为、战争	机器对人的替代、道德危机、虚拟化、生态安全
	根源	经济不发达、政府社会管理能力较低、企业处于原始积累阶段	高度发达的工业生产造成的污染和破坏超过环境自身承受和净化能力、企业全球化过程中的文化冲突和经济冲突、政府社会管理效能有待提高	社会大众尚未能跟上技术的发展步伐，对未知的不可预期
社会思潮	主流思潮	古典自由主义（Classical Liberalism）	国家干预自由主义（New Liberalism）	新自由主义（Neo‐liberalism）
	对企业的认识	利润最大化的主体、价格容器	企业具有多元目标，企业需要关注利益相关者	共享的、社会化的经济组织和平台
	对财富的认识	企业是财富的所有者	企业是财富的受托者	企业是财富的使用者
	对人的认识	工具主义、成本观的雇员"任人宰割"的顾客	资源观、资本观的雇员创造价值的顾客	合伙人观的员工共赢的顾客
	对环境的认识	人与自然的对立和冲突	人与自然的和谐发展	人类与自然的共生发展

续表

		第一次工业革命	第二次工业革命	第三次工业革命
企业社会责任	主导理念	商人的社会责任阶段	公司主导的社会责任	企业平台主导的社会责任
	履责主体	商人个人的社会责任	公司作为最重要经济组织的社会责任，包括股东、经营管理人员、员工等共同承担的社会责任	企业平台生态圈的社会责任，生态圈内的物种和群落都是履责主体
	履责动力	道德和个人正义感	促进企业战略目标及经济绩效的实现（成本、竞争优势、声誉、财务目标等）	协同价值创造共赢
	履责形式	改善员工工作条件、少量的慈善活动	关注员工及利益相关者、对生态环境和资源的保护、捐赠	为满足平台生态圈内的各物种和群落的平衡需求
	履责结果	生产的连续性、好的个人声誉	企业财务目标及衍生目标的实现	企业平台生态圈的成长

第二节　共享价值：商业生态圈与企业竞争范式转变

按照 Kunn（1962）对"范式"的界定，企业竞争范式可以认为是"在特定时空背景下，人们对企业竞争领域中基本问题的根本认识、信念及基本观点，是人们思考、认识企业竞争的理论模式或框架"（王凤霞，2009）。实际上，与前两次工业革命类似，新工业革命本质上是一场技术经济范式（Perez，2004）的更迭，由此必然引起以相应的技术经济范式为基础的企业竞争范式的全面转变。这意味着在新工业革命情境中，企业需要重新思考"为什么而竞争""用什么去竞争""怎样竞争""在何处竞争"等基本问题，超越传统的竞争理念、竞争方式、竞争基础、竞争重点，适应新工业革命技术经济范式的要求。唯有如此，企业才可能在新工业革命所引致的动态复杂竞争环境中获得可持续生存与发展。[1]

---

[1] 本节核心内容发表于：肖红军. 共享价值、商业生态圈与企业竞争范式转变 [J]. 改革，2015（7）.

一、竞争环境：超竞争环境成为新常态

企业竞争范式转变的最直接诱因是企业竞争环境的变化，企业如何适应甚至塑造外部环境始终是企业竞争战略理论研究的核心与难题。在新工业革命中，企业竞争环境的易变性（Volatility）、不确定性（Uncertainty）、复杂性（Complexity）和模糊性（Ambiguity）（Bouée，2013）大大增强，超竞争（D'aveni，1994）成为企业竞争环境的新常态。

1. 工业革命与企业竞争环境的关系演进

从工业革命与企业竞争环境的关系演进来看，始于 18 世纪 60 年代蒸汽机的改良与应用，第一次工业革命使人类社会进入"蒸汽时代"，机械化生产方式得以形成和广泛应用。自此到第二次工业革命发生前，技术创新的步伐较为缓慢且主要为连续性创新，消费者的需求重点是数量满足且具有同质性，工厂制的组织形式较为简单，处于卖方市场中的企业竞争强度很弱，可以认为企业处于相对稳态的竞争环境中，环境的易变性、不确定性、复杂性和模糊性都很低。始于 19 世纪下半叶的第二次工业革命将人类社会带入"电气时代"，以"福特制"为代表的流水线生产方式开始出现并迅速得到普及。在第二次工业革命前半阶段，经济创新以系统集成创新为主，而由于替代竞争和潜在进入竞争较少，系统集成创新条件下的技术进步也相对缓慢，消费者的需求同质化程度依然很高，而垂直结构、中央集权的大企业集团的组织模式复杂度增加，企业之间的竞争强度有所增加但总体不高，可以认为企业处于低度动态的竞争环境中，环境的易变性处于中等水平，不确定性较低，具有一定的复杂性，模糊性较低。在第二次工业革命后半阶段，信息通信技术不断得到快速应用和发展，间断性的技术创新时有发生，消费者的需求也日益呈现出多元化和个性化特征，虚拟组织、企业联盟等组织形式和组织间关系的复杂程度明显提高，企业之间的竞争强度变得激烈，可以认为企业处于动态的竞争环境中，环境的易变性很高，不确定性非常高，复杂性较高，模糊性较高。新工业革命将人类引入"智能时代"，基于现代制造技术的新型制造范式开始出现并可能得到广泛应用。在新工业革命时期，"破坏性创新"（Christensen，1997）、"大爆炸式创新"（唐斯和努内斯，2014）不断涌现，消费者的需求进入个性化与动态化阶段，扁平化、社会化和竞合化的网络状组织模式成为主流，企业的有形与无形竞争对手随处可见，企业之间的竞争强度前所未有，可以认为企业处于一个超竞争环境中，环境的易变性、不确定性、复杂性和模糊性都非常大。在超竞争环境下，企业的竞争优势来源不断以加速度创造和侵蚀，企业对可持续竞争优势的盲目追求将是致命的，企业的竞争战略应该是不断破坏产业中已经存在的优势来源，并创造新的优势来源（D'Aveni，1994）。

表2-2　三次工业革命与企业竞争环境的关系演进

工业革命	竞争环境状态	易变性	不确定性	复杂性	模糊性	影响环境因素	未来前景
第一次工业革命	相对稳态	低	低	低	低	因素少且变化慢	可以比较准确预测
第二次工业革命前半段	低度动态	中等程度	较低	一定程度	较低	因素增加但具相关性	一定程度可以预测
第二次工业革命后半段	动态	很高	非常高	较高	较高	因素较多且相互作用	难以预测
新工业革命	超竞争	巨大	巨大	巨大	巨大	因素众多且相互错综交织	无法预测

2. 新工业革命中超竞争环境的特点及成因

新工业革命所引发的超竞争环境最突出的特点就是"变化"的常态化、复杂化和不可预测性，由此导致超竞争环境具有竞争的高度不确定性、竞争边界的高度模糊性、竞争的高强度和高速性、竞争的高频互动性和竞争优势的暂时性等主要特征（王发银，2007）。新工业革命背景下超竞争之所以会成为企业竞争环境的新常态，主要诱因包括以下四个方面：

（1）常态化技术创新是超竞争新常态形成的孵化器。新工业革命发生的基础首先是技术领域的重大创新和广泛应用，是一个复杂的"技术簇群"集中突破的结果。新工业革命在时间上涵盖了目前将要进入的第五次技术革命浪潮拓展期和整个第六次技术革命浪潮（贾根良，2012），因此新兴技术群体不断涌现并集中爆发，不仅以信息技术突破为基础的数字制造、人工智能、工业机器人和增材制造（Additive Manufacturing）等基础制造技术获得巨大创新，而且能源、材料、生物等领域技术也出现革命性的突破并协同融合。这些意味着新工业革命背景下的技术创新速度和应用广度都将前所未有，连续性创新和非连续性创新成为常态。技术创新的异常活跃和多种技术的交叉渗透，不仅将会重塑已有的产业，而且新兴产业也会不断出现，甚至导致产业技术路线也快速更替；不仅会大大缩短产品的市场生命周期和新产品的开发周期，加快产品的升级换代，而且还会深刻影响产能利用率、生产成本、产品质量、需求结构等产业主要竞争要素。由此可见，常态化技术创新将深刻改变现代企业竞争的本质和内容，大大增强竞争的动态性和不可预测性，从深层次对超竞争环境的常态化起到孵化作用。

（2）全面高度信息化是超竞争新常态形成的倍增器。新工业革命赖以发生的信息通信技术高度发展并全方位深度渗透到经济社会的各个领域，深刻改变着生产生活方式，数字化的商业情景无处不在，互联网思维和互联网经济成为社会主流。高度发达和普遍应用的移动互联技术不仅重塑了生产者与消费者之间的复杂关系，改变了生产者的价值选择空间（Choice Space）和在相互博弈中的话语权，而且推动更多的行业和市场呈现出多边效应和网络效应（王钦，2014），企业之间的互联性、互依性、互动性更强。分布式、发散式的新一代互联网技术也加快了企业商业模式的创新步伐，各种基于互联网的新商业模式不断涌现，而"创客运动"（Maker Movement）则推动着"创客空间"的迅猛增长并日益塑造全民制造的商业格局。由此可见，全方位高度信息化不仅增加了企业与利益相关方关系的复杂性和不确定性，而且大大降低了市场进入壁垒，推动可竞争市场结构的普遍出现，从时空和主体拓展上倍增了超竞争环境成为新常态的概率。

（3）虚实全球一体化是超竞争新常态形成的助推器。每一次工业革命都对经济全球化起到极大的推动作用，如第一次工业革命推动全球市场初步形成，而第二次工业革命则导致全球市场正式形成。同样，新工业革命为经济全球化深入发展提供了强大动力。一方面，新工业革命极大地提升了社会生产力，促使国际分工协作迈向更加深化和高级化，各国经济之间的联系和相互依赖不断加深，全球供应链发展到"无尺度"阶段，商品、服务、资本和技术等生产要素在全球范围内的流动与配置更加便捷，"分散生产、就地销售"的生产组织模式促使企业更加注重基于全球价值链进行全球布局，资源配置全球化、信息全球化、生产全球化、贸易全球化推动形成现实空间上的全球经济一体化。另一方面，新工业革命极大地推动各种虚拟社区的繁荣与发展，生产领域出现"网络社区智造"、"创客"在开源社区（网络平台）中的成果共享、全球网络化制造组织等各种新模式，生活领域则出现范围越来越大、细分越来越多的虚拟社区，这些新模式与虚拟社区将全球的经济社会要素通过网络连接起来，推动形成虚拟空间上的全球经济一体化。全球经济一体化的深化促使企业需要面对来自现实空间上和虚拟空间上规模更庞大、差异更显著、联系更紧密、边界更模糊、动态变化更剧烈的全球竞争，助推超竞争环境成为新常态。

（4）产需模式的嬗变是超竞争新常态形成的加速器。新工业革命引发了人们生活方式和消费习惯的巨变，消费者需求的个性化、动态化、感性化和体验化趋势更加显著，所谓"新新人类"的新一代消费者越来越成为需求市场的主体，需求拉动技术创新与技术创新催生需求的相互转换日益频繁。与新的消费需求模式相适应，并得益于数字制造、人工智能、工业机器人和增材制造等基础制造技术的创新和突破，生产方式与产业组织方式也发生了嬗变。前者实现了由单件小批生产、大规模生产到大规模定制、全球化个性化制造的转变，并由刚性生产系统转向可重构制造系统、由工厂化生产转向社会化生产；后者则呈现出产业边界模糊化、产业组织网络化、产业集群虚拟化的新趋势。产需模式的深刻变化不但使企业所面对的竞争环境由行业内静态的网状结构向面无边界的面状和立体状结构转变，促使竞争边界变得高度模糊，而且导致企业之间的竞争速度显著加快，竞争重点发生转移，竞争的动态性和难度大大增加，这些都加速推动超竞争环境成为新常态。

二、竞争理念：基于共享价值的竞合观成为新主流

新工业革命是一次"产业架构"的革命，是价值链或价值网络重新架构的过程（王钦，2014），它对价值创造模式、价值创造主体、价值创造来源、价值创造过程以及价值分配方式都带来了深刻变化，最为突出的改变是将涉及价值创造与分配的各利益相关主体由传统的价值冲突转变为价值共享。更进一步，在新工业革命造就的超竞争环境新常态下，单纯依靠企业内部的协作、流程改进等已经难以实现价值链或价值网络中的价值增值，基于价值冲突的对抗性竞争变得不合时宜，取而代之并成为主流的竞争观将是合作竞争。

1. 新工业革命催生共享经济新模式

在新工业革命中，通信互联网与逐渐成熟的能源互联网、物流互联网相互融合将造就物联网革命，这一革命正在催生一种改变人类生活方式的新经济模式，即协同共有（Collaborative Commons）的共享经济范式（里夫金，2014）。共享经济最突出的特点就是零边际成本，以及价值可以在协同共享上分享。这一经济范式至少包括三个层面的协同共有：第一个层面是消费者与消费者之间的协同共有，即越来越多的新一代消费者变成产销者，他们依托强大的物联网和协同共享平台，以近乎零成本的方式生产和分享越来越多的商品、可再生能源、产品和服务（里夫金，2014），并在社会共享中免费进行相互协作创新。第二个层面是企业与消费者之间的协同共有，也就是说，价值创造是在企业与消费者之间的"交互"过程中得以完成的，因为数字技术使消费者不再是产品和服务的纯粹被动接受者，相反，他们会通过与企业的"交互"主动参与产品和服务提供的全流程，这意味着企业和消费者是价值的共同创造者，它们之间的利益关系不再是传统的"零和博弈"的价值分配，而是基于共赢的价值共享。第三个层面是企业与企业之间的协同共有，既包括企业与协作系统中的企业协同共有，也涵盖企业与竞争者之间的协同共有。从前者来看，新工业革命推动价值创造日益从线性思维向网状思维转变，从企业延伸到价值链，再到价值网络，价值网络中无论是企业与具有垂直化产业链关系的企业，还是与其他节点企业，它们之间都呈现出更为紧密的协作关系，共同创造的价值将会在企业与价值网络中其他节点企业之间进行共享；从后者来看，常态化的超竞争环境不但使企业与协同系统中的企业具有"共

生"关系，而且导致企业与竞争者之间也呈现出越来越大程度的"共生"关系。一方面，竞争压力机制促使企业与竞争者相互呈现螺旋式成长，共同推动产业持续创新和保持兴盛，由此企业与竞争者可以共享产业繁荣带来的正收益；另一方面，动态复杂的外部环境使企业与竞争者各自都可能面临着生存危机或发展困境，进而推动企业与竞争者更加频繁地基于各自优势采取联合应对行动，合作创造并共同分享更多的价值增值。

由于共享价值"是一种达成经济成功的新方式"（Porter 和 Kramer，2011），因此成为共享经济这一未来经济新方式的核心。无论是第一个层面的消费者与消费者之间的协同共有，还是第二个层面的企业与消费者之间的协同共有，抑或是第三个层面的企业与企业之间的协同共有，其本质都是不同群体共同创造并分享共享价值。共享价值模式对前两次工业革命下的传统价值创造方式进行了深刻变革，主要表现在：一是对价值范畴认知的新超越。共享价值隐含地假设不同价值主体的价值偏好是多维而非单维的，通常涵盖经济价值偏好、社会价值偏好和环境价值偏好（肖红军等，2014）。也就是说，共享价值强调"是社会需要而不仅仅是传统的经济需要定义了市场"，因此价值范畴应当超越传统上仅仅突出的"经济价值"，而将其拓展至涵盖经济价值、社会价值和环境价值在内的综合价值。二是对价值创造主体的新界定。共享价值具有开放性，其价值创造主体认知超越了传统的线性价值链，取而代之的是价值网络和价值星系，具有网络型、动态化的结构，这意味着共享价值拥有一个由企业与多元群体共同组成的网络型价值创造主体。三是对价值创造来源的新拓展。共享价值大大拓展了前两次工业革命下的主流价值创造来源，基于网络型价值创造主体间的互动合作推动各主体的价值创造优势和潜能得到充分发挥，由此产生显著的生产可能性边界扩大效应、协同效应和耦合效应，大大丰富了价值创造来源，促进价值创造途径升级。四是对价值分配方式的新变革。不同价值创造主体的价值偏好多样性和差异性、共享价值的共有属性和增值特点决定传统的价值分配原则在共享价值模式下变得不合时宜，取而代之的是以价值共享作为价值分配的基本准则和主要方式。

2. 合作竞争是实现共享价值的理性选择

共享经济新模式对共享价值的高度强调，以及超竞争环境成为新常态，深刻改变了传统的以竞争为中心的战略逻辑，企业之间的纯粹竞争或单纯合作关系认知被颠覆，竞争与合作被看作一种存在于企业间关系的阴阳体，它们共同发挥作用、相互影响，在一定条件下能够相互转换。正因如此，Brandenburger 和 Nalebuff（1996）就将"合作竞争"即"竞合"（Co - opetition）概念首次引入战略管理领域，指出企业既表现出共同创建市场时的合作行为，也表现出进行市场分配时的竞争行为，并将合作竞争界定为"组织与利益相关组织在利益博弈中形成的既竞争又合作的关系"。合作竞争本质上是企业间在价值创造与价值分享过程中基于利益部分一致的结构而动态互动（Padula 和 Dagnino，2007），通过竞争与合作相结合而形成一种新的企业间的战略依赖、产生出价值创造的新系统（Dagnino 和 Padula，2002）。如果说竞争是一种"零和"博弈，合作是一种"正和"博弈，那么合作竞争就可以认为是"变正和"博弈，这使合作竞争代替传统的对抗性竞争成为新工业革命中的主流竞争观。更进一步，按照合作业务在价值链上的位置关系，合作竞争可以分为二元竞合和网络竞合，前者进一步包括简单二元竞合（在同一价值链上的竞争与合作）和复杂竞合（在不同价值链上的竞争与合作），后者也可以进一步分为简单网络竞合（在同一价值网络上的竞争与合作）和复杂网络竞合（在不同价值网络上的竞争与合作）。无论是二元竞合还是网络竞合，企业之间都可能会在多个不同的关系层面如生产层面、资源层面和社会层面进行互动，其成功与否则主要取决于"合作动机、相互依赖、相互信任与承诺、正式的责任和冲突解决机制、有效的整合和沟通机制"（Zineldin，2004）。

实际上，在共享经济新模式和超竞争环境新常态下，共享价值正在定义企业需要面对的全新商业实践，企业核心活动追求的目标由纯粹的经济价值转变为共享价值，价值得益也由单纯的经济价值偏好满足拓展到多元价值偏好满足。对于处于价值网络中的企业来说，无论是共享价值创造潜力的充分发挥还是自身价值得益的最大限度满足，合作竞争都是超越纯粹竞争或单纯合作的更优理性行为。一方面，从价值网络角度来看，网络成员之间合纵连横地开展合作竞争，能够更为灵活有效地发挥各自的资源优势和能力潜力，增进信息共享，形成学习竞赛（Learning Race），促进对于价值创造而言至关重要的显性知识或隐性知识的增加和扩散，激发更多有实质意义的创新，提升知识、信息、技术等共有要素的多重使用效率，创造更多新的商业机会，推动形成生产可能性边界扩大效应、协同效应和耦合效应，实现共享价值的增值和价值网络"蛋糕"的做大。另一方面，从企业角度来看，合作竞争使企业既能获得互补性资源而扩大资源边界并超越资源限制，又能获取学习知识与技能的机会和增强创新的动力与能力；既能通过增加范围经济性和网络经济性而获得更高的经济租金，又能通过借助网络成员的社会价值创造优势而开展更多的社会化创新并更好地满足自身的社会价值偏好。

三、竞争方式：生态圈竞争成为新潮流

新工业革命推动企业与众多实体以一种复杂的方式构成互赖、互依、共生的生态系统，形成不同层面和形式多样的商业生态圈。企业与各实体在商业生态圈中既有明确分工，又彼此强烈互动，每一个企业的健康与绩效水平都取决于商业

生态圈的健康与绩效状况（Iansiti 和 Levien，2004）。由此，企业竞争的方式也由传统的企业个体间竞争（可以称为竞争1.0）和供应链或价值链间竞争（可以称为竞争2.0）向商业生态圈间的竞争（可以称为竞争3.0）转变，依托商业生态圈的竞争方式成为新工业革命背景下的新潮流。

1. 新工业革命推动生态圈模式大发展

生态圈（Biosphere）最早源自生物学上的概念，指的是地球上所有生态系统的统合整体，后被应用到经济领域，指的是经济运行中众多主体通过相互间的连接、依赖与协作而构成的生态系统。从本质上来说，生态圈是经济领域组织与组织之间关系的一次革命。基于这一界定，"商业生态圈"概念得以提出，并被认为是"一种由客户、供应商、主要生产商、投资商、贸易合作伙伴、标准制定机构、工会、政府、社会公共服务机构和其他利益相关方等具有一定利益关系的组织或群体构成的动态结构系统"（Moore，1998），是由众多具有共生关系的主体构成的经济共同体（Kim 等，2010）。商业生态圈往往是为了满足某种新的市场需求，通过融合供应链、价值链、创新链、投资链、服务链等一系列产业发展的核心链条，并在集合交叉、相互作用后，形成开放的、复杂的、多维度的网络体系生态环境。这使商业生态圈超越了企业和行业的边界，兼具自然生态系统和商业经济系统的特征，具有整体性、开放性、复杂性、自组织性、复杂适应性、网络动态性、共同演化等显著特点。而且，商业生态圈作为一个集合性的大生态系统，它又包括了技术创新生态系统、生产制造生态系统、商业应用生态系统、服务提供生态系统和外部辅助环境系统，这些生态系统的健康状况会直接影响到整个商业生态圈的可持续发展。

新工业革命为经济领域的生态圈模式发展提供了难得的机遇和便利的条件。一方面，在新工业革命所引致的普遍性数字化商业情景下，企业与消费者、企业与企业、企业与员工、企业与外部环境的关系都在发生深刻变化，企业独立为消费者创造价值已经变得不可能，取而代之的是企业与不同主体以及不同主体之间互动共同构成的合作网络才能为消费者创造价值。也就是说，企业只有构建或依赖一个由不同功能的"物种"相互作用而形成的商业生态圈，才可能为消费者创造价值和满足新的市场需求。比如，苹果构建了包括核心零部件供应商、组装企业、软件提供者、娱乐产品提供商以及谷歌、Facebook、Twitter 等不同角色分工的企业的商业生态圈，并与它们一道通过苹果的终端为用户创造价值。另一方面，新工业革命背景下信息技术与移动互联网的高度发展与广泛应用，使不同的市场主体之间以及主体内部的交易成本大幅下降，并导致以信息和数据为价值载体的价值流在不同价值创造主体间能够实现更迅速、精准和便捷的转移。这使企业与不同主体以及不同主体之间在实现复杂连接和网络化的同时，又能以较低成本实现快速多维的互动与协同，推动商业生态圈呈现显著的"1＋1＞2"的整体涌现性（Emergence）特征。从现实来看，生态圈模式已经被越来越多的成功企业所采用，并正在不断创新和涌现商业生态圈新形态，如以阿里巴巴为代表的创新型商业生态圈、以分众为代表的整合型商业生态圈和以百丽为代表的进化型商业生态圈，而新工业革命势必会进一步加快生态圈模式的发展步伐，推动商业生态圈进一步多样化、丰富化、多层化和新型化。

2. 由企业个体与链式竞争转向生态圈竞争

从历史演变的角度看，第一次工业革命推动企业横向规模得以扩大，资本集中度得以提高，规模经济效益有所体现，产业组织模式以机械化、规模化和体系化的工厂组织为主导；第二次工业革命进一步升级企业对内部规模经济的追求，规模经济特征显著，产业组织模式以垂直结构、中央集权的大企业集团为主导。由此可见，前两次工业革命推动了公司规模型企业的兴起与发展，内部规模经济成为企业竞争优势的来源，企业依托规模经济效应不断提高"市场势力"和"议价能力"。为了获得内部规模经济性，企业通过不断"重复"地扩大再生产、横向地兼并收购、"垂直整合"供应链和价值链而实现规模扩张，最低有效规模的起点成为企业竞争的基础。在这一情境下，企业个体之间的对抗竞争以及所依托的不同供应链和价值链之间的竞争成为企业竞争的主导方式。前者假设企业能够相对独立地满足客户需求和为客户创造价值，企业与企业之间的竞争关系能够清晰界定，增强企业自身实力和收益能力、采取适宜的博弈竞争策略是企业赢得相互之间竞争的关键。历史上就出现过多个著名的大企业之间对抗竞争的案例，领先竞争战略、跟随竞争战略、首动优势战略等也被广泛应用于企业个体之间的竞争实践。后者强调为客户创造价值是依托供应链和价值链所整合的一系列顺序相连的活动，通过术的线性组合将投入转化为产出，并假设企业的生存能力和竞争实力与整个供应链和价值链的健康状况紧密关联，供应链和价值链的水平在很大程度上决定了企业对市场需求的满足能力和收益能力，因此企业个体之间的竞争就被拓展至它们所依托的供应链和价值链之间的竞争，构建、打造与提升强大、健康、可持续的供应链和价值链成为企业赢得竞争的关键。

新工业革命引起生态圈模式在经济领域的兴起与繁荣，推动着产业组织模式由传统的大企业主导型和供应链主导型向产业生态型转变，竞争优势来源由传统的内部规模经济向外部规模经济、范围经济和网络经济转变，价值创造模式由线性的供应链和价值链模式向价值网络、价值星系和价值生态系统模式转变。在这一情境下，企业的兴衰甚至生死存亡深受其所在商业生态圈的影响，商业生态圈的健康状况往往会决定企业的可持续发展能力和竞争实力。由此，企业竞争方式就由传统的企业个体之间的单打独斗竞争、供应链和价值链之间的链式竞争转变为商业生态圈之间的整体竞争。商业生态圈之间的竞争可能是不同商业生态圈整体之间的竞争，也可能是商业生态圈不同构成系统之间的竞争，如技术创新生态系统之间的竞争、生产制造生态系统之间的竞争、商业应用生态系统之间的竞争、服务提供生态系统之间的竞争。商业生态圈之间的竞争相对于企业个体之间、供应链和价值链之间的竞争更具复杂性、动态性、持久性和残酷性，商业生态圈在竞争中失败将意味着处于不同生态位的大量组织衰败甚至死亡。现实中，商业生态圈之间的竞争案例不断涌现，如在计算机通信行业中"Wintel"种群同"ARM"种群的竞争从未停止，"微信"生态圈与"短信"生态圈之间的竞争仍在持续，不同手机操作系统的生态圈之间竞争依旧酣畅，等等。因此，构建和打造具有共生、互生和重生功能的商业生态圈，动态优化和提升商业生态圈的生存能力和持久力，成为企业在新工业革命背景下赢得竞争的关键。

四、竞争资源基础：战略性资源构成出现新变化

按照资源基础观（Resource – based View）（Wernerfelt，1984），企业是"异质性"资源的集合体，企业获得可持续竞争优势的源泉是拥有战略性资源。Barney（1991）提出，战略性资源必须具备价值性、稀缺性、难以模仿性和难以替代性，即 VRIN 框架，之后又发展为 VRIO 框架，即战略性资源的异质性包括价值性、稀缺性、不可完全模仿性和组织性（Barney，2002）。根据这一界定，新工业革命促使企业的战略性资源边界发生动态变化，战略性资源的构成要素出现重新组合，不同类型战略性资源在企业竞争战略中的地位也随之调整。

1. 资源边界由"供给侧"拓展至"需求侧"

以 Barney 为代表的传统资源基础观学者更多地从"供给侧"来考察战略性资源，强调战略性资源的企业内部来源和上游企业来源（Peteraf 和 Barney，2003），缺乏对"需求侧"资源的重视（王钦和赵剑波，2014），资源边界相对狭窄，忽视了更广阔范围的资源（Adner 和 Kapoor，2010）。然而，新工业革命深刻改变了企业与需求侧的关系，极大地提升了需求侧的用户在企业"价值创造"中的地位。用户不再是传统意义上的产品与服务的被动接受者，而是进入到企业业务全流程并成为产品与服务提供的主动参与者。比如，海尔在推出"雷神"游戏本时，用户就参与到产品公测、产品迭代和服务的过程中。"春江水暖鸭先知"，用户作为产品和服务的亲身使用者，有时相对企业内部员工和价值网络其他主体更具创新敏感性，因此成为企业重要的创新来源。布德罗和拉哈尼（2013）就指出，独创新不如众创新，用户才是创新的来源。Chatterji 和 Fabrizio（2014）研究发现，专业级用户在职业领域和爱好领域会进行大量创新，领先用户会比其他人群更早形成产品需求。特别是，在非连续性创新和相对较新的技术领域，与用户的合作研发将能取得更好的创新绩效。正因如此，ModCloth 和 SHOPBOP 利用网站上的用户数据和用户反馈来设计时尚产品；MUJI 公司允许消费者对家居产品的核心部件进行修改和再组装；FIAT 制造的 Mio，通过与 1.7 万名消费者交互，有 11 万条创意产生。由此可见，用户不仅仅是企业产品和服务的"需求者"，而且已经内化为企业的战略性资源，企业的资源边界由"供给侧"拓展至"需求侧"，形成新的战略性资源再组合。

2. 数据成为重要战略性资源

随着信息技术的高度发达和广泛渗透，信息数据呈现出爆发式增长，以"海量""高速""多样""易变"和"价值"为显著特征的大数据时代已经悄然到来。在这一背景下，正所谓"三分技术，七分数据，得数据者得天下"，数据已经渗透到每一个行业的每一个业务职能领域，逐渐成为重要的生产要素（James 和 Michael，2011）和现代企业新的战略性资源。这主要是因为：一是在新工业革命推动形成的数字化商业情景中，实时用户数据已经成为企业价值创造的起点，是技术与商业模式之间的连接桥梁（王钦，2014）。特别是，基于用户"交互"的大数据因为具备无限接近用户的潜能而能够帮助企业洞悉用户的真实需求，对用户进行更加准确的细分，并实现产品的即时、精准、动态定位，进而为企业提供更加精准的价值主张。正因如此，近年来发生了多起针对具有实时用户数据资源企业的并购案例，如 2014 年 Google 公司就以 32 亿美元收购了 Nest 公司。二是在企业所构建的商业生态圈中，不同主体之间的联系更加复杂和紧密，它们之间的交互行为产生大量实时数据，这些数据是企业与生态圈其他主体开展竞争和合作决策及行动的基础。特别是，海量数据的激增和价值网络的迭代可以促进信息、资源和价值在商业生态圈内流动、循环和转化，通过监测、分析、预测、共享多方数据的实时互动能够优化不同主体的决策和相互协同合作，推动商业生态圈实现更加良性的发展，提升企业依托生态圈竞争的能力。三是大数据引发了企业思维方式的变革，推动企业以低成本和低风险获取和利用其他外部资源，并实现对自身资源、结构、流程、商业模式的创新，促进形成新的价值创造模式和价值传递模式。需要指出的是，成为企业战略性资源的数据绝不是割裂的、孤立的、静态的"初级产品"，而应该是具备"海量""高速""多样""易变"和"价值"特征的大数据，前者流动性强、可获得性强、价值流逝速度快且其利用方式容易被模仿（李文莲和夏健明，2013），后者则具有高度专业性和复杂性，难以被模仿，通过有效的组织和整合能够产生很高的价值。

3. 平台成为新型战略性资源

新工业革命极大地促进了双边（或多边）市场（Two - Sided or Multi - Sided Markets）需求的迅猛发展，双边（或多边）用户的交互作用和相互交易频率急剧增长，这使交易成本成为企业构建交易结构和交易机制关注的核心问题，也是影响企业所在商业生态圈运行效率的关键因素。与此同时，大数据、云计算等新一代信息技术的发展通过推动实现无障碍零距离沟通、开放的信息和标准、资产专用性的降低、少数人的联合等多种方式而大幅降低交易成本（李文莲和夏健明，2013）。正是在这一背景下，平台经济作为"服务经济的皇冠"而快速崛起，平台战略或平台型商业模式日益被越来越多的企业所采用，不仅众多互联网企业广泛推行平台模式（如阿里巴巴、百度、京东商城、苏宁云商），而且传统制造企业也开始实施平台化转型（如海尔集团）。企业的盈利模式由原来的"投入—产品—消费者剩余"模式转向"投入—平台—网络价值补偿"模式。平台作为"连接"和"聚合"双边（或多边）市场不同主体的普遍组织形式，由于能够降低各参与方的交易成本和充分发挥网络的同边效应和跨边效应而正在成为企业获取竞争优势的新的主要手段，并构成企业战略性资源的新内容。实际上，无论是用户平台、数据平台、技术平台还是三者兼而有之的平台，其强网络效应、长尾经济性和高转换成本会降低平台服务提供者所面临的进入者威胁和竞争（Klemperer，1987），由此导致平台市场经常呈现出"赢者通吃"的规律，总是更加优越的新平台代替旧平台（Evans 和 Schmalensee，2007）。这意味着在平台市场中，企业要想赢得竞争，只有成为市场制造者（Market Makers）、受众制造者（Audience Makers）和需求协调者（Demand Coordinators）等各种形式的平台型企业，构建更具创新性和更加优秀的平台才是可行的实现途径。也就是说，企业只有不断打造、完善和重构具有价值性、稀缺性、不可完全模仿性和组织性的平台，形成企业新的战略性资源，才可能获得动态性的竞争优势。

4. 关系资本成为更重要的战略性资源

关系资本是个体之间所存在的相互信任、友好、尊重和谅解的关系，能够为个体带来价值收益。关系资本因为具有异质性、排他性、情感性和获利性特征而能够促进企业竞争优势的建立，成为企业成长的重要战略性资源。特别是在互联网经济和平台经济兴起的背景下，关系资本成为企业在商业生态圈中实现网络化成长的内在物质基础、外在交易规则和价值来源（蔡双立和孙芳，2013），在企业战略性资源中的地位更加突出。之所以如此，主要是因为：一是商业生态圈中不同主体之间的联系更加复杂，关系资本能够促进企业与其他主体之间进行资产、信息、资源等要素更加有效的交换与共享，大大降低交易成本，形成更多的关系性租金。二是商业生态圈中所存在的错综复杂的关系网络，使不同主体之间的交易活动从单次博弈转变为重复博弈，从一对一的两个主体博弈转变为关系网络中的多个主体博弈，极大地增加了发生机会主义的成本，进而在很大程度上避免了机会主义行为的发生。三是商业生态圈中知识的共享与扩散十分重要，而关系资本在促进合作伙伴拥有的默会性技术知识转移中能够发挥重要作用，是组织间采用研发合作模式进行创新的关键要素，因此能够促进企业与其他主体的合作创新、知识创造和知识共享，增强企业的学习能力和创新能力。四是在新工业革命背景下，商业生态圈的运行呈现出社会资源"再组合"的趋势性特征，而关系资本则会强化社会资源"再组合"，打破传统的资源配置方式，企业不仅能够通过生态圈内部关系而获得生态圈的利益优势和内部组织控制的成本优势，而且能够借助所在生态圈与其他生态圈的关系而获得更大范围的利益，即企业的关系资本不仅仅局限于所在商业生态圈内，而且可以将生态圈与外部之间所构建的关系内化为企业的关系资本。五是关系资本是商业生态圈运行的重要治理机制，它通过非正式契约方式对生态圈各成员形成有效的激励约束，是商业生态圈运行正式制度规则的有益补充，能够提升整个商业生态圈的运行效率和绩效，而企业则可以通过价值共享获得更多收益。

五、竞争能力基础：核心能力发展呈现新动态

核心能力理论对资源基础观中的广义资源概念进行了进一步研究，将其所涵盖的企业能力与资源进行了区分，将能力界定为配置、开发、保护、使用和整合资源的主体能力，并认为作为企业中积累性学识的核心能力（Prahalad 和 Hamel，1990）是企业竞争优势的深层来源。然而，核心能力的"核心刚性"局限性使动态能力理论得以提出和发展，这一理论认为企业构建、调整、整合、重构内外部资源或能力的能力（Teece 等，1997）即动态能力是快速变化环境下企业可持续竞争优势的来源。按照这些界定，新工业革命对企业竞争环境、竞争理念和竞争方式的巨大改变，促使企业的能力基础也需要相应地调整，突出表现是双元能力成为企业更重要的动态能力以及制造能力回归成为企业的核心能力。

1. 双元能力成为更重要的动态能力

"双元"（Ambidexterity）概念最早由 Duncan（1976）引入管理学并用来描述组织能力，近些年来越来越受到重视，已经广泛渗透到战略管理、创新管理、创业管理、组织学习等研究领域。按照双元理论，在日益动态复杂的环境下，企业经常面临着各种各样的管理悖论：效率与柔性、探索性创新（Exploratory Innovation）与开发性创新（Explorative Innovation）、连续性变革与非连续性变革、竞争与合作、全球性整合与本土化回应等，成功的企业必须具备双元能力，才能够有效实现同时并存但彼此相异甚至相互矛盾的目标（周俊和薛求知，2009）。特别是，企业应该同时具备探索性能力和开发性能力，前者表现为搜寻、变异、冒险、实验、柔性、发现和创新等组织学习行为，能够使企业通过非连续性创新而不断发现新的市场机会，后者表现为优化、筛选、生产、效率、选择、实施和执

行等组织学习行为，能够使企业在既有经营领域通过连续性创新而提升效率。通常来说，对探索性能力的过分强调会使企业陷入"创新陷阱""次优均衡"和"路径依赖"，而对开发性能力的过分强调则会导致企业出现"核心刚性"和"能力陷阱"，因此，无论是按照权衡取舍观的单路径选择，还是依赖传统组织模式的双路径并举行为，都会导致企业陷入两难境地而处于竞争劣势地位。解决这一困境的唯一出路是按照双元理论，构建具备双元能力的双元性组织，包括结构式双元性组织、情境式双元性组织和领导式双元性组织，以使企业在组织内部将两种看似矛盾但又必须统一的活动方式结合起来，把有限的资源在两种活动间进行有效配置，促进动态协同和路径突破，最终达到一种最优均衡。显然，双元能力不仅包括适应环境渐进变化的一阶能力，而且包括通过跨界搜寻、异质性知识整合而获得的二阶能力（Danneels，2008），属于企业动态能力的范畴。

新工业革命极大地增进了具备双元能力的双元性组织的适用情境，即组织面临具有战略重要性的悖论、悖论的组成元素之间存在某些兼容性、组织有能力在内部同时融合悖论各组成元素（周俊和薛求知，2009）。从第一个情境条件来看，新工业革命引致的超竞争环境使企业所面对的经营环境具有高度动态性，企业不仅要有效地经营当前事业，还需要主动地考虑和适应明天的需要，由此产生了高水平的开发与高水平的探索需要并存的悖论。同时，在新工业革命背景下，利益相关方需求的多样化、多重性程度显著提高，它们对企业的要求不尽相同，甚至可能相互对立冲突，由此企业不得不面对如何平衡处理这些相互对立冲突需求的悖论。此外，新工业革命使基于共享价值的竞合观成为主流的竞争理念，高竞争性和高合作性并存的悖论也成为企业需要面对的情境。从第二个情境条件来看，新工业革命虽然导致了更多战略重要性悖论的出现，但也促使悖论构成要素之间的战略性兼容与运营性兼容的出现。在新工业革命背景下，打造可持续的商业生态圈成为企业与各成员共同的目标，也是企业在竞争中获得优势的重要方式，因此悖论的各种构成要素都应服从于这个统一的战略目标，即具有战略兼容性；悖论所需要的信息、数据、用户、平台、关系资本等战略性资源具有很大的可拓展性，而配置这些资源的能力在相当程度上也具有相通之处，即具有运营兼容性。从第三个情境条件来看，新工业革命将极大地改变人们的思维模式，简单的双极化思考将不再是唯一的方式，越来越多的人能够容纳悖论的两种构成要素同时高水平存在。而且，权衡取舍观强调悖论将导致管理理念和组织惯例方面的冲突也能被克服，因为信息技术的高度发达使通过空间分离实现结构式双元、情境式双元变得更加容易。可见，比较丰裕的资源、双元性成员和合理的组织结构将使悖论的各构成要素能够共同协调地存在于企业之中。这些都表明，新工业革命引发大量双元性组织的适用情境频繁出现，推动双元能力在企业动态能力的构成中处于更加重要的位置。

2. 制造能力回归企业核心能力

从历史演变的角度看，在第一次工业革命发生之前及其期间，单件小批量制造是工业生产的主流范式，工厂完全按照客户的个性化要求，使用通用机器每次完成少量非标准化产品。在这一制造范式中，依赖于技术工人个人技能的生产制造能力是工厂的核心能力，它直接决定了工厂能否提供客户所需的产品。第二次工业革命改变了这一事实，大规模生产取代单件小批量制造成为工业生产新的主流范式，其核心是通过标准化、规模化、自动化、大批次和流水线的方式生产"少品种"产品。在这一制造范式中，生产对机器的依赖达到相当高的程度，对工人技能的要求则是最低的，高度标准化的生产过程使制造能力在价值创造链条中处于"微笑曲线"的底部，不再是企业的核心能力范畴。然而，新工业革命又一次颠覆了传统的制造范式，大规模定制和全球个性化制造代替大规模生产成为工业生产的新范式，其基本思想是通过产品架构和制造流程的重构，运用可重构生产系统和增材制造技术，将产品的定制生产问题全部或者部分转化为批量生产（黄群慧和贺俊，2013），对消费者的差异化甚至个性化需求做出快速响应。在这些新型制造范式中，制造的战略功能得到重新重视，制造直接成为一体化"并行"创新过程的重要部分（Pisano 和 Shih，2012），在价值创造链条上的地位也得到重新改写，传统的"微笑曲线"可能变成"沉默曲线"甚至"悲伤曲线"。可以说，以数字制造技术和智能制造技术为基础的、系统高度集成的制造能力再次成为企业的核心能力，可重构生产系统和添材制造能力决定了企业能否相对竞争对手更有效地满足消费者的差异化甚至个性化的需求。

需要指出的是，在大规模定制范式和全球个性化制造范式中，制造企业对员工的能力要求也与大规模生产范式下发生很大变化，传统上对员工简单的机械操作能力和掌握多种机械工作原理、熟悉机械操作诀窍的技能要求不再重要，取而代之的是要求员工兼具能够准确理解市场需求和产品架构并能直接参与产品设计和生产的创造能力和执行能力（黄群慧和贺俊，2013）。也就是说，新工业革命引发制造能力重新回归企业的核心能力，不仅仅反映在高度复杂、高度柔性的制造系统的稀缺性、可延展性、价值性和难以模仿性，而且体现为相伴随的知识型员工所拥有的综合性创造能力和执行能力。

六、竞争重点：订单赢得因素发生新转移

历史工业革命发生的过程，也是企业竞争重点或竞争优先级（Competitive Priority）不断更替的过程，与之相伴随的则是企业参与竞争的资格条件即订单资格因素和企业在竞争中赢得订单的决定性要素即订单赢得因素也不断演变。新工

业革命推动订单赢得因素由传统的价格和质量转向速度、服务和参与，即竞争重点由成本竞争、质量竞争向时间竞争、服务竞争和基于用户参与的竞争转变。

1. 时间竞争变得更加迫切

随着超竞争环境成为新工业革命中的新常态，企业在竞争中以更快速度对用户需求做出响应和满足变得尤为关键，这主要是因为：一是从需求侧来看，不仅针对同一类产品的市场个性化需求不断涌现，新需求始终在动态变化，而且市场需求的更新换代速度明显加快，全新的下一代需求往往会对上一代需求进行颠覆，前者可以认为是连续性需求变化，后者则被看作非连续性需求变化。也就是说，新工业革命将推动连续性需求变化成为常规，并使非连续性需求变化频繁发生。二是从供给侧来看，一方面，连续性创新与非连续性创新的经常存在，使产品的市场生命周期和新产品的开发周期大幅缩短。比如，一种新产品从最开始的构思到商业化投产，其周期在 19 世纪大致为 70 年，在 20 世纪两次世界大战之间则缩短为 40 年，战后至 60 年代更缩短为 20 年，到了 70 年代以后又进一步缩短为 5 ~ 10 年，而到现在只需 2 ~ 3 年甚至更短的时间（中国社会科学院工业经济研究所课题组，2012），未来预计会进一步缩短。另一方面，可重构生产系统和添材制造技术使个性化产品能够得以快速生产制造，极大地缩短了从原材料到上市产品之间的时间周期。这些都表明，快速响应的品种适应能力将是企业竞争制胜的关键。要做到这一点，不仅需要企业通过开发性能力培育和使用来实现成本下降与质量提高等订单资格因素的满足，而且要求企业通过探索性能力构建和应用来争取在响应速度这一订单赢得因素上获得优势。

2. 服务竞争变得更加关键

新工业革命将进一步加快服务经济时代的到来。在服务经济时代，消费者关注的重点不再仅仅停留在产品本身，而是要求提供更多的与产品相伴随的服务，这促使企业的管理模式由传统的"以产品为中心"（Good – dominant Logic）向"以服务为中心"（Service – dominant Logic）转变。按照现代营销理论，一个整体产品应该包括三个层次——核心产品（核心价值）、实体产品（产品实物）和外延产品（附加利益和服务），企业只有同时达到这三个层次的要求，才可能让消费者获取相对的最大满足。这意味着成功的企业不仅仅是实体产品的提供者，而且必须是有效的服务提供者。实际上，企业对整体产品的提供过程，也是产出服务化沿着"产品→产品和附加服务→产品服务包→基于产品的服务或功能"的演进过程。更进一步，新工业革命将推动制造业由传统的生产型制造向制造业与服务业融合方向转变，制造业服务化将是未来发展的大趋势。在这种情况下，企业所生产出来的任何制成品均"嵌入"了服务因素，企业提供的将是由实体产品、服务、支持、自我服务和知识等构成的更加完整的"包"（Bundles）。需要强调的是，服务竞争要求企业从传统上将服务作为产品的附属品转变为提供基于产品的服务或功能，从以往的有限服务向全生命周期服务转变。

3. 基于用户参与的竞争变得更加常态

在新工业革命深入推进和广泛影响的背景下，拥有更大范围和更高质量的用户参与成为企业竞争制胜的重要法宝。这主要是因为：一是用户对于参与企业产品与服务提供过程的诉求日益高涨。一方面，用户拥有对企业产品与服务提供过程的知情权、监督权，用户只有亲身参与了这一过程，对企业所提供的产品与服务才会信任甚至才会接受，从这种意义上来说，参与是用户购买和使用企业所提供产品与服务的基础。另一方面，体验和参与越来越成为用户购买和使用企业所提供产品与服务的重要组成部分，体验与参与能够在很大程度上提高用户对产品与服务的感知价值，增强企业所提供产品与服务的市场竞争力。二是企业对产品与服务提供的有效性依赖于用户的参与程度。在商业生态圈中，用户是企业的重要战略资源，用户不仅能够通过将最前端的需求及时反馈到企业而增强企业的创新敏感性，而且可以通过直接成为企业创新的参与者而提高企业创新的成功可能性，甚至用户还会通过成为产销者和创客而与企业合作，拓展企业资源获取范围和价值创造空间。可以说，用户进入到企业业务全流程并成为产品与服务提供的主动参与者将会极大增强企业的市场竞争力。由此可见，用户参与已然成为关键的订单赢得因素，这既是用户提升自身感知价值的需要，也是企业提供更富吸引力产品与服务的要求。

第三章　共益企业：合意的企业
社会责任组织范式

本章概览

自企业社会责任概念提出以来，学者对企业履行社会责任的正当性与合法性问题在理论层面有着广泛的研究并达成一定的共识。在实践层面，虽然国际组织和机构试图通过建立普适性的社会责任倡议与指南来弥合企业社会责任实践的行为差异与认知模糊，从而推动企业社会责任在议题流程、实践工具与实践策略方面的标准化进程（Albareda 和 Waddock，2018），然而，在现实商业环境中，企业社会责任实践过程中的行为异化现象屡屡发生。以"说一套，做一套"为主要特征的伪社会责任行为成为企业社会责任实践中的普遍现象，以牺牲利益相关方利益为代价来获取企业自身利益的社会责任缺失行为直接或间接地对多元社会主体造成严重危害（Groening 和 Kanuri，2013），甚至那些具有所谓"良好"社会责任行为表现的企业也并不一定来自真实的社会责任资源要素投入，而是向那些能够评价企业社会责任绩效的公共权力主体或非公共权力主体寻求经济租金，通过利益交换获取虚假的履责绩效，由此引起企业社会责任运动面临倒退的风险。种种异化行为的背后，是在管理层面出现了企业社会责任实践与企业运营的相互割裂与分离，造成"两张皮"现象。近年来，一向具有良好社会责任实践行为与社会责任声誉的大型跨国公司也陷入"不负责任"的行为陷阱，大众尾气门、日本钢铁造假等社会责任缺失事件相继发生，这让对其赋予良好社会责任实践标签的消费者、社会公众等利益相关方加剧了对企业社会责任的困惑与质疑，也深深拷问着学界对于企业社会责任实践的未来研究前景，一度引发"企业社会责任已死"的论调，在一定程度上加剧了企业社会责任悲观情绪的蔓延。

长期以来，理论界以不同的视角试图寻找企业社会责任缺失或行为异化的症结所在和破解良方。从前者来看，企业内部视角观将造成企业社会责任实践停滞不前甚至异化倒退的根源归结于企业本身的社会责任意识薄弱，认为企业内部社会责任认知不足与管理者社会责任意识淡薄造成了企业社会责任实践的乏力（程雪莲等，2018）；外部力量视角观则将企业社会责任实践不尽如人意的症结归结于政府对企业社会责任的制度供给与推进力度不足（Midttun 和 Gjølberg，2013），认为制度环境中的政府干预程度、法律完善程度以及要素市场发育程度决定着企业社会责任实践运动的兴衰（周中胜和何德旭，2012）。从后者来看，最具代表性的观点是试图以社会责任嵌入的视角，寻求将商业组织社会责任实践与企业运营的融合作为破解企业社会责任行为异化的最佳路径，方式则是通过硬性的结构性嵌入与软性的认知性嵌入，实现社会责任内嵌于组织治理与管理决策体系（刘德鹏等，2017）。然而，在承认基于自利主义的市场逻辑下，嵌入视角将企业社会责任作为工具变量或者外生变量始终难以摆脱人们对其诸如"社会责任盈利论""社会责任工具论"的质疑。而执意将社会责任嵌入商业组织运营作为企业社会责任实现的最优路径，则可能最终难以规避商业组织的"社会脱嵌"问题（Hollensbe 等，2014），容易陷入"嵌入、脱嵌、再嵌入、再脱嵌"的反复循环怪圈。尽管基于嵌入理论破解企业社会责任行为异化的融合方法具有一定的理论基础与现实情境，但它往往是操作层面、战术层面与表象层面的治理之策，经常呈现为零散的、局部的小修小补之道，难以消解企业社会责任实践的现实困惑，结果是治标而不治本。究其原因，现有的解决之道没有动及影响商业企业履行社会责任的最为本质要素，即组织形态。组织形态在很大程度上决定着合法性的组织使命、合理性的运行机制、合效性的管理方式以及合意性的制度逻辑，因而需要从组织范式变革的角度寻求企业社会责任行为异化问题的解决之道。

在组织范式变革的研究视角下，一些学者开始跳出固有的商业组织视角，从商业组织的社会责任嵌入转向寻找社会责任实践的更优组织范式，并走到了研究商业组织场域的对立面，期望以社会企业作为新的组织载体实现企业的良好社会责任实践，这为学术界开辟了企业社会责任实践组织范式研究的第二条道路。的确，社会企业的组织范式构建，为企业实践社会责任提供了鲜明的创新方案，在社会环境问题解决与社会责任实践的可持续性等方面提供了新的运作模式。但现实是，剥离了商业属性的社会企业成长缺乏足够的经济血液与稳定的商业模式，不可避免地走向过早的衰退或夭折，由此造成社会企业运营的可持续性问题久久未能破解，相应的企业社会责任实践也走入死胡同。尽管也有学者再次从嵌入视角寻求社会企业的商业性嵌入，以缓解社会企业造血能力不足的问题（谢家平等，2016），但社会企业的商业性嵌入范围局限于特定社会群体与特定社会议题的商业化运作，难以有效平衡与满足商业化运作过程中商业性利益相关方的价值诉求。因此，以社会目标为主导的社会企业难以在商业性与公益性之间谋求平衡，极易导致社会性议题的商业化运作失败。

　　商业组织与社会企业的探索遇阻，推动学术界继续从组织范式变革的视角寻找企业社会责任实践的第三条道路，即尝试找到一种超越现有组织范式的新组织形态，以此寻求经济目标与社会目标的合意性整合，实现经济活动参与主体的经济价值创造与社会价值创造的兼容共生，保证企业社会责任实践的可持续性。由2006 年在美国创立的共益企业实验室（B‑Lab）最早提出的共益企业（Benefit Corporation）正是这样一种新型的组织形态（Girling，2012），它有效融合了目前已有商业组织、非营利组织、社会企业等组织形态的优势，不仅能够避免商业组织单纯的经济价值创造而造成系列的社会问题，而且可以规避社会企业在社会价值创造中因缺乏稳定的经济血液而过早夭折。共益企业能够在经济价值与社会价值创造的过程中形成混合型的可持续商业模式，推动公共社会利益与私人利益相互交织而不可分割，实现经济价值与社会价值的兼容，相应地促进企业可持续成长。自2007 年首家美国企业被共益企业实验室认证以来，共益企业实验室所认证的共益企业已经覆盖50 多个国家、130 多个行业的2200 多家企业，其中大约2/3 来自欧美国家，目前中国有9 家。然而，共益企业作为一种企业社会责任实践的新型组织范式，在学术界却未曾受到应有的关注，共益企业为什么会出现、共益企业到底如何理解、共益企业在哪些方面超越了传统组织形式、共益企业是如何运行的、共益企业的缺陷如何克服等一系列问题都缺乏研究。本章尝试对这些问题进行探索性回答，从理论上创新和丰富组织范式与组织变革的研究，从实践上寻找实现企业社会责任有效落地的组织范式，破解企业社会责任缺失与行为异化问题。[1]

第一节　共益企业产生背景：理论认知与实践范式亟须双重突破

　　近10 年，共益企业引起了西方越来越多经济学、法学、管理学与社会学领域学者的广泛关注，共益企业也在欧美等发达国家广泛存在。共益企业的产生在一定程度上反映了将市场体系的效率导向与社会影响的社会价值导向在组织形态上实现混合，从而形成一种更加平衡的回报（Stubbs，2016）。选择成为共益企业的原因多种多样，但核心是它从组织范式层面对企业社会责任正当性认知实现了突破，成为企业社会责任实践由"外挂式""嵌入式"向"内生型"转变的客

---

　　① 本章核心内容发表于：肖红军，阳镇. 共益企业：社会责任实践的合意性组织范式 [J]. 中国工业经济，2018（7）.

观需要。①

一、共益企业背后的理论渊源

学界对共益企业的理论渊源存在三种审视角度，即经济社会学理论、制度融合理论以及微观视角下组织利益相关方理论。

1. 经济社会学理论下的共益企业

从宏观视角来看，经济社会学理论为共益企业的兴起提供了理论基础。长期以来，基于新古典经济学范式的以外部性、公共物品、信息不对称、竞争不充分的市场以及委托代理问题为主要构成的市场失灵问题引起的资源无效配置逐步加剧，管理学与社会学学者们逐渐形成了一种社会结构变革观，即要求变革近现代社会所形成的"市场—政府"的二元极端主义下的经济运行模式与社会资源配置结构的呼声越来越高，期望新的载体以建构可持续的经济运行模式（Fryze，2015）。从现实的组织形态来看，组织的现实形态被划分为公共、私人或非营利组织等块状的单一领域，但现实是公共与私人利益变得越来越不可分割，社会与经济组织在新的社会形态下其目的追求越来越相互交织和不可分割，并在一个组织中能够合并多个生存逻辑（Rawhouser 等，2015）。而经济社会学强调经济行动者在理性选择为基础的主体下，将理性范围下的经济变量之外的社会变量融合其中，进而将企业看作融合经济属性与社会属性的社会经济组织（Granovetter，1985），且两者属性的融合平衡状态决定了企业与社会的共生关系能否实现。因此，共益企业正是根植于经济社会学理论，追求组织经济目标与社会目标融合统一的新的组织载体（肖红军和阳镇，2018），并力图构建新的社会生产关系，新的社会生产关系意味着企业是兼具经济功能与社会功能且两者紧密不可分割的社会经济组织，进而推动社会制度与环境的可持续变革（Waddock，2008）。

2. 新制度主义下的共益企业

制度主义为解释共益企业这一新型的组织形态提供了新的理论视角。制度主义认为组织的行为嵌入到社会环境中，因此组织所面临的外部社会环境的制度要求会影响到组织的日常实践行为（DiMaggio 和 Powell，1983）。早期的制度主义理论强调单一逻辑在组织场域中的主导地位甚至绝对唯一地位，不同的制度逻辑呈现绝对的不相容状态（Greenwood 等，2011）。但是随着组织外部制度环境与内部运行规则逐步复杂，绝对的制度逻辑观难以解释组织面对利益相关方所产生的异质性行为，制度多元主义与制度复杂性（Institutional Complexity）等概念相继出现（杜运周和尤树洋，2013）。长期以来，两种制度逻辑即市场逻辑与社会

---

① 本节核心内容发表于：肖红军，阳镇，焦豪. 共益企业：研究述评与未来展望［J］. 外国经济与管理，2019（4）.

逻辑深刻影响着组织的日常行为实践，并且不同的主导制度逻辑决定了组织内的各项制度、组织运行的商业模式、组织的基本架构逻辑以及目标导向①。但是，在组织的日常运营实践中，同种类型的组织常常面临着同一组织场域内两种制度逻辑冲突碰撞的情景，即组织的战略决策与行为实践时常因未能有效地应对双元化的组织制度逻辑情景最终丧失组织合法性（王涛和陈金亮，2018）。因此，组织所面对的制度环境不再是单一性的逻辑主导，多种逻辑的混合型共生演进成为组织运行过程中的制度常态。但是，如何在组织形态上实现组织的市场逻辑与社会逻辑的双元融合一直以来是学界所关注的焦点。而混合型组织成为双元逻辑的最佳应用组织场景（邓少军和芮明杰，2018），共益企业正是以市场逻辑导向与社会逻辑在组织的使命目标层面相融合，进而有效地响应组织外部双元化的制度逻辑情景。

3. 利益相关方理论下的共益企业

利益相关方理论认为组织的利益相关方不仅影响组织的价值创造（Stakeholder Influence），而且是参与到组织价值创造（Stakeholder Participation）过程中的群体（Freeman，2002），并且组织的利益相关方不仅仅局限于股东，而是更为广泛层面上的组织的员工、供应商、顾客、社区、政府以及环境（Clarkson，1995）。因此，利益相关方理论下，股东利润最大化下的经济价值创造并不是组织的唯一性目标，而是基于多元利益相关方主体创造更为广泛的涵盖经济、社会与环境的综合价值与共享价值。尤其是在日趋社会化的现实商业环境之中，传统的商业组织所面对的外部社会环境更为复杂，所面对的社会问题与利益相关方的压力日益加大，就组织的利益相关方而言，责任投资和责任消费所发挥的作用在21世纪已经到了一个拐点，这意味着投资者、消费者和社会企业家需要一种新的商业模式来满足他们的需求，并且相当多的消费者表示他们更喜欢购买对社会和环境负责的组织生产的产品，从而进一步驱动了社会责任组织的兴起（Blount和 Offei - Danso，2013），越来越多的组织试图创造一种新的商业模式来满足组织实践中所面临的利益多元化需求。而共益企业正是基于利益相关方理论，以其基本的商业业务运营作为实现社会环境需求的基本依托，从而在解决经济需求的同时对社会环境产生正的外部效应与实现社会环境的净效益。而企业的员工、顾客等多元利益相关方则是共益企业价值创造的共享主体。通过经济、社会与环境三

---

① 如市场逻辑意味着组织的行为实践必须以组织的经济目标与经济价值创造为导向，组织内的各项制度、组织运行的商业模式、组织的基本架构都要求与组织的经济目标建立基本的关联规则，以满足利益相关方的价值创造的期望诉求；而社会逻辑则意味着组织的使命是基于社会目标而非经济目标，组织的生存是为了创造社会价值，如提供公共服务、承担社会责任等，相应的组织内制度安排、人力资源属性也就要求具备社会属性，以避免组织的"社会脱嵌"。

种价值目标的合意性整合，从而形成共益企业的利益相关方的价值共创网络，最大限度地实现企业在技术、产品与服务过程之间相联系的经济、社会与环境的综合价值。

二、企业社会责任的正当性解释

企业开展社会责任实践的前提和基础是回答企业为什么要履行社会责任，即企业社会责任正当性问题。对于这一问题，理论层面往往基于对企业本质的理解而做出应然的回答，因为以何种视角看待企业组织决定企业为什么而存在以及企业以何种形态而存在。企业社会责任正当性理论虽然多种多样，但从企业本质出发做出理解主要有四类观点：经济组织观、社会组织观、契约组织观和融合组织观。经济组织观的典型代表是新古典经济学，它将企业看作纯粹的经济组织，认为通过市场这只"无形之手"的作用，企业对利润最大化的追求必然带来社会福利的自动增进，因此企业唯一的社会责任就是尽可能地增加利润。在新古典经济学范式下，作为纯粹经济组织，企业履行社会责任的正当性在于其作为企业逐利的基本活动或逐利工具，即企业履行社会责任具有经济合理性。显然，新古典经济学完全强调企业的经济组织属性，突出市场的万能功能，本质上是以"企业社会责任"之名行"企业赚钱"之实，实际上在企业社会责任正当性答案上是"南辕北辙"。经济组织观的现代观点主要是企业社会责任的工具主义理论，它依然强调企业作为经济组织的本质属性，将企业社会责任看作企业获取自身利益的手段或工具，企业承担社会责任的正当性在于它能够为企业带来利益和好处。工具主义理论之下企业社会责任实际上成为企业的"可选项"，并没有从组织认知和组织使命上获得正当性。

与经济组织观完全相反，社会学、社会法学将企业看作社会的基本单元和一般性社会机构，形成社会组织观的企业社会责任正当性理论。在社会学和社会法学视角下，企业组织的本质在于承担社会功能和服务整体社会利益，即创造社会价值以实现组织的社会目标。企业社会责任的正当性在于企业天然的社会功能要求，而不掺杂任何的经济利益。社会组织观将社会属性作为企业的全部属性或首要属性，基本上忽视企业经济属性的存在，这不仅与现实相悖，而且与企业发展规律相违背。在社会组织观之下，企业履行社会责任是企业组织管理社会影响、实现社会目标的重要运行方式，企业组织经常被设计成为社会企业。与一般性商业组织和非商业组织不同，社会企业以提供社会价值为基本目标，采用商业化运作方式聚焦于社会公共性议题，在社会公共领域扮演私人部门角色，在一定程度上填补了新古典经济学范式下组织无法完全兼顾的边缘人群的"真空地带"（Borzaga 和 Defourny，2001）。即便如此，由于社会企业依然强调社会属性是企业的首要属性，所聚焦的商业性问题长期集中于社会公共领域，较之于商业领域经济价值往往偏低，造成社会企业经济造血与循环功能的天然不足，因此难以成为被广泛认同的企业社会责任正当性理由。

契约组织观源于新制度经济学，发展于利益相关方理论，较为全面地阐述于综合社会契约理论。契约组织观认为企业是商业化与人格化并存的复合型组织，将企业看作一组与利益相关方之间形成的显性或隐性契约集合。无论是显性契约还是隐性契约，契约订立者都希望自身的权益能够得到考虑，这意味着企业不仅要对股东负责，而且应当对所有利益相关方负责。在契约组织观下，企业社会责任的正当性在于契约精神的遵循，本质上是一种承诺的践行。契约组织观至少会带来四个方面的问题：①与企业订立契约的利益相关方之间并不总是存在一致的价值诉求，企业无法完全解决利益相关方之间价值追求的矛盾性与利益归属的冲突性，容易导致企业履行社会责任陷入"两难"境地。②与企业订立契约的利益相关方在利益上并不总是与社会利益相一致，企业容易因为所谓的对利益相关方负责任而损害社会利益，实质上形成"共谋"。③虽然企业作为契约组织履行的契约内容可能是经济性的，也可能是社会性的，但契约组织观背后隐藏的依然是对企业经济组织属性的强调，因为对股东之外的利益相关方负责是"增加性"的，是企业责任边界范围的拓展。④契约的执行具有弹性与选择性，企业可能会根据契约执行与契约违背分别可能带来的利益和损失进行执行与否的选择，即企业是否对利益相关方负责可能也会成为一个"选择项"，而非必然要求。

无论是经济组织观，还是社会组织观，抑或是契约组织观，都无法信服地解释企业社会责任的正当性。经济社会学对此进行了跨越，认为企业不是原子化的个体或组织，而是一种社会性存在和开展社会行动的法人行动者（Coleman，1990）。社会行动意味着企业必然经过社会化建构，由此社会属性成为内嵌于企业不可分割的特性。企业被看作符合现代社会中经济系统与社会系统相互嵌入而密不可分、经济属性和社会属性内在统一而具有整合经济与社会功能的社会经济组织，形成企业本质认知的融合组织观。融合组织观强调企业所拥有的经济属性与社会属性并不是相互割裂和分离的，而是密不可分、相辅相成的，因为经济功能是企业发挥社会功能的基础，而社会功能则能为企业更好地发挥经济功能明确方向。在融合组织观下，企业履行社会责任的正当性在于企业的社会化建构以及经济功能与社会功能相互融合所催生的"内生性"。然而，融合组织观面临的一个突出问题是如何融合企业的经济属性与社会属性，现实的组织形态往往将生产交易属性与社会属性相互分裂隔离，商业组织与非商业组织难以在寻求股东利益的经济功能与服务公共利益的社会功能之间找到平衡点。企业与社会的共生关系如何在组织形态层面实现仍是一个巨大挑战，因此亟须寻求新的融合载体。正是在这样的理论背景下，作为一种新的组织范式，以追求经济利益与社会利益融合统一为目标的共益企业被提出，从而在现实组织形态上对融合组织观进行发展与支持，企业社会责任的正当性理论在组织层面上获得突破。

三、企业社会责任实践范式演变规律

共益企业作为一种 21 世纪新型的企业社会责任内生型组织，必然需要进一步从企业社会责任逻辑演变的视角探究如何在组织形态层面实现社会责任的内生化进程。企业社会责任的内生化意味着企业社会责任成为组织的自觉行动，并在一定程度上作为组织的认知图式，从而自觉地驱动着组织的制度与行为实践的社会化建构。但是企业社会责任能否自觉成为企业的制度遵循，取决于以何种逻辑看待组织及其利益相关方边界界定。自历史上两次著名的 Berle 和 Dodd 以及 Berle 和 Manne 关于企业社会责任的大论战以来，对于企业社会责任的逻辑起点仍然存在不同的理解，基于不同组织形态下的社会责任逻辑定位，产生了不同的企业社会责任实践运动轨迹。

1. 以商业组织为逻辑元点的社会责任实践运动

商业组织基于市场成本最小化以实现利润最大化的竞争逻辑，以经济利润最大化作为组织的使命追求，通过市场化、商业化运作，以及基于价格的市场竞争机制获得市场利润并实现股东的利润最大化，因此以商业组织为代表的私营部门特别关注经济效率（Schaltegger, 2002；Belz 和 Binder, 2017），企业社会责任实践的逻辑只是商业企业的一种道德慈善行为（Bowen, 1953）、社会回应性行为（Clarkson, 1995）、社会权利匹配性行为（Davis, 1960）与工具竞争性行为（Porter 和 Crame, 2006, 2011）。在此逻辑认知之下，股东是企业最为主要的利益相关方，并且依据上述逻辑认知学界出现了大量的企业社会责任内容与层次模型，如企业社会责任同心圆模型（Sethi, 1975）、企业社会责任金字塔模型（Caroll, 1991）、三重底线模型（Elkington, 1998）、全面社会责任管理模型（Waddock, 2002）。同时，也在社会责任绩效度量与评价维度上出现了大量的企业社会责任评价模型，如 RDAP 量表、美国 KLD 指数、财富指数等一系列在企业内部社会责任管理与实践层次的内容与评价模型。因此，在以商业组织为社会责任实践组织的逻辑元点下，形成了一种企业社会责任的"嵌入观"，基于制度嵌入、管理嵌入与议题嵌入实现商业组织的社会责任实践（肖红军和阳镇，2018）。自 20 世纪 80 年代以来，学界与企业界不断以商业企业的社会责任倡议指南或"社会约束"下的生产守则在国际社会的充分推广为研究背景，基于外部性的规范性制度与认知性制度变革，逐步形成了第一次以推动商业企业社会行为标准化的社会责任运动浪潮（Albareda, 2016）。

2. 以社会组织为逻辑元点的社会责任实践运动

以社会组织为逻辑元点下，企业社会责任被认为是企业的社会契约行为（Donaldson，1999）、社会系统功能（Lugmann，1995）、企业社会公民行为（Andiof，2001）。以社会组织为代表的非营利组织、社会创业组织将社会利益最大化作为组织运行的基本使命，通过公益性运作聚焦于社会价值创造，因而将社会责任作为其基本的使命活动，通过履行社会责任议题实现社会问题的解决（Pynes，1997）。Frumkin 和 Andre – Clark（2000）进一步提出，社会组织如非营利组织的独特性在于其价值驱动维度，而价值驱动维度则是通过志愿者、捐赠者和员工表现出的服务和共性价值，包括有效解决公众利益的工具价值，因而评价社会组织也是以社会价值与公共价值创造为评价的核心维度。基于此，在以社会组织为企业社会责任行为的逻辑元点下，自 20 世纪 90 年代以来形成了第二次社会责任运动浪潮，即在社会企业家精神下依托第三部门组织、社会企业这一混合性组织载体，并围绕着商业组织的市场失灵、社会创新（Social Innovation）等困局破解，从而促进企业社会责任实践（Borzaga，2001；Billis，2010）。然而，社会企业尽管在一定程度上结合了组织的社会属性与经济属性，也修缮了新古典经济学下企业的市场失灵问题，并提供了新的组织载体下的社会资源配置模式（Borzaga 和 Defourny，2001），但是社会企业长期聚焦于公共社会性议题领域，以社会属性为主、经济属性为辅的社会企业的经济造血能力严重偏低，难以为更为广泛的商业领域创造社会价值（谢家平等，2016）。

3. 以共益企业为逻辑元点的社会责任实践运动

上述两类逻辑认知元点始终未能弥合商业组织的商业性与社会性之间的二元割裂，共益企业则进一步看到了上述三类组织形态下社会责任逻辑的缺陷，其社会责任实践的逻辑起点在于将其自身视为一种兼具经济与社会功能的复合型组织，共益企业的社会责任内容的内在逻辑在于其应该为企业所面对的更为广泛的利益相关主体包括对股东、员工、债权人、供应商、客户、政府、社会团体、公众等承担责任（Freeman 和 Velamuri，2006），并为其多元利益相关方创造综合价值以及共享价值（肖红军和阳镇，2018）。因此，共益企业将企业社会责任作为企业的内生性认知，从而在本源上改变了依靠外部性制度驱动的企业内部的社会责任制度建构，消解已有的基于商业组织载体以及第三部门组织、社会企业为组织载体的社会责任运动过程中层出不穷的企业社会责任行为异化问题，即有效规避了企业社会责任缺失行为（Armstrong，2006）、伪社会责任行为（Wanger，2009）、企业社会责任寻租行为（肖红军和张哲，2016）等一系列企业社会责任异化行为。共益企业将商业价值与社会环境价值追求作为基本的业务运行宗旨以实现企业社会责任的使命合法化，在以共益企业为"第四部门"组织载体的新一轮的社会责任运动浪潮下，组织试图通过双重使命混合化实现组织双元目标的平衡，最终实现企业社会责任运动轨迹的可持续（Blount 和 Offei－Danso，2013）。

四、企业社会责任实践范式亟待转型

企业社会责任是一个实践性很强的概念，它的生命力在于企业不断对其进行实践、检验、改进与创新。无论是出于纯粹道德追求、社会压力回应、社会风险防范，还是追求财务价值创造或综合价值创造，企业社会责任都已经成为全球企业的微观实践行为选择。纵观企业社会责任实践的演进与发展，传统上企业社会责任被认为是企业的一项额外活动，如支持自然灾害救济、教育、儿童和妇女福利等慈善事业（Scalet 和 Kelly，2010），因此企业社会责任完全独立于企业的运营活动，企业普遍采取"外挂式"社会责任实践方式。随着企业社会回应、企业社会表现、战略性企业社会责任、责任竞争力等概念与理念的提出，企业开始将社会责任实践作为一种提高竞争能力的辅助活动甚至主要活动，从属性上将其定位为企业谋利或更好谋利的工具。正是基于这一认识的变化，越来越多的企业选择将社会责任嵌入到其运营与管理中，形成目前普遍采用的"嵌入式"企业社会责任实践范式。

嵌入本来是经济社会学和社会网络领域的概念，是经济活动在已有的社会结构与社会制度和关系中的情景，表明企业在社会网络中的位置与联结方式。这里借用"嵌入"概念来刻画企业社会责任实践范式，既因为企业社会责任实践本身是企业的一种社会性活动，依托于在社会网络和利益相关方网络中的嵌入，又希望能够形象地描述出企业将社会责任作为一种衍生性行为活动和外生性工具手段，如何将它们置入企业运营和管理之中。从实践来看，企业社会责任嵌入有议题嵌入和管理嵌入两种模式。议题嵌入模式指的是企业将实施社会责任议题作为企业运营活动的组成内容，企业在保持原来运营活动的同时，投入资源开展这些议题活动。议题嵌入模式背后的假设是从内容视角认知企业社会责任，认为企业社会责任就是由一个个议题构成的内容集合，落实这些议题就能自动实现对社会责任的承担。议题嵌入模式由于实施难度相对较小，任务相对清晰，因此目前被大部分企业所采用。不过，议题嵌入模式的缺陷也是显而易见的，不仅容易造成社会责任议题实施与企业运营活动相互割裂，形成"两张皮"，而且选择性地实施社会责任议题容易导致企业"挂一漏万"，企业往往会将实施部分社会责任议题作为履行社会责任的全部内容，从而使企业在某些议题上表现出社会责任缺失或异化现象。

管理嵌入模式指的是企业将社会责任要求与方法嵌入于企业管理中，通过管

理优化行为推动员工及组织落实社会责任要求，实现其行为对社会负责任。理论上，企业社会责任管理模型大多数都沿袭管理嵌入的思路；实践中，"企业社会责任要素法"是典型代表，即将企业社会责任要求细化为一个个要素，并将这些要素嵌入到流程、制度和管理活动中。管理嵌入的主要机制包括结构性嵌入与认知性嵌入。从前者来看，企业开展社会责任实践依赖于组织运行的硬性的结构性嵌入（Uzzi，1997）。结构性嵌入的目的在于将社会责任要求嵌入于企业战略、组织治理、流程管理、制度建设、基础管理和职能管理中，推动企业系统的构造模块反映社会责任要素，满足社会责任实践的要求。从后者来看，管理嵌入需要关注与实现组织运行过程中软性的认知性嵌入（Greenwood 等，2002）。认知性嵌入试图通过社会责任宣贯、社会责任培训、社会责任文化建设等行动实现员工或组织对社会责任认知的改变，将社会责任嵌入于他们的价值观与行为规范认知。管理嵌入模式背后的假设是从行为视角认知企业社会责任，认为企业社会责任是一种新的行为规范和要求，履行社会责任就是要通过嵌入方式保证企业行为符合这些规范和要求。相比于议题嵌入模式，管理嵌入模式意味着企业社会责任实践更具系统性和规范性，理论上能够使企业履行社会责任的行为更具持久性。但是，管理嵌入模式更为复杂、实施难度更大、形成效果时间更长，企业对社会责任嵌入流程、制度和管理活动缺乏真正的动力，因此现实中出现大量"伪管理嵌入"现象。

无论是议题嵌入模式还是管理嵌入模式，企业社会责任嵌入都维持着一般性商业组织或经济组织的企业形态，经济属性主导或商业利益优先的思想在这类组织中根深蒂固，企业社会责任终归被认为是外生性要素或外部性维度。一方面，企业固有的"排外性"会导致企业社会责任嵌入的失败，企业社会责任无法真正嵌入于企业运营和管理之中，容易使企业社会责任在组织中被边缘化；另一方面，即使企业社会责任实现了对企业运营和管理的成功嵌入，但由于一般性商业组织或经济组织固有的"合法性"使命，企业的核心惯例并没有改变，企业的运营和管理容易出现"社会脱嵌"，形成所谓的"嵌入、脱嵌、再嵌入、再脱嵌"的怪圈。鉴于此，企业社会责任实践的现有范式亟须转型与变革，而内生型模式则是企业社会责任实践的转型方向。因为作为行为主体，企业的认知、经验、动机与技能等内生性因素是推动社会责任实践与组织情境共同演化的根源（Pentland 等，2012），嵌入视角下的企业社会责任实践作为外生性要素需要通过内生性因素发挥作用。内生型模式的着眼点是推动企业将社会责任内化为自身存在与发展的价值所在，将社会目标与经济目标融合在一起，共同作为企业的使命，并以此使命为指引对企业运营与管理系统进行设计和构造，而企业社会责任也就会相应地天然内含于企业运营与管理之中，两者相互交融、无法分割，因而从根本上解决了企业的"社会脱嵌"问题。然而，现有的一般性商业组织或经济组织以及社会企业等组织形态，不能适应于企业社会责任实践的内生型模式需要。正是在这样的实践背景下，共益企业在市场经济与公民社会相对发达的美国应运而生，并逐步向全球扩张和蔓延。

第二节 共益企业概念解构：多维透视与类别归属

在日趋社会化的商业环境中，社会公共利益与私人利益越来越紧密交织而不可分割，组织的价值与目的越来越趋于混合化，多个生存逻辑的共存与共演成为混合组织的新特征（Rawhouser 等，2015）。作为一种新型的混合组织，共益企业虽然在实践中广泛存在，但对其在理论层面的认知仍然十分缺乏，特别是对共益企业概念的理解存在较多分歧且不够深入，需要重新审视与深度解构。

一、共益企业的重新界定

现有对共益企业的理解主要有两种视角：第一种视角是从企业运行变化角度认识共益企业，认为共益企业的基础仍然是商业组织，但运行逻辑、运行方式与传统商业组织相比发生了变化，核心是增加了社会利益考虑。André（2012）认为共益企业是一个新的法律下公共企业治理的组织形式，其作用是加强企业社会责任，要求组织同时追求股东收入和社会利益的最大化；Hiller（2013）将共益企业看作在一个市场运行的场域中所创建的业务实体，为了企业利润而设计，但却包含着追求公共利益的要求；Stubbs（2016）认为共益企业是一家以营利为目的的企业，但其追逐"有目的的利润"，在运行过程中创造积极的社会与环境影响。第二种视角是从企业使命目的变化角度界定共益企业，认为共益企业与商业组织相比发生了根本性变化，共益企业拥有综合性使命和目的。Hemphill 和 Cullari（2014）认为共益企业以创造"一般公共利益"为目的，同时被允许为一个或多个"特定公共利益"目的服务，既追求企业最大利益又谋求公共利益，最终实现整体利益目标；Chen 和 Kelly（2015）认为共益企业存在的目标是要为所有者谋利，同时也将承担社会责任作为使命，要求将重要资源投入到承担社会责任之中。这两种视角对理解共益企业均有可取之处，因为使命目的能够表明一个组织的存在价值，而运行逻辑则可以反映组织的运行原则和基本规律。因此，对共益企业的界定应当综合这两种视角，从使命目的与运行逻辑两个维度进行定义。

使命目的通常表现为组织对不同类型价值的追求，并据此形成对组织形态的不同划分。Alter（2007）基于组织对可持续发展中不同价值维度的追求提出组织混合光谱，如图3-1所示。在组织混合光谱中，越往左边，意味着组织对社会价值有更强烈的追求，越往右边，则表明组织对经济价值有更多的追求，极端情况是最左端的传统非营利组织和最右端的纯商业组织，它们分别追求单一性的社会价值或经济价值。这两者之间存在着一个很宽的组织类型光谱，从左至右依次为具有创收行为的非营利组织、狭义社会企业、社会责任担当型企业、践行社会责任的营利性企业，体现出追求社会价值到追求经济价值的目标过渡。组织混合光谱意味着组织的价值目标和使命追求可以在经济价值与社会价值的二元价值中进行混合，由此形成多种混合型组织形态。共益企业就是一种将经济价值创造与社会价值创造共同作为组织使命、经济价值追求与社会价值追求相混合并实现均衡的企业，属于社会责任担当型企业。这表明共益企业是一种兼具营利性与社会责任的企业形式，是将传统的企业特征与社会责任相结合的新的组织形态（Hiller，2013）。

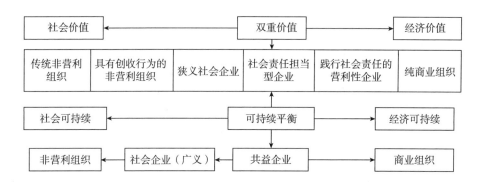

图3-1　基于不同类型价值追求的组织混合光谱

运行逻辑既是组织使命目的的反映，更是组织行为方式的决定因素，通常能够体现组织所属的"社会部门"，并显性化地刻画为资源配置方式与原则。一般来说，组织可以属于公共部门、私营部门、非营利部门以及"第四部门"，其中"第四部门"指的是那些超越传统部门边界与目的、服务于大量底线社会需求、公共部门与私营部门混合在一起、受使命驱动的企业（Waddock 和 Mcintosh，2011），即灰色部门组织（GSOs）。显然，共益企业就是一种灰色部门组织，它在运行逻辑上应当融合私营部门的运行逻辑和公共部门的运行逻辑。私营部门的运行遵循市场逻辑和效率原则，强调的是市场对资源配置的决定性作用；公共部门关注的是社会需求与社会问题，遵从的运行逻辑是社会逻辑和伦理原则。因此，共益企业的运行将私营部门的市场逻辑和效率原则、公共部门的社会逻辑和伦理原则两方面融合在一起，既尊重经济组织的运行规律，也强调社会组织的运行要求，两者相互结合并适应于不同情境。结合使命目的和运行逻辑，共益企业可以界定为：一种将经济价值创造目的与社会价值创造目的有效融合，在运行过程中把遵循市场逻辑、效率原则与社会逻辑、伦理原则相结合，实现自身与社会共生共进的新的混合组织。

二、共益企业的多维透视

与传统组织形态相比，共益企业的使命目的差异与运行逻辑变化使它具有鲜明的新组织特征，突出表现在价值定位、合法性、运行方式三个方面的创新。

（1）双重价值的高阶均衡。如果将组织对经济价值与社会价值的追求程度按照高低进行划分，那么组织的价值追求可以分为四种类型：失衡 I 型（经济价值远高于社会价值）、失衡 II 型（社会价值远高于经济价值）、低阶均衡型（经济价值与社会价值相匹配，但都处于较低水平）和高阶均衡型（经济价值与社会价值相匹配，并都处于较高水平）。从不同类型组织的价值均衡定位来看，商业企业更强调经济目标，往往忽视或弱化社会目标，经济价值创造维度具有较高的能力水平，社会价值创造维度的表现通常远远不及经济价值实现程度，因此在价值均衡定位上属于失衡 I 型。非营利组织以社会利益最大化为基本使命，通过公益性运作聚焦于社会价值创造，往往不开展具有营利性的活动，在价值均衡定位上显然属于失衡 II 型。社会企业强调以解决社会问题和实现社会目标为出发点，并采用商业化方式开展运营活动，以便维持社会价值创造能力与水平，但由于经济造血与循环功能天然不足，社会价值创造能力和水平也最终受到影响，结果是经济价值与社会价值实现水平都不高，在价值均衡定位上呈现为低阶均衡。共益企业从使命目的的本源上规避了商业企业、社会企业与非营利组织价值创造过程中出现的经济价值与社会价值条形割裂与块状分离，强调经济价值与社会价值创造过程和结果层面的高层次均衡，尝试打破社会企业低水平的价值均衡状态，因此在价值均衡定位上属于高阶均衡型。

（2）双重"合法性"的调适一致。合法性是组织在特定情境下被内外部利益相关方所认可与接纳的地位授权过程，通常包括内部合法性与外部合法性，它是组织生存与发展的基础。商业企业因为强调营利性的使命目的，与外部社会对其参与解决社会问题、承担社会责任的期望往往相矛盾，因此经常出现内部合法性与外部合法性相互冲突。社会企业虽然拥有社会价值创造的使命目的，与外部的社会期望也相匹配，但其商业化运作方式既让内部员工对使命目的感到困惑，也容易招致外部利益相关方的质疑，结果可能带来内部合法性与外部合法性的双重缺失。共益企业则不同，它通过使命目的的变革、制度建构与机制创新而塑造内部合法性和获取外部合法性，形成内部合法性与外部合法性的调适一致。从内部合法性来看，共益企业通过对使命目的的再变革，不仅拥有商业企业的基本营利目的，同时也追求为社会创造积极影响，因而董事会的职责必然被重新定义，董事的职责由必须承担对股东利润最大化的责任转向承担经济责任、社会责任的双重职责，相应地，员工的价值观和行为规范也重新被赋予经济效率与社会伦理的新要求。从外部合法性来看，共益企业通过生产要素的市场化与社会化双重配置，利益相关方和社会公众的利益被充分考虑到企业的决策之中，企业定期接受外部利益相关方综合、可信、独立、透明的第三方审核，评估企业运营所创造的社会绩效，从而获取更广泛的社会支持与认可。

（3）双元运作的融合匹配。共益企业的双重价值均衡使命与双重"合法性"追求决定其在运作方式上明显区别于商业企业、社会企业和非营利组织，核心特征是在运作过程中对经济效率与社会伦理的"双元性"要求进行有效融合与匹配，形成"鱼和熊掌兼得"的双元运作机制。从人性假设来看，共益企业的双元运作基础是超越传统的"经济人"和"社会人"认知，认为人是经济属性与社会属性兼具的"共享人"。"共享人"不仅具有价值偏好的多维性，通常涵盖经济价值偏好与社会价值偏好，而且愿意与其他社会主体分享资源、能力、行为、成果，实现价值共创与价值共享带来的成就感、获得感和幸福感。"共享人"假设使共益企业的运行不仅拥有具备"共享精神"和"共享行动"的员工，而且可以嵌入到一个具有"共享文化"和"共享习惯"的人文社会环境中，由此共益企业容易生成共享价值基模，为股东个体创造价值的同时，也囊括共享价值创造的基本内涵与要求（Elkington 等，2008）。从运作方式来看，共益企业克服社会企业以公益性运作为主、商业化运营为辅的模式，将商业企业的商业化运营和非营利组织的公益性运作有机融合起来，发挥两者各自的优势，形成适应不同情境、不同领域和不同要求的混合运作模式。从运作机制来看，共益企业既突破商业企业对竞争机制和"零和博弈"的过度强调，也走出社会企业对竞争与合作导向的战略模糊甚至缺失，将竞争与合作进行整合，形成"变正和"博弈的竞合双元机制。共益企业通过竞争与合作相结合，强调价值创造与价值共享过程中的动态互动，形成以共创共享共赢为主要特征的新价值创造系统。从衡量标准来看，共益企业改变商业企业以经济效益为衡量成功的单一或主导标准，超越社会企业或非营利组织以社会效益为衡量成功的单一或主导标准，取而代之的是将经济效益标准与社会效益标准融合，形成以经济价值与社会价值相融合的综合价值为企业绩效的衡量标准。

三、共益企业的类别归属

共益企业作为 21 世纪出现的新型社会责任组织，其组织形态的边界问题自诞生以来一直是学术界探寻的重要主题，但是目前学界对其类别归属即共益企业从何种组织而来的前置性问题存在极大的分歧，并集中于两派观点：一派观点认为共益企业来源于混合型组织（Haigh 和 Hoffman，2012），并认为共益企业只是混合型组织的一种具体形态；另一派观点将共益企业看成是一种"第四部门"组织，即灰色部门组织（GSO）。

（1）混合型组织观。混合型组织本身也存在多种概念与内涵解读。在组织使命方面，混合型组织具有经济价值与社会价值双重使命（Battilana 和 Dorado，2010）。在运行逻辑上，混合型组织将市场商业组织与社会组织之间的相互竞争的制度逻辑结合在一起（Jay，2013），采取选择性的耦合、嫁接耦合、搭配混合等多种混合方式实现组织运行管理不同逻辑之间的兼容（Pache 和 Santos，2013）；在价值创造结果层面实现社会价值与经济价值的双重价值创造，但价值创造结果的均衡性取决于传统商业组织与社会组织之间运行逻辑的平衡程度。从混合型组织的具体来源看，长期以来基于公共部门与市场组织的二元式组织割裂无法形成面对社会环境问题的共同有效机制，第三部门（The Third Sector Organizations，TSOs）的组织如非营利组织也由此得到广泛的研究。但以非营利组织为代表的第三部门组织虽然在一定程度上弥补了传统市场与政府组织的失灵问题，但其自身也面临着志愿失灵的问题。学界进一步继续寻求新的组织形态——混合型组织，企图寻求在传统二元组织以及第三部门组织之间找到平衡点，能够兼顾市场导向与社会价值创造或弥补公共服务不足（Haigh 和 Hoffman，2012；Pache 和 Santos，2013）。因此，在第三部门中的非营利组织与私人部门中的商业组织之间又存在着混合型组织。总的来看，混合型组织的涵盖区域包括了政府公共部门与第三部门之间的交叉融合地带即 I 部分、市场私人部门与政府公共部门的交叉地带即 II 部分、市场私人部门与第三部门交叉的 III 部门以及公共部门、市场私人部门与第三部门三者的共同交叉部分即 IV 部分（见图 3 - 2）。

因此，混合型组织实质上是一个多种组织类型的集合体，是介于非营利组织与纯商业组织之间的中间地带（见图 3 - 3），并根据使命目标混合程度的差异形成不同类型的混合型组织，其涵盖了广义上的社会企业（具有创收行为的非营利组织、社会创业组织）以及践行社会责任的商业组织等多种组织类型（Alter，2007）。而持有混合型组织观的学者认为共益企业正是这样一种社会责任担当型的混合组织（肖红军和阳镇，2018），共益企业在多重价值创造使命驱动下，将社会价值与市场经济价值两方面的主要目标结合，基于社会价值驱动的共益企业最终能比传统的三类组织即市场商业组织、政府公共部门与第三部门组织形成更加有效的自我维持机制（Boyd 等，2009）。因此可以看出，将共益企业视为混合组织的学者认为共益企业从何种组织而来的问题存在着两条路径，既可以从偏向非营利组织——社会创业组织的组织形态演变为共益企业，也可以由纯商业组织——践行社会责任的营利性企业演变为社会责任担当型组织即共益企业。

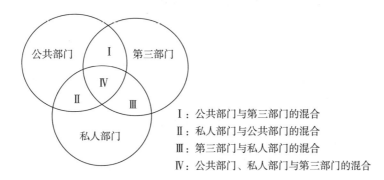

Ⅰ：公共部门与第三部门的混合
Ⅱ：私人部门与公共部门的混合
Ⅲ：第三部门与私人部门的混合
Ⅳ：公共部门、私人部门与第三部门的混合

图 3 - 2   混合型组织来源区域分布

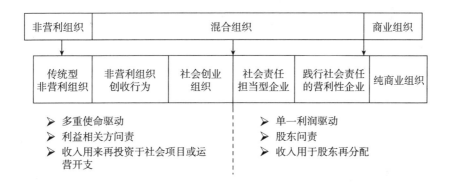

图 3 - 3   组织类型的混合光谱

资料来源：Alter, K. Social Enterprise Typology ［EB/OL］. http：//www. virtueventure. com/typology, 2007.

（2）灰色部门组织观。灰色部门组织是一个组织既不完全归属于政府的公共逻辑也不完全属于市场逐利的极致主义逻辑，同时能够解决以非营利组织为代表的第三部门的志愿失灵，能够规避三大类部门的可能缺陷（André, 2010）。在灰色部门组织中（见表 3 - 1），第一类是以政府为中心的灰色部门组织，以满足社会公共服务需求为目标，从而为特定群体或实现特定功能的群体服务（André, 2012）。第二类是以企业为中心的灰色部门组织，它由私人控股的商业企业组成，这些公司已经被法律赋予了履行企业社会责任的使命和股东利润创造使命的双重责任（Campbell, 2007）。这类观点的持有者认为共益企业正是一种以企业为中心的灰色部门组织，其以商业组织为中心，但是以社会责任与利润创造作为组织的双重使命与职责任务，并通过区别于以政府为中心的灰色部门组织的第三方评估共益企业的综合绩效（Herman 和 Renz，2008），从而将市场体系的力量和效率导向与社会影响相结合，形成一种更加平衡的"回报"。

表 3-1　灰色部门组织与其他组织的区别

区分维度	政府组织	以政府为中心的灰色部门组织	以企业为中心的灰色部门组织	商业组织
组织使命构成	提供公共服务	以特定群体的需要为目标或履行特定职能为公民服务	通过创造利润和增强企业社会责任为股东和其他利益相关者服务	为股东创造最大化的市场利润
组织任务类型	工作本身体现了对社会公众的责任	对社会公众的义务和对市场客户的义务做出了折中	兼顾利润与企业社会责任目标	利润目标
激励（员工及内部董事会）	以服务和安全为动力	出于服务、安全和创新的机会	被最终经济报酬与社会责任目标激励	受到财务奖励和最高管理层价值观的激励
组织设计的关键因素	—	分散决策、问责制、组织文化	集中决策、企业总监向公司管理层汇报、组织文化	—
利益相关方的信息反馈	根据立法机关和监督机构的要求提出报告	从无报告到网站报告和向立法机关各种各样的报告	网站报告、其他公司要求的披露报告	按法律要求报告（如年度报告）

资料来源：André, R. Assessing the Accountability of the Benefit Corporation: Will This New Gray Sector Organization Enhance Corporate Social Responsibility? [J]. Journal of Business Ethics, 2012, 110 (1): 133 – 150.

因此，将共益企业视为灰色部门组织的学者的立足点为商业企业，将商业企业的单一逐利目标混合化，即共益企业的基本载体组织仍然是商业组织混合化后的形式，但其完成了社会责任的内生性融入，即融合了企业利润最大化的市场运行逻辑，以及基于利益相关方的公共性、社会性的社会价值创造逻辑，最终形成融合型的双重价值均衡逻辑。通过经济、社会与环境三种价值目标的合意性整合，从而形成共益企业的利益相关方的价值共创网络，最大限度地实现企业在技术、产品与服务过程之间相联系的经济、社会与环境的综合价值，最终为面临的经济、社会和环境问题提出具体的和可持续的解决方案（肖红军和阳镇，2018）。

四、共益企业成长的影响因素

学界对共益企业的功能特征理解莫衷一是在一定程度上是组织运行过程中的种种因素的不确定性所致，这意味着共益企业能否真正地成长为合意性的社会责任组织，不仅在运行过程中受到组织内外各种因素的影响，还与其运行的各项机制能否与组织使命目标相结合有关。学界继续沿着上述研究思路，试图廓清共益企业运行过程中面临的可能影响因素，综合已有的研究大致可以分为环境影响观、利益相关方诉求观、战略导向观与领导者价值观等多种论点与视角（见图 3 - 4）。

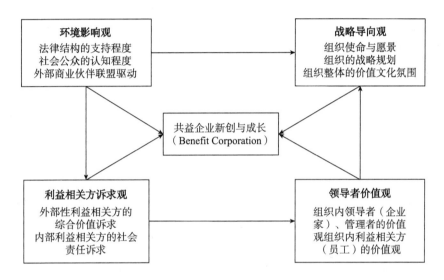

图 3 - 4　共益企业成长的影响因素

1. 环境影响观

持环境影响观的学者认为，外部法律支持程度是决定共益企业能否顺利成长为新型企业社会责任组织的关键（Bauer，2017）。实际上，共益企业作为一种新型社会责任组织能够在欧美等发达国家创立与成长离不开发达国家对于混合型组织的法律层面的制度化支持，如在美国，法律制度范畴内的混合型组织形态主要包括共益企业（Benefit Corporation）、低利润有限责任公司（Low - Profit Limited Liability Companies）、社会目的的公司（Social Purpose Corporations）与灵活的目的公司（Flexible Purpose Corporations）。并且美国在 2010 年首次在马里兰州对共益企业进行立法（Model Benefit Corporation Legislation，MBCL），现已在美国遍及 30 多个州。在外部制度合法性地位得到确立的背景下，越来越多的企业家寻求通过共益企业实验室的认证评估框架验证他们独特的价值观集合，从而有效地证明他们的价值实践（Cao 等，2017；Honeyman，2014）。

也有学者认为，社会组织的推动即外部环境的支持程度影响着共益企业成长，即共益企业实验室（B-Lab）向全球的商业组织推广共益企业的认证与测评体系，无形之中通过其持有的"商业向善"的行为理念吸引了世界各国消费者、投资者的广泛关注，从而推动商业企业向共益企业的理念转换，最终为共益企业的成长运行提供所需要的外部环境支持，如外部资金支持（Robson，2015）。因此，外部环境影响观的学者将共益企业的成长归结于已有的法律制度环境与社会认知环境的支持程度。更为重要的是，在非营利组织和传统企业之间，开展企业社会责任和企业可持续发展倡议的社会伙伴关系和社会联盟越来越多（Berger 等，2006），混合型组织顺畅运行的影响因素在于越来越多的传统组织从商业伙伴联盟的绩效贡献中看到了社会价值，并期望自己能从中受益（Domenico 等，2009）。在外部认知驱动与制度驱动的作用下，无形之中形成了共益企业的价值创造过程中的支持型网络群体，从而驱动共益企业在日常运行中融入社会责任的商业实践（Chen 和 Kelly，2015）。

2. 利益相关方诉求观

也有学者认为，利益相关方诉求的变化深刻影响着共益企业的新创与成长。尤其是外部利益相关方的价值诉求的变化对共益企业的新创与成长过程产生着关键作用。如 Hiller（2013）认为美国 2007~2008 年的次级抵押贷款债务危机和接下来的欧元区债务危机不仅暴露了发达经济体的结构性缺陷，引起了社会公众对资本主义和自由市场的意识形态的质疑，也使社会公众要求变革近现代社会所形成的"市场—政府"的二元极端主义的经济运行模式与社会资源配置结构的诉求与呼声越来越高（Fryze，2015），期望通过新的载体建构可持续的经济运行模式（Waddock，2008）。就组织的外部利益相关方诉求而言，责任投资和责任消费所发挥的作用在 21 世纪已经到了一个拐点，这意味着投资者、消费者和社会企业家需要一种新的商业模式来满足他们的需求，并且相当多的消费者表示更加偏好于以对经济、社会与环境负责任为企业行为宗旨的企业所生产的产品，在消费者偏好诉求的影响下，越来越多的组织以创造一种新的商业模式来满足组织实践中所面临的消费者的多元价值诉求，进一步驱动了共益企业的兴起（Blount 和 Offei-Danso，2013），并进一步地引起了越来越多组织的外部利益相关方如投资者、消费者与社会公众积极寻找具有长期可持续性的公司，以满足解决日益紧迫的社会环境问题的需求。因此，外部性利益相关方的价值诉求的变化深刻影响着共益企业的新创与成长，并且在一定程度上，外部利益相关方对共益企业成长过程中的社会责任绩效的关注程度成为共益企业成长的关键性因素。

同时，从组织内部的利益相关方诉求来看，在社会与环境期望的维度上，较之于男性而言，女性表现出更强烈的社会与环保意识（Eagly，2009；Zelezny 等，2000；Hyde，2014）；在公司内部治理中，女性管理者展现出更强的社会责任意识，主要体现在拥有更多的女性董事会成员的企业其慈善捐赠、社会环境披露数据与范围更为透明与广泛（Marquis 和 Lee，2013）。Grimes 等（2017）基于共益企业实验室获得的 1251 家美国公司样本发现女性持有的企业获得共益企业认证的可能性是男性的两倍，并且女性持有的企业一旦获得认证更有可能进一步维持认证，这使基于双重使命的共益企业价值观更容易被女性企业家接受。可以看出，组织的内部利益相关方是组织价值创造过程中的重要成员，组织内部利益相关方的价值诉求变化将直接影响到组织在运营管理与业务实践过程中经济价值与社会价值的融合程度，因此共益企业的内部利益相关方即组织管理者与成员的价值诉求变化也深刻影响着共益企业成长过程中的社会责任绩效。

3. 战略导向观

战略导向观下的学者将研究视野聚焦于组织战略使命因素对共益企业的成长的影响。组织的战略导向是组织为获取创造可持续的绩效能力与行为的战略的整体实施方向（Narver 和 Slater，1990），有观点认为组织的整体战略愿景成为影响共益企业是否顺畅成长运行的关键因素。在组织战略愿景与使命承诺维度上，组织的使命承诺已经由单纯的技术变革追求转向了依靠技术改进或效率变革为解决组织所面临的社会环境问题寻找更大机会（Bansal 和 Clelland，2004），追求组织使命的混合化成为规避市场失灵或公共志愿失灵的重要手段，而共益企业正是使命混合化的混合型组织的重要应用场景（邓少军和芮明杰，2018）。

同时，就企业社会责任的自身功能而言，学者们也逐渐意识到企业社会责任是一个组织内不断增长的风险因素，如果管理不善，公司的声誉可能会受到严重损害，对其业务可能产生直接的负面影响（Ogrizek，2002），因此越来越多的企业选择将社会责任纳入企业的战略管理框架（Porter 和 Crame，2006，2011），但是基于社会责任的战略导向存在着两种模式选择，即工具竞争观下的社会责任战略导向和内在使命承诺观下的社会责任战略导向（Berman 和 Wicks，1999），而共益企业作为一种社会责任内生化的新型混合组织，在共益企业成长中，社会责任战略导向下的具体模式选择对于组织为利益相关方创造可持续的综合价值至关重要，其能否持续地采取内在承诺的社会责任战略导向成为共益企业实现企业社会责任内生化的关键因素，也成为共益企业成长过程中组织社会责任使命漂移而丧失组织合法性的关键（肖红军和阳镇，2018），因此，战略导向观的学者认为共益企业战略导向下的企业社会责任内生融入程度决定着共益企业能否创造出既定合意的混合均衡型的组织绩效。

4. 领导者价值观

从组织伦理学的角度来看，价值观作为组织伦理决策的基石，各个部门的许多组织都将使命和愿景中的价值集合整合在一起，并在战略规划过程中予以陈述（Omurgonulsen 和 Oktem，2009）。由于价值观有助于形成组织的公民道德行为，并进一步影响个人和组织决策（Simon，1948），持有领导者价值观的学者聚焦于企业家精神、企业家个体道德意识、社会责任意识、共享价值观以及亲社会行为因素对共益企业成长的影响。一种观点认为企业家个体价值观对共益企业的新创与成长发挥着不可替代的作用。Miller–Stevens 等（2018）评估了共益企业与非营利组织中的高管所具备价值观的差异，发现在共益企业中，占据前五位的价值观类型是正直、信任、有效、问责制以及公平，但共益企业较之非营利组织而言，领导者在效率、创新以及问责制等维度的价值观更为明显。另一种观点聚焦于企业家精神对共益企业新创与成长的影响。Schaltegger 和 Wagner（2011）将可持续的企业家定义为"一种创新的、以市场为导向的、个性驱动的形式，通过对环境或社会有益的市场或制度创新的突破来创造经济和社会价值"。这类观点认为可以通过可持续的企业家行动促进经济社会的可持续的创新，而共益企业的新创与运行成长正是受到可持续企业家精神的持续驱动（André，2012）。

同时，社会价值驱动型的企业家会反对传统的单一维度的组织价值创造观念，并认为利润仅是公司的目标之一，而不是唯一的主要目标（Alexander，2016），因而企业家个体的价值观和道德观是否与可持续的企业家精神相契合深刻影响着共益企业组织形态的合意性，并深刻影响着共益企业成长过程中为社会、环境和经济创造三重价值的持续性（Hasan，2018）。还有观点认为领导者与组织的利益相关方的共同价值观决定了共益企业能否创造综合共享价值使其成长，即共益企业作为致力于广泛社会影响和公共利益目标的组织，组织的领导者（经理层）与不同利益相关方共同分享相同的价值观能够影响共益企业的运行（Bornsetien 和 Davis，2010），并基于领导者与组织利益相关方的共享价值观影响共益企业在公共利益决策上能否做出好的决定（Guo 和 Bielfeld，2014）。

5. 四种视角下的内在关联性

进一步可以发现，尽管学者们基于不同视角探讨共益企业成长的影响因素不尽一致，但是如果从组织合法性获取、传导与维持这一过程来看学界不同视角下的共益企业成长的关键影响因素，能够发现不同视角下存在一定的内部关联性（见图3-3）。从组织合法性获取环节来看，在一定程度上，共益企业作为一种新型的社会责任型组织，外部制度环境中的法律制度的支持性程度、社会公众的认知程度以及外部利益相关方的价值诉求深刻影响着共益企业的合法性的获取。这无形之中为共益企业的企业家的价值取向与价值表达提供了制度契合，并为共益企业家形成共赢共享的共益企业创业社会网络，并在社会中产生强烈的归属感提供外部利益相关方群体支持（Hasan，2018），因而在一定程度上为共益企业成长的合法性获取提供了外部制度、认知与群体支持。从组织合法性传导角度来看，组织内形成"合法性"即组织内领导与团队成员的认知支持、规制支持与规则支持的关键在于组织成员对共益企业独特的双重价值创造与价值共享观的认同感，并基于价值观形成组织的公民道德行为，促使组织内个体、团队与部门对共益企业组织的内生型社会责任实践行动产生预期与控制理念，当共益企业在运营过程中的两个不同价值链条（经济价值链条与社会价值链条）进行资源分配时，避免由于组织成员之间的资源共享认知与行为缺失而造成的资源分配不均衡，从而形成组织个体与组织整体社会责任实践的自我行动、自我组织、自我控制与自我调适（Elsbach，2005）。

最后从组织合法性维持角度来看，共益企业成长必然是基于社会责任内生型组织整体的管理与实践，因而需要从组织整体层面基于双重价值创造使命制定相应的具体性战略规划，避免由于企业业务模块的割裂使组织的经济价值与社会价值创造的双重使命彼此分离，同时，避免管理与执行层在不同价值链条的资源分配不当而导致价值创造过程中使命偏移，使共益企业的组织合法性最终丧失而"功亏一篑"。这一过程同样需要组织外部制度环境以及共益企业所在的具有共享共益型价值观的商业联盟与利益相关方网络的驱动，也需要组织内具有共享价值观的领导与员工推动组织管理与运营业务模块的双重价值行为，促进共益企业成长过程中所需要的外部资源、能力与知识能够被组织所共享利用，并在价值创造行为与结果中满足利益相关方网络的规制、规范与认知的合法性诉求，创造合乎社会评价的合意性均衡型综合价值与共享价值，进而实现共益企业成长期的合法性维持。

第三节 共益企业的合意性：内生型企业社会责任实践的组织范式

合意性（Desirability）一直是经济学与管理学所关注的问题。在微观组织领域，合法性解决的是组织生存的必要条件问题，即通过获取合法性避免组织衰亡，但其不能解决组织是否让社会满意的问题。组织的合意性所关注的则是组织获得社会认可并予以推崇的状态，尤其是对于已经克服基本市场生产合法性问题的新创或新型组织，合意性维度下组织获得社会公众的关注度、认可程度与赞赏支持程度是决定组织能否可持续发展的关键（Wadhwa 等，2013）。基于此，本书对"合意性"的含义进行延伸，指的是现实可行、社会认可、各方满意，即不是最完美但适合于现实企业、不是最优但易于被企业所接受、不是最彻底但具有可持续性、不是最理想但能够被社会所认可。对于当前企业社会责任实践发展来说，从理想主义走向"合意性"不失为一条走出困境的可行道路，而共益企业造就的内生型模式正是从组织范式层面探索企业社会责任实践"合意性"道路的较优选择。

一、合意的使命建构：均衡型企业使命催生实践社会责任的内生性动力

内生型企业社会责任实践模式需要解决的首要问题是企业对承担社会责任具有发自内心的、与生俱来的使命感，即使命驱动，因为企业生存与成长是以使命建构为基本出发点，企业使命是企业存在的理由。根据使命导向的差异性，企业使命可以分为三种类型：竞争主导型、承诺主导型和均衡型（何健，2016）。竞争主导型企业使命往往聚焦于企业自身的产品、技术或服务的经济价值认知，表达对经济价值目标的追求，因而在使命陈述或企业宗旨的内容要素表达中更强调企业的主要竞争领域、竞争要素与竞争目标。显然，商业企业普遍采用的是竞争主导型企业使命。承诺主导型企业使命往往集中于对利益相关方和社会的价值关注，并不局限于企业自身市场竞争领域的价值获取，而是基于利益相关方和社会的价值需求进行动态调适与满足，因而在使命陈述或企业宗旨的内容要素表达中更多地提及利益相关方利益和社会诉求，以及经营道德与核心价值观等。显然，社会企业主要采取的是承诺主导型企业使命。均衡型企业使命是竞争主导型企业使命与承诺主导型企业使命变异演化的结果，它将两者的内容要素进行重新组合，强调企业使命中的竞争领域、成长目标、价值形象表述与社会系统中的价值期望、价值诉求、价值规范相匹配，使命陈述中表现出价值目标的均衡化、资源配置的社会化和企业经营的共益化。共益企业采用的就是均衡型企业使命，这一使命不仅外显于企业自身的使命表述中，甚至被一些国家的法律所明确要求，如美国30多个州对共益企业的均衡型企业使命进行了法律化规定。

共益企业的均衡型企业使命首先承认企业对经济利益追求的合法性，相比于社会企业的承诺主导型企业使命更符合客观现实，更易于被现实企业所接受。均衡型企业使命一方面符合共益企业内部共享型员工的价值观认识，形成内部合法性，另一方面也可以满足利益相关方和社会的期望与诉求，生成外部合法性，进而实现内部合法性与外部合法性的匹配一致。与此同时，共益企业的均衡型企业使命将承诺主导型企业使命要素和竞争主导型企业使命要素通过某种方式进行融合，使利益相关方承诺和社会价值创造成为企业使命不可或缺的组成部分，从而在企业使命层面将承担社会责任化为共益企业的内生性要素和要求，为内生型企业社会责任实践提供本源性基础。此外，现实中商业企业往往采取认知性嵌入的方式，将社会责任嵌入到企业使命与价值观中，形成含有社会责任元素的企业使命和价值观表述。但突出和普遍的问题是，绝大多数企业仅仅停留在"表述"上，表象化与对外传播色彩浓厚，并没有真正从内心深处改变竞争主导型的企业使命，更谈不上实施相应的组织变革和管理变革将新的企业使命表述付诸实践。即使少数商业企业能够将嵌入社会责任元素的企业使命落地，但实施过程中的脱嵌现象也经常发生，特别是在企业高层领导发生更迭时尤为如此。共益企业的均衡型企业使命可以有效解决现实中商业企业将社会责任嵌入企业使命的表象化和脱嵌问题，因此是一种合意的企业使命模式。

二、合意的企业家精神：共益型企业家展现强烈的责任领导力

内生型企业社会责任实践模式付诸应用的关键是要拥有双元能力和强烈责任领导力的共益型企业家，培育善于驾驭共益企业的新型企业家精神。传统上，商业企业注重的是企业家通过自身的能力和技术实现对外部市场环境机会的把握与保持敏感性，通过整合自身与外部资源达成企业愿景，属于商业企业家。商业企业家往往更多地展现出商业企业家精神，强调对商业机会的把握、技术与商业创新的敏感、竞争战略的有效应用、资源要素的整合，衡量标准更突出商业成功和经济价值实现。社会企业重视的是企业家围绕解决社会问题而整合社会资源的能力，以及对社会影响与商业模式的社会性评估所做的努力，属于社会企业家。社会企业家拥有更多的是社会企业家精神，聚焦社会问题并寻找解决机会，通过社会资源与生产要素的整合推动社会创新，衡量标准主要集中于社会价值创造和对社会进步的贡献。共益企业的双重价值均衡使命、双重"合法性"追求和双元运作的融合匹配，意味着共益企业对企业家的要求应当超越单纯的商业企业家精神和纯粹的社会企业家精神，将两者的构成要素均衡化融合，形成兼具商业思维、市场嗅觉、商业创新和社会抱负、责任情怀、社会创新的双元能力，即共益型企业家精神。共益型企业家并不只是能够简单地双极化思考，而是可以将商业思维和伦理思维看似悖论的要素融入同一实体，使两种元素同时高水平存在，从而展现出对共益企业双元运作方式的驾驭能力。

共益型企业家之所以更容易在共益企业内推动内生型企业社会责任实践，另一个关键因素是其超越传统的变革型领导、服务型领导、伦理型领导和诚信型领导将目光局限于领导与下属的二元关系，而是转变为对"领导与利益相关方和社会的关系网络"（Maak，2007）的关注，形成责任领导力的新型领导方式。从利益相关方视角来看，责任领导力强调通过平等对话与民主协商的方式来考虑、协调和权衡利益相关方的利益需求（Voegtlin，2011），力求与利益相关方发展形成符合伦理规范的关系，推动利益相关方为实现具有共享意义的商业愿景而相互协

作和共同行动，以实现企业与社会的协调可持续发展。从伦理道德视角来看，责任领导力关注于领导者的负责任行为，既包括体现规范性道德、增进社会福利的行善行为，也涵盖体现禁止性道德、避免对利益相关方和社会造成危害的避害行为（Stahl 和 de Luque，2014）。综合利益相关方视角和伦理道德视角，责任领导力的三个关键要素是基于价值观的领导、道德决策和高质量的利益相关方关系。共益型企业家所拥有的责任领导力，不仅能够为共益企业带来可靠的负责任决策，建立与利益相关方和社会的高质量关系，而且基于价值观的领导可以激发员工的负责任行为，增强员工履行社会责任的内生性与自觉性，最终结果是内生型企业社会责任实践在共益企业得到有效实施。

三、合意的运行逻辑：多重制度逻辑的融合共生塑造履责行为的新导向

内生型企业社会责任实践的行为导向在很大程度上取决于企业的运行逻辑，因为以制度逻辑为主要构成的运行逻辑会形成企业的固定认知框架，塑造行为主体的行为和关系模式。对于制度逻辑，传统的新制度理论强调单一主导制度逻辑在特定组织场域中的关键意义，比如商业企业以市场逻辑为主导制度逻辑、非营利组织以社会或公益逻辑为主导制度逻辑，但它无法同时解释诸如商业企业和非营利组织各自场域内组织同质化与多样化现象。超越传统的新制度理论，制度逻辑理论认为特定组织场域内并非单一制度逻辑起到主导作用，某种制度逻辑并不能完全主导整个运行场域。组织所处的制度环境是多元的、碎片化的，被视作多元化的制度逻辑的混合体与"逻辑群"，同一组织场域在相同时间段呈现多重制度逻辑的共存与混合（Lounsboury，2007），多种制度逻辑之间的相互冲突与兼容共同塑造组织的行为。根据制度逻辑理论，现实中商业企业和非营利组织也都分别处于多重制度逻辑中，目前商业企业过度强调市场逻辑的主导性、非营利组织过分强调社会或公益逻辑的主导性并不一定合适，必然会带来各自行为导向与方式的偏颇。进一步来看，虽然同一组织场域内多重制度逻辑是相互竞争甚至冲突的，但从长期来看制度逻辑之间可能呈现出互补与共存的空间状态，因而组织可以通过选择"逻辑群"的组合方式来增强行为的合法性与合意性。作为混合型组织，社会企业和共益企业都试图从组织形态层面打开多重制度逻辑之间在同一组织场域相互冲突难以兼容的"黑箱"，同时探索多重制度逻辑之间可能存在的兼容和互补效应。然而，社会企业在运作中以社会或公益逻辑为主、市场逻辑为辅的制度逻辑范式实际上并没有将两者进行有效整合，而是呈现相互割裂与冲突的状态。共益企业则不同，它将制度逻辑看作一种制度性战略资源，一方面发挥市场逻辑与社会或公益逻辑可能存在的兼容和互补效应，另一方面通过"选择性耦合"方式（Pache 和 Santos，2010），即从可能出现冲突的市场逻辑与社会或

公益逻辑中，提取出部分"原初"实践而整合到混合型制度逻辑中，这两种方式推动市场逻辑与社会或公益逻辑在共益企业场域实现融合与共生。

　　组织场域多重制度逻辑的存在与"逻辑群"的作用会产生不同的企业社会责任实践行为导向和表现（Goodrick 和 Reay，2011），而共益企业场域由于实现了对多重制度逻辑的融合与共生，因此可以将不同制度逻辑下的企业社会责任实践行为导向进行调适和整合，特别是把市场逻辑下企业社会责任实践行为的工具理性导向和社会或公益逻辑下企业社会责任实践行为的价值理性导向辩证统一与耦合起来。按照马克斯·韦伯的"合理性"概念，工具理性是一种目的合理性行为，而价值理性则是一种价值合理性行为。通常来说，商业企业对市场逻辑的过度强调会引致工具理性的企业社会责任实践行为，即将企业履行社会责任作为实现经济目标的手段，结果是当企业社会责任短期难以带来可观回报甚至需要较多投入时，企业往往缺乏真实的动力与行动，"社会脱嵌"现象就会出现；非营利组织和社会企业以社会或公益逻辑为主导，将会带来价值理性的企业社会责任实践行为，即将企业履行社会责任作为纯粹的道德追求或伦理价值观实现，结果是与现实中的人和组织都具有目的性相违背，组织行为往往缺乏可持续性。由于工具理性和价值理性本质上具有辩证统一关系，因此企业社会责任实践行为中将工具理性和价值理性割裂开来，必然带来企业行为的异化、扭曲和不可持续。共益企业对此进行了超越，它通过对不同制度逻辑的融合而把工具理性和价值理性进行有效统合，既为企业履行社会责任提供双重的内生性动力，又对企业社会责任实践行为做出价值合理性与目的合理性合一的导向安排。

四、合意的商业模式：构建可持续的价值共创共享商业生态圈

　　内生型企业社会责任实践模式要求企业将社会责任与商业实践融为一体，实现商业实践即履行社会责任、履行社会责任即商业实践，相应地，作为刻画企业价值创造、传递和获取的商业模式也必然需要进行革命性的转变。从焦点属性来看，以往基于商业企业的商业模式认知，无论是"商业模式＝经营系统""商业模式＝经营系统＋盈利模式"还是"商业模式＝经营系统＋盈利模式＋价值主张"（张敬伟和王迎军，2010）的观点，都有一个前置性的假设，即商业企业的商业模式构建与创新以经济利益获取作为基本出发点，价值主张强调经济价值的主导性甚至单一性。然而，反映经济价值的盈利对于企业商业模式的可持续性固然重要，但它是必要而非充分条件。面对越来越复杂尤其是日益社会化的商业环境，社会维度能否融入商业模式的构成要素成为商业模式是否可持续的关键，随之而来的是可持续商业模式（SMB）概念的产生。可持续商业模式对价值主张进行了拓展，由经济价值延伸到综合价值，强调在价值创造过程中对经济要素和社会要素的综合考虑，以及对不同利益相关方之间利益关系的平衡（Matos 和 Silvestre，2013）。共益企业的天然"共益性"决定它走的必然是可持续商业模式的道路，一方面会将社会要素考量融入到经济活动中，通过满足社会性消费者的价值追求来促进责任消费，形成经济价值与社会价值共同实现；另一方面会更多地考虑不同利益相关方的期望和诉求，推动利益相关方参与和合作共同创造价值，形成多方共赢的价值共享机制。可持续商业模式推动共益企业实现了社会责任与商业模式的相互交融，为共益企业开展内生型企业社会责任实践提供了有效解决方案。

从实现方式来看，共益企业在价值创造上往往会突破商业企业传统上所采用的线性供应链和价值链模式，取而代之的是价值网络、价值星系和价值生态系统模式，特别是通过构建商业生态圈、推动生态圈成员的网络化合作实现价值共创。共益企业的商业生态圈是一种由相互之间有利益关系的组织或群体所构成的动态结构系统，共益企业与生态圈成员之间具有互赖、互依、共生的关系。不仅如此，共益企业与生态圈成员、生态圈成员之间都具有价值偏好的多元性和差异性，拥有异质性和互补性的资源与能力优势，因此共益企业更强调与生态圈成员的紧密合作，以及推动生态圈成员之间的互动协作，最大限度地发挥不同生态圈成员的优势和潜力，形成经济价值和社会价值创造的协同效应和耦合效应。在价值获取上，共益企业摒弃"零和博弈"思路，规避现实中众多商业企业所运用的榨取型商业模式，创新性地构建共益型商业生态圈。共益企业与生态圈成员一道，通过提供满足社会需要的产品和服务创造价值，并以价值共享的方式实现自身和生态圈成员的价值获取。价值共享意味着共益型商业生态圈对传统价值分配方式进行重大转变，一方面是价值分配的对象由经济价值拓展至综合价值，而由于综合价值具有共有属性，生态圈成员可以共同分享而不损害其他主体对社会价值的获取；另一方面是价值分配原则不再是"价值分配取决于价值决定"，而是生态圈成员依据不同优势的投入共同分享所创造的合作剩余式的价值增值。

五、合意的治理主体：更加充分发挥企业社会责任的社会治理功能

立足社会视角看，企业社会责任是一种新的社会资源配置机制，能够对可能出现的"政府失灵""市场失灵"和"社会失灵"进行弥补，促进社会资源的优化配置，发挥社会治理的新功能，成为社会治理的重要补充机制。传统上，为有效弥补"市场失灵"和"政府失灵"，需要发挥政府、市场与社会组织的三重协同性力量，由市场自发治理、政府主导性调节治理转向政府、市场与社会组织的三者协同治理，满足社会化与个性化并存型的公共性社会价值诉求（范如国，2014），由此社会组织如非营利组织在社会治理中发挥着重要作用。然而，现实中以非营利组织为代表的社会组织往往以涓滴形式解决社会问题或满足社会需求，其资源动员与资源整合能力较差，在社会公共产品与价值创造过程中受到资金与人力资源等方面的限制，并且难以精准评估其实际的社会价值创造效应（时立荣，2016）。同时，以非营利组织为代表的社会组织还存在"组织外形化""弱正外部性"和"偏向性生长"等缺陷，运行过程中经常出现"名"与"实"的背离。一方面，一些以慈善公益组织为代表的非营利性社会组织以"社会组织"为名，却充当政府组织的利益衍生工具，迷失于政府组织之中，从而带来非公共性以外的经济与社会资源，破坏社会组织的"社会性"和政府组织的"公共性"的治理边界；另一方面，部分社会组织的市场化行为，即利用非营利性社会组织的合法性外衣和社会性外壳实施商业性行为，使社会组织的公共价值创造使命与社会治理功能迷失，从而破坏社会组织的"社会性"与市场组织的"商业性"的治理边界。与此类似，社会企业囿于社会性目的的使命与商业化运作的手段之间难以调和的冲突，本质上也是对治理边界的破坏，容易导致社会化议题的商业化运作失败。以非营利组织为代表的社会组织以及社会企业运行中的失败将不可避免地带来"社会失灵"，"政府失灵""市场失灵"和"社会失灵"就可能同时出现，这时需要市场组织自觉的负责任行动，坚守法律与道德底线，考虑利益相关方合理期望，推动利益相关方合作共同解决社会问题，促进社会健康良性运转。也就是说，企业社会责任具有社会治理功能，是一种补充性的社会治理机制。

　　企业社会责任实践范式对企业社会责任的社会治理功能发挥至关重要。相比于"外挂式"和"嵌入式"的实践范式，内生型企业社会责任实践因其动力的内生性和行为的自觉性而形成倍增性社会效应，补充性的社会治理角色更能充分彰显。显然，共益企业为内生型企业社会责任实践的社会治理功能发挥提供了合意的组织载体，成为一种混合型的创新性社会治理主体。从社会期望来看，商业企业对经济属性与经济目标的过度强调，让社会对商业企业参与解决社会问题和社会治理陷入"过度期望"与"期望不足"的双重陷阱，既可能影响商业企业作为市场组织的市场自发治理功能发挥，又难以发挥商业企业作为"社会性存在"的社会参与潜力。共益企业的均衡型使命定位让社会容易对其形成更为合理的期望，社会期望与企业的目标行动能够较高程度地匹配，有利于企业同时发挥市场自发治理功能与社会参与潜力。从意愿能力来看，共益企业充分弥补了商业企业履责意愿与动力不足所导致的参与社会治理效率低下弊端，也有效摒弃了社会企业因造血功能缺失而产生的组织外形化与公共性迷失等破坏治理边界的弊病，内生性意愿和双元运作让共益企业参与社会治理的效率效果更佳。从治理过程来看，共益企业不仅基于自身的资源存量、能力边界选择某一特定社会议题参与社会治理，而且将商业性实践与非商业性行为充分融入到社会治理过程之中，既为扩大多元化的市场主体和社会组织参与社会治理提供更大可能性，又让企业参与社会治理变得更加可持续。从治理方式来看，共益企业通过构建可持续的价值共创共享商业生态圈，将责任治理和平台化履责引入其中，推动商业生态圈转变成社会责任生态圈，实现社会治理由分散治理向集中治理转变。

第四节　共益企业的健康成长：固有魔咒与内生难题的突破

共益企业成长的运行过程离不开与这一新型企业社会责任组织使命相匹配的运行构面，并且运行构面与组织既定双重使命的匹配耦合程度决定着共益企业的均衡型绩效能否实现。尽管共益企业实现了对现有社会责任实践组织范式的超越，有效回应了商业企业的社会责任"被抛弃风险"，以及社会企业的社会责任实践陷入"死胡同"难题，但它作为一种新型的混合组织，仍然面临着从使命层面到运作层面的诸多难题，其健康成长和功能发挥依赖于对这些难题的破解，实现形式合理性与实质合理性的统一。

一、共益企业的运行构面：与组织使命的匹配性

1. 共益企业成长的组织结构

共益企业的组织运行结构是驱动组织运转的主要"零部件"，这也意味着组织结构设计是控制组织系统重要维度，其包括组织结构、决策体系、控制与激励系统和组织文化（Connor，1980）。共益企业的组织结构采取以客户为导向的分散式网络结构更有可能实现关键利益相关方之间的平衡以及利益相关方的问责制构建，而不是具有模糊控制的集中式结构。同时，为了加强对企业社会责任的问责，在公司内部通过利益相关者参与式设计来平衡高管团队的利益决策，并保持内部沟通畅通（Andre'，2012）；而组织的控制与激励系统在一定程度上依赖于组织的薪酬体系，由于共益企业承担着很大的社会和环境责任，因此内部员工往往需要非经济性的额外激励，共益企业往往对那些具有企业社会责任成就的员工感兴趣，从而实现组织的自我控制与自我激励。共益企业组织设计的最后一个软性的维度是组织文化。由于其具有双重价值创造使命，共益企业可以比其他公司更深层次地利用员工的自主性从而创造利益普惠、价值共享、机会公平与开放透明的组织文化（Andre'，2012）。综合上述学者的研究，不难看出共益企业的运行依赖于独特的组织结构情景，通过搭建价值共创的平台单元与平台情景，使共益企业中的部门能够基于平台综合价值共创实现以应对组织的双元目标，避免组

织双重价值创造过程中因结构差异即在时间与空间上的结构分离或模块割裂使共益企业在运行过程中的双元目标难以实现。

2. 共益企业成长的治理与问责机制

已有的研究认为共益企业的运行成长依赖于其特殊的公司治理机制与治理模式，在治理机制上共益企业的倡导者认为它提供了相对传统公司治理结构可供选择的法律形式，既能够满足商业企业家的治理机制要求，也能够满足那些以社会利益为中心的社会企业家的需求。在共益企业的治理章程中涵盖了企业使命目的、问责制与透明度：①企业创建的目的是需要考虑对社会与环境的影响；②扩大董事会的受托责任，需要考虑非财务目标的相关偏好；③公司有义务报告其总体的社会与环境绩效，并基于一个全面的、可信的、独立的和透明的第三方标准（William 等，2012）。因此，在共益企业的公司治理模式上学者们形成了相对一致的观点，即共益企业的运行理念由传统企业的股东利润最大化观转向了涵盖多元利益相关方的综合价值观，治理模式上由单一的股东治理转向了利益相关方的综合治理，契合了利益相关方理论下管理层的职责是为股东创造价值，并平衡利益相关者的利益（Freeman，2006），将企业所面对的多元利益相关方即企业的供应商、员工、社区、政府等的利益诉求囊括于内（Blount 和 Offei-Danso，2013）。可以发现，共益企业的治理机制区别于传统的商业企业的单一股东治理，其更加注重组织的社会责任实践使共益企业的董事会在进行决策时都必须考虑社会目标与社会影响，即不仅仅考虑公司股东的利益，而是将企业所面对的多元利益相关方的利益囊括于内，进而构建利益相关方的共同治理模式，最终通过设计参与式治理、共同治理的治理机制，实现共益企业的双元制度逻辑包络于同一组织结构之中。

3. 共益企业成长的制度逻辑

组织运行制度逻辑是组织正式和非正式的行动、互动和解释规则，指导和限制决策者完成组织的任务（Thornton 和 Ocasio，1999）。实际上，组织的制度逻辑有多种选择，如维持一个旧的逻辑，或是采用一个新的逻辑，又或者是试着将逻辑混合形成逻辑群（Thornton 等，2012），且每一种逻辑都包含不同的制度结构，在社会逻辑中组织追求社会目标从而创造有利于社会的公共产品。而市场逻辑则强调利润、效率和运营效率（Lee 和 Battilana，2013；Smith 等，2013）。Smets（2015）认为组织制度逻辑的混合（hybridization）是响应组织所处经济社会场域的重要应对战略，其强调在同一组织场域中依靠组织的内部协调机制将相互分离甚至冲突的制度逻辑容纳于内，以更好地平衡组织面临的多元需求，但上述混合的过程也面临着失控或协调失败的风险。已有的研究表明，混合型组织成为将不同制度逻辑混合于同一组织场域的重要实现载体，有助于实现多种冲突型目标的竞合性实现（Battilana 和 Dorado；Santos 等，2015）。

实际上，将不同制度逻辑进行混合的方式也多种多样，Santos 等（2015）认为混合型组织可以通过将市场逻辑与社会逻辑进行搭配混合、嫁接混合和选择性耦合多种方式实现多种制度逻辑的有效混合。Hiller（2013）认为共益企业根据市场逻辑追逐企业利润，但并不寻求利润最大化，并且利润是实现其社会目标和积极社会目的的手段。Besharov（2014）认为共益企业无论是盈利能力（市场逻辑）还是社会影响（社会逻辑）都是共益企业的核心运行制度逻辑。总的来看，国内外学者对于共益企业这一新型混合型组织的制度逻辑与商业模式达成了一定的共识，即共益企业是多重制度逻辑下的混合体，但是国外学者在共益企业的多种制度逻辑的结合方式上尚缺乏相关研究，即混合型组织的多重制度逻辑的融合方式一般包括了搭配混合、嫁接混合和选择性耦合等多种方式，但具体到共益企业这一新型混合组织中如何实现多重逻辑制度的共融使不同制度逻辑之间的共生制度空间得以扩张（王涛和陈金亮，2018），进而维持共益企业在实际运行过程中的组织合法性。

4. 共益企业运行的商业模式

更进一步地，共益企业的商业模式是其创造市场利润、完成市场使命的发动机，学者们认为由于受到可持续企业家精神以及混合双元型的组织运行制度逻辑的驱动，使共益企业形成混合型的可持续的商业模式，Stubbs 和 Cocklin（2008）提出了一种概念上的"理想型"可持续商业模式，持续商业模式识别了内部组织能力和外部特征，通过改变组织设计和业务流程（结构元素），以及改变共益企业组织内成员的态度、行为和价值观，从而将组织内部的可持续理念制度化，并通过与利益相关者网络（供应链、竞争对手、政府和社区）合作以实现可持续发展的正向影响并形成闭环系统，并且认为共益企业的商业模式将成为未来新的主流商业模式（Stubbs，2016）。进一步从共益企业的组织运行特征来看，持续性的价值创造理念是共益企业的重要特征，在运行过程中内化于组织制度，并根植于可持续商业模式的 DNA 中（见表 3 - 2），从而影响外部市场、政策制定者和行业机构的价值理念、行为规范与决策模式，最终改变整个竞争结构与竞争系统（Stubbs，2016；Stubbs，2017），因而也有学者认为共益企业的运行过程是混合型商业模式在组织层面的具体应用（Hoffman 和 Haigh，2014）。总之，共益企业在可持续商业模式制度化情景下，实现双重价值创造融入共益企业的价值主张、价值创造流程以及价值创造结果之中。

表 3 – 2　可持续商业模式与共益企业运行的特征框架

维度	可持续商业模式特征	共益企业运行的特征	分析框架的共性特点
组织使命	在社会维度上表达组织愿景或使命，以及对于环境和经济的目标结果	组织多重使命的相融以创造一个更好的世界	社会和环境融入组织使命
组织绩效	组织能够容忍短期财务结果以至社会和环境结果可以实现。利润是一个达到可持续发展目的的手段	利润仅是一个达到可持续发展目的的手段；通过一个综合的整合目标模型来创造积极的社会和/或环境影响	利润并不是公司短期财务的主要绩效目标，并基于利润实现社会与环境价值
组织目标	聚焦于长远目标，有耐心的股东	在组织的商业模式中融入组织的社会目标	对组织目标实现等待的时间更长并更具耐心，且运营业务更具调整自主性
组织制度	通过沟通、涉众教育、领导和获取成功使企业的可持续性盈利模式制度化	将可持续性的价值创造理念内化于组织制度	通过可持续理念制度化，使组织使命保持可持续性
实现手段	产品的整个生命周期通过承担责任减少负面影响，并投资于社会和自然资本，将社会和环境影响内化	责任型领导；将产品和服务中的利润再投资于能够增加正面的社会影响的业务	超越单一维度下仅减少负面经济、社会与环境影响，而是投资于社会和自然资本增加积极的经济、社会与环境影响
利益相关方构成	把自然环境当作一个利益相关者，进行环境管理实践，管理组织所有利益相关者并与其共享资源	股东不再被视为比其他利益相关方更重要的利益相关方	利益相关方的主体边界扩大，并发展和保持互利互惠与利益相关者的关系
利益相关方管理	游说行业与政府改变态度以支持可持续发展理念，从而影响供应商、竞争对手、政府机构和社区的实践	与组织所有利益相关方保持紧密合作，环境管理成为利益相关方管理的重要维度	与利益相关者进行逐步的互动，形成更广泛的社会经济体系，实现可持续性
驱动模式	需求驱动的模式	聚焦于增长模式的可持续	挑战永久的经济增长和消费增长的既有假定

资料来源：根据 High 和 Hoffman（2012）以及 Stubbs（2008，2016，2017）归纳整理。

5. 共益企业运行的绩效评价机制

在理论层面，组织的绩效评价一般分为经济绩效评价与社会绩效评价，经济绩效评价着眼于组织所创造的经济价值，而社会绩效评价更多是基于组织所面对的利益相关方乃至社会公众对于组织的感知。有学者认为共益企业的绩效评价应该着眼于组织的综合价值创造，也有学者认为企业社会责任绩效应该成为共益企业运行绩效评价的主要维度，因为接受企业社会责任作为组织价值创造理念与目标的组织实质上已经将组织的社会责任绩效作为吸引利益相关方资本的重要手段。因此，以组织的社会责任绩效作为评价共益企业的主要维度，不仅能够契合利益相关方理论下管理层的职责是为股东创造价值，也能够平衡利益相关者的利益（Freeman，2002）。

但在实证层面，共益企业作为新型混合型的社会责任组织是否比传统公司在经济绩效或社会绩效方面具有更好的表现仍然需要进一步检验。Bornsetien 和 Davis（2010）认为由于商业与社会之间界限的日趋模糊化，"第四部门"在提供、生产和交付传统公共产品方面发挥着巨大作用。Chen 和 Kelly（2015）进一步基于 B－Corps 与 1206 家上市公司和 3600 家非 B－Corps 的私企进行了比较，并检验了共益企业是否与其相似水平的竞争对手存在生产率的差异，研究发现 B－Corps 的收入增长率在统计上是显著的，超过了与 B－Corps 同行业类型中上市公司的平均收入增长率，但是与非共益企业的中小型私营公司相比，收入增长没有显著差异。

二、共益企业的固有魔咒：对问题的批判性反思

1. 面临使命漂移的本源性难题

均衡型企业使命既是共益企业得以成功的关键，也是共益企业可能面临的核心风险与挑战。一方面，共益企业在日常运营过程中一旦发生经济绩效不理想或面临严重的财务困境，企业使命往往会重新定位或发生使命漂移，因为组织的外部威胁可能导致组织的目标"流离失所"，并最终向更成熟的形式漂移（Battilana 和 Lee，2014）。也就是说，外部的经济社会环境威胁会影响到组织的社会目标，使组织的双重目标或使命流于形式甚至最终走向破产。因此，当共益企业的经济目标实现面临外部环境威胁时，共益企业的社会价值创造在结果层面必将受到影响，这意味着即使是在相对成熟的混合组织中，组织使命的漂移仍然可能发生。另一方面，共益企业在运营过程中对经济价值链条与社会价值链条两个不同价值链条进行资源分配时，容易出现资源分配的不均衡。尤其是在需要分配稀缺性资源的情况下，兼顾经济目标与社会目标难度变得更大，使命漂移的风险就会大大增加。共益企业虽然希望通过社会责任的内生制度化以消除经济利润和非经济利润的模糊性，但它对经济利润与社会利益双重价值抉择的平衡，可能是一种持续的动态寻找平衡的过程以及这种意义上的平衡（Sabadoz，2011），而使命漂移则是寻找平衡过程中可能出现的现象。

2. 面临边界模糊的内生性难题

从组织界限来看，混合组织往往在边界上具有一定的模糊性，尤其是非营利组织和社会混合类别组织之间的界限难以清晰分离。尽管共益企业通过经济目标与社会目标的融合，让组织价值目标更加清晰，减少了具有社会意识的投资者和消费者的困惑，降低了企业对内外部利益相关方立场的混乱，但是共益企业仍然缺乏一个综合价值创造的融合边界，即没有一个清晰的边界分辨经济价值与社会价值的融合程度。特别是，由于社会目标在具体内容上的多元性和多样性，缺乏一个明确和清晰的边界，因此与经济目标融合之后，仍然无法有效界定企业的具体目标边界。边界模糊可能引致三个方面的问题：①外部利益相关方与企业打交道过程中的行为困惑。外部利益相关方认可共益企业的双重使命定位，但它们本身往往都是以单一或主导性制度逻辑为行为导向，如果共益企业在特定情境中的多重制度逻辑耦合在一起而难以有效分离出来，它们就可能会对双方的互动原则和互动方式感到困惑，影响双方的可持续合作与价值共创共享水平。②员工负责任行为边界的困惑。共益企业能够诱发员工履行社会责任的内生性动力，但因为企业对外承担社会责任的边界仍然不清晰，尤其是多重制度逻辑经过融合之后，员工对自身履行社会责任的行为边界可能感到困惑。③增加衡量标准的复杂性和难度。企业社会责任本身就衡量困难，现实中的衡量体系和衡量标准都受到不同程度的质疑。边界模糊导致对共益企业的衡量更加困难，既影响共益企业的合理认定，也妨碍社会对共益企业的有效监督。

3. 面临组织形态伪共益的运作性难题

共益企业的构想要得到成功实施，需要一系列的支撑性要素和组织变革，否则就可能造成组织形态出现"形"与"实"的背离，产生伪共益的运作性难题。究其深层次原因，主要包括三个方面：一是共益企业在业务运营过程中以企业社会责任实践所追求的综合价值作为基本的目标控制标准，但现实中在组织形态层面其本质仍然没有脱离以利润为目的而设计组织，这使共益企业在发挥以公共价值为主要目标的社会属性时，可能会造成"对组织本身负责，而不是对社会负责"（Andre'，2012）。因此，共益企业的组织形式是否会改变整个商业生态圈的面貌以及企业和社会之间的关系能否有效促进企业社会责任内生于组织之中等问题还有待观察（Hiller，2013）。二是共益企业要求价值创造成员与企业的价值使命与目标追求保持高度一致，为避免组织运行僵化，共益企业在双重使命下可以雇用合适的员工以及与之分享价值观的人，即具有共享精神的员工。但存在的问题在于如何在招聘过程中衡量员工对企业社会责任态度以及对共益企业这一新型组织形态所肩负的双重使命的认可度，这使在员工层面创造共益企业使命导向下的均衡型绩效仍然具有不确定性。三是共益企业虽然在法律规定的公司章程中明确了问责制，但由于共益企业是以企业为中心的混合组织（Andre'，2012），现实中缺乏像以政府为中心的混合组织拥有外部监督机构的问责制。在没有问责制的情况下，共益企业可能会破坏公共职能，变成一种伪装形式，即伪装成对社会负责任（Hemphill 和 Cullari，2014），因为共益企业可以在法律保护之下用公关策略来美化企业的"社会"角色或"绿色"声誉。

三、共益企业的可持续成长：困境突破与实现路径

共益企业的健康成长需要对其固有魔咒和现实困境进行突破，从组织层面和制度层面进行合理构架，形成适宜于共益企业履责要求、运行特点和成长规律的基础体系。

1. 全面推进双重使命的法律化和问责制的建构

共益企业作为一种新的组织类型和新生事物，其在全球的快速成长和推广应用离不开合意的制度安排和制度供给，特别是将其法律化并形成相应的法律机制。然而，目前只有美国将共益企业公司法包含在商业性盈利公司法中，并对公司目的、问责制和透明度做出规定性要求，明确共益企业的目的是为了创造对社会和环境产生积极的实质影响（Hemphill 和 Cullari，2014）。其他国家虽然已经有通过共益企业实验室认证的共益企业，但并没有相应的法律性规定，这为共益企业出现使命漂移埋下隐患。鉴于双重使命是共益企业区别于商业企业和社会企业的本源性要素，为了规避因为外部环境威胁和企业领导者变更引致的使命漂移，一方面其他国家可以效仿美国制定共益企业公司法，对共益企业的双重使命进行明确规定，另一方面在共益企业公司法中，应对双重使命不可变更进行约束。共益企业双重使命的法律化，既可以向管理者的社会责任行为提供法律保护，也可以防止出现使命漂移尤其是严重漂移。需要指出的是，尽管法律化是全球企业社会责任发展的基本趋势，多个国家都在公司法中对企业履行社会责任进行了规定，但其基本前提依然是依托商业企业，法律规定也都是补充性或附加性的，缺乏从使命目的层面的法律化要求。

问责制是防止共益企业使命漂移的重要机制，同时也是治理共益企业使命虚化的重要方式。问责制的实质性内容是制约和监督共益企业的行为与双重使命的符合性，尤其是对社会责任缺失或弱化行为导致的不良后果进行责任追究，形成共益企业违背社会目的要求的惩戒机制。共益企业要实现有效运转和持续成长，必须解决现实中问责制缺失的问题，基本思路则是构建同体问责与异体问责并存和互为补充的科学问责制度体系。由于同体问责的主体是股东、董事会、监事会等，它们与共益企业有较大利益关联，难以保证问责的公正性，因此主要起到共益企业内部防火墙的作用。异体问责的主体处于共益企业外部，可以是政府，亦

可是社会组织，增强了问责的广泛性和公正性。从政府视角来看，异体问责的有效方式是将问责制法律化，建立共益企业的社会责任审计制度，形成对共益企业的定期性审计监督作用。从社会组织视角来看，异体问责的有效方式是积极探索对共益企业的评估认证制度，并要求参与评估认证的共益企业透明化地向股东与社会公众公开披露综合性的年度报告（Hemphill 和 Cullari，2014）。

2. 构建情境双元与领导双元相结合的双元组织

在高度复杂的现代社会，成功的组织都需要从单一的选择性思维转向双元悖论思维，共益企业也不例外。共益企业的使命目的、运行逻辑、运作方式中都存在着许多看起来矛盾但实际上相互关联的元素，也就是"悖论"问题，如共益企业的经济目标与社会目标、市场逻辑与社会逻辑、竞争与合作都呈现出悖论性的双元张力。共益企业应当对这些悖论进行有效管理，基本方向则是超越传统的"权衡取舍观"，构建形成双元组织，高水平地同时实现这些悖论性目标。之所以如此，是因为共益企业完全符合双元组织的适用条件，即悖论对于组织具有战略重要性、悖论的构成元素具有某种兼容性、组织有必要和能力对悖论各构成元素进行融合（周俊和薛求知，2009）。需要指出的是，除了通过双元组织来解决悖论管理问题，也有学者认为间断性均衡或时间分离的方法是逻辑上和实践中可行的悖论平衡机制。但是，共益企业强调经济活动与社会责任行为的同时发生和开展，两者不可进行时序分离，"行善赚钱"和"赚钱行善"的序列性分离方式并不是共益企业所倡导的，因此间断性均衡或时间分离的方法并不适用于共益企业的悖论管理。

双元组织的构建通常有三种实现方式，即结构双元、情境双元和领导双元。结构双元属于空间分离的解决方案，将悖论中的竞争性或对立性元素分别置于不同的组织单元中。共益企业的经济活动与社会责任行为是交织融合在一起的，两者不可能分离开来而由不同组织单元承担，否则"两张皮"的问题将更加严重，因此结构双元并不适用于共益企业的悖论管理。鉴于此，共益企业构建双元组织的合意方式是情境双元和领导双元。情境双元强调在一个完整的业务单位组织同时展现一致性和适应性，通过对组织情境的软硬因素安排，实现组织双元性。共益企业要实现情境双元，一方面高度依赖于共享型员工个体的双元行为，鼓励员工个体对一致性和适应性这两个相互冲突的需求进行自主的时间、资源与努力程度分配（周俊和薛求知，2009），激发员工个体的主动性和创造性；另一方面要通过营造合适的组织情境，促进员工个体双元行为演化为集体双元行为。领导双元是从个体层面强调领导者在塑造双元性过程中的重要作用，突出领导者具有组合和协调好悖论性活动的行为倾向。共益企业要实现领导双元，需要重视培养共益型企业家的双元能力，让双元性特征成为共益型企业家精神和责任领导力的重要构成维度。通过情境双元和领导双元，共益企业就能生成为双元组织，并通过合成和超越的方法、差异化与整合的方法、演进的方法（Papachroni 等，2015）对悖论元素进行管理，实现它们之间的融合共生。

3. 构建价值一体化的责任型治理和价值共创共享的平台网络架构

共益企业的均衡型使命落实、多重制度逻辑融合、领导双元模式推行，都高度依赖于适宜的组织治理范式和治理架构。共益企业需要超越传统的组织治理范式，治理的指导思想由股东价值主导向综合价值主导转变，治理结构由单边（股东）治理模式向利益相关方共同治理模式转变，决策权力配置由一元主导模式向多元共享模式转变，真正实现由纯粹的经济型治理向综合的责任型治理转变。共益企业的责任型治理是以经济价值创造和社会价值创造的双重使命为导向，治理主体、治理结构、治理分工、治理方式和治理机制等要素都按照经济行为与社会责任的价值一体化要求进行构造。董事会不仅由具有共益精神的内外部董事构成，而且将对企业社会责任的重大决策作为董事会的重要职能，并将其强制性地法律化。董事会下设立专门的可持续发展委员会或社会责任委员会，对重大社会责任事项提供专业性的咨询建议功能。监事会在原有经济性和合规性监督职能基础上，将履行社会责任作为其核心监督工作，保证董事会和管理层的社会价值创造决策与行为。管理层的选择不仅重视管理者的共益精神，而且强调管理者的双元运作能力。管理层按照董事会授予的经济目标和社会目标双重要求，开展有效的负责任决策，推动业务运营、企业管理与社会责任的深入融合，实现经济效益与社会效益的双增进，并接受来自董事会的混合型绩效考核。共益企业的责任型治理十分强调利益相关方参与治理，以实现利益相关方的知情权、参与权、监督权甚至决策权，从高层次激发利益相关方的综合价值创造潜能。

共益企业的特点决定其组织架构设计应当超越传统的静态组织设计原则，采用强调人的因素的动态组织设计思想，适应共享型员工自我实现的工作方式需要，推动组织的扁平化、柔性化、弹性化、去中心化、协作化，典型实现形式则是生态型组织、平台化组织、网络型组织、无边界组织和水样组织。无论采取何种组织形式，共益企业作为利益相关方合作创造综合价值的平台，组织架构设计的关键是搭建价值共创与共享平台，并基于平台的虚拟性与边界弹性形成自组织式的平台网络，以聚合具有共享偏好的价值创造主体。平台网络既可以由模块化的价值共创成员构成，也可以是与外部具有共同意愿与价值观的商业或非商业伙伴形成共创网络平台联盟，从而实现资源的社会化重组与配置，充分释放组织内成员、资本以及信息的价值创造要素的活力，使组织边界具有高度的弹性与扩展性。在共益企业各价值创造平台的内部，通过激发共享型员工在价值创造过程中相互协作与相互分享，形成显性业务协同合作平台与隐性知识分享平台，最终打造成为组织内部的价值共创、共享与共益的平台生态系统。共益企业通过社会资本与商业资本的重组配置，其价值创造网络不仅仅局限于内部的价值支撑模块，而且在整个组织外部的生态系统中寻求具有共创共享意愿的商业与非商业伙伴，形成价值共创共享的支持模块。共益企业基于自我价值共创共享平台的价值链接，产生更大范围的资源配置协同互补效应与价值创造结果的共享，形成价值创造结果层面的个体共享基模、局部共享基模与集体共享基模。共享基模强调在同一组织情境下，组织成员与外部参与者面对组织使命与任务目标的共同理解与共同价值观，形成组织行为惯性乃至组织内生性持续创新行为（林海芬等，2016）。共享基模使共益企业内部成员和外部参与者在企业运行过程中保持着对企业均衡型使命的一致性共同理解，确保在组织任务或特定商业流程实践中不产生偏移，实现综合价值共创共享。

4. 创新推行适宜共享人的价值观管理和赋权赋能

共益企业要求员工履行社会责任行为由外部驱动、被动的、执行式的转向自主、自觉和自力，外部利益相关方对企业履行社会责任由交易型支持、被动配合转向价值观认同、主动合作，这意味着共益企业的管理范式需要进行相应变革，从指令管理模式（MBI）、目标管理模式（MBO）向价值观管理模式（MBV）转变（Dolan 和 Garcia，2002），从管控向赋权（Empowerment）赋能（Capacity Building）转变。从价值观管理来看，以往大量商业企业所采用的指令管理模式和目标管理模式都难以适用于共益企业，取而代之的必然是追求个体与组织的相互认同、最大限度激发人的深层潜能、发挥人的主观能动性和创造性的价值观管理。作为一种新的管理哲学和管理实践，价值观管理强调塑造、形成、创新、传播和落实符合社会性要求的价值观，让企业员工和外部利益相关方对企业使命追求、运行逻辑和组织文化从内心深处予以认同，实现不同主体与企业的价值观一致。共益企业无论是综合价值创造的实现，还是商业生态圈的有效运转，抑或是内生型企业社会责任的实践，都依赖于拥有共同价值观的内部员工和外部利益相关方的主动性一致行动。需要指出的是，共益企业的价值观管理绝不仅仅局限于内部员工，而是超越企业边界，重视外部利益相关方对企业核心价值观的认同，实现两者之间的一致性匹配，形成所谓的无边界价值观管理。

从赋权赋能来看，共益企业是一个"价值共同体"，具有共享精神的员工和外部利益相关方都是重要的参与者。共享型员工普遍拥有个人价值主张和独立精神，具备较为强烈的平等意识、开放意识、自主意识、参与意识、合作意识和自我激励意识，对创新、创造、创意具有渴望，展现出较强的决策能力、专业能力、学习能力、创新能力、实践能力和社交能力，属于自我驱动型员工。共益企业对于这类员工的管理需要跳出传统上大多数商业企业所采用的指挥与命令的管控逻辑，在价值观管理模式之下，通过赋权和赋能实现员工的高参与感、被尊敬感、安全感、获得感和成就感，形成员工的自激励和内激励。一方面，共益企业可以通过个体层面的心理赋权和组织层面的组织赋权，既能使员工通过分享权力而获得信息、机会、资源和利益，又能让员工真正感受到自身在工作过程中的控制力、影响力和价值性，促使他们摆脱传统管控下任务只有工具性价值的感知，生成对工作本身的内在承诺。另一方面，共益企业作为一种赋能组织，可以通过"知识共享、决策辅助、资源供给、技术支持、过程互动和收益分享等集体行动机制"，支持员工在"知识增进、自我学习、决策优化、持续创新以及商业经营"等方面实现提升，帮助他们自主高效、创新创造地开展工作所需要的"判断能力、决策能力、行动能力和调整能力"（罗仲伟等，2017）。除了对员工赋权和赋能外，共益企业为了构建可持续的商业生态圈，实现与生态圈成员的价值共识、共创、共享与共赢，还需要进行外部利益相关方赋权和赋能，增进外部利益相关方合作开展价值创造的主动权、参与权和认知力、行动力。

第四章　平台化履责：合意的企业社会责任实践范式

本章概览

  随着双边市场理论的兴起和移动互联网的广泛渗透，平台经济、平台产业、平台企业、平台思维、平台战略、平台创新、平台竞争等概念迅速流行，平台化不仅成为企业界炙手可热的新型实战武器，而且受到理论学者的重点青睐与深入研究。然而，纵观已有研究成果，学者们对平台概念与特征的理解、平台类型的划分、平台商业模式和价格结构的分析、平台产业竞争模型和平台进入与实施战略的构建、平台生态系统治理的探讨等平台理论的相关问题研究，几乎都聚焦于纯粹的商业性双边市场情境，平台对象基本上是以营利为目的的纯粹商业性平台或服务于营利目的的产业性公共平台，相应的分析范式也停留在以追求利润最大化目标为指导的传统经济学或管理学范式，而对于以解决社会问题为主要目的的社会型平台却关注甚少。事实上，平台的概念可以应用于不同情境，除了商业层面的产品平台、供应链平台、产业平台和多边市场平台之外，公益平台、社会创新平台等非商业性平台也大量存在。特别是，在"互联网＋"逐渐成为经济社会发展新动力的背景下，越来越多的社会问题呈现出显著的双边或多边市场特征，平台化的解决方案也日益得到应用，只是这一平台连接的市场各方互动不是着眼于纯粹的商业性目的，而是以解决某一特定社会问题为主要目标，运作方式也并不完全是纯粹的商业化模式。而且，传统上社会型平台通常是由非政府组织或非营利机构发起和构建，但随着企业对解决社会问题参与度的提升，以企业为主体发起或构建的社会型平台不断出现，成为企业社会创新的重要载体。

  从本质上来讲，企业通过社会创新参与解决社会问题是企业社会回应的重要内容，是企业履行社会责任的关键维度和有效方式，因此对其研究应置身于企业社会责任视域。长期以来，企业社会责任的理论演进与实践发展基本上围绕着两条主要脉络：一条脉络是对企业社会责任合法性与正当性的探讨，早期的众多学者如克拉克、谢尔顿、鲍恩的开创性研究以及著名的"三次大争论"实际上都是围绕着这一脉络予以展开；另一条脉络则是对企业社会责任解决方案的探索，企业社会回应、企业社会绩效、利益相关方理论、战略性企业社会责任、企业公民理论以及金字塔模型、同心圆模型等各类企业社会责任内容模型均是在寻找企业社会责任的落实之道。然而，无论是围绕着哪一条脉络的已有企业社会责任研究成果，关注的焦点及隐含的假设都是企业自身直接履行社会责任，至多也是企业推动线性价值链成员（如供应链）履行社会责任，而对企业通过搭建社会型平台或履责平台、整合利益相关方与社会资源来促进相关各方共同履行社会责任的方式却几乎没有涉及。但现实是，企业社会责任的实践方式不断向多样化与高级化演进，正在经历从"授人以鱼"到"授人以渔"再到"搭建渔场"的转变，以及由自身直接履责到推动价值链成员履责再到平台化履责的转型。尤其是，随着理论界与企业界对企业社会责任认知和理解的深化，加上高度发达和无处不在的移动互联网应用，"搭建渔场"与平台化履责越来越成为领先企业实践社会责任的新范式。鉴于此，有必要跨越传统平台理论和传统企业社会责任理论研究的盲区，对平台化履责范式进行深入的系统性研究，这不仅是对平台理论和企业社会责任理论的丰富与深化，而且能够为企业以更优方式实践社会责任提供启发与指导。

　　本章在将企业履责方式划分为独立自履、合作自履、价值链履责推动和平台化履责四种范式基础上，分析了平台化履责对传统履责范式在社会治理方式、价值创造方式、社会责任边界和社会责任管理上的超越，提出平台化履责的四个前提条件，即道德资源和爱心资源的稀缺性假说、社会价值本位的判断标准假说、平台化资源配置的更优效率假说和社会主体多元价值偏好的更优实现需求假说。继而指出，平台化履责的基本目标是要形成针对特定社会问题的社会化解决机制，高阶目标则是要打造可持续的社会责任生态圈，其核心机制包括初创形成阶段的搜寻机制和生成机制、扩张成长阶段的触发机制和吸纳机制、稳定运行阶段的协调机制和治理机制、自我更新或死亡阶段的进化机制和退出机制。本章还构建了综合社会问题类型、企业社会回应策略与企业影响力范围的平台化履责范式的适用情境模型，基于"平台基础—实现方式"区分出企业实施平台化履责的六类战略，即新创战略、演化战略、包络战略、购买战略、嫁接战略和转化战略，提出企业应当结合应用平台化履责与传统履责范式、重视多履责平台管理与外部履责平台接入、适时承担与退出履责平台提供者角色、综合运用多种治理机制并实施分类治理、更多采用基于互联网的平台化履责范式等建议。①

第一节　平台化履责对传统履责范式的超越

虽然理论上企业履行社会责任的目的能够被清晰地认为是要实现企业发展的经济、社会、环境综合价值最大化和最大限度地增进对可持续发展的贡献，但实践中企业应当以什么方式履行社会责任才能达成这一目的却异常复杂，并且在很大程度上与企业形态、企业间关系、社会思潮、社会治理方式等多种时代情境因素共同演化。平台化履责正是企业社会责任实践与当代社会多种情境因素共同演化的结果，成为超越传统履责范式、推动企业在更大范围和更高层次上实现履行社会责任目的的新范式。

一、企业履行社会责任范式的新划分

企业社会责任的缘起在于企业的社会性嵌入和企业的社会公器属性，由此使先应式或后应式地参与解决社会问题成为企业履行社会责任的关键性构面。正因如此，传统上学术界和企业界更多地从履行社会责任的内容视角即依据社会问题的性质与类型、对参与解决社会问题的要求内化或外显程度来区分企业的履责范式。从前者来看，最具代表性的观点当数 Porter 和 Kramer（2006）根据社会问题与企业发展战略的契合度而区分的战略性企业社会责任与回应性企业社会责任两类履责范式；从后者来看，最具典型性的观点是 Matten 和 Moon（2008）在比较欧美企业对解决社会问题的制度化要求和表达方式基础上总结归纳出的显性企业社会责任与隐性企业社会责任两类履责范式。虽然基于内容视角的企业履责范式划分能够为企业个体开展社会责任实践提供议题选择的思考逻辑和方向指引，但它对企业落实社会责任议题的方式这一更重要的实践问题缺乏必要考量，并先验性地对企业开展社会责任实践进行假设锁定，即企业对于选定的任何类型社会问题的参与解决方式均是立足特定企业个体视角，将自身设定为直接的、具体的执行主体。显然，这会对企业在参与解决社会问题中的角色定位形成心智钳制，也会对企业选择以更加有效、更能对社会负责任的方式参与解决社会问题造成思维禁锢，其结果是容易忽视特定企业个体在参与解决某些社会问题中的其他更优和更适宜的功能，企业履行社会责任的潜在社会价值难以最大限度地得到实现，甚至可能因为角色越位和错位而影响这些社会问题的可持续解决。

---

① 本章核心内容发表于：肖红军. 平台化履责：企业社会责任实践新范式［J］. 经济管理，2017（3）.

　　事实上，企业履行社会责任范式的划分不能仅仅着眼于企业在社会问题域中决策"做什么事"，更不能扼杀企业在参与解决不同类型社会问题中的多样化角色选择权利与机会，而是能够为企业以合意的、正确的甚至创新的方式参与解决不同类型社会问题提供选择空间和决策参考。无论是立足于应然角度还是实然角度，对于特定企业个体来说，参与解决某一社会问题的方式至少包括企业在其中的角色定位和实施策略两个方面，这也是划分企业履行社会责任范式的两个必要维度。角色定位界定出企业对自身在参与解决某一社会问题中的功能作用，通常可以分为直接执行主体和服务推动主体，前者意味着企业是某项社会责任议题的实际落实者和具体执行者，属于自我直接履责模式，后者指的是企业推动利益相关方或其他组织成为某项社会责任议题的实际落实者和具体执行者，属于推动他人履责模式。实施策略绘制出企业对参与解决某一社会问题的实现路径，核心是资源与能力配置方式，通常可以分为以配置自身资源为基础和以整合社会资源为基础两种策略，前者意味着企业立足于自身所拥有的资源集合直接或间接地落实某项社会责任议题，后者指的是企业调动、整合和利用利益相关方与其他组织所拥有、控制的资源去落实某项社会责任议题。通过"角色定位—实施策略"的分类组合，企业履行社会责任的范式可以细分为四类：独立自履范式（直接执行主体—立足自身资源）、合作自履范式（直接执行主体—立足社会资源）、价值链履责推动范式（服务推动主体—立足自身资源）、社会履责撬动范式（服务推动主体—立足社会资源）。独立自履范式是企业将参与解决某一社会问题内化于自身运营，在实现核心社会功能过程中完全依靠自身力量有效管理相关社会责任议题，比如通过清洁生产来参与解决气候变化问题；合作自履范式是企业通过开展与利益相关方和社会的合作，将它们的优势资源与能力内嵌和运用于自身对相关社会责任议题的具体落实中，比如通过企业主导的节能技术产学研合作来参与解决气候变化问题；价值链履责推动范式是企业依托自身在价值链中的地位、优势和资源，推动价值链成员去具体落实相关社会责任议题，比如通过绿色采购方式推动供应商落实应对气候变化议题；社会履责撬动范式是企业着眼于最为广泛和最为充分发挥不同社会主体在解决某一社会问题中所具有的比较优势，通过搭建或支持形成社会资源整合平台来撬动各具优势的不同社会主体具体落实相关社会责任议题，因此也称为平台化履责范式，比如通过发起组建社会化的"节能减排联盟"撬动其他企业、非政府组织甚至政府贡献资源或者直接落实应对气候变化议题。与履责范式的传统划分相比，四类履责范式的区分大大拓展了企业参与解决社会问题的视野，企业不仅能够立足微观个体角度对参与解决社会问题的可行方式做出工具理性决策，即依据社会问题与企业核心社会功能的关联度、企业所拥有的比较优势和核心能力等选择适合企业特征的社会责任议题落实方式，而且能够站在宏观整体角度对参与解决社会问题的合意方式做出价值理性决策，即依据不同社会主体的比较优势和意愿程度、社会问题出现的制度情境、不同社会治理机制的替代与互补关系等选择能够推动社会问题可持续解决的企业参与方式。

二、平台化履责与传统履责范式的多维度比较

企业履行社会责任在微观上是特定企业个体一种新的行为方式，在宏观上则表现为整个社会一种新的运行方式，因此对不同企业履责范式的深度比较应当立足于微观与宏观相结合的多维度视角。在按照"角色定位—实施策略"分类组合思路的划分下，独立自履范式、合作自履范式和价值链履责推动范式是一直以来众多企业所采用的社会责任实践范式，属于传统履责范式，而社会履责撬动范式即平台化履责则是新兴的、区别于传统履责范式的全新社会责任实践范式。相较于传统履责范式，平台化履责在微观行为与宏观效果的多个维度上均实现了明显超越。

1. 社会治理方式的超越，即从分散治理到集中治理

现代社会是一个组织型社会，组织不仅是参与社会治理的重要主体，更是实施社会治理的关键客体。企业履行社会责任作为一种矫正企业行为治理中政府失灵、市场失灵和社会失灵的补充机制，其对企业行为治理的效果在很大程度上依赖于履责范式。传统履责范式强调企业个体独立地或者在依托有限外部合作的基础上规范自身的行为，以及推动有限价值链成员规范其行为，以满足对解决相关社会问题的参与要求，本质上是不同企业个体在所谓"负责任标准"的制度安排下，各自对自身的行为方式进行自主治理，从社会视角看属于分散治理模式。由于企业都是经过社会建构的主体，因此企业对所谓的"负责任标准"也必然会经历社会建构，其结果是传统履责范式下企业行为的分散治理所导致的个体理性并不一定能带来集体理性和社会理性。平台化履责范式则截然不同，它着眼于解决不同社会主体一致认同的目标性社会问题，将具有不同优势的社会主体聚集在同一个场域内和平台上，依托建构的集体认可的规则推动不同社会主体开展互补性的一致共同行动，形成基于履责平台对不同社会主体行为的集中治理。由于目标和规则都是经过集体性的社会建构，一致的共同行动将会带来集体理性并最终演化为社会理性，形成不同社会主体的个体理性与集体理性和社会理性的契合。

2. 价值创造方式的超越，即从有限共享到全面共享

企业履行社会责任的过程就是企业与不同社会主体合作创造经济、社会、环境综合价值的过程，也是通过利益相关方合作机制实现企业与利益相关方、企业

与社会共享价值的过程。然而，不同履责范式下企业与直接或间接利益相关方和其他社会主体在价值目标认知、价值创造要素、价值生成过程、价值分配方式上的共享范围与程度存在明显差别，由此使相应的综合价值和共享价值创造潜力也不尽相同。在传统履责范式中，企业与利益相关方的关系更多是基于价值链上的商业利益及其延伸出来的功利主义，因此对以解决社会问题为着眼点的价值目标往往缺乏实质性的主动认同，容易引致口是心非的履责承诺和自我标榜；社会价值目标实质性认同的缺失，以及相互之间可能出现的利益诉求冲突，使企业与利益相关方、利益相关方与利益相关方共同针对解决社会问题而共享各自优势资源和能力的意愿、范畴与程度都相对有限；合作方式更多的是价值链成员之间的合作，跨界合作相对较少且层次相对较低，其结果是针对解决社会问题的有效知识供给和共享受到限制，相应的综合价值增量生成主要来源于企业对内外资源优化配置而产生的生产可能性边界扩大，以及与利益相关方合作形成的协同效应；合作动机的功利化、工具理性的决策和参与方式将导致直接或间接的经济价值成为企业与利益相关方之间的价值分配与共享重点，即使是部分的社会价值和环境价值共享也往往是企业与利益相关方经过经济化折算来实现的。平台化履责对传统履责范式下的有限共享价值创造方式进行了超越，它突出强调不同社会主体基于对社会价值的偏好而自愿参与到解决社会问题的平台，对以解决社会问题为着眼点的价值目标具有发自内心的实质性认同，并将各自现实与潜在的优势资源和能力在平台上充分交叉共享，多层次、广领域的跨界合作极大地推动了解决社会问题的知识创新和共享，不同社会主体之间的相互紧密合作形成耦合效应并使综合价值增量呈现几何级数增长，而基于价值偏好和优势贡献的多元价值直接共享使不同社会主体各得其所，最终形成全面共享的价值创造模式。

3. 社会责任边界的超越，即从以影响为基础到以分工为基础

企业社会责任边界是对社会负责任的企业行为的性质认定和内容构成（李伟阳，2010），科学确定社会责任边界是特定企业个体开展社会责任实践的首要基础。进一步来看，不同履责范式由于对企业社会责任的认知逻辑具有先验性的不同假设，因此对企业社会责任边界确定的操作逻辑也有所差异。传统履责范式强调从特定企业个体出发，企业履行社会责任的逻辑起点在于企业行为对社会造成的影响，以及由此所形成的社会对企业的期望，这意味着企业履行社会责任的核心是有效管理"影响"和回应社会期望，相应的社会责任边界则是在"影响"范围内承担管理"影响"和回应期望的责任。然而，传统履责范式以影响为基础确定社会责任边界容易带来悖论，一方面可能导致企业在参与解决社会问题中出现缺位、错位与越位的风险，因为"影响"本身概念非常模糊、范围难以确定，不仅会使企业像在供应链社会责任中一样面临责任边界难题（即在层级众多

的供应商中难以界定应当管理到哪一层级的责任），还可能引起企业在增进积极影响中容易被道德绑架，以救世主和拯救者的身份大包大揽自身没有优势且本不属于自身的任务；另一方面还会限制企业对参与解决某些社会问题的潜力发挥，因为某些社会问题可能不属于特定企业个体的"影响"范围且社会并未对企业形成期望，常常被企业排除在承担的管理"影响"责任之外，但企业却能通过发挥"孵化、催化"作用推动其他更具优势的社会主体参与解决这些社会问题。与传统履责范式不同，平台化履责强调从社会整体出发，企业履行社会责任的逻辑起点在于企业对最大化社会福利的贡献（李伟阳和肖红军，2011），这意味着特定企业个体亲力亲为地管理所有"影响"并不总是符合"最大化社会福利"的要求，尤其是在增进积极影响中，遵循基于相对优势的分工原则才可能最大限度地增进社会福利。平台化履责按照"源于社会、回到社会"的社会问题解决思路，将立足优势进行社会分工作为基础，企业对于底线责任之外的社会责任边界应当在基于自身优势的社会分工之内，唯有如此，不同社会主体才可能在解决社会问题中做到各尽所能、各就其位、各安其身，避免缺位、错位与越位，推动基于分工的相互协作共同促进社会福利最大化。

4. 社会责任管理的超越，即从关系管理到价值观管理

社会责任实践与社会责任管理相伴相生，成功的社会责任实践需要优秀的社会责任管理供给。社会责任管理的核心是以系统化、制度化、规范化和透明化的方式推进企业社会责任实践，关键是激发和推动企业内部各相关主体与外部利益相关方以负责任的方式参与解决社会问题，目标是要提升企业社会责任实践绩效，而其方式与重点则具有权变性和动态性，并与企业履行社会责任范式密切相关。传统履责范式下企业内部各主体、外部利益相关方与企业之间最本源的联结是基于显性或隐性契约的利益关系，它们之所以愿意与企业一道履行社会责任或参与解决社会问题，是因为受到价值链上工具性关系的制约或在相互交往中形成的情感性关系的激励。"利益—关系—责任"的演进路径暗含着企业要想有效管理其对内外部利益相关方的影响，推动它们与企业开展单边付出型合作（Unilateral Contribution Collaborations）或交易型合作（Transactional Collaborations），增强它们与企业共同履行社会责任或参与解决社会问题的意愿和行动力，需要准确分析和把握它们真正的利益关注点和情感诉求点，并通过关系管理增进它们对企业的利益认同和情感认同。这意味着传统履责范式下企业社会责任管理的主要方式是基于利益和情感的利益相关方关系管理，重点是着眼于增进利益相关方利益认同和情感认同的期望管理与沟通管理。相比较而言，平台化履责实现了对传统履责范式下企业社会责任管理方式的高级化和高阶化。平台化履责范式下企业与不同社会主体之间最本源的联结是"向善、向上、向美"的共同价值观，它们

通过意义建构将自身社会化、生态化和公民化，并在共同价值观驱动和诱发下以社会公民角色依托履责平台一道参与解决社会问题。"价值观—责任感—公民行为"的演进路径意味着企业要想吸引更多的社会主体在履责平台上聚集，以及最为充分地诱发不同社会主体实质共享和贡献优势资源与能力，促进相互之间开展整合型合作（Integrative Collaborations）和变革型合作（Transformational Collaborations），需要实施正能量的价值观引领，倡导超经济主义价值观，通过有效的价值观管理实现相互之间的价值认同。显然，平台化履责范式下企业社会责任管理的主要方式是以塑造、形成、传播和创新为过程的价值观管理，重点是着眼于增进不同社会主体价值认同的心智管理、情怀管理、承诺管理和自觉管理。

第二节　平台化履责范式的运作机理

平台化履责既区别于传统履责范式的运作逻辑，即考虑如何利用自身或利益相关方的资源、能力和网络来实现自身参与解决社会问题或推动利益相关方履责，也不同于平台化商业模式的运作逻辑，即考虑如何连接商业生态系统中多个群体并利用共性资源和能力来实现多方共赢的商业利益。平台化履责不是平台化商业思维在企业社会责任领域的平行移植，也不是两者在表层的形似神不似的简单"杂交"，相反，它在融合两者特质的基础上演化出独特的运作逻辑和机理。

一、前提条件：四个前置性问题与四层次假说

企业社会责任在组织层面上是一种透明和道德的行为，而在社会层面上则是一种新的资源配置机制（李伟阳和肖红军，2012），由此，平台化履责可以看作是企业对自身与平台上不同社会主体的道德资源、爱心资源与要素资源的社会化配置方式创新。按照平台化履责范式下的"价值观—责任感—公民行为"演进路径，道德资源与爱心资源的配置应当前置于要素资源的配置，它们之间往往形成"触发—反馈"关系。因此，从本源上和深层次来看，研究平台化履责范式出现的前提条件就是要探索道德资源和爱心资源配置的必要性与可能性，主要是回答四个层次递进的问题：一是本源性问题，即为什么要对企业与平台上不同社会主体的道德资源和爱心资源进行配置？二是基础性问题，即为什么企业不是直接贡献而是促进平台上不同社会主体贡献道德资源、爱心资源和要素资源？三是操作性问题，即为什么要以平台化的方式聚集不同社会主体贡献道德资源、爱心资源和要素资源？四是可行性问题，即为什么不同社会主体愿意进入履责平台贡献道德资源、爱心资源和要素资源？

1. 道德资源和爱心资源的稀缺性假说

道德和爱心能够通过功能的显化表现出资源性，成为类似于自然资源、资本资源、人力资源等耳熟能详的重要社会资源。道德资源和爱心资源同样具备资源的总体特征，即资源本体的生成性、存在的过程性、属性的社会性、数量的短缺性及使用的连带性（王子平等，2001）。道德资源和爱心资源在应然层面似乎是普遍存在和具有无限性，通常被假设性地认为内嵌于每一个社会主体，但在实然角度却并非如此，社会上道德与爱心的缺失与沦丧现象比比皆是，道德供给与道德需求之间的"剪刀差"深刻反映出道德资源和爱心资源的稀缺性。更进一步，在道德层次论所强调的基础层次道德、主导层次道德和目标层次道德中，随着道德"纯度"的提升，道德的稀缺性也相应地攀升，反映在现实中就是目标层次道德和爱心资源尤为稀缺。正因如此，科斯洛夫斯基（1997）较早就指出："道德资源的缺乏大于经济资源的缺乏……节俭地使用爱好或道德是必要的。"道德资源和爱心资源的稀缺性意味着应当对其进行有效整合与优化配置，最大限度地实现道德资源和爱心资源的社会价值，这也是平台化履责范式出现的本源性前提条件。

2. 社会价值本位的判断标准假说

企业是一种历史性存在、设定性存在和社会性存在，企业存在的价值归根结底在外部、在于能够为社会创造价值，社会价值本位应当成为企业在行为域中选择更优行为方式的指挥棒。这意味着企业行为是否对社会负责任，最终的判断标准必然是企业行为能否促进社会资源的更优配置，为社会创造最大化的综合价值，最大限度地增进社会福利。从企业的"目标—手段"行为模式来看，传统的"唯赚钱论"和开明自利论（Enlightened Self - interest Theory）、"行善赚钱论"（Doing Well by Doing Good）甚至战略性企业社会责任等完全或不完全工具理性社会责任观，在短期可能导致目标、手段相互增强，但长期视角下却会引发目标、手段相互冲突的悖论，而追求社会价值本位的企业却可以有效破解这一悖论，在长期形成相互增强的目标——手段链以及多目标之间相互增强和多手段之间相互增强的局面。实际上，判断企业之外的其他社会主体行为是否对社会负责任，也应遵循社会价值本位的根本标准，唯有如此，才可能在作为道德主体的不同社会主体上实现道德目的论和道德工具论的统一。社会价值本位的判断标准意味着企业会从"能否最大限度地增进社会福利"的视角来选择自身与其他社会主体的道德资源、爱心资源和要素资源的配置方式，用更能创造社会价值的"促进方式"代替限制企业潜力发挥的"自履方式"，这也是平台化履责范式出现的基础性前提条件。

3. 平台化资源配置的更优效率假说

道德资源和爱心资源隐性地内嵌于各类社会主体，载体上具有个体性，而价值上则具有公共性，其创造社会价值的基本路径是社会主体个体受道德与爱心的触发—贡献有形与无形资源和能力参与解决社会问题—增进社会福利和生成秩序价值。按照社会价值本位的组织社会责任衡量标准要求，实现社会主体个体行为最大限度地创造社会价值就需要对其道德资源和爱心资源、其他资源和能力进行优化配置。通常而言，无论是对于道德资源和爱心资源还是对于用于解决社会问题的要素资源和能力，两类资源的配置方式均可以分为独立或有限合作的个体性配置模式和全面共享与合作的集体性配置模式。前者是社会主体个体依据自身偏好或价值实现要求采取要么完全独立的、要么与利益相关方有限合作的方式进行自我配置，属于原子式的分散配置模式；后者是将不同社会主体个体的两类资源聚集于某个平台，通过主体间的全面合作与协同、资源的全面共享与再组合等方式进行社会化配置，形成凝聚的集体（Conglomerate Collectivity）而非聚集的集体（Aggregate Collectivity），属于网络化的集中配置模式或平台化资源配置模式。进一步来看，一方面，联结在平台网络上的不同社会主体通过频繁沟通与深度互动、相互间开展改变心智模式的元学习而触发道德层次的演进升级，能够相互激发更多目标层次道德和爱心资源潜力得到释放，形成网络效应、扩散效应和聚合效应；另一方面，聚集在平台上的不同社会主体贡献的资源与能力具有异质性、互补性和价值性，通过平台的界面规则将这些资源与能力进行重新组合和相互耦合，能够同时实现社会价值的斯密增长（Smithian Growth）和熊彼特增长（Schumpeterian Growth）（刘江鹏，2015）。因此，无论是对于道德资源和爱心资源还是用于解决社会问题的要素资源和能力，网络化的集中配置模式（平台化资源配置模式）相较于原子式的分散配置模式都具有更高的社会价值配置效率，这也是平台化履责范式出现的操作性前提条件。

4. 社会主体多元价值偏好的更优实现需求假说

任何社会主体的价值追求都是多元的，都会形成一个由经济价值与非经济价值构成的价值偏好空间，但多样化的社会主体是复杂的，经济价值与非经济价值对不同社会主体的效价是有差异的，它们对经济价值与非经济价值追求的强烈程度和偏好差异会导致不同社会主体的价值偏好空间呈现显著不同的结构。对于具有"非经济价值强偏好—经济价值弱偏好"和"非经济价值强偏好—经济价值强偏好"的社会主体，它们在自我驱动和社会诱发下，愿意贡献共享资源和能力参与解决社会问题，通过创造与分享社会价值而实现对非经济价值的强烈追求。而且，社会主体对于非经济价值偏好的实现也同样具有理性，希望所贡献共享出来的资源和能力能够最大限度地创造社会价值，因此它们会在可能的不同实现方案中选择最具社会价值创造效率的方案。正是平台化资源配置模式具有更高的社会价值配置效率，才促使不同社会主体在多元价值偏好的更优实现需求驱动下，愿意进入履责平台并在平台网络中贡献共享资源和能力，这也是平台化履责范式出现的可行性前提条件。

二、演化目标：打造可持续的社会责任生态圈

平台化履责的基本目标是要形成针对特定社会问题的社会化解决机制，高阶目标则是要打造可持续的社会责任生态圈。社会责任生态圈是基于共同的社会责任目标而相互作用的直接或间接履责主体、履责对象与履责环境之间互动形成的统一整体，具有开放性、自组织性、涌现性、稳健性和共同演化等特征。由平台化履责演化形成的社会责任生态圈与商业生态圈在存在目的、结构形态和运行方式上都有显著差异，内嵌其中的平台类型、平台构成和界面规则也明显不同。

1. 显性或隐性履责平台是社会责任生态圈的支点

履责平台是社会责任生态圈内不同社会主体之间关系嵌入到一个客观载体，通过将某种确定的负责任"行为秩序"内嵌于这一载体并贯穿于整个社会责任生态圈，形成具有界面性质的、着眼于解决社会问题的平台。履责平台的基本作用是提供连接，将不同履责主体、不同履责对象通过某种规则相互联结形成复杂网络，衍生出社会价值的"连接红利"或价值增值，因此是社会责任生态圈的支点。根据实体化程度的不同，履责平台可以分为显性履责平台和隐性履责平台。显性履责平台包括社会企业、着眼于解决社会问题的专业社会组织、公益基金会等实体组织类平台以及着眼于解决社会问题的信息系统等产品类平台，功能作用更多的是提供连接以聚集解决社会问题所需的资源；隐性履责平台包括着眼于解决社会问题的联盟和论坛等虚拟组织类平台、社会责任标准或倡议等规范类平台以及公益众筹网或公益社区等网络类平台，功能作用是在提供连接的基础上，通过"交互学习"（Interactive Learning）增进知识积累与创新，为社会责任生态圈中的不同社会主体参与解决社会问题提供信息与知识支持。而且，随着移动互联网、大数据、云计算等新一代信息技术的广泛渗透，履责平台的构建门槛显著降低，具有复杂网络化沟通的隐性履责平台相对以聚集资源为主要功能的显性履责平台获得更为快速的发展，平台形式也更加多样化。

2. 社会价值生态网络是社会责任生态圈的核心

依托履责平台相互连接的不同社会主体构成社会价值生态网络，它将社会价值创造从单一社会个体、线性价值链拓展到价值网，社会价值取代商业生态圈中的商业利益成为社会责任生态圈中不同社会主体相互连接的纽带。按照对解决社会问题的角色贡献不同，社会价值生态网络的节点包括需求方群体、解决社会问题的具体执行者群体、要素资源提供者群体、辅助咨询提供者群体（如 NGO）和履责平台提供者，它们通过自我调节、交换合作和动态匹配，将个体组织拥有

的解决社会问题所需的信息、要素、知识等不同类型私有资源转化为网络共有资源，并与网络成员组织共同分享和利用，共同创造和分享社会价值。虽然社会责任生态圈具有去中心化、民主化、去权威化特征，但社会价值生态网络中不同成员组织由于对履责平台的界面联结程度和对解决社会问题的价值贡献大小不同而存在地位差异，拥有强联结（嵌入联结）和贡献解决社会问题所需的核心知识、关键要素的群体地位更为重要，它们更倾向于采用探索性学习模式共享非公共知识，而只有弱联结（臂长联结）和仅仅共享边缘性、辅助性要素的群体地位相对较弱，它们更多地采用利用性学习模式共享非公共知识。社会价值生态网络依托履责平台将着眼于解决特定社会问题的垂直网络关系与水平网络关系耦合起来，也表现出同边或跨边网络效应，但不如商业性平台的网络效应显著。

3. 双元性界面规则是社会责任生态圈的基石

组织间关系的界面规则是"处理组织间关系网络中各节点之间的关系，解决界面各方在专业分工与协作需求之间的矛盾，实现组织间关系整体控制、协作与沟通，提高组织间关系效能的制度性、标准化的规则"（罗珉和何长见，2006）。依托履责平台演化形成的社会价值生态网络能否有效和高效地推动社会问题解决，最大限度地创造社会价值，在很大程度上取决于作为"协调机制"（Hamel，1991）和组织学习成果的界面规则的适配性、一致性和兼容性，由此界面规则成为决定社会责任生态圈鲁棒性（Robustness）和可持续性的关键因素。社会价值生态网络与商业生态网络在界面规则的形成基础和内容上均存在显著区别，前者以最有利解决社会问题、共创共享社会价值为界面规则的基本纲领，后者则以最有利塑造网络的市场竞争优势、最大限度创造商业利益为界面规则的指导思想。进一步来看，社会价值生态网络中的界面规则是网络成员组织集体参与形成的，属于事实规则而非正式规则或论坛规则，并由原则性的形式面（The Ostensive Aspect）和特定行动的执行面（The Performative Aspect）共同构建，呈现出双元性特点（罗珉和任丽丽，2010）。形式面主要以外显方式呈现出网络成员组织参与解决社会问题需要遵循的规范要求，或者以内隐的方式展现网络成员组织对社会价值创造方式的原则共识；执行面是形式面的补充，是特定网络成员组织在特定时间参与界面规则活动的特定行动。形式面与执行面之间具有复杂的递归式影响关系，形式面指导、支持和约束执行面，而执行面则创造、实践和修正形式面，两者之间的循环互动促使形式面与执行面不断迭代，最终导致界面规则的螺旋式创新。

三、核心机制：基于履责平台网络演进的动态调适

根据网络节点数量与界面规则成熟程度的变化，依托履责平台形成的社会价

值生态网络将经历初创形成、扩张成长、稳定运行和自我更新或死亡四个演进阶段，呈现螺旋式上升或抛物线式的发展轨迹。从履责平台持续健康发展的角度，社会价值生态网络在每个演进阶段的使命任务、战略焦点和管理重点不尽相同，由此导致平台化履责的核心机制随之动态转换，形成核心机制与阶段使命任务之间的高度契合。

1. 搜寻机制和生成机制

初创形成阶段的主要使命任务是构造履责平台基础架构，搭建由初创成员构成的初始社会价值生态网络，相应的战略焦点和管理重点就是要寻找到对于解决特定社会问题具有互补优势和道德资源的社会主体，选择确定合适的初创成员，通过初设规则进行连接而生成初始平台网络，这意味着搜寻机制和生成机制是初创形成阶段的核心机制。搜寻机制要求企业对需要解决的社会问题进行全生命周期分析，对所需的要素资源和关键能力进行全方位分解，通过社会化信息搜寻（Social Information Seeking）获得潜在的初始合作成员集合。搜寻可以是在组织内部的本地搜寻，也可以是行业内部的界内搜寻，还可以是行业外部的跨界搜寻，搜寻对象应当具有参与解决特定社会问题的意愿以及拥有解决特定社会问题所需的资源或能力，由其构成的潜在初始合作成员集合的优劣在很大程度上取决于搜寻广度和深度。生成机制主要是通过甄别遴选、沟通互动、谈判协商等多种方式，从潜在初始合作成员集合中选择确定对履责平台和解决特定社会问题具有价值认同的初创成员，相互议定平台初设规则（如章程）并承诺遵守，初创成员按照社会分工合作开展社会价值创造活动，连接形成初始社会价值生态网络。

2. 触发机制和吸纳机制

扩张成长阶段的主要使命任务是拓展初始社会价值生态网络规模，完善履责平台网络嵌入方式、嵌入强度、嵌入密度和网络界面，推动履责平台更多和更优地实现社会资源配置，相应的战略焦点和管理重点就是促进和吸引更多社会主体进驻履责平台与嵌入社会价值生态网络，探索生态圈化运作方式与优化界面规则，这意味着触发机制和吸纳机制是扩张成长阶段的核心机制。触发机制要求履责平台初创成员创新传播方式，向外界展示解决特定社会问题的社会价值以及对社会主体个体的多元价值偏好满足，将履责平台运行的价值外溢效应传递到广泛社会主体，触发不同社会主体对参与解决特定社会问题的道德与爱心，催生它们加入履责平台的内生性动力，形成相对广泛的平台网络成员候选群体。触发对象选择可采取广泛撒网策略，也可实行聚焦扫描方式，而触发效果则取决于履责平台价值主张与触发对象价值偏好的匹配程度及其拥有冗余资源与能力的多寡。吸纳机制是履责平台网络对新加入者的选择机制，通常有三种模式：当履责平台（如公益众筹平台）界面完全无条件开放时，只要有意愿加入者均可吸收成为履责平台网络成员，即自动吸收模式；当履责平台（如标准倡议平台）界面设有最低进入门槛时，符合最低条件者就可成为履责平台网络成员，否则就被排除在外，即自动过滤模式；当履责平台（如社会责任联盟）界面设有精准进入条件和明确进入规程时，符合条件者需要与初创成员进行协商沟通甚至谈判，达成一致并经初创成员同意方可成为履责平台网络成员，即协商许可模式。通常来说，自动吸收模式下履责平台网络成员拓展速度最快，群体规模最大，网络结构最松散，协商许可模式下则正好相反，履责平台网络成员拓展速度相对最慢，群体规模相对最小，网络结构最紧密，处于中间位置的是自动过滤模式。

3. 协调机制和治理机制

稳定运行阶段的主要使命任务是建设形成自组织、自维持的健康社会责任生态圈，最充分和最有效地配置每一个网络成员最大限度贡献的资源与能力，最大程度形成解决特定社会问题的合力与聚力，最大化地创造社会价值，相应的战略焦点和管理重点就是激励约束社会价值生态网络成员遵守界面规则，协调它们在履责平台上开展解决特定社会问题的一致行动，这意味着协调机制和治理机制是稳定运行阶段的核心机制。社会责任生态圈的稳定运行取决于社会价值生态网络的成员稳定，而网络成员是否保持嵌入则取决于吸引力和逃逸力两种力量，协调机制和治理机制的功能就是要增强网络吸引力使之超越网络成员的逃逸力。协调机制是基于履责平台上不同社会主体立足优势进行社会分工，将社会价值网分工中每一个网络成员分别贡献的互补性异质资源或能力进行统筹整合与优化配置，推动解决特定社会问题的各个组分按照功能原则重新聚合与型构，形成解决特定社会问题的协同一致行动和整体性突破。协调的有效性既取决于网络成员对平台目标愿景的理解、认同与追求程度，更受到网络成员之间所建构的纵向、横向甚至立体沟通机制的深刻影响。治理机制的主要作用在于激励约束，目的是增进社会价值生态网络的健康性和可持续性。治理机制包括内部治理与外部治理，前者是对内部网络成员的行为进行引导与规范，治理手段包括市场治理、正式制度治理和非正式制度治理，后者是对社会价值生态网络的整体性规制，规制手段包括自愿性或强制性透明度报告、行政审查与社会监督。需要指出的是，社会责任生态圈的运行并不排斥对社会问题的市场化解决方案，也不限制网络成员在社会价值网分工中获得商业利益或经济价值，只不过这一切都必须以最有利于解决特定社会问题和实现履责平台最大限度创造社会价值为前提。

4. 进化机制和退出机制

自我更新或死亡阶段的主要使命任务是在履责平台目标愿景已经达成，或者环境改变导致特定社会问题已经"不成问题"时，要么推动履责平台更新转换到新的目标愿景，促使既有社会责任生态圈转变为着眼于解决新的社会问题的新社会责任生态圈，以获得新生，要么成功结束履责平台和社会责任生态圈的存在，释放社会价值生态网络积聚的资源或能力重回社会，相应的战略焦点和管理重点就是重塑履责平台目标愿景，重构履责平台架构和社会责任生态圈，实现履责平台转型升级与变革创新，或者有效管理履责平台以及网络成员的有序退出，这意味着进化机制或退出机制是自我更新或死亡阶段的核心机制。进化机制一方面是通过社会价值生态网络成员之间的重复性互动，以及与外部信息、资源和知识的交换与沟通，推动网络成员之间责任、利益与角色的调整、重组和升级，实现履责平台和社会责任生态圈的自组织进化，属于渐进式自我更新；另一方面是在巨大外部力量的冲击下，社会价值生态网络的惯例演化由复制模式转变为变异模式，元惯例（Meta‐routines）机制推动履责平台目标愿景及界面规则出现短期的不连续的突变，实现履责平台和社会责任生态圈的转型与变革，属于激进式自我更新。退出机制是着眼于全社会视角来看，履责平台的退出与结束是社会所需的，是真正对社会负责任的，而其持续存在则可能有损社会福利的增进。根据履责平台对解决特定社会问题的价值变化，履责平台的退出模式可以是循序渐进式，也可以是一次性整体式，但无论哪种模式，都应当遵循界面规则中的退出规范要求，并且不能损害需求方群体可持续得到原来履责平台所提供的社会福利，否则就是对社会不负责任的行为。

第三节　企业实施平台化履责的战略选择

虽然平台化履责作为一种企业社会责任实践新范式具有普适性，但对于特定企业个体而言，是否实施、何时实施、如何实施平台化履责却是异质性和权变性的战略决策问题。选择适宜的实施平台化履责战略模式和实现路径，不仅关系到特定企业个体开展平台化履责的投入产出绩效，而且会直接影响到依托履责平台构建的社会责任生态圈的运行机制、价值效率甚至演化轨迹。

一、战略决策：平台化履责的多因素情境选择模型

特定企业个体实施平台化履责的首要任务是在履责范式的可能集合中，因应情境理性决策是否选择平台化履责实践方式，而履责对象性质、企业采取的社会责任姿态和企业的影响力程度则是构成决策情境的关键要素。也就是说，特定企业个体实施平台化履责的战略决策是综合考量所需解决的社会问题类型、企业承诺的社会回应策略和企业具有的影响力范围等多重因素的抉择结果。

1. 社会问题类型与平台化履责

不同类型社会问题形成的根因不同，与特定企业个体的经营活动关系也有显

著差异，因此特定企业个体参与解决不同类型社会问题的方式必然迥异。着眼于特定企业个体视角，按照对企业经营活动的现实影响和长期竞争力的潜在影响差别，社会问题可以区分为三类（Porter 和 Kramer，2006）：第一类是价值链主导型社会问题，这些问题受到企业经营活动的显著影响，反映出企业与社会互动性的自内而外链接；第二类是竞争环境主导型社会问题，这些问题不受企业经营活动的影响，但存在于企业外部运营环境中，对企业长期竞争力具有显著影响，反映出企业与社会互动性的自外而内链接；第三类是普通社会问题，这些问题既不受企业经营活动的影响，也不影响企业的长期竞争力，反映出企业与社会互动性的双向弱链接。企业对于参与解决三类社会问题的意愿程度和动机机制不尽相同，其中对于参与解决价值链主导型社会问题的意愿最为迫切和强烈，当企业经营活动对这一社会问题产生消极影响时（不妨称之为消极影响性的价值链主导型社会问题），企业的参与往往是基于财务价值创造主导驱动，而当企业经营活动对这一社会问题形成积极影响时（不妨称之为积极影响性的价值链主导型社会问题），企业的参与往往是基于社会价值创造主导驱动；对于参与解决竞争环境主导型社会问题的意愿程度次之，通常是受到利益与道德的双轮驱动，前者是着眼于通过参与解决社会问题而提升企业长期竞争力的工具性动机，后者则是企业作为社会公民实施道德行为的价值性动机；对于参与解决普通社会问题的意愿相对最弱，一般是基于纯粹的道德驱动，着眼点是创造社会价值。结合平台化履责的核心思想和前置性假说，三类社会问题对于平台化履责范式的适用程度并不一致，企业对于参与解决消极影响性的价值链主导型社会问题更多地应当采取价值链内化模式，可以采用独立自履、合作自履和价值链履责推动范式，但往往不适宜运用平台化履责范式；对于参与解决积极影响性的价值链主导型社会问题、竞争环境主导型社会问题和普通社会问题，均可以采用平台化履责范式，且它们对平台化履责范式的适用程度依次提高。

2. 社会回应策略与平台化履责

特定企业个体对履责范式的选择必然受教于和受制于企业整体社会责任战略，企业回应社会问题的战略姿态决定企业对参与解决社会问题的资源投入意愿和方式创新动力。根据 Wilson（1975）提出及 Wartick 和 Cochran（1985）完善的企业社会回应 RDAP 模型，企业对于社会问题的回应可以采取四种策略和态度：反应型（Reactive）、防御型（Defensive）、适应型（Accommodative）和前瞻型（Proactive）。当企业采取反应型社会回应策略时，它们往往否认责任，对参与解决社会问题具有心理与行动上的对抗性，结果是比要求的做得少；当企业采取防御型社会回应策略时，它们通常承认责任但反对，对参与解决社会问题只做被强制要求的，结果是做要求中最少的；当企业采取适应型社会回应策略时，它们倾向于勇于承担责任，对参与解决社会问题秉持积极进步的态度，结果是要求的全都做到；当企业采取前瞻型社会回应策略时，它们会预见责任，对参与解决社会问题具有主动性、创新性和引领性，结果是比要求的做得更多。由此可见，采取反应型和防御型社会回应策略的企业对参与解决社会问题的资源投入和方式创新的意愿与水平都很低，它们最有可能采用独立自履和合作自履两种范式承担少量社会责任，平台化履责范式不适合也不会被它们所考虑和运用；采取适应型和前瞻型社会回应策略的企业往往会积极主动参与解决社会问题，拓展与创新履责方式，不但价值链履责推动范式会被经常采用，而且平台化履责也成为它们参与解决社会问题的重要方式。特别是，采取前瞻型社会回应策略的企业将自身定位为履行社会责任的引领者和开拓者，它们将会主动探索更多创新性的社会问题解决和预见方案，而平台化履责范式则非常适合它们寻找前瞻性社会问题的解决之道。

3. 企业影响力范围与平台化履责

企业影响力反映出企业在社会上的知名度、认知度和美誉度，高影响力企业往往具有较高社会资本，对其他企业或社会主体往往具有认知与行为上的示范作用。企业影响力高低会对企业履行社会责任的要求程度与实践方式产生影响：从前者来看，按照 Davis（1960）提出的"责任铁律"原则，企业影响力越高意味着企业拥有的社会权力越大，而权力越大则应承担的社会责任越多；从后者来看，企业影响力意味着企业对其他企业或社会主体的吸引力、带动力和同构力，反映出企业对外部资源的调动、整合和利用能力，由此决定企业在落实某项社会责任议题中的"角色定位—实施策略"选择。企业影响力越高不仅表明企业越有能力作为解决社会问题的服务推动者定位和采用以整合社会资源为基础的社会责任议题落实策略，而且社会对企业带动其他企业或社会主体共同参与解决社会问题也有更高的期望。这表明高影响力企业采用平台化履责方式参与解决社会问题更能释放企业的社会价值创造潜力和更好地回应社会期望，能够比低影响力企业更大范围和更高效率地配置社会资源，即高影响力企业更适合采用平台化履责范式。进一步来看，按照影响力的范围和高低差异，可以将企业区分为弱影响力企业、价值链内高影响力企业、行业内高影响力企业和全社会高影响力企业，它们拥有采用平台化履责范式的能力基础依次增强，后三者分别对价值链成员、行业内主体和全社会主体所拥有的资源具有调动、整合和利用能力，而弱影响力企业对外部资源的撬动能力最弱。与此同时，社会对这四类企业实施平台化履责的带动效应也有依次增强的期望，对于它们的关注程度和评价标准也依次提高。这些都表明平台化履责范式对弱影响力企业、价值链内高影响力企业、行业内高影响力企业和全社会高影响力企业的适用程度依次提升。

4. 平台化履责范式的适用情境

综合社会问题类型、企业社会回应策略与企业影响力范围，可以构建平台化履责范式的适用情境模型，如图 4-1 所示。平台化履责范式的优先适用领域是特定的价值链内高影响力企业、行业内高影响力企业和全社会高影响力企业采取适应型或前瞻型社会回应策略，并着眼于参与解决积极影响性的价值链主导型社会问题、竞争环境主导型社会问题和普通社会问题。其中，当在全社会具有高影响力的特定企业个体采取前瞻性社会回应策略，并着眼于参与解决普通社会问题时，平台化履责范式将具有最佳的适用性。

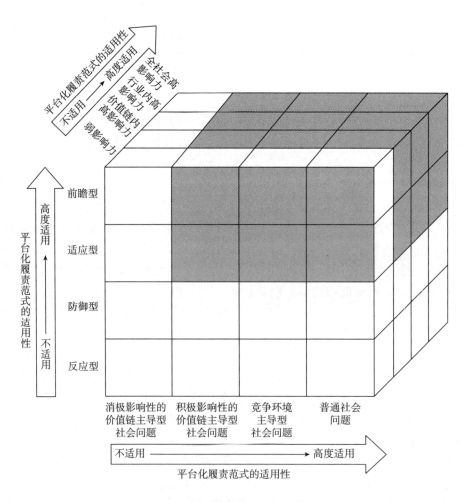

图 4-1　平台化履责范式的适用情境模型

二、战略模式：基于"平台基础—实现方式"的六种战略

特定企业个体在对选择实施平台化履责范式做出战略决策后，就需要从操作层面研究和确定适宜企业的实施平台化履责战略模式，以便最大限度地保证实施成功与降低失败风险。这要求企业理性评估自身所拥有的平台资源基础，通常包括企业对解决特定社会问题所拥有的社会关系网络和知识存量，在此基础上，界定出履责平台获取方式集合，权衡分析并选择合适的履责平台实现方式。社会关系网络和知识存量的不同组合将导致企业所拥有的平台资源基础呈现出基础差、基础一般和基础好三种类型，而履责平台构建作为企业价值创造能力的重要构成要素，实现方式也如企业其他能力的获取一样，可以区分为内部发展与外部获取两种模式，由此形成企业实施平台化履责的 2×3 战略类型矩阵，如图 4－2 所示。

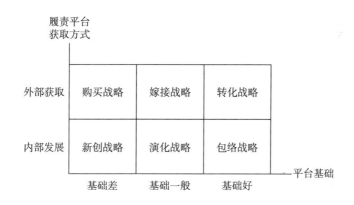

图 4－2　企业实施平台化履责的六类战略

1. 新创战略

当企业对解决特定社会问题缺少社会关系网络基础和拥有较少知识存量，即平台基础较差，同时又希望依托企业所拥有的其他资源和能力进行内部开发和培育时，那么企业采取的战略将是通过新创履责平台实施平台化履责。新创战略意味着企业将通过知识积累、知识学习和知识创新获取解决特定社会问题相关的显性或隐性知识，梳理、分析和开发针对解决特定社会问题必不可少的社会关系网络要素，全新搭建履责平台主体架构，创建生成全新的履责平台网络。新创战略可以是特定企业个体独立地或寻找合作伙伴共同开发构建履责平台，但无论哪种方式，特定企业个体必须是履责平台构建的主导者，合作伙伴只是承担支持性角色，而且履责平台必须是全新创设的，并不是借助合作伙伴拥有的平台基础构建

的。新创战略本质上是一种"无中生有"战略，是企业获取新知识、新社会资本和新平台的过程，往往需要花费较长时间和较多资源与能力投入，并且具有较高的失败风险，因此比较适合冗余资源和能力较多、重视平台搭建的内部能力培养、风险承受度较高的企业。

2. 演化战略

企业对于某些社会问题可能已经长期关注并采取独立自履范式、合作自履范式和价值链履责推动范式开展解决实践，积累和沉淀了解决这些社会问题的部分知识，并在履责过程中初步形成了解决这些社会问题的利益相关方网络和社会关系网络，但企业尚缺乏构建解决这些社会问题的平台经验。当企业内外部环境发生变化并且企业重新进行角色定位，希望撬动更多社会资源参与解决这些社会问题，创造更多社会价值时，企业就可以采取演化战略开展平台化履责，即一方面将先前积累的解决这些社会问题的知识运用到履责平台架构开发上，另一方面则将已经形成的利益相关方网络和社会关系网络导入履责平台并形成履责平台网络。演化战略亦属于履责平台的内部开发获取方式，是企业在履责实践积累的解决社会问题相关知识和社会关系网络基础上，通过内嵌、移植、重组和拓展的方式将其演化为履责平台网络，实现由传统履责范式向平台化履责范式的转变。因此，演化战略本质上是一种"范式变迁"战略，往往是企业因为受到较强内外部变革力量触发而生发的履责战略创新，是企业重新思考、重新定位、重置能力和重组网络的过程。相比于新创战略而言，演化战略使企业获取履责平台需要花费的时间和资源与能力投入都会有所减少，成功的可能性也更高，适合已经运用传统履责范式参与解决特定目标性社会问题的企业。

3. 包络战略

在平台化商业模式情境中，平台包络（Platform Envelopment）战略指的是平台企业基于平台基础架构共享（蔡宁等，2015），进入相邻甚至看似不相关的新市场，将原本不属于平台的功能整合进来，以便杠杆化利用平台基础架构资源（Eisenmann 等，2011）。与此类似，平台化履责范式中的包络战略指的是企业已经构建和拥有针对解决某一社会问题的履责平台，通过共享平台基础架构，将类似社会问题甚至差异巨大的社会问题解决功能包络进来，实现履责平台功能的横向延展和纵向深化，提高平台基础架构资源的利用效率和价值创造水平。包络战略属于在良好平台基础上的内部化平台获取方式，本质上可以看作是一种"延伸拓展"战略，是企业对既有履责平台的创新与延异，反映出企业对既有履责平台渗透效应与扩散效应的充分利用，其实施的前提是解决若干不同社会问题所需的关键资源和核心能力在相当程度上具有相似性。包络战略意味着企业可能需要对履责平台基础架构进行迭代和微创新，拓展履责平台网络成员，调整优化履责平台网络结构，更新升级履责平台界面规则，以满足平台化解决新包络社会问题的新需求。按照解决既有社会问题与新包络社会问题对资源和能力需求的同质化程度，包络战略在核心价值生态网络的运行上可以采取不同的形式，同质化程度越高意味着解决新旧社会问题的核心价值生态网络重叠越多，越倾向于采取"一张网"运作方式，这时需要企业新增资源与能力投入较少，成功的可能性也比较高；相反，同质化程度下降意味着解决新旧社会问题共享的核心价值生态网络成员减少，由此越可能采取至少"形式分离"的网络运作方式，而当履责平台和核心价值生态网络运行相对成熟时，企业就可以根据需要采取裂变战略，将解决新旧社会问题的履责平台和核心价值生态网络进行"实质分离"，这种运作方式需要企业投入较多新增资源与能力，失败风险也会相应增加。包络战略比较适合已经具有一个或几个开放性与延展性较高的良好履责平台、重视追求社会价值创造上的"范围经济"的企业。

4. 购买战略

内部培育、开发与自建方式并非企业获取履责平台的唯一选择，也并不始终是企业开展平台化履责的最佳方式。当企业对解决特定社会问题完全缺乏社会关系网络与知识存量基础，但拥有较充分的冗余资源与能力，并希冀短期内在开展相应的平台化履责上有所建树时，就可以选择外延式购买战略获取履责平台。购买的履责平台可以来自商业组织、非政府组织甚至政府组织，但由于履责平台构建的着眼点是基于创造社会价值，绝大多数履责平台均为非商业化运作模式和非营利性目标，因此购买的方式往往采取间接购买、谈判接管、协议划转等形式，对于部分采用市场化运作的实体性平台亦可以采取直接购买方式。履责平台的购买不仅包括履责平台架构本身，更重要的是依托履责平台形成的社会价值生态网络。从社会价值本位角度出发，购买战略隐含着企业具有相对原平台提供者能更好运营履责平台、更能发挥履责平台社会价值创造功能的潜力，唯有如此，着眼于全社会视角，履责平台购买行为才真正算得上对社会负责任。这要求企业需要重视履责平台购买后的优化重组和全面创新，尤其是需要将企业对解决特定社会问题的理念理解和目标抱负融入其中，更新甚至重构履责平台界面规则，同时注入必要资源以支持履责平台更好发展和运营，推动履责平台在重组基础上获得社会价值的"改革红利"和"熊比特租金"。由此可见，购买战略本质上是一种"市场交易"战略，是企业与履责平台出让方不断谈判、博弈、交易并各得其所的过程，它使企业能够快速获取所需的履责平台，风险则主要来自购买后的整合重组失败风险，比较适合冗余资源和能力较多、不关注平台搭建的内部能力培养、具有获取时间迫切性需求的企业。

5. 嫁接战略

当企业对解决特定社会问题具有一定的社会关系网络基础和知识储备，但缺少足够的冗余资源实施履责平台的外部购买，也缺乏必要的实践和经验而无法实行履责平台的演化战略时，企业可以采用嫁接方式实现对履责平台的获取。嫁接战略指的是企业寻找选择一个针对解决特定社会问题已经存在的履责平台，与平台提供者开展合作，将自身针对解决特定社会问题所拥有的社会关系网络和知识存量嫁接到该履责平台，企业成为形式上的履责平台提供者，推动不同社会主体进入履责平台贡献资源和能力，从而实现平台化履责。嫁接战略本质上是一种"借台唱戏"战略，属于履责平台的外借获取模式，其实施可以采用租用和联盟两种方式：前者是企业与履责平台提供者签订一定时期的使用履责平台的正式契约，双方形成租赁关系，企业在协议期内和协议内容范围内对履责平台具有实际控制权和运营权；后者是企业与履责平台既有提供者建立针对平台的战略联盟关系，履责平台既有提供者向企业共享履责平台使用权，企业可发挥自身优势和依托履责平台构建新的相对独立的核心价值生态网络及其对应的界面规则，并与已有的履责平台网络共同形成更大的社会责任生态圈。嫁接战略实施的理想效果是实现企业与履责平台既有提供者之间"1 + 1 > 2"的合作效应，使履责平台变得更具生命力和价值创造力，能够推动特定社会问题以更好的方式和更高的效率得到解决。由此可见，成功的嫁接战略是"小投入、大产出"的平台化履责实现方式，是企业社会资本和专有知识顺利转化为社会价值的重要途径。嫁接战略也能使企业较快获取所需的履责平台，风险主要来自于履责平台提供者的契约风险，或联盟合作下新旧"两张网"之间的协调风险，比较适合冗余资源和能力较少、对履责平台"不求所有，但求所用"、善于处理外部合作关系的企业。

6. 转化战略

对于商业生态圈中的骨干型企业或双边与多边市场中的商业平台企业，它们都是商业价值创造平台的提供者，在商业生态圈或双边与多边市场中处于中枢地位，骨干型企业对商业生态圈中的主宰型企业和间隙型企业具有较强影响，而商业平台企业对于双边与多边市场中的平台接入者也起到关键连接作用，因此它们均可以采用转化战略实施平台化履责。所谓转化战略，就是骨干型企业或商业平台企业利用已经形成的商业生态圈和自身在其中的"影响力"，推动将社会责任理念或要求融入商业生态圈，使其成为商业生态圈的核心运行规则，而解决各种社会问题也成为商业生态圈的重要功能，由此实现商业生态圈向社会责任生态圈的转化，相应地，骨干型企业或商业平台企业不再是纯粹的商业价值创造平台提供者，而是转变为履责平台提供者。转化战略本质上是骨干型企业或商业平台企业推动将外部的商业生态圈转变为解决特定社会问题的履责平台，属于履责平台的外部获取方式，其成功的关键在于商业生态圈对社会责任运行规则的导入和嵌入，而这在很大程度上取决于骨干型企业或商业平台企业在商业生态圈中的影响力水平以及它们对在商业生态圈中推行社会责任的意愿承诺和行动强度。转化战略要求骨干型企业或商业平台企业自身对社会责任有深刻理解和科学认知，社会责任自履绩效较优，能够为商业生态圈中的成员组织起到示范效应与引领作用，催生它们接受甚至主动寻求社会责任规则导入和嵌入的意愿。与此同时，商业生态圈向社会责任生态圈的转化，可能会引致生态圈的内部构造、网络联结、界面规则甚至表现形态的变化，成员之间的连接基础将由纯粹的商业利益驱动转变为包括商业利益在内的社会价值认同，相应的信息流、资源流和价值流也会重组与再造。转化战略的风险主要来自商业生态圈中的成员组织可能对融入社会责任理念与要求后的新界面规则进行抵制，因此比较适合具有高影响力、高带动力、社会责任绩效较优的商业价值创造平台提供者。

三、促进企业实施平台化履责的对策建议

最近两年，"企业社会责任是否已死"的争论不绝于耳，企业社会责任发展步入了一个新的十字路口。究其原因，现实中大量企业社会责任异化现象导致企业社会责任这一普世价值观犹如建立在沙丘上的大厦是重要原因之一，相应的破解之道不是否定企业社会责任思想和理念存在的正当性与合理性，而应当探寻企业实践社会责任的新范式、新路径和新方法，避免企业背上沉重的所谓"社会责任负担"。平台化履责作为一种新的企业社会责任实践范式，它将企业在解决社会问题中的角色定位从包办一切的"救世主"和"拯救者"转变为社会资源的整合与优化配置者，退去现实中社会期望对企业的纯粹"道德热度"，避免"道德竞赛"和"道德绑架"，让企业以理性、创新的方式参与解决社会问题，防止企业发展和社会发展的失序、失衡、失控和失范。

1. 结合应用平台化履责与传统履责范式

虽然平台化履责对传统履责范式在微观行为和宏观效果的多个维度上实现了超越，但这并不意味着平台化履责替代传统履责范式成为企业唯一的社会责任实践方式。相反，平台化履责与传统履责范式分别适用于不同情境，相互具有互补性，它们共同构成了企业履行社会责任的整体实践体系。平台化履责与传统履责范式之间的互补而非替代关系要求企业绝不能过度夸大平台化履责的功能和作用，更不能将平台化履责作为"万灵药"随意使用，否则就会适得其反，导致企业在履行社会责任上缺位和错位，不仅难以有效解决社会问题，而且会引致社会资源的低效配置甚至无效投入。企业应当综合社会问题类型、社会回应策略和影响力范围等情境因素，权变选择履行社会责任范式，寻找到实施平台化履责与传统履责范式各自的优先领域，最大限度地实现履责范式与情境的契合，实现企业最高效和最有效地创造社会价值。进一步来看，平台化履责与传统履责范式还

具有相互促进的关系。企业只有社会责任自履表现良好，才可能赢得利益相关方和社会的认同与尊重，才可能具有高影响力和强号召力，才可能吸引其他社会主体参与到履责平台与履责网络中来，平台化履责才可能获得良好绩效；企业实施平台化履责，能够增进企业的社会关系网络，为企业开展社会责任自履获得更多的合作伙伴支持和创造更优的外部环境。由此，企业在开展社会责任实践中必须结合应用平台化履责与传统履责范式，科学配置履责资源，使不同履责范式各就其位和互促互动，企业整体履责达到最佳效果。

2. 重视多履责平台管理与外部履责平台接入

大型企业实施平台化履责还将面临着单一履责平台战略与多履责平台战略的抉择问题，前者是企业通过不断的平台包络战略将参与解决不同社会问题的功能需求都导入到同一履责平台，后者则是企业针对参与解决不同社会问题构建不同的履责平台。当大型企业采取多履责平台战略时，企业不仅要管理好和运行好每一个履责平台，力求每一个依托履责平台形成的社会责任生态圈都能健康地自组织发展，而且要从整体上统筹不同履责平台的战略方向、资源投入和相互协作，力求实现不同履责平台在界面清晰的基础上最大限度地形成社会价值创造的协同效应。特别是，由于针对解决不同社会问题的多个履责平台在运行中可能出现社会价值创造方向上的不一致，因此企业必须以整体创造的社会价值最大化为着眼点，平衡协调和有效管理多个履责平台之间的价值冲突。与此同时，平台化履责并不意味着企业仅仅作为履责平台提供者而存在，而是应当同样重视对外部其他履责平台的参与和接入，因为企业不可能针对所有希望参与解决的社会问题都构建履责平台，相反，应该借助外部已有履责平台参与某些社会问题的解决，通过接入而使自身所贡献的资源获得放大效应。外部履责平台的接入可能是企业社会责任实践的一种合作自履方式，也可能是实施平台化履责的一种嫁接战略，这主要取决于企业接入外部履责平台后在其中承担的角色。外部履责平台的接入要求企业慎重与精心地对社会上的履责平台进行甄别和筛选，寻找最能有效解决特定社会问题、公开透明与运行规范、最能有效配置企业拟将投入的资源和能力的履责平台。

3. 适时承担与退出履责平台提供者角色

企业实施平台化履责的任何行为都必须坚持社会价值本位，企业之所以构建用于解决某些社会问题的履责平台，承担履责平台提供者角色，是因为社会需要这样的履责平台，但由于政府失灵、市场失灵和公民社会失灵，社会上又十分缺乏这样的履责平台，因此企业的行为实际上是在补位和补空，弥补政府失灵、市场失灵和公民社会失灵，对解决这些社会问题起到孵化和催化作用。这说明企业在对是否实施平台化履责进行战略决策时，需要从社会视角出发，扫描与审视针对解决特定社会问题的履责平台供给情况，当供给不足或供给低效时，企业构建社会所需的履责平台才具有真正价值和意义。也就是说，企业必须在合适的时机以合适的方式实施平台化履责，企业成为解决特定社会问题的履责平台提供者必须契合社会需要的时点。然而，社会问题的解决终归要回到社会中去，履责平台的运行最终也应当回归社会。当履责平台获得稳定运行并建立了可持续机制，而且已有其他社会主体比企业更适合运行维护履责平台时，那么企业应当着眼于真正对社会负责任的角度，按照社会需要的方式适时退出履责平台提供者角色，将资源和能力转移到社会更需要的其他领域，以便实现整个社会的福利增进。此外，当履责平台因为目标愿景已经达成或者环境改变导致特定社会问题已经"不成问题"而进入死亡阶段时，企业应当适时结束履责平台并退出履责平台提供者角色，以负责任的方式将集聚的资源或能力释放回社会。

4. 综合运用多种治理机制并实施分类治理

尽管履责平台网络成员都是基于解决特定社会问题的共同价值观而聚集于平台之上，但这不能否认它们的多元价值偏好，包括商业利益或经济价值需求，更不能忽视不同网络成员价值偏好与需求的异质性。特别是，许多社会问题不仅仅是单纯的道德伦理、公平正义、社会管理、生态环境等单一性问题，而经常是涵盖经济、社会、环境的综合性问题，其解决需要在经济、社会、环境领域各具优势但也各有诉求的社会主体共同参与。履责平台就是让这些社会主体聚集在一起，通过合作发挥各自优势致力于社会问题的解决，但它们同样希望自身的价值偏好与诉求能够获得满足，这意味着履责平台的界面规则必须具有包容性，既承认和鼓励网络成员的道德追求，也不排斥网络成员在价值网分工中获得商业利益或经济价值，但这一切需要以最有利于解决特定社会问题和实现履责平台最大限度创造社会价值为前提。在某些社会问题解决中，提供产品或服务的网络成员获得必要的商业利益或经济价值是确保社会责任生态圈可持续运转的基础，因为这些网络成员可以提供一时或有限的免费产品或服务，却不可能源源不断地无限供应，否则他们自身的发展将变得不可持续，社会责任生态圈中的核心价值生态网络将遭到破坏。因此，对于依托履责平台形成的社会责任生态圈，既要发挥道德机制对网络成员的价值观引领，形成有效的道德治理，又要发挥市场机制在价值网中的资源配置作用，形成必要的市场治理，同时还应当强调行政管制机制与社会监督机制对社会责任生态圈的外部治理功能。而且，不同网络成员价值偏好与需求的异质性要求对它们采取差异化的、针对性的分类治理，以便发挥不同治理机制对不同类型网络成员的精准激励约束。

5. 更多采用基于互联网的平台化履责范式

新一代信息技术的快速发展不仅造就了商业性平台的爆炸式增长，而且对企业实施平台化履责也将产生深刻影响，依托互联网构建履责平台正在成为流行趋势。一方面，泛在的新一代互联网使企业可以突破时间和空间的限制快速构建各种显性或隐性履责平台，能够在更短时间、更大范围形成更大规模的履责平台网络，履责平台构建过程中的传播成本、搜寻成本、谈判成本、契约成本甚至监督成本都会显著下降，企业可以采用智慧众筹方式更为广泛地吸引社会主体参与履责平台构建。依托互联网构建履责平台极大降低了企业实施平台化履责的门槛，许多在线下难以实施平台化履责的企业也可以搭建自己的履责平台和形成相应的履责平台网络。特别是，对于具有双边或多边市场特征的社会问题，互联网化的履责平台不仅能够显著减少决策成本和交易成本，而且可以获得类似互联网经济中的同边与跨边网络效应。另一方面，基于互联网的履责平台网络更具开放性、共享性、创新性和多样性，不但能够实现成员间的无缝连接、即时共享和立体式的精准沟通，增进成员之间的互动合作与一致行动，增强履责平台网络的成员黏性和归属感，而且可以创新社会问题的解决模式、机制设计和实现手段，转变传统的"谁来控制什么系统"的垂直思维模式，取而代之的是"希望创造什么样的价值产出或效应"的水平性思维，创建一个水平性的解决社会问题互动系统，提升社会问题解决的效率与效果。

第五章　生态化治理：平台型企业
社会责任的合意治理范式

本章概览

进入 21 世纪以来，随着新一轮工业革命与"互联网＋"战略的持续向前演进，以智能化、数字化、信息化为主要特征的新技术应用范式重塑了组织的运营业态与商业模式，人类由传统的工业经济时代迈入了互联网平台经济时代（Grewal 等，2010）。在平台经济时代，以 Uber 和 Airbnb 为代表的共享型商业模式正在全球掀起新一轮的新经济变革，共享经济在交通出行、旅游服务、知识分享、人力资源与健康医疗等各类产业中急速孕育，产生了显著的经济效应（戴克清和陈万明，2017）。共享型商业模式下的嘀嗒拼车、小猪短租等共享平台大大拓展了社会闲置资源的配置效率，给人类的生产与生活带来突破性的变革。共享经济被认为是企业可持续商业模式的现实经济形态，有助于企业与产业层面实现可持续发展（Daunoriene 等，2015；Gough，2017）。然而不容忽视的是，共享经济下的共享平台尽管通过降低搜寻与交易成本，最大限度地减少了供需双方信息不对称进而增进消费者福利，但在实际运营层面却引发种种突出的社会问题，比如用户信息安全问题、消费者健康问题、环境问题与市场竞争秩序问题（戚聿东和李颖，2018）。典型的例子是共享单车所出现的停放混乱、个人将共享单车据为己有、故意损坏车牌、抢占机动车道等一系列市场失灵下的负外部性社会问题，由此导致共享经济的繁荣前景逐渐黯淡（秦铮和王钦，2017）。共享经济的初衷本质不在于创造巨额垄断性平台的经济财富，而是通过改变交易主体之间的网络交互方式和交易过程之中的信任交流机制实现新鲜体验（Gorenflo，2013）。但现实是，越来越多的共享平台商业实践将价值共创与共享活动转化为纯粹营利性的商业模式，不仅通过平台兼并甚至扼杀进入者获取市场垄断地位并攫取巨额的垄断性经济财富，而且导致商业平台内双边用户之间的社会责任行为异化问题屡禁不止，如直播平台内主播用户涉黄事件，典型的像北京"夜魅社区"、江苏常州"微笑直播"平台、"快手"平台内主播涉黄恶意获取粉丝关注与网络流量，给经济社会带来不良影响。更有甚者，一些新兴的平台内供给侧用户群体急于吸引需求侧的网络规模以获取市场绩效，从而向市场中具有优势地位的平台型企业内用户进行寻租，如杭州"傻推网""整点抢"等网络平台炒作商业信誉案及网购平台淘宝内卖方用户的恶意刷单炒信获取虚假好评、通过"好评返现"等向用户进行寻租获取虚假的社会声誉等，这种平台内双边用户的社会责任行为缺失与寻租互通导致劣币驱良币的市场逆向选择效应。

　　共享经济的关键支撑是形形色色的创新性共享平台，相应的市场组织载体则是形态各异的各种平台型企业。由此，共享经济发展中出现的众多社会问题，不同程度上都与平台型企业的社会责任缺失和行为异化密不可分。一方面，平台型企业在自身的商业行为中存在诸多社会责任缺失或异化问题，如"魏则西事件"中百度控制着平台用户的信息界面入口，通过肮脏与罪恶的竞价排名将用户的搜寻路标指向邪恶与欺骗（凌永辉和张月友，2017）；滴滴打车平台"空姐深夜打车遇害事件""乐清女孩滴滴打车遇害事件"的背后实质是滴滴平台丧失基本的底线责任，严重缺乏对顺风车司机用户的有效信息审核与责任筛选机制，产品安全隐患极大，非法营运问题突出，安全生产主体责任落实不到位，进而为平台内司机用户实施违法行为埋下伏笔；外卖平台存在严重的消费者信息安全问题，出现大量用户信息被非法泄露与用户信息被倒卖等社会责任缺失事件；腾讯QQ强迫用户在QQ与奇虎360之间"二选一"，以及腾讯QQ与"今日头条"之间发生的"头腾大战"，平台之间的恶性竞争或利益共谋给经济社会带来严重危害。另一方面，平台型企业对平台双边用户的不负责任行为缺乏管理，导致双边用户依托平台进行的供给行为或消费行为对经济社会产生不利影响，如共享单车运营商对用户的不合理和不恰当使用行为缺乏规制、直播平台对主播与用户的非法行为缺乏管制、网购平台对假货或刷单行为缺乏治理、网络订餐平台对"三无"外卖商家的审核机制形同虚设，由此形成平台型企业的第二层次社会责任缺失问题。正因如此，对共享经济的规制问题成为学术界关注的焦点（Heinrichs，2013），诸多学者对共享经济下的平台型企业社会责任缺失或异化问题进行了探索性研究。

　　无论是从外部监管视角还是内部治理角度，现有研究对解决平台型企业社会责任缺失或行为异化问题提供了有益思路和策略，但也存在明显的局限性和不足：一是对平台型企业社会责任缺失或行为异化的治理研究首先需要回答一个前置性的学术问题，即平台型企业到底需要承担哪些社会责任，平台型企业社会责任的内容边界是什么？一方面，内容边界界定是判断平台型企业是否违背社会责任的前提和基础，据此才能合理确定平台型企业社会责任缺失或行为异化的治理对象和治理层次；另一方面，平台的连接性、共享性和生态性，决定平台型企业社会责任与传统企业有很大的差异性，其社会责任不仅是自身行为的尽责，更重要的是确保平台连接各方的行为对社会负责任，因此其社会责任内容边界的界定至关重要。然而，非常遗憾的是，目前对平台型企业社会责任的内涵与内容边界界定缺乏研究，尤其是系统性的研究。二是现有研究中的外部监管视角重点是外部主体对平台型企业或其双边用户的直接监管，本质上属于点对点的原子式治理范式；而内部治理视角重点则是平台型企业对平台接入各方的行为规制，本质上属于传导式的线性化治理范式。无论是原子式治理范式还是线性化治理范式，都属于社会责任的传统治理范式，难以完全适用平台新情境，因为平台型企业本身所构成的商业生态系统颠覆了传统的线性价值链模式，它使平台内的各类双边用户改变了传统企业单向度的线性关系，生态系统内成员间交互反馈的关系日趋复杂化与非线性化（肖红军，2015；辛杰和李丹丹，2016）。企业社会责任问题从个体语境、群体语境演变到平台语境，以及平台经济背景下企业社会责任问题的多重主体性、强危害性和治理复杂性（宣博和易开刚，2018），都要求对平台型企业社会责任的治理范式进行创新，尤其是要探寻出超越传统、符合平台型生态系统特点和规律的、合意的社会责任治理范式，对此现有研究显然仍留有空白。

有鉴于此，本章从企业与社会关系理论、利益相关方理论、双边市场理论、生态系统理论出发，沿着"情境变化—角色变化—责任变化—行为变化—治理变化"的逻辑思路，结合运用归纳法和演绎法，对平台型企业社会责任的内容边界与生态化治理范式进行尝试性探寻，希冀能够研究出破解平台型企业社会责任缺失或行为异化难题的治理之道。①

第一节　内容边界再界定：平台型企业社会责任治理的逻辑起点

企业社会责任饱受诟病的一个重要原因是企业社会责任内容边界的模糊性，企业社会责任被当成无所不遮的"大伞"和什么都往里面装的"大筐"，对企业社会责任治理形成严重困扰。平台型企业社会责任更是如此，其内容边界是平台型企业的行为是否符合社会责任的判断依据，成为平台型企业社会责任治理的基础和逻辑起点。然而，现实中平台型企业社会责任的内容边界混乱，缺乏清晰界定，不仅在很大程度上造成平台型企业履行社会责任的困惑，进而引致众多平台

---

① 本节核心内容发表于：肖红军，李平. 平台型企业社会责任的生态化治理 [J]. 管理世界，2019 (4).

型企业社会责任缺失或异化行为发生，而且使平台型企业社会责任的治理出现盲目性和无序性，"头痛医头、脚痛医脚"的治标不治本和"头痛医脚、脚痛医头"的错位乱治导致严重的治理失效，因此重新厘清和科学界定平台型企业社会责任的内容边界极其必要和关键。

一、平台型企业社会责任的复杂性与特殊性

科学界定平台型企业社会责任内容边界的前提是要对平台型企业社会责任形成清晰透彻的认知，尤其是要客观准确地理解平台型企业社会责任的复杂性与特殊性。虽然企业社会责任在元定义和理念层面上具有普适性，泛指"在特定的制度安排下，企业有效管理自身运营对社会、利益相关方、自然环境的影响，追求在预期存续期内最大限度地增进社会福利的意愿、行为和绩效"（李伟阳和肖红军，2011），但在现实操作层面却因企业关键特质差异而呈现出异质性。平台型企业作为独特的新兴组织范式，它由传统企业所面对的单边市场走向双边市场，形成以平台为链接的双边市场结构（Kaiser 和 Wright，2006），将众多参与企业、协作配套企业、个体用户、社会公众等多类主体吸引进入平台商业生态圈，并在平台商业生态圈中处于主导地位（李雷等，2015）。因此，平台型企业相对传统企业更为复杂、更加社会化，其社会责任也自然不完全等同于传统企业社会责任，具有复杂性和特殊性。

1. 关系多层性

企业社会责任产生的逻辑起点是企业与社会之间的关系，不同的关系认知将会带来不同的企业社会责任观。传统上，企业社会责任被认为是企业个体承担的社会责任（肖红军等，2015），即隐含地假设企业是个体企业角色。相应地，企业与社会之间的关系是企业个体直接嵌入于社会，企业社会责任产生于企业个体对社会的"影响"（ISO，2010）、"综合社会契约"（Donaldson 和 Dunfee，1994）和"最大化社会福利贡献"（李伟阳和肖红军，2011），或者社会对企业个体的"期望"（Carroll，1979）。显然，平台型企业不仅仅是个体企业，以个体形式直接嵌入于社会，更重要的是通过平台连接形成自我组织、自我生长、自我进化、自我迭代的平台商业生态圈（刘江鹏，2015），以生态圈形式嵌入于社会。这意味着平台型企业与社会之间的关系呈现两条路径，即"企业个体→社会"和"企业个体→平台商业生态圈→社会"。因此，平台型企业的社会责任呈现三个层次，即作为企业个体对社会承担的责任、作为平台运营商对平台商业生态圈承担的责任、作为平台运营商对社会承担的责任，它们分别表现为作为独立运营主体的社会责任（第Ⅰ层次）、作为商业运作平台的社会责任（第Ⅱ层次）和作为社会资源配置平台的社会责任（第Ⅲ层次）。

2. 主体多元性

平台型企业将众多差异化的主体聚集于平台上和嵌入于平台商业生态圈中，形成一个成员处于不同生态位、复杂动态的有机整体系统。系统中既有基于角色地位不同而区分出来的网络核心型、支配主宰型、坐收其利型和缝隙型四类参与主体（Iansiti 和 Levin，2004），也有依据功能差异将参与主体划分为内部主体、中间主体和外部主体三种类型（侯赟慧和杨琛珠，2015）。无论何种区分，都说明平台商业生态圈中数量庞大的参与主体具有自身特质和角色功能的多元性、异质性、复杂性，并且它们依托产品、物流、资金、数据、信息、技术、专长等要素在平台商业生态圈中相互交织、相互嵌套、相互耦合，形成动态非线性的共生共演关系网络。多元参与主体与非线性关系一方面直接增加了平台型企业社会责任的复杂性，不仅拓展了"作为独立运营主体的社会责任"和"作为商业运作平台的社会责任"的内容范畴，更是对平台型企业有效平衡和管理相互交织甚至相互冲突的利益相关方群体或议题提出更高要求；另一方面也推动平台商业生态圈与社会之间关系的复杂化，不同参与主体承担责任内容和责任强度的差异导致形成圈层式的社会责任网络（宣博和易开刚，2018），从而间接加剧了平台型企业社会责任的复杂度。

3. 影响跨边性

同边网络效应和跨边网络效应是双边市场的基本特征（陈威和余卓轩，2013），特别是，跨边网络效应是双边市场区别于传统市场的最根本特征（Evans，2003），是平台运营的关键所在，因为平台的定价策略、业务策略、竞争策略和成长策略在很大程度上都依托于跨边网络效应。跨边网络效应及其形成的"鸡与蛋"动态博弈问题（Caillaud 和 Jullien，2003），意味着平台型企业针对任何一边市场用户的决策或活动都可能会对另一边市场用户产生影响，而另一边市场用户的行为反应又会反过来对前一方市场用户造成影响，如此不断循环，就会形成平台企业决策或活动在双边市场用户之间的非线性、正反馈的影响传递。由于企业社会责任强调对企业运营所产生的社会和利益相关方影响进行管理，因此跨边网络效应显著增加了平台型企业针对双边用户的影响管理难度，即进一步增强了平台型企业社会责任的复杂性。平台型企业在履行对某一方市场用户的社会责任时，需要周全地考虑对另一方市场用户承担社会责任的影响，以及可能出现的互动循环影响，避免出现严重的"责任悖论"和责任冲突。平台型企业在确定"作为独立运营主体的社会责任"和"作为商业运作平台的社会责任"的内容时，需要将双边市场用户统筹分析与界定。

4. 功能社会性

无论是基于用户类型差异区分的联络型平台、交易型平台和信息型平台（陈宏民和胥莉，2007），还是根据双方市场特点划分的市场制造型平台、需求协调型平台和受众制造型平台（Evans，2003），都说明平台的设立在某种程度上是为了解决特定社会问题、满足特定社会需求，平台的联络、交易、信息功能均表现出很强的社会性和公共性。特别是，随着平台加速互联网化，越来越多的平台承担多重社会性角色和公共性功能，准公共物品特征日趋明显，如共享单车平台、网约车平台。即使诸如淘宝网、网络订餐平台等偏重交易性和商业性功能的平台，由于其服务的对象具有广泛社会性，且服务类别涉及基本的民生领域，因此通常也被"赋予"或被认为具有一定的社会性和公共性功能。平台的社会性和公共性一方面意味着社会对平台型企业履行社会责任具有更高的期许，平台型企业需要保持更高的中立性、公平性、道德性和回应性，更应强调和重视社会价值创造；另一方面还意味着平台型企业履行社会责任的行为会受到广泛的社会关注和监督，平台型企业需要保持更高的公众透明度和更多的社会沟通，更加依赖和追求社会公众对平台的认同。

5. 边界动态性

相较于传统企业，平台型企业因为平台的高扩展性而具有更加动态的企业边界。平台从诞生到成熟的演化过程意味着平台商业生态圈的边界不断变化，而平台型企业对商业模式的调整与创新也会引致平台商业生态圈的边界调整，随之而来的则是平台型企业的组织边界呈现延展或收缩。平台商业生态圈的边界调整往往意味着生态圈中的生态位构成更加复杂多元，平台型企业的社会嵌入方式发生变化，其"作为商业运作平台的社会责任"的内容范畴也会相应变化。与此同时，按照 Davis（1960）的"责任铁律"原则，企业边界的动态调整必将引起平台型企业承担社会责任的强度发生变化，平台型企业社会责任的整体性边界将会随之"位移"。此外，由于平台经济是一种新兴经济形态，平台型企业是一种新型组织范式，社会对平台经济和平台型企业的认知处于不断深化中，相应的制度建构也处于初级阶段，对于平台经济和平台型企业的道德伦理期望和履行社会责任预期都呈现动态变化趋势，甚至在诸多问题上存在严重的社会分歧和深刻的认知反转，因此平台型企业社会责任必然随着认知深化和预期变化而动态调整，其内容范畴和行为边界也会进行匹配性重塑。

二、平台型企业社会责任内容边界的界定逻辑

平台型企业社会责任的复杂性和特殊性意味着其内容边界的界定逻辑与方法会区别于传统企业社会责任，对平台型企业社会责任内容边界的科学界定需要重新审视传统企业社会责任内容边界界定方法的适用性与局限性，厘清、构造符合平台型企业社会责任运行规律和特点的内容边界界定逻辑与方法。

1. 传统企业社会责任内容边界界定方法的再审视

传统上，企业社会责任内容边界的界定主要有三类方法：一是定义衍生法，即由对企业社会责任概念的理解推导出企业社会责任应当包含的内容，典型的包括：Carroll（1979）由"期望符合"定义企业社会责任，并以此将企业社会责任内容界定为经济责任、法律责任、伦理责任和慈善责任；Elkington（1994）由"三重底线"对企业社会责任进行理解，并依此将企业社会责任内容界定为经济底线、社会底线和环境底线；利益相关方理论将企业社会责任看作对利益相关方负责任，由此企业社会责任内容被界定为股东责任、员工责任、客户责任、政府责任、伙伴责任等；国际标准化组织（2010）将企业社会责任看作"影响管理"，据此界定企业社会责任内容为组织治理、人权、劳工实践、环境、公平运营实践、消费者问题、社区参与和发展七大主题。二是本质推导法，即由对企业本质的认知推导出企业社会责任应当包含的内容，典型的是李伟阳（2010）基于对企业本质的重新理解，推导出企业社会责任的内容包括商品和服务提供过程中的科学发展责任、卓越管理责任、科技创新责任、沟通合作责任，以及对利益相关方的底线责任和共赢责任。三是标准设定法，即选择某个元素作为企业社会责任的合意性标准，据此推导出企业社会责任的内容范畴，典型的是 Porter 和 Kramer（2006）根据战略契合度将企业社会责任内容区分为战略性企业社会责任和回应性企业社会责任，刘文彬（2006）依据企业效率演变认为企业社会责任的内容边界应当局限于法律责任和道德责任之内。

虽然目前对于企业社会责任内容边界的界定方法存在明显分歧，但总体上都属于逻辑推演方法，即基于不同逻辑起点对企业社会责任进行认知并界定相应的内容边界。这一方法提供了企业社会责任内容边界的确定逻辑、界定思路甚至基本架构，能够展示清晰的逻辑链条，具有延展性和整体感，在方法论上具有普遍适用性。但是，无论是定义衍生法，还是本质推导法，抑或是标准设定法，现有企业社会责任内容边界的界定方法都存在两个方面的突出局限性：一是隐含一个前置性假设，即企业是个体企业角色，企业与社会之间存在单层的直接嵌入关系，因此对于具有多重角色、多层嵌入的平台型企业并不完全适用。二是止步于和局限于界定企业承担社会责任的内容范畴或领域，普遍缺乏对各项内容领域承担责任的程度界限进行识别。然而，企业社会责任的基础性问题包括由谁负责、对谁负责、负责什么和负责到什么程度（周祖城，2017），清晰的企业社会责任内容边界则应当涵盖"对谁负责""负责什么"和"负责到什么程度"。显然，现有企业社会责任内容边界的界定基本上都回答了"对谁负责"和"负责什么"，但对于更进一步的"负责到什么程度"却很少考虑，因此并不完整和充分。

2. 平台型企业社会责任内容边界界定的"三层三步法"

鉴于传统企业社会责任内容边界界定方法的适用性与局限性，考虑到平台型企业社会责任的复杂性和特殊性，特别是"作为独立运营主体的社会责任""作为商业运作平台的社会责任"和"作为社会资源配置平台的社会责任"在运行逻辑上的差异性，因此需要对平台型企业的三个层次社会责任分别界定内容边界，但每个层次社会责任内容边界的界定均采用逻辑推演方法。界定的基本过程包括三个循序渐进的步骤：首先是对每个层次社会责任的运行逻辑进行挖掘，识别出每个层次社会责任内容边界界定的基本依据。其次是依据识别出来的逻辑起点，推演出每个层次社会责任的内容构架与模块，形成每个层次社会责任的内容范畴。最后是针对每个层次社会责任的内容模块，识别平台型企业应当担责的程度，两者组合构造出更加细化的内容边界。由此，就形成平台型企业社会责任内容边界界定的所谓"三层三步法"。

需要指出的是，对于担责程度，传统企业社会责任既有依据责任内容属性区分为底线责任和共赢责任（李伟阳，2010）或者底线责任和超越底线责任（周祖城，2011），亦有依据责任约束程度区分为必尽之责任、应尽之责任和愿尽之责任（李伟阳和肖红军，2008）。但实际上，它们之间并不矛盾而是具有对应关系，底线责任与必尽之责任相对应，共赢责任或超越底线责任则涵盖应尽之责任和愿尽之责任。从平台型企业每个层次社会责任的内容模块来看，底线责任之上直接采用"共赢责任"或"超越底线责任"表述过于笼统，而表达为"应尽之责任"和"愿尽之责任"则难以清晰体现企业社会责任的运行逻辑，并且"愿尽之责任"过于强调企业意愿而忽略企业基于优势的自愿性，容易产生非理性的不可持续行为。因此，对于平台型企业在各个社会责任内容模块上的担责程度识别，从低到高将采用"底线要求""合理期望"和"贡献优势"三个层级。底线要求指的是法律底线、合规底线、道德底线，包括禁止类事项和强制类事项，属于"不可为"和"不可不为"的要求范畴；合理期望指的是利益相关方和社会对平台型企业在某个社会责任内容模块的合理诉求、正当要求、理性预期，与"应尽之责任"类似，属于"全力为"的要求范畴；贡献优势指的是平台型企业在某个社会责任内容模块上拥有冗余的可动用的资源、能力和优势，而又缺乏相应的利益相关方和社会期望，企业在使命和价值观的指引下，自愿开展前瞻性的、创新性的负责任行动，发挥冗余资源、能力和优势的社会价值创造能力（肖红军，2017），产生更大范围、更高层次的社会价值和共享价值，是"愿尽之责任"中的理性部分，属于"可以为"的要求范畴。

三、平台型企业三个层次社会责任的内容边界

根据"三层三步法"，结合平台型企业社会责任的普遍运行规律和独特性，就可以分别界定"作为独立运营主体的社会责任"内容边界、"作为商业运作平台的社会责任"内容边界和"作为社会资源配置平台的社会责任"内容边界，从而整合形成平台型企业社会责任的完整内容边界。

1. "作为独立运营主体的社会责任"内容边界

平台型企业作为独立运营的个体企业组织，与传统的一般性企业具有相似性，都是直接内嵌于社会、经济功能与社会功能兼具并相互交融的社会经济组织。对于个体企业组织，虽然企业社会责任内容边界界定的逻辑起点有"期望""影响""契约"和"福利贡献"等多样化观点，但是深入透析可以发现它们在底层逻辑上都收敛于"企业功能"，即企业在经济社会中的功能定位。即使李伟阳（2010）等采用的本质推导法，由于企业本质的核心必然回归于企业在经济社会中的功能定位，因此基于这一方法的企业社会责任内容边界界定也可以认为是以企业的功能定位为逻辑起点。也就是说，功能定位是平台型企业"作为独立运营主体的社会责任"内容边界界定的逻辑起点。进一步，无论是历史视角还是现实逻辑，个体企业组织在经济社会中应然的功能定位主要包括两个方面，即提供社会所需产品和服务的核心社会功能、提供人与人（利益相关方）交往载体的衍生社会功能（李伟阳，2010）。

平台型企业的核心社会功能即提供的产品和服务是链接双方市场的"平台"，这意味着平台型企业"作为独立运营主体的社会责任"首先是要为社会创造和提供高效、有效、满意、合意的"平台"。平台提供责任的"底线要求"层级是平台开发与运营需要满足法律法规要求，不违背社会道德底线，如 Google 公司在重整成为 Alphabet 公司之前一直将"不作恶"（Don't be Evil）作为行为准则，而百度公司毫无底线的"竞价排名"则酿成了社会悲剧"魏则西事件"。平台提供责任的"合理期望"层级是平台型企业需要满足社会和利益相关方对平台功能与服务的合理性要求，通常包括平台的适用性、安全性、可靠性、便捷性、开放性、友好性和扩展性等。平台提供责任的"贡献优势"层级是平台型企业针对平台开展社会并没有预期、具有前瞻性的高阶功能与服务创新，如拓展平台的非商业性社会服务功能，典型的是手机淘宝、腾讯 QQ、百度 App、易到、饿了么等多个互联网平台都接入了国家公安部儿童失踪信息紧急发布平台，增加与拓展了儿童失踪信息发布功能。

平台型企业的衍生社会功能是为平台的双边用户、股东、员工、政府、支持性合作伙伴、同业竞争者、环保与社会组织等利益相关方和社会主体提供交往的载体，由此平台型企业"作为独立运营主体的社会责任"还应当包括企业针对利益相关方承担的责任，具体表现为有多少个利益相关方，就有多少个责任。利益相关方责任的"底线要求"层级是平台型企业对不同类型利益相关方基本权益的维护，表现为承担相应的法律义务和最基本的道德义务，前者包括作为义务（如针对用户采取信息安全措施）和不作为义务（如针对用户避免泄露隐私），后者则受到诸如诚信等社会基本道德规范的约束。利益相关方责任的"合理期望"层级是平台型企业针对不同类型利益相关方底线之上的合理的多元价值诉求予以回应，既有依托平台服务协议等显性契约予以保障，也可以通过心照不宣的心理契约等隐性契约予以满足。比如，共享单车平台对用户关于"押金"的合理期望做出回应而开启"免押金"用车模式。利益相关方责任的"贡献优势"层级是平台型企业针对不同类型利益相关方合理期望之外的诉求问题进行回应，这一诉求问题应与平台型企业密切相关，即要么是由平台型企业的决策或活动所引致的，要么是解决这一诉求问题对平台型企业具有重大意义，同时平台型企业对于解决这一诉求问题具有资源、能力优势。也就是说，平台型企业自愿贡献优势资源、能力帮助利益相关方解决这一诉求问题，能够创造更大的共享价值和更多的合作剩余，将双方潜在的互利共赢转变为现实。

2. "作为商业运作平台的社会责任"内容边界

平台型企业依托互动性交易平台形成嵌入于社会中的平台商业生态圈，因此平台型企业的社会责任不仅仅是要保证自身行为对社会负责任，而且需要确保平台商业生态圈的运行符合社会责任要求。唯有如此，平台商业生态圈才可能获得生态圈内与外部社会的双重合法性。平台商业生态圈的社会责任行为来自于所有生态圈成员的负责任行动，而生态圈成员履行社会责任除了自律机制外，生态圈内的社会责任"他治"机制十分关键。平台型企业作为平台提供商和平台管理者，在平台商业生态圈中处于关键性的中心位置（郑胜华等，2017），属于网络核心型主体，并往往成为平台领导企业，进而对生态圈成员产生相当的影响力（Cusumano 和 Gawer，2002）。平台型企业在平台商业生态圈中的影响力决定其无法按照"避风港原则"和所谓的"技术中立"规则行事，而是需要按照"责任铁律"要求和权责一致原则承担起平台治理责任，即对生态圈成员的负责任行为进行约束性规制和激励性支持。这意味着影响力是平台型企业"作为商业运作平台的社会责任"内容边界界定的逻辑起点，平台型企业承担的平台治理责任范畴和程度取决于它在平台商业生态圈中的影响对象范围和影响强度。从理论上讲，平台型企业对平台商业生态圈中能够施予影响力的成员均有行为治理之责任，但现实中受平台型企业影响最为直接的当数平台的双边市场用户，因此对平台双边市场用户负责任行为的治理责任成为平台型企业"作为商业运作平台的社会责任"最为重要和社会最为关注的内容，其边界的界定需要综合"红旗原则"和责任分担原则、责任有限原则，避免陷入边界超越和边界落差（肖红军，2017）的陷阱。

供给侧用户即卖方的行为治理责任意味着平台型企业需要通过构建"负责任"的交易互动规则与社会责任治理机制对卖方行为施加影响，促进卖方以对需求侧用户即买方负责任和对社会负责任的方式行事。卖方行为治理责任的"底线要求"层级是平台型企业在影响力范围和能力范围内必须对卖方需要承担的底线责任行为进行规制，推动卖方提供的产品和服务满足质量、安全、环保的底线要求，提供的行为过程履行对买方的底线责任和满足对社会的道德底线。淘宝平台上一度出现卖方假货劣货盛行、外卖平台上的餐饮商家提供地沟油食品、平台物流配送中的快递暴力分拣、网约车司机对客户种种侵犯权益行为、直播平台上出现主播对社会不负责任的涉黄涉暴内容，在一定程度上都是平台型企业对卖方行为治理责任在"底线要求"层级上的缺失表现。卖方行为治理责任的"合理期望"层级是平台型企业合理利用自身对卖方的影响力，通过机制构造与方式创新，尽可能地引导、支持、激励卖方对社会和利益相关方底线之上的价值诉求与合理期望予以回应，包括提供高品质高价值的产品、优质高效温馨的服务、真诚友好对待买方、增进环境友好与社会积极影响。比如，网约车平台可依据网约车司机获得的客户评价反馈等级进行优先派单设计，激励网约车司机为客户提供合理期望的高品质服务。卖方行为治理责任的"贡献优势"层级是平台型企业利用与卖方的链接关系，通过积极倡议、鼓励甚至合作促进卖方挖掘和发挥自身的潜在优势，以更加有效的方式创造更大范围的社会价值和利益相关方价值。比如，电子商务平台可以鼓励优质卖家利用其信誉口碑佳与销货能力强的优势，帮助销售贫困地区的特色产品。

需求侧用户即买方的行为治理责任要求平台型企业通过构建合意的平台接入机制与用户使用规则对买方行为施予影响，推动买方的购买与消费行为能够对社会负责任，同时能够以负责任的方式对待卖方。买方行为治理责任的"底线要求"层级是平台型企业需要以自身的影响力和能力对买方购买与消费行为的底线要求符合性进行规制，推动买方的购买与消费行为遵守法律法规，满足社会道德底线，符合对待卖方的基本规范。共享单车用户乱停乱放、故意损毁、据为己有、抢占机动车道等不负责任行为的大量出现，以及网约车客户恶意对待司机现象的经常发生，在一定程度上反映出平台型企业对买方行为治理责任在"底线要求"层级上的缺失。买方行为治理责任的"合理期望"层级是平台型企业最大限度地正面引导和激励买方实施社会所普遍期望的负责任购买和可持续消费行为，包括购买饱含社会责任感的产品（如绿色产品）、践行符合乐活（LOHAS）生活方式的消费习惯（如绿色出行）等。买方行为治理责任的"贡献优势"层级是平台型企业通过构建"用手投票"的机制，鼓励买方发挥作为真实用户的体验感知优势，甚至激励专业用户贡献隐性的专有经验与知识，积极参与平台商业生态圈的治理与完善，推动平台商业生态圈的运行和发展变得更符合社会责任要求、更可持续。比如，网络游戏平台通常可以邀请骨灰级玩家贡献他们独有的深度体验经验，积极参与游戏产品与平台的完善，特别是与社会进步方向相关的符合性改进。

3. "作为社会资源配置平台的社会责任"内容边界

平台型企业作为平台运营商，其承担的社会责任不能局限于独立运营个体的负责任行为，也不能满足于对平台商业生态圈的治理责任，而是应在更高层次上定位平台的社会功能，即不仅仅是商业性平台，而且是对包括平台场域内资源在内的社会资源聚合、整合与优化配置的平台。实际上，任何具有双边市场属性的商业平台同时也拥有社会属性，相应地就需要承担"社会公民"角色，而最有效的方式则是发挥平台的社会资源整合配置功能，更大范围撬动广泛社会主体关注金字塔底层（BOP），共同参与解决社会问题。因此，平台型企业的高阶履责突破了传统的独立自履范式、合作自履范式和价值链履责推动范式，成为社会资源整合配置平台即显性或隐性履责平台的搭建者与运营者，形成新型的平台化履责范式（肖红军，2017）。平台化履责的关键在于发挥平台型企业对平台商业生态圈成员和广泛社会主体的聚合力，催生它们各自贡献具有优势的爱心资源、要素资源、知识专长和专业能力的意愿与行动，并通过在平台上的整合形成社会价值创造合力。也就是说，聚合力是平台型企业"作为社会资源配置平台的社会责任"内容边界界定的逻辑起点，平台型企业对社会资源的聚合范围和程度决定其平台化履责的能力与范畴。由此，平台商业生态圈内的社会资源整合和商业平台延展形成社会型平台对全社会的资源聚合成为平台型企业实施平台化履责的重点。

平台型企业可以平台商业生态圈为基础，采取转化战略实施平台化履责（肖红军，2017），即重新整合与配置平台商业生态圈内的社会资源，共同参与和落实公众关注的社会问题，将平台商业生态圈打造成为解决特定社会问题的履责平台，从而通过提升平台界面内资源共享程度而增进社会价值创造水平（汪旭辉和张其林，2017）。比如，淘宝立足已有的商业交易平台界面推出淘宝卖家用户的公益宝贝计划，撬动平台内双边市场用户主动参与解决社会问题，进而扩大平台型企业内外资源的整合效应。此外，平台型企业也可以依托商业平台搭建社会型平台，聚合与配置多元社会主体共同解决社会问题，以便通过平台化资源配置模式实现更高的社会价值配置效率。比如，腾讯依靠商业平台的巨大用户流量基础，推出"腾讯乐捐"平台开展公益项目筹集与募捐项目，撬动多元社会主体参与到救灾、扶贫、疾病救助、教育等社会问题的解决中，实现乘数效应甚至指数效应，从而形成超越平台商业生态圈的社会责任生态圈。进一步，无论何种形式，平台化履责的"底线要求"层级是平台型企业必须合法合规、规范性地操作，严格遵循特定社会问题相关的法律法规，高标准、严要求地确保符合社会活动运作规范的要求，坚决反对和禁止"以公益之名谋个人之私"的伪社会责任行为。平台化履责的"合理期望"层级是平台型企业需要回应社会公众和参与各方对高度社会化履责平台运作的关注，包括透明运营、可持续发展机制、更优的运作效率、更高的解决社会问题水平、更大范围的社会参与。平台化履责的"贡献优势"层级是平台型企业基于相对优势的分工原则，最大限度地激发多元社会主体针对特定社会问题的优势潜能，同时科学定位履责平台的功能优势，与社会上其他履责平台开展充分合作，最大限度地发挥履责平台现实的和潜在的相对优势，最大化对解决社会问题和增进社会福利的贡献。

4. 平台型企业社会责任的全景内容边界

综合平台型企业三个层次社会责任的内容边界界定，平台型企业社会责任的全景式内容边界如表 5 - 1 所示。

表 5 - 1　平台型企业社会责任的完整内容边界

责任名称	责任层次	逻辑起点	内容模块	担责程度		
				底线要求层级	合理期望层级	贡献优势层级
平台型企业社会责任	作为独立运营主体的社会责任	功能定位	平台提供责任	平台开发与运营需要满足法律法规要求，不违背社会道德底线	平台的适用性、安全性、可靠性、便捷性、开放性、友好性和扩展性等	针对平台开展社会并没有预期、具有前瞻性的高阶功能与服务创新
			利益相关方责任	对利益相关方承担相应的法律义务和最基本的道德义务	针对不同类型利益相关方底线之上的合理的多元价值诉求予以回应	针对不同类型利益相关方合理期望之外的诉求问题进行回应
	作为商业运作平台的社会责任	影响力	平台治理责任（卖方行为治理责任）	对卖方需要承担的底线责任行为进行规制	推动卖方提供高品质高价值的产品、优质高效温馨的服务，真诚友好对待买方，增进环境友好与社会积极影响	促进卖方挖掘和发挥潜在优势，以更加有效的方式创造更大范围的社会价值和利益相关方价值
			平台治理责任（买方行为治理责任）	对买方购买与消费行为的底线要求符合性进行规制	引导和激励买方实施社会所普遍期望的负责任购买和可持续消费行为	鼓励买方发挥作为真实用户的体验感知优势，积极参与平台商业生态圈的治理与完善

责任名称	责任层次	逻辑起点	内容模块	担责程度		
				底线要求层级	合理期望层级	贡献优势层级
平台型企业社会责任	作为社会资源配置平台的社会责任	聚合力	平台化履责（平台商业生态圈内的社会资源整合） 平台化履责（对全社会资源的聚合配置）	合法合规、规范性地操作	履责平台的透明运营、可持续发展机制、更优的运作效率、更高的解决社会问题水平、更大范围的社会参与	最大限度地激发多元社会主体针对特定社会问题的优势潜能、最大限度地发挥履责平台现实的和潜在的相对优势

第二节　治理错位与失效：社会责任传统治理范式与平台情境的冲突

由于对社会负责任和违背社会责任两种行为倾向往往共存于企业内部（Krishnan 和 Kozhikode，2015），现实中的企业经常以"负责"和"失责"的双重方式运转，有时甚至交替出现（Strike 等，2006；Kotchen 和 Moon，2012），因此企业社会责任治理的核心就是要最大限度地触发企业对社会负责任的行为偏好，同时最大限度地抑制企业违背社会责任的行为倾向。基于这两种思路，在传统的个体语境和群体语境下，现实中涌现出主体多元、形式多样、机制多变的多种企业社会责任治理范式，并依据治理机理和治理方式的差异，可以归结为点对点的原子式社会责任治理、传导式的线性化社会责任治理和联动型的集群式社会责任治理三种范式。然而，随着平台经济的不断兴起和快速发展，这些传统的企业社会责任治理范式被移植到平台情境时，效果却不尽如人意，表现出明显的错配和失灵。

一、点对点的原子式社会责任治理

原子式社会责任治理是最为普遍和最为基础的社会责任治理形式，是施体组织对受体组织的行为合乎社会责任性进行直接干预的治理范式，既包括对受体组织负责任行为的激励支持，也涵盖对受体组织失责行为的监督规制。原子式社会责任治理本质上是一种单边治理方式，表现为施体组织对受体组织的点对点治理，并在社会整体域中形成多个点状星型图式的治理布局。

1. 原子式社会责任治理的深层机理

原子式社会责任治理隐性地假设"企业—政府—社会"动态关系系统（Steiner 和 Steiner，1980）和"市场—国家—公民社会"三元社会模式的存在，相应地，企业社会责任就是"企业—政府—公民社会"三元互动演化的结果。虽然互动演化刻画出三者之间的相互关系，但在治理层面上仍然表现为点对点的原子式单向关系，即企业社会责任治理显性化为企业自身的"个体自治"、政府—企业的"政府治理"（阳镇和许英杰，2017）和公民社会—企业的"社会治理"（杨春方，2012）三种形式。

"个体自治"是一种特殊的原子式社会责任治理形式，其施体组织和受体组织都是企业自身，表现为企业个体自我行动、自我规制和自我管理，形如一个原子在自我运动。"个体自治"潜在地承认企业社会责任的承担主体是企业，自我驱动和使能（Enable）因素才是企业践诺社会责任的关键。"个体自治"强调企业培育自身履行社会责任的动力机制，对企业社会责任的合法性和正当性形成心理认同，既包括企业伦理与道德力量的觉醒与对利益相关方关系的重新定位（李伟阳和肖红军，2011），也允许企业秉承适当的社会责任工具理性动机（Quinn 和 Jones，1995；Jones，1995）。"个体自治"的核心是企业构建合意的社会责任管理机制，推动企业向融合私营部门和公共部门双重运行逻辑的共益企业（Hiller，2013）转型，以便通过全员参与、全方位覆盖、全过程融合的方式实现社会责任的认知性嵌入和制度性嵌入、议题嵌入和管理嵌入，并防止"社会脱嵌"（肖红军和阳镇，2018），既保证根治"失责"行为倾向，又最大限度地增进"负责"运营实践。

"政府治理"是一种在世界各国广泛运用的原子式社会责任治理形式，其施体组织是政府部门，受体组织则是企业个体，反映出政府对企业的影响力和政府的公共管理职能。"政府治理"意味着企业社会责任不再是单纯的私域活动，其内含的"主题"或"聚焦领域"很多都具有公域性质（Lozano 等，2008），需要政府直接或间接地介入。"政府治理"要求政府以"元治理者"的身份（冯道军，2014）推动企业形成合意的"个体自治"，方式则包括支持与增进意识、激励促进、合作、强制性要求（Fox 等，2002），既有政府作为管理者采取的自上而下的"命令与控制"模式的社会责任治理策略，也有政府作为支持者和促进者实施的增进企业自愿或自治的社会责任治理策略，还有政府作为合作伙伴采用的"参与式"社会责任治理策略（Ho，2010）。"政府治理"虽然在社会责任政策规制上涵盖所有企业或某个域内企业，但在规制的具体操作上仍然是政府部门针对特定企业，表现为点对点的治理形式（见图 5 - 1）。

"社会治理"是企业社会责任治理的"中间道路"或"第三条道路"（杨春方，2012），在公民社会发展比较成熟的国家属于主流性的原子式社会责任治理方式，而在公民社会相对落后的国家则是补充性的原子式社会责任治理形式。"社会治理"的施体组织是形形色色的非政府组织和其他公民社会组织，受体组织则是企业个体，表现为公民社会组织对企业个体的期望机制、压力机制和促进机制。"社会治理"意涵企业社会责任的"社会化"（杨春方，2012），非政府组织和其他公民社会组织有必要、有能力对企业个体履行社会责任产生影响或发挥作用。"社会治理"在方式上既有公民社会组织作为履责倡议者、标准制定者对普遍性企业的社会责任概念性治理，又有公民社会组织作为合作实施者、履责监督者对特定企业的社会责任操作性治理。尽管如此，"社会治理"的具体落地往往都是某个非政府组织或其他公民社会组织针对特定企业施予影响性行动，也呈现出点对点的社会责任治理形式（见图 5−1）。

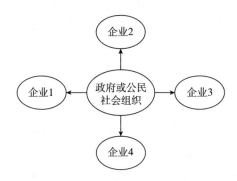

图 5−1　点对点的原子式社会责任治理

2. 原子式社会责任治理在平台情境下的不适应性

相对企业的"个体自治"，"政府治理"和"社会治理"都属于企业社会责任"他治"行为，它们在个体语境下本身出现的诸多缺陷之于平台经济情境进一步放大，主要包括：一是信息不对称加剧，企业社会责任的"他治"难度陡然攀升。"他治"对于企业而言是一种外生性治理，即使在个体语境下，企业的大量行为都具有内隐性和不可观测性，政府和公民社会组织对企业个体的社会责任治理面临信息不对称难题。平台型企业和平台商业生态圈无论是构造系统还是运行方式，复杂度较传统的企业个体都呈现指数级的增长，外部治理主体对平台型企业和平台商业生态圈的社会责任直接治理将面临更大的信息不对称困境。二是边界动态性加剧，点对点的反应式"他治"无法有效应对。"政府治理"和"社会治理"虽然都有多样化的方式，但针对新经济领域的社会责任治理多数都属于事后性的反应式治理，特别是对特定企业社会责任缺失事件发生后或苗头显现后的点对点治理。从平台商业生态圈来看，平台的自组织、自增强（徐晋，2013）和高度开放性特征导致平台商业生态圈的成长边界经常处于动态变化中，尤其是推陈出新和频繁迭代的商业模式调整加快生态圈成员类型与地位的变更。动态复杂的生态圈成员及其跨越时空的互动行为意味着"政府治理"和"社会治理"的对象与边界都难以准确"定格"，点对点的反应式社会责任"他治"必然会变得疲于应对甚至效果尽失。三是网络复杂性加剧，科层命令式与外部压力式"他治"效率堪忧。平台商业生态圈既包含同边市场网络，又包含跨边市场网络，既有线上虚拟网络，又有线下实体网络，还有线上线下一体化网络，网络化运作多元性、复杂性倍增。适用于传统情境的科层制、权威化、命令式的"政府治理"和弱联结、直接化、施压式的"社会治理"在复杂网络化运营情境下都显得"水土不服"，企业社会责任治理能力、治理效率、治理成本面临巨大挑战。正因如此，传统的单边治理范式不能简单移植到平台情境（汪旭辉和张其林，2015），原子式的社会责任"他治"模式难以匹配平台商业生态圈的治理需要。

"个体自治"依靠企业主体的自主、自觉、自悟和自力，属于自发式的社会责任自我规制与自我追求，它在理论上属于一种终极的理想治理范式，但在实践中却面临多重"悖论"与挑战，平台经济情境下的社会责任治理更是遭遇诸多挫折，具体包括：一是"赢"的主导性竞争思维促使平台商业生态圈成员完全聚焦于商业逻辑而忽视社会逻辑，社会责任"个体自治"缺乏内生动力。平台情境下的网络自增强效应和"赢者通吃"（Winner - Take - All）规律（Arthur，1989）推动"尽快长大"战略（Get - Big - Fast）成为普遍性做法（Lee 等，2016），加之来自平台内和平台间的激烈竞争，平台型企业关注的核心在于如何"赢"而无暇顾及平台商业生态圈行为的合乎社会责任性，很难自我内生出追求社会责任的动力。同时，由于买家个性化需求接入到平台并转变为大众需求后（傅瑜等，2014），平台商业生态圈将不得不放低门槛而使众多卖家进入满足市场需求（汪旭辉和张其林，2016），结果是生态圈成员参差不齐甚至鱼龙混杂，并深受逐利主义的机会主义倾向影响，难以保证按照对社会负责任的要求行事。二是平台的准公共物品特征引致个体理性的集体行动非理性效应，社会责任"个体自治"难以奏效。平台功能的日益社会化和公共化意味着平台生态圈成员的个体理性行为很可能会导致公地悲剧、囚徒困境、集体行动逻辑困境的出现，基于个体理性的社会责任"个体自治"未必能带来平台商业生态圈的集体性对社会负责任，也未必能实现真正地对社会负责任。三是资本控制甚至资本绑架催生平台的过度"资本思维"，社会责任"个体自治"容易被资本推手所抛弃。大量资本对平台经济的蜂拥而入致使平台行为的背后都有资本的影子，资本的逐利性对平台商业生态圈的规则构建和运行逻辑均产生深刻影响，过度"资本思维"之下很难自动实现社会责任的"个体自治"。

二、传导式的线性化社会责任治理

企业履行社会责任的实践和行为会受到其在价值链中的分工地位影响（Lo，2013；Lee 等，2014；Schmidt 等，2017）。线性化社会责任治理是以价值链垂直分工为基础，以广义供应链为载体，依托供应链各节点企业之间环环相扣的链式关系，由某一节点企业发起或驱动，前一环节对后一环节行为的合乎社会责任性或相反的顺序进行治理，并沿着链条依次传导形成线性化的治理结构。这意味着虽然线性化社会责任治理在理论上存在于任何具有链式关系的构造系统中，但现实中以供应链社会责任治理为主要形式，并反映于供应链社会责任治理的基本规律中，属于供应链群体语境下的社会责任治理范式。

1. 线性化社会责任治理的深层机理

线性化社会责任治理出现的价值性与正当性在于供应链构造系统中节点企业之间存在"一荣俱荣，一损俱损"甚至"唇亡齿寒"的关系。企业社会责任风险会依附于产品、资金、制度、声誉、信息、技术、事件和人员等载体沿着供应链进行传导（Faisal，2010），供应链社会责任所展现的"木桶效应"（李金华，2015）将会放大节点企业社会责任问题对供应链的危害性，典型案例是"血汗工厂""三聚氰胺""瘦肉精""苏丹红""染色馒头"等发端于上游供应商的企业社会责任缺失事件对整个供应链产生了巨大伤害。与此同时，供应链企业社会责任具有溢出效应，任何节点企业履行社会责任的积极行为对整个供应链企业都可能产生增益（Hsueh 和 Chang，2008）。线性化社会责任治理的基础在于价值链垂直分工形成序贯环节之间的纵向约束（Vertical Constraint），供应链相邻节点企业间的直接依赖关系使线性化社会责任治理成为可能。

线性化社会责任治理通常由供应链核心企业发起，利用上下游企业之间的价值链关系，逐级驱动节点企业进行社会责任认知传输、履责资源的关系协调与社会责任知识的转移（李维安等，2016），属于价值链的领导型治理（郝斌和任浩，2011）。根据供应链成员之间的连接形态不同，线性化社会责任治理可以划分为单链式、树权式和多链式三种结构（李维安等，2016），如图 5-2 所示。由于树权式治理结构和多链式治理结构都是由单链式治理复合而成，因此线性社会责任治理的"原型"与基本单元是单链式治理。单链式社会责任治理既包括由核心企业驱动的、针对上游企业"逆链而上"的社会责任逐级治理，形成核心企业对一级供应商的社会责任治理、一级供应商对二级供应商的社会责任治理，如此依次推进，最终生成环环相扣的上游企业社会责任线性化治理；又包括由核心企业发起的、针对下游企业"顺链而下"的社会责任依序治理，呈现为核心企业对分销商的社会责任治理、分销商对零售商的社会责任治理，以及不同层级分销商之间的社会责任治理，最终形成层层传递的下游企业社会责任线性化治理。无论是"逆链而上"还是"顺链而下"，单链式社会责任治理的构造都具有全链条的"可追溯性"。

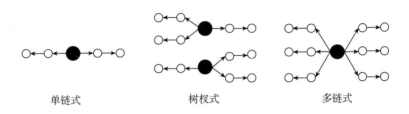

单链式　　　　　　树杈式　　　　　　多链式

图5-2　线性化社会责任治理的三种结构

线性化社会责任治理的核心聚焦于三个方面：协调供应链成员的目标冲突，既包括成员自身对经济价值与社会价值追求的冲突协调，又包括不同层级节点企业相互之间在利益目标和责任目标上的冲突协调；抑制供应链成员的机会主义，即消除不同层级节点企业违背社会责任的侥幸心理与行为倾向；增进供应链成员的积极行动，即支持不同层级节点企业最大限度创造积极的共享价值。基于此，线性化社会责任治理在传统的供应链治理机制即利益分享机制和关系协调机制（李维安等，2016）基础上，进一步发展形成责任契约机制、责任激励机制、责任赋能机制和责任监督机制，具有双边治理特点。责任契约机制是供应链上相邻节点企业通过显性的合同契约形式，约定双方需要遵守的负责任行为准则。责任激励机制是依据节点企业的社会责任表现进行正向或负向的经济激励，因为收益共享可以规避节点企业履行社会责任的成本与收益不匹配问题（Hsueh，2014）。责任赋能机制是通过多种方式增强节点企业履行社会责任的能力与水平，比如建立伙伴对话关系能够提升供应商的社会责任表现（Van Tulder等，2009）。责任监督机制是前一级节点企业对下一级节点企业履行社会责任的行为表现进行直接监督，典型的方式是企业社会责任审验。

2. 线性化社会责任治理在平台情境下的不适应性

线性化社会责任治理在形式上看似与价值链垂直分工高度匹配，但其固有"魔咒"和天然不足导致现实应用中经常出现种种问题，而复杂的平台情境进一步对线性化社会责任治理形成强烈冲击，主要表现为：一是平台商业生态圈成员的非线性化交互关系（肖红军，2015；辛杰和李丹丹，2016）严重动摇了线性化社会责任治理的根基，即传统单向度的线性化影响关系在平台情境中受到颠覆。线性价值链及其衍生的序贯"影响"传递是线性化社会责任治理得以存在的前置性条件，但平台的同边网络效应和跨边网络效应使双边市场用户形成相互交织、相互嵌套、相互耦合的复杂关系，而平台商业生态圈中其他参与主体与平台型企业、双边市场用户之间也都呈现出动态非线性的共生共演关系，因此线性化社会责任治理在非线性的平台情境中难以奏效。二是类科层制模式容易导致线性化社会责任治理的刚性低效，难以契合平台商业生态圈成员关系的民主化和去权威化需要。线性化社会责任治理从核心企业出发，"逆链而上"或"顺链而下"由上一层级企业通过责任契约、责任激励、责任赋能和责任监督向下一层级企业进行社会责任治理，并且上一层级企业对下一层级企业往往具有不同程度的约束影响和权威效应，从而形成具有隐性等级的类科层制治理结构。类科层制模式通常表现出科层制治理所固有的刚性和反应迟滞特征，特别是权威式的、强迫式的控制机制无法有效防止受治企业违背责任契约的机会主义（吴定玉，2013），社会责任"伪合作模式"或"被迫合作模式"会导致全供应链视角的线性化社会责任治理效率低下或无效。进一步，平台商业生态圈中的高度扁平化和去等级化结构，意味着生态圈成员之间更加强调民主化和去权威化，相应地，线性化社会责任治理的类科层制模式难以适应平台情境要求。三是链式社会责任传导容易出现错位与失真，线性化社会责任治理的衰减效应甚至链条断裂现象经常发生。供应链上核心企业之外的节点企业，其相对下一级节点企业的优势地位和影响力可能远不如核心企业，结果是其对下一级节点企业的社会责任治理难以有效实现。以"核心企业为主导"的线性化社会责任治理，经过多层次的传递通常容易发生信息失真，形成贡献与收益的错位、监督与治理的错位、目标与内容的错位，出现执行损耗、结构损耗、驱动损耗与预期损耗（吴定玉，2013），从而使供应链整体的社会责任治理不能尽如人意，甚至导致难以预料的"蝴蝶效应"发生。

三、联动型的集群式社会责任治理

集群式社会责任治理是具有一定产业关联、拥有共同特征的企业联合行动、相互合作、共同监督地推进企业社会责任，形成集体性、群体式的社会责任联动型治理范式。与线性化社会责任治理主要产生于价值链垂直分工形成的纵向约束关系不同，集群式社会责任治理往往发生于产业集群情境或横向价值链中，前者是根植于共同地理空间（地理位置接近）的企业采取社会责任联合建设模式，形成"产业集群社会责任共建联盟"（张丹宁和刘永刚，2017），后者则是具有横向竞争性互惠共生关系（组织行为接近）的同业企业采取"抱团"方式合作开展社会责任建设，形成行业性社会责任建设联盟。

1. 集群式社会责任治理的深层机理

集群式社会责任治理的前提是处于产业集群或横向价值链中的企业具有非线性的产业关联关系，它们以某种经济行为或社会关系进行联结，通过互动可以产生协同效应，而"套带"（Entangling Strings）关系（Macneil，1985）使单个企业的力量会在企业边界之外受到削弱，个体目标的实现高度依赖于产业集群或行业整体的健康发展。一方面，由于产业集群或横向价值链中存在"一荣俱荣，一损俱损"和"覆巢之下，焉有完卵"的双重效应，因此作为"害群之马"的某一企业发生严重社会责任缺失事件可能导致整个产业集群或全行业的社会形象受损甚至崩塌，随之而来的必将是处于其中的其他企业利益受损或行为的合乎社会责任性遭受质疑。比如，"莆田系"和"晋江造"一度成为制假造假的代名词，处于当地产业集群中的企业往往都被冠以不负责任的标签。另一方面，由于产业集群中存在"网络黏性"和"网络共振性"（张丹宁和唐晓华，2013）、横向价值链具有社会学习特点，因此企业社会责任缺失或伪社会责任行为的"涟漪效应"（Ripple Effect）（肖红军等，2013）在产业集群或横向价值链中更为显著，某一企业的不负责任行为对于产业集群或横向价值链其他企业容易诱发"羊群行为"，导致产业集群或横向价值链的集体性社会责任缺失。正因如此，集群式社会责任治理的必要性和价值性才得以彰显。集群式社会责任治理之所以能够实现，是因为产业集群或横向价值链中某一企业具有直接或间接对其他企业施加影响的能力，交互影响使正协同形成"社会促进效应"（Social Facilitation Effect），负协同则会产生"社会惰化"（Social Loafing）（张聪群，2008）。

集群式社会责任治理是一种在企业社会责任行为上的联合治理（Cooke，2002）范式，核心内容是产业集群或横向价值链中的企业以联合的方式，采取一致行动推进企业社会责任行为约束和增进，既保证每一个成员企业的行为合乎社会责任要求，又最大限度地发挥正协同的"社会促进效应"。集群式社会责任治理往往以企业社会责任建设联盟为载体，既可以是由企业自发发起并为核心的"自主性社会责任联盟"，也可以是由政府或中间组织发起的"参与式社会责任联盟"。无论何种联盟，集群式社会责任治理的关键是产业集群或横向价值链企业共同制定与遵从统一的社会责任行为规则、共享与互动增进社会责任知识和能力、共商与联合开展解决特定社会问题行动、共建与协作维护联盟的负责任社会形象（见图5-3）。集群式社会责任治理对外展现为显性化的一致性行动者，成为遵守"宏观社会契约"的集体"标签"，而对内则是成员企业之间在履行社会责任上相互约束监督和诱导促进，推动所有成员企业的行为实践符合共同达成的"微观社会契约"（张丹宁和唐晓华，2013）。成员企业履责的频繁互动和共同行动将会编织形成联动型的"社会责任网络"（张丹宁和唐晓华，2012），而"社会责任网络"反过来会对成员企业履责产生强大的"外部压力"和提供有力的"外部支持"。基于此，集群式社会责任治理的主要机制是在社会责任建设联盟或"社会责任网络"中构建限制性进入机制、联合制裁机制、声誉管理机制、决策与利益共享机制（吴定玉等，2017），保证成员企业有意愿、有能力、有行动和有成效地联合履行社会责任，实现企业社会责任的集中治理。

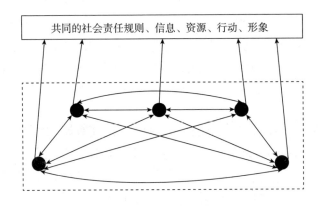

共同的社会责任规则、信息、资源、行动、形象

图5-3 联动型的集群式社会责任治理

2. 集群式社会责任治理在平台情境下的不适应性

集群式社会责任治理推动社会责任治理方式由分散走向集中、由纵向约束走向横向互动，对于产业集群或横向价值链而言不失为一种合意的治理范式，但在复杂的平台情境下却面临多重困惑，表现出明显的不适应性：一是庞杂分散的平台商业生态圈成员构成导致难以形成协同一致的社会责任建设联盟，集群式社会责任治理在平台情境下缺乏有效的载体。无论是卖方还是买方，平台的双边用户往往都是数量巨大、类型多样、分布广泛、小微居多，地理空间的分散性和交易的虚拟性使卖方之间、买方之间缺乏实质性的可感知的联结，卖方对卖方、买方对买方的行为不可察觉性增强，卖方之间、买方之间的相互影响力减弱，相互监督难度增加，难以在卖方或买方形成真正意义的社会责任建设联盟，集群式社会责任治理无法有效实施。二是马太效应导致平台卖家之间的竞争强度较传统情境激增，卖家之间的高"竞争倾向性"和低"合作倾向性"使集群式社会责任治理缺乏必要的条件。即使是水平产业集群和横向价值链以"抱团取暖"（张丹宁和刘永刚，2017）的方式构建社会责任建设联盟，也是成员企业在特定时期具有超越一定阈值的"合作倾向性"的联盟。在平台情境下，阿基米德算法是平台

的最基本算法，"强者愈强，弱者愈弱"的马太效应是卖方市场的基本规律，卖家之间对"强者"地位的争夺将引发强烈的竞争导向，难以形成实质性的合作意愿和协调一致的行动，社会责任建设联盟很难实现，随之而来的是集群式社会责任治理在卖方市场无法奏效。三是集体行动的"搭便车"问题（Olson，1965）在平台商业生态圈中更加易于触发，平台情境下集群式社会责任治理的缺陷会被放大而失效。企业社会责任声誉的溢出效应（费显政等，2010）和准公共物品特点，导致在产业集群和横向价值链的社会责任集体行动中容易出现"搭便车"现象，集群式社会责任治理可能无法真正实现联动，治理效果将大打折扣。平台的共享性意味着企业社会责任声誉的溢出效应在平台商业生态圈中更加显著，采用集群式社会责任治理将极易引发少数甚至多数卖家和买家在平台商业生态圈的社会责任共同建设中"搭便车"，结果是个体层面、群体层面和平台层面的社会责任治理都无法有效实现。

第三节　生态化治理：平台型企业社会责任治理的新范式

点对点的原子式社会责任治理、传导式的线性化社会责任治理和联动型的集群式社会责任治理等社会责任传统治理范式都无法完全适用于平台情境，传统治理范式在平台商业生态圈中的移植性应用并没能有效阻止平台型企业社会责任在多个层次上的缺失和异化。面对平台情境下日益严重和频繁发生的社会责任违背现象，平台型企业亟须走出社会责任传统治理范式的情境锁定和思维禁锢，搜寻和创造针对具有多层次性的平台型企业社会责任的新治理范式。生态化治理作为一种与平台商业生态圈高度契合的治理范式，对于系统解决平台型企业社会责任缺失和异化的多层次性与嵌套性问题具有合意性，正在逐渐成为平台型企业社会责任治理的新构想和新选择。

一、平台情境呼唤社会责任生态化治理

不同于传统的纯粹个体语境、产业集群或横向价值链的群体语境，平台情境最核心的特征是生态圈语境，即高度复杂的平台商业生态圈。平台商业生态圈不再是简单的或普通的群体聚集和联合，而是具有类似自然生态系统特征的整体系统，其构造与运行相对产业集群或横向价值链复杂得多。生态圈语境意味着平台情境下社会责任治理需要超越传统的治理范式，选择与采用更加适宜的生态化治理范式。

1. 生态化治理是社会责任治理范式的重大创新

"生态化"（Ecological）一词最早由苏联学者提出，意指将生态学的基本原

理渗透与应用到人类的生产与实践行为中，根据自然与社会的和谐共生的关系思维、系统思维、整体思维、和合思维去思考与解释在生产与生活中所遇到的现实问题（欧阳志远，1994）。基于此，生态化治理就是对具有类似自然生态系统特征的事物，根据生态系统的构造原理与运行规律，以生态学中的整体系统观、平衡和谐观和可持续发展观为指引，运用类似生态系统实现健康可持续发展的方式与手段，对事物在发展与运行中所出现的问题进行审视、分析和治理。社会责任生态化治理是生态化治理理念与方法在社会责任领域的深度应用和二次创新，是在具有类似自然生态系统特征的对象中，运用生态学的基本原理和方法对其社会责任问题进行治理。社会责任生态化治理从构建和谐、健康、负责任、可持续发展的商业生态系统或子系统角度出发，强调系统构成主体、要素之间的生态联结关系，推动它们之间进行持续性互动共演、互惠共生、互治共荣。社会责任生态化治理本质上是一种内生型、整体性与可持续的全过程治理范式（杨雪冬，2017），是对原子式、线性化和集群式等社会责任传统治理范式的超越。

社会责任生态化治理的前提是商业生态系统的成员之间呈现非对称性互惠共生或对称性互惠共生关系。一方面，互惠共生意味着成员之间相互依存、相互关联、"群己合一"、共同演化，成员的健康发展必须以整个商业生态系统的健康发展为前提和基础，商业生态系统的"大我"之后才有成员自身的"小我"（辛杰和李丹丹，2016），因此所有成员能够内生出以自身的社会责任行为和协同的社会责任行动共同增进整个商业生态系统对社会负责任的意愿，最大限度地促进整个商业生态系统的健康可持续发展。另一方面，互惠共生也意味着企业社会责任缺失现象或异化行为在商业生态系统中具有生态"传染性"，种内和种间的交叉传染与复杂非线性作用将导致整个商业生态系统陷入"恶性循坏"式的社会责任缺失"病态"中，结果必然是商业生态系统的崩塌。而且，互惠共生的另一层意义是成员之间的风险共担，某一成员的社会责任缺失或异化行为引致的整个商业生态系统"受损"最终将由所有成员共同"买单"，因此社会责任生态化治理在商业生态系统中有其价值性和必要性。社会责任生态化治理强调商业生态系统某一层次上和多个层次之间的社会责任互动，突出不同生态位之间、系统个体成员之间、成员与环境之间的社会责任互动，通过功能耦合、复杂嵌套、共同演化而形成社会责任"超系统"（辛杰和李丹丹，2016），实现商业生态系统的一体化、系统性社会责任治理，而不再停留于原子式、线性化和集群式等社会责任传统治理范式所强调的单体组织、价值链或群体层次治理。社会责任生态化治理使商业生态系统最大限度地呈现出社会责任共同治理（Spence，1999）格局，既有多元主体的社会责任交互控制与协同行动，又有垂直、水平、斜向等多向度的社会责任互动与共同卷入（Involved），还有系统与环境之间的社会责任互促与共同演进，可以说是实现了真正意义上的社会责任共同治理，这显然也是对原子式、线性化和集群式等社会责任传统治理范式的超越。

2. 社会责任生态化治理是平台情境的应然要求

平台情境的核心是以平台为媒介（Platform - mediated），将具有互补需求、不同功能的群体链接形成生态网络，并通过与环境的交互生成具有共生、互生和再生特点的生态系统，即平台商业生态圈。成员的异质性、关系的嵌入性和互惠性是平台商业生态圈的关键特征（谢佩洪等，2017），它强调成员企业利用共享平台的价值共创（Maekinen 等，2014）和围绕共享平台的生态共建，将价值创造和获取的范围由以往的双边伙伴情境和产业情境拓展至生态系统层次（龚丽敏和江诗松，2016），价值创造方式则从基于长关联技术的价值链模式转向基于中介技术的价值网络型（Eisenmann 等，2011）。平台商业生态圈中存在的同边网络效应、跨边网络效应和网络自增强（Self - reinforcing）效应（Chen 和 Xie，2007）表明成员之间相互交织、相互嵌套、相互耦合，形成动态非线性的共生共演关系网络，属于构造复杂的高阶商业生态系统。平台商业生态圈的显著生态系统特征和价值创造规律既为社会责任生态化治理范式的应用提供了场域基础，也对平台情境下实施社会责任生态化治理提出了应然要求。

平台情境的特殊性在于平台的功能作用和平台型企业的角色扮演，随之而来的是平台商业生态圈的社会责任表现高度依赖于甚至在很大程度上嵌套于平台型企业社会责任的治理。平台型企业社会责任的关系多层性、主体多元性、影响跨边性、功能社会性和边界动态性，不仅决定平台型企业社会责任的治理内容具有多层次性、嵌套性和跨层互动性，而且意味着平台型企业社会责任容易出现内生型的异化传染效应与整体扩散风险。从前者来看，平台型企业"作为独立运营主体的社会责任""作为商业运作平台的社会责任"和"作为社会资源配置平台的社会责任"三个层次虽然拥有差异化的运行逻辑和内容边界，但它们之间并非相互割裂、相互独立和相互分离，而是相互联系、相互影响和相互嵌入。正因如此，现实中平台型企业社会责任的缺失现象与异化行为同样表现出多层次性和跨层次性，既有以百度"魏则西事件"为代表的平台型企业作为独立运营主体的第Ⅰ层次的社会责任行为异化，以及以"快手"平台内主播涉黄、淘宝平台的假货盛行与虚假好评为代表的作为商业运作平台的第Ⅱ层次的社会责任行为异化，又有以滴滴打车平台"空姐深夜打车遇害事件""乐清女孩滴滴打车遇害事件"为代表的平台型企业作为独立运营主体的第Ⅰ层次与作为商业运作平台的第Ⅱ层次混合嵌套型的社会责任行为异化。从后者来看，平台商业生态圈的运行依托于多种形态互利共生的生态网络，它们快速迭代与动态复杂，结果是生态圈某一成员的社会责任缺失和异化事件不再是简单的线性或群体传导，而是沿着不同层级的生态网络进行传染与扩散，形成复杂的网络传染效应和系统的整体扩散风险，产生巨大的负外部性，对平台型企业、平台商业生态圈整体的社会责任绩效与形象带来严重伤害（汪旭辉和张其林，2017）。平台型企业社会责任"牵一发而动全身"的高发性和复杂嵌套的生态网络性意味着，其治理不仅仅需要关注成员节点自身的社会责任、节点与节点之间的社会责任互动和协同（辛杰，2015），而且需要从整个生态层面寻找系统性、整体性的社会责任治理方式。显然，生态化治理与平台型企业社会责任的治理需求具有高度契合性。

二、平台型企业社会责任生态化治理的范式解构

平台型企业社会责任的生态化治理是要通过所有成员和参与主体的共商、共建、共享、共治与共生，将整个平台商业生态圈打造成社会责任共同体，对外显现为对社会负责任的平台型企业和健康共益的商业生态系统。基于此，平台型企业社会责任的生态化治理需要整合平台商业生态圈的运作规律和社会责任治理的基本原理，从微观、中观甚至宏观视角全方位地构建形成具有合意性的新范式。

1. 分层次治理与跨层次治理

平台型企业社会责任的生态化治理要求全方位地覆盖社会责任边界范畴内的所有内容，但由于平台型企业社会责任的三个层次存在责任逻辑、责任向度、责任性质和责任载体的差异，进而不同层次社会责任的治理受体、治理主体、治理力量和治理方式也有明显差别，因此生态化治理的有效实现需要采取分层次治理与跨层次治理相结合的方式。

平台型企业社会责任的第Ⅰ层次即"作为独立运营主体的社会责任"，其缺失或异化的行动者是平台型企业，相应的社会责任治理受体自然也就是平台型企业自身。由于平台型企业在平台商业生态圈中是网络核心型主体和平台领导企业，因此针对第Ⅰ层次的平台提供责任和利益相关方责任需要引入外部性治理主体即政府部门，治理的参与力量和协同力量应当涵盖平台的双边用户、对平台型企业能够施加重要影响的关键利益相关方和公民社会组织，而治理方式则应当构建政府部门、双边用户、关键利益相关方和公民社会组织的联动治理机制，形成强联结或弱联结的监督网络。平台型企业社会责任的第Ⅱ层次即"作为商业运作平台的社会责任"，其缺失或异化的直接行动者是卖方或买方，由此卖方或买方是社会责任治理受体。鉴于平台型企业对卖方或买方依托平台开展的行为具有重要影响，因此平台型企业是针对第Ⅱ层次的卖方行为治理责任和买方行为治理责任的治理主体。治理的参与力量和协同力量是对卖方或买方行为具有影响的生态

圈成员或生态网络节点，包括同边用户、跨边用户、价值链成员、重要利益相关方、政府部门和公民社会组织，其中政府部门因为平台的社会性和类公共产品而成为重要的治理力量。治理方式是依托平台商业生态圈的构造原理和运作规律，由平台型企业实施全过程治理和推动参与协同力量的跨生态位治理，形成社会责任治理的生态圈。平台型企业社会责任的第Ⅲ层次即"作为社会资源配置平台的社会责任"，其治理的核心是要诱发平台型企业、生态圈成员、多元社会主体聚集于平台上参与解决社会问题的意愿和行动，同时保证行为的合规性与操作的规范性。一方面，平台型企业可以是第Ⅲ层次平台化履责的治理受体，而治理主体则是政府部门，治理的参与力量和协同力量是生态圈成员与多元社会主体，治理方式主要是松散型的联合治理，目的是增进平台型企业构建与优化履责平台的意愿，规范其整合社会资源的行为；另一方面，生态圈成员、多元社会主体也可以是第Ⅲ层次平台化履责的治理受体，而治理主体则是平台型企业，治理的参与力量和协同力量是政府部门和公民社会组织，治理方式则是弱联结的网络化治理，目的是催生生态圈成员和多元社会主体贡献优势的意愿，确保它们在履责平台上的行为合规性。

依托于平台商业生态圈的平台型企业社会责任是一个复杂系统，现实中三个层次社会责任并非完全泾渭分明，而是以某种方式相互交织、相互嵌入，不仅社会责任缺失或异化现象经常跨层次甚至混合嵌套出现，而且不同层次社会责任的治理主体、治理受体或治理力量呈现角色互换，因此平台型企业社会责任的生态化治理不仅需要针对性地进行分层次治理，而且应当以系统整体视角进行跨层次治理。跨层次治理要求对平台型企业社会责任的第Ⅰ层次、第Ⅱ层次和第Ⅲ层次相互之间的联系机制进行解析，对同一生态圈成员在不同层次社会责任治理中扮演的角色进行整合，同时解构不同生态圈成员在同一层次和不同层次社会责任网络中的相互联结机制，寻找能够解决平台型企业社会责任跨层次缺失和混合嵌套异化问题的系统性方案。跨层次治理往往由多个治理主体、多样治理受体、多元治理力量、多层治理内容、多维治理向度、多种治理机制进行耦合，呈现为具有立体空间结构的复杂性网络化治理。

2. 个体、情境与系统的全景式治理

根据著名的"斯坦福监狱实验"（Stanford Prison Experiment）和路西法效应（The Lucifer Effect），个体"作恶"的诱发性因素可以归结为三个层面，包括个体层面的"烂苹果"（The Bad Apples）、情境层面的"坏掉的苹果桶"（The Bad Barrels）、系统层面的"坏的苹果桶制造者"（The Bad Barrel – Makers）（Zimbardo，2008），这表明情境与系统对个体行为具有十分重要的影响。类似地，企业之所以表现出社会责任缺失或异化行为，既可能是因为企业个体具有"烂苹果"

的"基因"与违背社会责任的内在触发机制（姜丽群，2016），也可能是因为企业个体处于集体无意识、群体情绪化与群体社会失责（CSIR）的情境中并受"坏掉的苹果桶"的不良影响，还可能是因为造成群体社会失责的"坏的苹果桶制造者"即不健康竞争环境、制度缺失与错位、不良社会环境等诱发企业个体的行为背离社会责任。由此，成功的企业社会责任治理应当是个体、情境与系统"三管齐下"的治理，既有效抑制企业个体违背社会责任的"内因"，又最大限度消除不良情境与系统等消极影响企业行为的"外因"。

平台型企业社会责任的治理也不例外，需要从个体（物种）、情境（生态圈）、系统（社会大环境）三个层面进行全景式治理，从而构成生态化治理的完整解决方案。个体层面，无论是第Ⅰ层次或第Ⅲ层次社会责任的治理受体即平台型企业，还是第Ⅱ层次社会责任的治理受体即卖方和买方，甚至是第Ⅲ层次社会责任的另一类治理受体即更广泛的生态圈成员，其个体的价值观导向、目标合意性、行为制度逻辑、内在治理、履责能力都是影响它们自身社会责任表现的"内因"，是导致社会责任缺失或异化行为的主观性或能动性因素。因此，平台型企业社会责任治理在个体层面的重点是正确的价值观引领、增进社会责任意识、构造共益型组织、构建可持续内部治理、增强履责能力、强化社会责任管理等，改变个体的心智模式与行为方式，促使个体形成履行社会责任的内生动力与自觉习惯。情境层面，平台商业生态圈是平台型企业、双边用户和其他成员的活动场域，是所有行动者实施决策与行为的限定性情境。平台商业生态圈的类型与结构、平台的竞争战略及平台的定价策略、运行机制与规则等要素对生态圈成员的行为方式会产生重要影响，偏利共生型平台商业生态圈、杂乱无序与无边界限制的生态构成、"零和博弈"的平台内竞争、榨取式商业模式与定价策略、纯粹经济性与营利性导向的运行逻辑与规则设计，都容易导致平台商业生态圈群体性的社会责任弱化，相应地会诱发和催生生态圈成员的不负责任行为。因此，平台型企业社会责任治理在情境层面的重点是通过展开与收敛、控制与放开、给予与获取的平衡（谢佩洪等，2017）构造结构合理、健康有序、良性互动、互惠共生的平台商业生态圈，构建具有经济逻辑与社会逻辑双重运行的机制与规则，促进平台商业生态圈群体性的社会责任强化，推动生态圈成员按照负责任的规则与回应群体性社会责任的要求行事。系统层面，平台商业生态圈与外部环境之间具有共同演化关系，社会大系统中针对平台经济发展的规制政策与制度供给、平台间竞争的行业环境、公民社会对平台行为的显性或隐性约束力等对平台商业生态圈的动态形成与演进产生重要影响，制度缺失与执行缺位、失序与不良的过度行业竞争、公民社会约束无力等容易导致平台商业生态圈"脱缰"而成为不良生态圈，进而引发生态圈成员的社会责任缺失或异化行为。因此，平台型企业社会责任治理在系统层面的重点是从社会视角针对平台经济增加有效的社会责任制度供给，形成合意的制度安排与制度执行，规范平台间竞争行为与形成良性竞争氛围，推动公民社会对平台运行的责任引导和履责监督，为构建负责任的健康平台商业生态圈提供社会大系统的环境支撑。

3. 跨生态位互治与网络化共治

平台型企业社会责任的生态化治理要求识别和区分不同成员在平台商业生态圈中的角色定位与功能作用，依据不同生态位之间的差异化共生关系，跨越生态位推动不同生态位之间的社会责任互动与互治，多个互动与互治网络在立体空间上交织和耦合，形成更为复杂的多层跨层网络化共治格局，推动平台商业生态网络转变为平台型企业社会责任治理的生态网络。

商业生态系统的成员一般由主要生态位成员和扩展生态位成员构成（Moore，1993），具体到平台商业生态圈，其主要生态位成员包括核心型成员、主宰型成员和缝隙型成员，主宰型成员和缝隙型成员可以进一步划分为主宰型卖方、主宰型买方和缝隙型卖方、缝隙型买方，扩展生态位成员涵盖政府部门、竞争平台、公民社会成员。核心型成员在平台商业生态圈中处于最高生态位，通常是生态圈界面的搭建者、生态圈运营的主导者、生态圈内组织关系的协调者及生态圈规制的维护者，显然符合诸多角色要求的主体当数平台型企业。作为核心型成员，平台型企业通过提供价值创造与分享平台而处于平台商业生态圈的中心位置，是整个生态圈实施社会责任行为的引擎（辛杰，2015），承担战略构架、率先垂范、组织协调、治理监督的社会责任管理与实践功能。主宰型成员在平台商业生态圈中处于略低于核心型成员的生态位，其中主宰型卖方是在生态网络中占据关键位置、具有高联结密度的节点企业，它们不仅可以通过横向或纵向一体化的方式占有和控制生态网络的部分节点，而且可以通过平台连接数量众多的买方，因此主宰型卖方对其他卖方履行社会责任具有示范效应，能够对其所占有和控制的节点企业进行社会责任管理与协调，同时对与其有链接关系的买方社会责任行为可以发挥引导作用。主宰型买方是在生态网络中尤其是需求侧用户网络中具有高影响力与辐射力、与平台及卖方深度联结的节点用户，他们对其他买方实施负责任的行为具有示范意义，能够对平台型企业和卖方履行社会责任发挥重要监督作用。缝隙型成员在平台商业生态圈中处于较低的生态位，是平台商业生态圈的构成主体。其中，缝隙型卖方是依托于平台，立足于自身在某些业务领域的独特能力，利用生态圈其他成员提供的关键资源经营于特定细分市场，在生态网络中属于分散性与边缘性节点，网络联结密度小，其社会责任行为具有较大的依从性（辛杰，2015），但以独特优势为基础的联结关系（马尔科·扬西蒂，罗伊·莱维思，2006）使它们可以成为平台型企业和主宰型卖方履行社会责任的补充性监督力量。缝隙型买方是生态网络中的一般性节点用户，与平台及卖方主要是普通交易性、间歇性甚至偶尔性的联结，通常是社会责任互动的客体和对象，但基于同边网络效应和跨边网络效应的集体行动使缝隙型买方对平台型企业和卖方履行社会责任也能起到补充性监督作用。扩展型生态位意味着将外部支持性或约束性群体内化于平台商业生态圈，把外部群体与主要生态位成员之间的互动转变为平台商业生态圈内部的互动。在扩展生态位成员中，政府对平台型企业和双边用户主要发挥社会责任引导支持、制度供给、监督规制的"守夜人"功能，竞争平台的作用主要是对平台型企业履行社会责任形成压力传导、相互合作、相互监督，而公民社会组织则是平台型企业和双边用户实施社会责任行为的监督者、合作者和氛围营造者。

不同生态位成员在平台型企业社会责任治理中的角色扮演和功能发挥依赖于它们之间的社会责任互动与互治，而互动与互治的方式和强度又取决于它们之间的共生关系模式。按照联系紧密程度的差异，生态位成员之间的共生关系模式可以分为点共生、间歇共生、连续共生和一体化共生（袁纯清，1998）。这四种模式在生态位成员之间的相互作用频次、作用维度、作用组织程度、共生界面稳定性、共生介质多样化等方面都呈现由低到高的演变趋势，由此生态位成员之间的社会责任互动与互治强度也表现出依次提升的变化规律。比如，对于平台型企业第Ⅰ层次或第Ⅲ层次社会责任的治理受体（平台型企业），其与主宰型成员、缝隙型成员和扩展生态位成员之间具有不同模式的共生关系。平台型企业与主宰型卖方、主宰型买方和政府之间具有连续共生关系，在某些情境下甚至出现一体化共生关系，与缝隙型卖方、缝隙型买方和竞争平台之间呈现间歇共生关系，与公民社会组织之间则具有点共生关系。相应地，对平台型企业在第Ⅰ层次或第Ⅲ层次上的社会责任治理方面，主宰型卖方、主宰型买方和政府的作用强度最高，强治理手段会得到更多应用；缝隙型卖方、缝隙型买方和竞争平台的作用强度居中，中等治理程度的手段经常被采用；公民社会组织的作用强度最低，弱治理手段通常被应用。需要指出的是，一方面，不同生态位成员之间不同强度的社会责任互动与互治，并在平台型企业社会责任的多个层面相互交织而形成社会责任治理网络，表现为立体式网络空间（见图5-4）；另一方面，不同生态位成员之间本身就具有网络化的共生关系，因此在对某一生态位成员的社会责任治理时，多个生态位成员可能会通过相互联动、相互协同、相互制约而形成对这一成员的网络化共同治理，即两个生态位成员的互动与互治行为会受到其他生态位成员的影响。

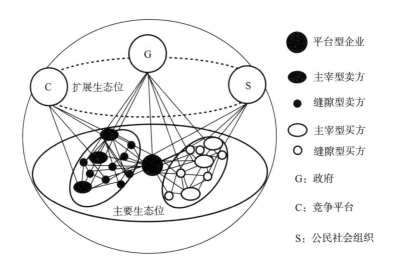

图5-4　平台型企业社会责任生态化治理的立体网络

第四节　治理机制共演：平台型企业社会责任生态化治理的动态实现

平台商业生态圈的多样化生态位成员在信息不完全、决策分散化、选择自由化的情境下往往容易表现出机会主义倾向，因此以共商、共建、共享、共治与共生的方式打造社会责任共同体并不能通过"自然选择"和"随机安排"来实现，而是需要基于平台商业生态圈的边界、目标、结构、联结、模式和环境等要素构建合意的规则或制度，通过制度安排协调生态位成员个体行为与生态圈打造社会责任共同体的目标相匹配。作为平台型企业社会责任治理的新范式，生态化治理的有效实现要求对传统的治理机制进行超越和创新，构建与内生型、整体性与可持续的全过程治理相适应的机制，形成促进跨生态位互治与网络化共治的制度安排，并在与平台商业生态圈的共演进程中动态调整、优化与创新。

一、主要生态位的社会责任自组织机制

平台型企业社会责任无论是第Ⅰ层次还是第Ⅱ层次，治理的核心在于由平台型企业、卖方和买方构成的主要生态位，以及由它们形成的平台商业生态圈的核心系统。由于自组织既是平台的重要特征（徐晋，2013），又是商业生态系统的基本特性（Peltoniemil 和 Vuori，2004），因此主要生态位的社会责任治理需要依托平台商业生态圈核心系统的自组织特性，构造社会责任自组织机制，实现生态

化治理的自组织演化。社会责任自组织机制既包括拥有平台领导权的平台型企业自身构建的微观个体层面社会责任管理机制，又包含平台型企业、卖方和买方基于共生关系而构建的跨生态位社会责任互动互治的核心系统自组织机制。

1. 个体社会责任管理机制

虽然"个体自治"的原子式社会责任治理方式在平台情境下面临诸多挑战而不完全适应，但平台型企业社会责任的跨生态位治理、网络化共治最终都是作用于受体，需要通过个体的社会责任管理与实践呈现跨生态位治理、网络化共治的效果。特别是，作为平台商业生态圈的核心型成员，平台型企业要发挥整个生态圈实施社会责任行为的引擎功能和垂范作用，需要构建适应于生态化治理要求的个体社会责任管理机制。社会责任管理机制在本质上是一种抑制平台型企业社会责任缺失或异化倾向、促进平台型企业实施积极社会责任行为的微观制度安排，是平台型企业有效管理企业与社会关系、回应利益相关方或社会"赋责"压力、推动社会责任构想转化为真实行动的系统解决方案。合意的社会责任管理机制有助于平台型企业保持社会责任战略的连续性与一致性，防止因平台处于超竞争环境（D'Aveni，1994）和商业模式调整而从根本上动摇社会责任导向，避免因受资本控制而颠覆社会责任战略的风险，增进平台型企业负责任行为的可持续性。

平台型企业的社会责任管理机制构建需要以一般性企业社会责任管理机制的架构为基础，考虑平台型企业的组织特性与运行规律，确立更加适宜、更加有效的机制构面、重点模块和执行方式。由于平台型企业具有扁平化、网络化、虚拟化、社会化、公共性、开放性和创新性的现代组织特性，因此柔性化的社会责任内部治理机制、全方位的合规管理机制、根植式的社会责任融入机制、创造性的社会责任议题管理机制、前瞻性的社会影响管理机制、全时空的社会责任风险管理机制、信息化的透明管理机制和社群式的利益相关方参与机制成为平台型企业的重点社会责任管理机制和差异化的社会责任管理新要求。尤其是，平台型企业社会责任三个层次的底线要求内容基本上都涉及合规或道德底线问题，而且平台经济作为新经济经常出现许多潜在的、模糊的、未知的合规或道德问题，容易引发大范围的社会争议与争论，因此全方位的合规管理机制、前瞻性的社会影响管理机制和全时空的社会责任风险管理机制对于平台型企业社会责任治理极为重要。

2. 责任型审核与过滤机制

正如自然生态圈的健康进化首先取决于物种的健壮性，平台商业生态圈的健康成长与负责任的平台商业生态圈打造在很大程度上受到生态圈成员的责任偏好、责任素养和责任习惯的影响。而且，平台开放度与治理之间具有"悖论"

关系（Boudreau，2010；Felin 和 Zenger，2014），开放度越高越能促进平台的交易和创新，但也会催生更强的"竞争拥挤"效应和更复杂的管理与协调难题（王节祥，2016），包括平台商业生态圈的社会责任治理。因此，对卖方和买方的平台接入控制即进入的审核与过滤，应当成为平台型企业社会责任第Ⅱ层次和第Ⅲ层次治理的首要把控机制。现实中，目前平台的审核与过滤机制主要是通过数字化手段实现生态圈界面接口的技术标准化与内容标准化，构造正式准入服务契约的"显性设计规则"和平台型企业领导权威与信任的"隐性设计规则"，对任何希冀进入界面的双边用户群体设置一致性的门槛条件，但往往更多关注卖方的资源与能力等经济价值创造要素，更多重视买方的购买力与经济价值，对双边用户的社会性行为偏好和社会声誉缺乏审核与过滤。

平台型企业社会责任生态化治理要求对以往偏重经济价值的审核与过滤机制进行优化，增加责任偏好、责任素养、责任习惯和责任声誉的准入门槛维度，强调对愿意接入平台的双边用户进行合规、道德、信誉和责任感的考察与审核，通过自动过滤剔除不满足这些门槛条件的双边用户而实现界面阻拦，形成责任型审核与过滤机制，为平台商业生态圈的负责任运行和健康发展提供源头治理。比如，淘宝平台定期对平台内卖方用户的商品质量、品牌信息与商品商标匹配度、真实度与透明度、外界媒体质量曝光等社会责任表现指标开展审核，最终对不符合要求的卖方用户商品通过清除、商品下架与清退、卖家扣分等方式进行过滤处理。又如，发生一系列恶性的社会责任缺失事件后，滴滴平台在整改方案中将在之前司机的背景筛选（筛选内容包括注册司机用户的人身财产安全以及公共安全的犯罪记录）、三证验真的基础上，进一步加速推进全面的实名制，并要求快车、专车与豪车司机用户必须每天进行人脸识别验证，从而加强对平台界面内存在社会责任缺失倾向的司机用户进行审核与过滤。

3. 责任愿景认同卷入机制

生态化治理的系统性与整体性要求平台商业生态圈应当塑造形成共同的愿景，因为共同的目标是最大限度地促进群体组织协同合作效应的重要构成要素（巴纳德，1997）。然而，现实中诸多平台商业生态圈或者完全缺乏共同愿景，或者共同愿景完全聚焦于商业竞争维度，忽略对社会功能的关注，结果是平台商业生态圈的无序运转和"失责"倾向滋生。平台型企业社会责任的生态化治理意味着需要对此进行改变，平台型企业应当回归平台设立的初衷，突出平台解决社会问题的社会目的性，推动将可持续发展导向和社会责任元素融入愿景重塑，构建平台商业生态圈的共同社会责任愿景。平台型企业依托实质性的共同愿景对数量众多的卖方群体和买方群体进行社会责任治理，关键在于推动生态位成员对共同社会责任愿景的认可与认同，引领不同生态位成员之间的社会责任互动与响应，促使生态位成员的行为保持与平台商业生态圈整体行动的协调一致，避免相互之间的价值观、责任目标与价值感知出现不匹配甚至完全冲突。

共同社会责任愿景的遵从、实现与维护离不开不同生态位成员既广泛又深入的协同行动和共同参与，要求在平台商业生态圈内建立基于价值认同的民主式责任卷入机制。虽然平台型企业拥有平台领导权，在平台商业生态圈中居于核心地位，但并不意味着平台型企业能够"独断专行""我行我素"与"包揽一切"，也并不仅仅是平台型企业针对卖方与买方履行社会责任的单向治理，而是需要卖方和买方尤其是主宰型卖方与主宰型买方的民主参与，包括对平台型企业的社会责任监督。民主式责任卷入机制对于平台型企业社会责任的第Ⅰ层次和第Ⅲ层次治理至关重要，它要求平台型企业在确立平台商业生态圈的社会责任目标和规则、做出具有重大社会影响或会对利益相关方产生重要影响的决策时，充分尊重卖方与买方的知情权、参与权和监督权，发挥卖方与买方的互补性专长和优势，最大限度增进平台型企业的决策或活动合乎社会责任要求。民主式责任卷入机制还意味着平台型企业要对卖方和买方赋权、赋能和赋责，推动卖方和买方参与平台商业生态圈一致性的社会责任行动，甚至开展合作伙伴计划（郑称德等，2016），共享裁量权，共同推进社会责任愿景的实现。

4. 责任型运行规则与程序

合意的规则与程序是平台商业生态圈得以健康有序运转的重要基础，也是平台型企业对卖方和买方进行社会责任治理的关键环节。纯粹以经济效率和竞争为导向的运行规则与程序容易引发卖方和买方的行为出现偏颇，诱发卖方和买方的机会主义倾向、道德风险和"失责"偏好，集体性的行为偏离将导致严重的"公地悲剧"。平台型企业社会责任的生态化治理需要对此进行规避，要求对平台商业生态圈的运行规则和程序进行社会责任"改造"，以经济和社会的双重逻辑重新定义规则与设定程序，形成能够激发卖方和买方践责守责行为的责任型运行规则与程序，发挥规则治理和程序治理对打造负责任的平台商业生态圈的真实作用，推动平台商业生态圈由可能的"公地悲剧"转变为"公地繁荣"。责任型运行规则与程序本质上是平台商业生态圈内部的正式社会责任制度安排，它以平台商业生态圈共同的社会责任愿景为指引，对平台型企业、卖方和买方在平台上的交易行为、生态互动进行合乎社会责任要求的规范，是推动社会责任深度融入平台运营的有效方式和基础载体。

责任型运行规则与程序意味着要将平台型企业社会责任三个层次的底线要求和合理期望内容导入平台规则和交易程序，分别形成平台型企业、卖方和买方之间行为互动的刚性约束和义务要求，既保证它们在平台商业生态圈内的行为受到责任边界限定，又能够使它们在完成商业活动和交易互动的同时，内在地自动实现对社会责任的践行。比如，阿里巴巴将大量法律规定的底线要求直接嵌入平台规则，确保平台规则对法治框架的坚守，保证平台型企业社会责任的底线要求在平台日常运行中得到自动实现。责任型运行规则与程序还要求充分考虑和利用平台情境的特点，依托先进的网络技术实现对规则设定、程序设定、管理设定的集成与融合（汪旭辉和张其林，2016）。这将使平台商业生态圈不但拥有符合社会责任要求的平台规则，而且可以将这些规则嵌入交易程序，并通过协同性的管理环境设定与管理措施执行，把社会理性设计下的规则约束转变为平台型企业、卖方和买方在预期条件下的内在求解行为，有效解决社会责任与平台商业运行之间潜在的"两张皮"问题。

5. 责任型评价与声誉机制

责任型运行规则与程序虽然可以促使平台型企业、卖方和买方形成一套关于行为和时间的可识别的重复模式，但信息不对称、主体分散性会弱化平台规则与运行程序的执行效力，需要非正式的声誉机制作为补充性社会责任治理机制。声誉可以成为"显性激励"（Explicit Incentive）的替代物，为平台型企业、卖方和买方带来"隐性激励"（Implicit Incentive）（Holmstrom，1982）。声誉应当是综合性的，既包括经济实力与专业能力方面的声誉，又包含社会行为与社会责任方面的声誉，因此社会责任声誉是平台型企业社会责任生态化治理的重要隐性机制。特别是，淘宝、携程、滴滴出行、大众点评等商业平台为各种参与者提供了便捷的信息表达机制，能够克服传统交易情境下参与者社会责任表现信息难以获取、评价难以开展的困难，使构建实时的社会责任声誉机制成为可能。由于平台型企业与平台双边用户群体形成社会责任声誉共同体与耦合体（汪旭晖和张其林，2017），因此平台情境下社会责任声誉机制应当具有多维、多向度、多主体和多对象特征。

社会责任声誉机制的基础是声誉评价，核心则是声誉激励。对于前者，社会责任声誉机制要求平台型企业将更多社会责任元素纳入覆盖平台双边用户的信用评级系统，确保在交易前、交易中和交易后都能够提供动态性的、涵盖社会责任表现的信用参考。特别是，平台型企业可以充分发挥评价的双向功能，依托卖方和买方的信息反馈与社会责任行为互评，形成平台双边用户的社会责任声誉等级。比如，Ebay卖家在线评价、易趣网上的拍卖交易、阿里巴巴的诚信通和淘宝店铺信誉等级评价等，都具有类似的功能作用。对于后者，社会责任声誉机制要求平台型企业将社会责任声誉与针对卖方和买方的管理、奖惩关联起来，依据声誉水平对卖方和买方进行分类管理，并分别予以不同等级的"待遇"，发挥社会责任声誉的隐性激励约束作用。比如，阿里巴巴严厉打击"捣乱买家"的虚假评价，同时对具有良好信誉的卖方进行声誉激励，激励平台双边用户自发约束在交易服务过程中的社会责任行为。此外，社会责任声誉机制还要求建立针对平台型企业的社会责任声誉评级，并由卖方、买方和扩展生态位成员共同参与评价，为卖方和买方的平台接入与退出选择提供重要参考。

6. 责任型监督与惩戒机制

主要生态位之间的互相约束与互相监督是平台商业生态圈内部秩序的重要生成方式，也是平台型企业社会责任三个层次的底线要求和合理期望内容得以实现的重要治理机制。生态化治理要求平台型企业、卖方和买方之间形成社会责任互动，构建多个层面的社会责任互相监督机制，包括：一是平台型企业对卖方和买方的直接性社会责任监督。平台型企业不仅可以通过投诉审查等事后管理机制实现对平台双边用户的社会责任监督，而且能够通过设置平台双边用户的社会责任行为负面清单，依托大数据测评手段对平台双边用户的运营过程与交易互动的合乎社会责任性进行监控，实现对平台双边用户社会责任的全过程动态监督。二是平台型企业推动卖方和买方之间的相互性社会责任监督。平台型企业可以通过卖方与买方的互评机制、投诉举报机制实现两者之间的社会责任互相监督，甚至可以利用卖方或买方与对方实时接触的优势，构建针对对方行为合乎社会责任性的自愿性监督组织。比如，虎牙直播平台就成立了由游戏玩家组成的自愿者联盟，对主播在直播平台上的行为合规性进行实时监督。三是构建卖方和买方对平台型企业的社会责任监督机制。平台商业生态圈的运行规则和程序设定中应当内嵌卖方和买方对平台型企业的社会责任监督模块，尤其是要充分发挥主宰型卖方和主宰型买方的社会责任监督功能。

平台型企业社会责任生态化治理必然要求在监督的基础上，对主要生态位成员的社会责任缺失或异化行为构建相应的内部惩戒机制。一方面，平台型企业对于"失责"的卖方或买方可以设立扣分制度、降级制度和经济惩罚制度，减少或禁止其分享平台商业生态圈整体创造的利益，甚至将其剔除出整个平台商业生态圈，对卖方或买方的机会主义倾向、道德风险和"失责"风险起到警示震慑作用。比如，淘宝平台针对实施虚假交易、虚假评论、恶意刷单炒信、虚假商品、虚假评论（虚假好评、恶意差评）与虚假信用信息等行为的双边用户建立了多样化的严厉惩罚制度。另一方面，卖方和买方（尤其是主宰型卖方和主宰型买方）亦可构建"责任接入"机制，对"失责"的平台型企业采取"用脚投票"的方式，减少接入甚至退出其所运营的平台，通过重新的市场选择形成对"失责"平台型企业的惩戒。

二、扩展与主要生态位的责任共演机制

与社会责任传统治理范式将政府部门、竞争系统和公民社会组织纯粹作为外部治理主体或治理环境要素不同，生态化治理将它们纳入平台商业生态圈，并作为扩展生态位与主要生态位进行社会责任互动，由原来单纯外部的"施予"治理转变为生态圈内的社会责任治理共同演化。扩展生态位在对主要生态位的社会责任治理过程中，也会通过反馈机制和学习机制增进自身的社会责任素养和治理能力，实现从单向治理向双向互动的转变，形成相互促进、螺旋上升的良性循环。扩展生态位与主要生态位的社会责任互动共演可以在制度层面和能力层面得以实现，相应形成平台型企业社会责任的协同共治机制与动态治理机制。

1. 基于制度共演的社会责任协同共治机制

无论是监督、规制还是卷入、对话，扩展生态位对主要生态位的社会责任治理都应以合意的制度为基础，在适当的制度弹性范围内创新社会责任治理方式与手段，否则可能带来治理的错位与失效，甚至严重抑制平台经济的发展。然而，平台经济是一种新经济形态，有效制度供给不足正是平台情境下社会责任缺失现象和异化行为频频出现的重要原因，也正是平台型企业社会责任治理的难点所在。而且，平台经济的高度创新性和动态性，进一步放大了传统制度安排与监管范式的缺陷，增加了对社会责任治理的制度新需求，因此制度创新成为平台型企业社会责任治理的迫切要求。作为制度供给的主体，政府部门要立足扩展生态位的角色定位，深刻把握平台经济发展的基本规律和平台商业生态圈的运行规律，对平台型企业的行为与平台的运行进行社会责任制度外部建构，并推动平台型企业将外部社会责任制度要求内化于平台运行规则和程序。与此同时，政府部门亦可将现实中平台运行规则的良好实践吸纳为社会责任制度安排，并保持社会责任制度的开放性，持续将动态优化的平台运行规则外化并更新到社会责任制度供给，形成社会责任制度安排与平台运行规则的共同演化，保证制度的动态合意性。

社会责任制度的效力不仅取决于制度供给本身的合意性，而且高度依赖于制度执行的有效性。平台型企业社会责任治理亦是如此，针对平台型企业、卖方和买方的社会责任制度安排需要以更加契合平台情境的方式予以落实。对此，生态化治理中的跨生态位互治和网络化共治提供了新思路和提出了新要求，也即，运用社会责任制度对某一主要生态位成员的社会责任进行治理时，可以构建由扩展生态位成员与主要生态位其他成员协调、协作、协同的共同治理机制。对于平台型企业社会责任的底线要求和合理期望内容，其治理要求构建针对平台型企业或平台双边用户的行为监督的协同共治机制，包括多个政府部门协同监管、公民社会组织基于优势参与、双边用户或平台型企业协作卷入、利益相关方广泛配合。比如，针对网约车平台接连发生安全底线责任严重缺失事件，2018 年 6 月交通运输部、中央网信办、工信部、公安部、中国人民银行、国家税务总局、国家市场监督管理总局等部门联合下发《关于加强网络预约出租汽车行业事中事后联合监管有关工作的通知》，明确提出要建立政府部门、企业（平台）、从业人员、乘客及行业协会共同参与的多方协同治理机制。

2. 基于能力共演的社会责任动态治理机制

扩展生态位对主要生态位的社会责任治理普遍面临一个重大挑战，即面对快速发展的平台经济、快速迭代的平台技术和快速演化的平台商业模式，扩展生态位和主要生态位对于平台商业生态圈的社会责任治理均存在能力缺陷和知识供给不足。一方面，政府、公民社会组织虽然掌握企业社会责任相关的普适性的显性或隐性知识，拥有针对传统企业社会责任治理的技能与技巧，但对新型的平台经济、创新性的平台商业模式等方面的规律把握却远远不够，尤其是对平台情境下社会责任的新演变和新特点缺乏充分认知，针对传统企业社会责任治理的技能与技巧表现出"水土不服"，因此亟须针对平台情境更新社会责任治理的知识与能力。另一方面，平台型企业虽然对于平台经济、平台技术和平台商业模式的规律认知较为深刻，但"尽快长大"战略导致平台商业生态圈边界的过快扩张和平台规模的过快膨胀，使平台型企业对平台运行和平台双边用户行为的驾驭能力可能变得"捉襟见肘"。特别是，平台型企业不仅对社会责任知识与技能缺乏了解、理解和掌握，而且没有意识、"无暇顾及"和缺乏必要能力对平台商业生态圈的成员进行社会责任管理。这意味着政府、公民社会组织与平台型企业在社会责任互动治理中可以进行互补性学习、相互反馈，既增强政府、公民社会组织对平台型企业社会责任的治理能力，又提升平台型企业履行社会责任和对双边用户社会责任治理的能力，实现多方的能力共演共进。

认知的深度与能力的宽度决定治理的效度，扩展生态位与主要生态位之间的社会责任治理能力共演共进意味着生态化治理本质上是一种动态治理，平台型企业社会责任的有效实现需要基于能力共演共进构建动态性治理机制。从另一个角度来看，平台型企业在初创导入期、成长扩张期、成熟稳定期和衰退死亡/转型期等成长的不同阶段，平台商业生态圈的社会责任治理界面、治理内容、治理焦点、治理方式都会呈现出动态变化，对平台型企业与政府部门、公民社会组织的社会责任治理能力需求也不尽相同。政府部门、公民社会组织针对主要生态位应当建立与平台型企业成长阶段相匹配的社会责任动态治理机制，既保证精准的社会责任治理，又能增强平台经济发展的生命力。社会责任动态治理机制意味着政府部门、公民社会组织甚至平台型企业，要在能动认知的基础上，将新认知、新反思和新知识融入到平台型企业社会责任治理的规则、政策和结构中，并相应地动态调整与优化治理资源配置、治理网络、治理方式和治理手段。

第六章 高质量发展：国有企业社会责任的合意实现范式

本章概览

社会责任不仅是国有企业作为一般企业存在的价值反映，更是国有企业"国有"特殊性质的天然要求。本章针对国有企业社会责任主流研究范式和传统逻辑路径的缺陷，构建了"国有企业本质—国有企业使命功能定位、国有企业与社会关系—国有企业社会责任的内容边界—国有企业社会责任的实现方式"的研究逻辑框架，将国有企业本质认知作为本源性要素、国有企业社会责任的实践内容与实现方式作为表征性指标，采用以本原性要素为主要依据、表征性指标为补充依据的方法将改革开放以来国有企业社会责任的发展与演进划分为四个阶段，即1978～1993年不完全企业下的责任错位阶段、1994～2005年真正意义企业下的责任弱化阶段、2006～2013年现代意义企业下的责任重塑阶段、2014年至今企业新定位下的责任创新阶段。在此基础上，本章深入分析各个时期国有企业本质与使命功能定位、国有企业与社会之间的关系、国有企业社会责任的实践内容和国有企业社会责任的实现方式，发现国有企业社会责任发展与演进的40年就是"政府—企业—社会"关系范式追求合理化与合意性的过程，也是国有企业社会责任观与行为范式实现高级化与自适应的过程。

经济从高速增长阶段转向高质量发展阶段是中国特色社会主义迈入新时代的鲜明特征，而经济高质量发展归根结底需要通过企业高质量发展予以实现。作为中国特色社会主义经济的"顶梁柱"，国有企业高质量发展直接关系到深化国有企业改革的成败和宏观层面的经济高质量发展能否成功实现。本章从目标状态和发展范式两个角度对"企业高质量发展"进行了界定，识别出企业高质量发展的七个核心特质，即社会价值驱动、资源能力突出、产品服务一流、透明开放运营、管理机制有效、综合绩效卓越和社会声誉良好。结合国有企业作为特殊企业的性质和功能，国有企业高质量发展表现出多层次性、多样性和多重约束性三个方面的特殊性；同时国有企业高质量发展有其应然性，既是关键外部环境深刻变化对国有企业发展的倒逼作用，也是国有企业适应世界一流企业发展趋势的规律使然，更是破解国有企业发展难题的内生要求。本章最后构建了实现国有企业高质量发展的逻辑框架，提出要以国有企业个体发展的动力转换、战略转型、效率变革、能力再造、管理创新和形象重塑为核心途径，以形成三个必要条件、提供三类制度供给和构建三维社会生态为支撑环境，推动国有企业高质量发展在个体层面和整体层面得到真正实现。

第一节 国有企业社会责任的发展与演进

社会责任不仅是国有企业作为一般企业存在的价值反映，更是国有企业"国有"特殊性质的天然要求。通常而言，国有企业社会责任的理解与认知可以分为应然与实然两种视角，但按照历史和逻辑相一致的马克思主义方法论，无论是基于应然视角还是实然视角，客观理性的分析均不能忽视国有企业改革40年来的历史演进。国有企业作为一种制度安排（黄速建和余菁，2006），其在当下与未来的发展正是改革开放以来企业与经济社会持续共同演化的结果。相应地，附着于或内嵌于国有企业的社会责任，无论是目前的应然还是实然，也都必然是宏观共同演化与微观共同演化的产物。因此，透视40年来国有企业社会责任的发展轨迹与演进脉络，对于科学理解和合理认知国有企业社会责任在新时代的演变规律与发展方向具有重要价值。[①]

一、国有企业社会责任发展与演进的总体脉络

"不谋全局者，不足谋一域。"国有企业社会责任发展与演进必须置于国有企业改革的整体性背景与全时序情境予以透视，因为只有从纷繁复杂的历史事件和庞杂众多的社会现象中清晰梳理出发展脉络，才可能深刻洞察国有企业社会责任发展与演进的历史逻辑和基本规律。

1. 国有企业社会责任发展与演进的基本逻辑

随着国有企业改革的持续深入和全球企业社会责任运动的不断兴起，国有企业社会责任日益成为热点研究问题，大量学者致力于对国有企业社会责任的理解与认知研究，并基于不同视角形成对国有企业社会责任的差异化解构框架。然

---

① 本节核心内容发表于：肖红军. 国有企业社会责任的发展与演进：40 年回顾和深度透视[J]. 经济管理，2018（10）.

而，纵观已有研究成果，主流研究范式和基本逻辑路径主要有两种：一种是沿着"国有企业性质—国有企业目标—国有企业社会责任"（黄速建和余菁，2006；吴照云和刘灵，2008）或"国有企业性质—国有企业功能—国有企业社会责任"（乔明哲和刘福成，2010）的研究链予以展开；另一种是按照"一般企业社会责任＋国有企业特殊性＝国有企业社会责任"的研究思路进行解析（沈志渔等，2008）。第一种逻辑路径以"国有企业"为认知原点，背后遵循的基本思想是企业运行的一般规律，即"企业本质决定企业使命功能，功能定位决定目标方向，目标取向决定运作内容与方式（包括社会责任）"；第二种逻辑路径以"企业社会责任"为推演基础，背后隐含的基本思想是企业社会责任的一般生成逻辑，如社会责任源于自愿的慈善行为、社会对企业行为的期望、企业对社会的影响、对契约精神的遵循、社会权利与社会义务的匹配、企业对社会压力的回应、企业对社会风险的管理、企业对综合目标的平衡、企业对最大化社会福利的贡献（李伟阳和肖红军，2011）。这两种逻辑路径都有一定的合意性，能够为理解国有企业社会责任提供不同角度的思路借鉴，但同时也都存在不同程度的缺陷和不足。第一种逻辑路径忽略了理解现代意义企业社会责任的基础，即企业与社会关系问题（Swanson，1999），容易通过由外而内地把依据功能定位所确定的企业责任或赋予的宏观功能等同于企业社会责任，结果可能是造成国有企业社会责任理解的泛化或窄化；第二种逻辑路径有将国有企业作为一种特殊组织形式对企业社会责任概念简单套用之嫌，缺乏从企业社会责任认知原点对国有企业进行全逻辑链条的再审视，结果可能是容易造成对国有企业社会责任理解的表面化或碎片化。进一步，这两种逻辑路径往往都止步于或完全聚焦于对国有企业社会责任内容的认识，对于国有企业社会责任的实现问题涉猎较少或成为整个逻辑链条的缺失部分，而后者却是当前企业社会责任研究重点从"解释问题"向"解决问题"转移大趋势下的关注焦点。

事实上，国有企业社会责任发展与演进的透视就是要将其全部的历程细化为无数个静态的切片，对具有重大里程碑意义的切片开展深度解构，并将它们串联起来进行规律挖掘。在这一过程中，特定时点上静态的国有企业社会责任发展切片重点由两个方面予以刻画：国有企业社会责任的认知和国有企业社会责任的实现。对于前者，合理的方式是在借鉴上述两种逻辑路径可取之处的基础上，从企业社会责任的认知原点出发，结合企业运行的一般规律，将国有企业作为一种"特殊的企业"置于企业社会责任理解的全逻辑链条进行深入再剖析，保证国有企业社会责任认知的逻辑自洽性、内外一致性和构面系统性。企业社会责任，就是企业对社会负责任的行为，而企业"为什么要对社会负责任""对社会负什么责任""怎么对社会负责任"的认知原点则是对企业本质的理解，因为对企业本质的不同认知将形成不同的企业社会责任观和企业社会责任边界观，比如新古典经济学的企业本质观形成了 Friedman（1962）等人"唯赚钱论"的企业社会责任观，而新经济社会学的企业本质观则导致 Porter 和 Kramer（2006）"战略性"企业社会责任观的出现。更为清晰的逻辑链条是，企业本质的差异化认知一方面意味着企业存在价值的不同，并表征化为企业使命和功能定位的差异化，另一方面还意涵着企业与社会不同主体之间的分工不同，并反映出企业与社会关系类型、内容和界别的差异化。使命功能定位、企业与社会关系将共同决定企业履行社会责任的范畴，形成特定企业本质认知下的企业社会责任内容边界。按照企业社会责任认知的这一逻辑链条，国有企业社会责任的理解首先需要回到国有企业本质的认知原点和逻辑起点，以此为基础分析国有企业的使命功能定位以及界定国有企业与社会之间关系，进而确定国有企业社会责任的内容边界（见图 6-1）。从实际发展与演变来看，在国有企业改革的不同时期，对国有企业本质的认知、国有企业使命功能的定位、国有企业与社会之间关系的界定等都有很大的变化，由此导致对国有企业社会责任的内容边界划定也明显不同。

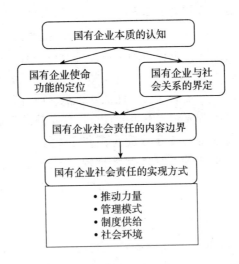

图 6-1 国有企业社会责任发展与演进的逻辑框架

对于后者，国有企业社会责任的认知实际上界定了国有企业承担社会责任的实践范畴、主要内容和核心议题，而国有企业社会责任的实现则是回答国有企业如何将这种认知所形成的社会责任内容和核心议题转化为实践落地，即国有企业社会责任的落实机制。从实现方式来看，一般性企业将社会责任付诸实践取决于履责意愿、履责管理和履责环境三个关键因素。国有企业的履责意愿除了"国有"特殊性天然内生出国有企业承担社会责任的动力之外，形形色色的社会主体期望甚至要求企业回应社会需求（Ackerman 和 Bauer，1976）、应对社会压力（Frederick，1986）和管理社会问题（Wartick 和 Cochran，1985）而形成的企业社会回应（Frederick，1994）也成为国有企业承担社会责任的外部驱动机制，因此外部推动力量是构成国有企业社会责任实现方式的重要维度。国有企业的履责管理是将企业内生与外源的履责意愿转化为履责行动的关键机制，因为如德鲁克所言，企业社会责任所强调的企业利益与社会利益之间一致性并不能像新古典经济学者所想象的那样能够自动实现，而是需要依靠管理，因此实践企业社会责任本质上是一场"静悄悄的管理革命"（李伟阳和肖红军，2010）。国有企业的履责环境是企业承担社会责任的约束性或促进性条件，是社会大系统中与企业开展负责任行为相关联的环境要素。履责环境既包括以正式制度为主体的制度环境，即强制性或诱导性的制度供给，也包括以公民社会、社会思潮为重点的社会环境。实际上，国有企业承担社会责任的推动力量、管理模式、制度供给和社会环境等要素（见图6－1）在国有企业改革的不同时期呈现动态演化，表明国有企业社会责任的实现方式随着改革进程的推进而不断演变。

2. 国有企业社会责任发展与演进的阶段变化

根据背后依据的不同，已有学者对中华人民共和国成立以来国有企业社会责任发展与演进的阶段划分主要有三类：第一类是依据经济体制改革的历史阶段予以划分，如龙文滨和宋献中（2012）将国有企业对投资者、员工和消费者的责任演进划分为前改革期、体制下放式改革期、市场经济改革转型期和现代企业制度改革期四个阶段；李晓琳（2015）将国有企业社会责任的发展历程划分为计划经济时代、改革开放初期、全面建设小康社会时期以来三个阶段。第二类是依据国有企业在不同时期的整体社会责任表现予以划分，如沈志渔等（2008）将国有企业社会责任的变迁划分为国有企业办社会阶段、社会职能与社会责任双重缺失阶段、社会责任意识建立与发展阶段三个阶段；郭洪涛（2012）将国有企业社会责任发展历程划分为核心地位确立阶段、企业办社会阶段、逃避社会责任阶段、经济责任确立阶段、经济责任和社会责任并行阶段五个阶段；陈孜昕（2014）将国有企业社会责任的演变过程区分为社会责任错位、社会责任迷失、社会责任强化三个阶段。第三类是依据国有企业在不同时期的社会责任性质与内容予以划分，如王媛（2017）将国有企业社会责任的变化过程细化为职能性责任为主导、经济性回应为主导、社会性回应逐渐发展三个阶段。深入分析来看，这三类依据对于划分国有企业社会责任发展与演进的阶段都具有一定的合理性，但也存在两个方面的缺陷与不足：一方面，无论是作为影响因素的经济体制改革，还是作为特征刻画的整体社会责任表现或社会责任性质与内容，均没有深入到国有企业社会责任在不同时期变化的深层逻辑，因此以这些依据进行划分有表象之嫌；另一方面，这些依据对于国有企业社会责任发展与演进的审视维度和刻画构面相对单一，难以全貌或准确反映不同时期国有企业社会责任发展与演进的基本特征，可能会导致阶段认知与划分的片面性。鉴于此，需要对改革开放以来国有企业社会责任发展与演进的阶段划分进行重新审视和更加合理的界定。

为了克服已有阶段划分成果的缺陷与不足，充分反映国有企业社会责任发展与演进的深层逻辑，全面展示不同时期国有企业社会责任发展的关键特征，本章将采用以本原性要素为主要依据、表征性指标为补充依据的方法对改革开放以来国有企业社会责任的发展与演进进行阶段划分。按照国有企业社会责任研究的基本逻辑链条，国有企业社会责任发展与演进的本原性要素是对国有企业本质的认知，而表征性指标则是国有企业社会责任的实践内容与实现方式。从本原性要素来看，国有企业改革的重大转折往往都源于对国有企业本质认知的重大转变，进而导致国有企业使命功能定位发生重大调整，并据此促使国有企业社会责任发展出现重大变化。从表征性指标来看，在对国有企业本质形成特定认知的情境下，国有企业社会责任发展还受到多重因素影响，这些因素的演变不仅会传导至国有企业社会责任实现方式的多个维度，而且共同推动国有企业社会责任发展呈现出新的阶段属性。基于此，依据不同时期对国有企业本质认知的重大转变以及国有企业社会责任实践内容与实现方式的显著变化，改革开放 40 年来国有企业社会责任发展与演进可以划分为四个阶段（见图 6-2）：1978~1993 年为不完全企业下的责任错位阶段、1994~2005 年为真正意义企业下的责任弱化阶段、2006~2013 年为现代意义企业下的责任重塑阶段、2014 年至今为企业新定位下的责任创新阶段。

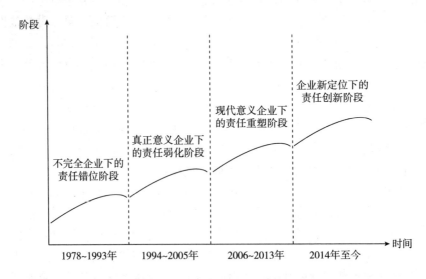

图 6-2　国有企业社会责任发展与演进的阶段划分

二、不完全企业下的责任错位阶段（1978～1993 年）

随着全党工作重点转移到经济建设上来，针对中华人民共和国成立以来长期实行的高度集中计划经济体制出现的突出矛盾和弊病，以及一直成长于这种体制下的国有企业集中暴露出根本性缺陷和重大弊端，自 1978 年底开始，中国拉开了旷日持久、声势浩大、艰苦卓绝的国有企业改革帷幕。国有企业改革的"路径依赖"（赵凌云，1999；辛迪诚，2008）和"渐进性"（罗仲伟，2009；黄速建等，2008）使初始 15 年的国有企业改革重点置于政府与企业责权利关系的调整，"放权让利"和"两权分离"并没有触及"国有企业本质"的改革，国有企业作为国家机关附属物的角色没有得到根本变化，国有企业没有成为真正独立的自主经营和自负盈亏的经济主体，即国有企业依然是不完全企业。相应地，也就没有真正意义上和现代意义上的企业社会责任问题，"企业办社会"的延续和政府赋予的经济责任使这一时期国有企业社会责任实践呈现出明显的"错位"。

1. 国有企业本质与使命功能定位：没有完全摆脱政府机关附属物的角色

这一时期的国有企业改革以"放权让利"为核心特征，其实施依据和背后逻辑是传统国有企业体制模式下企业成为行政的附属物，严重缺乏积极性和活力，国有企业应当成为具有一定自主权和经济利益的独立经济实体。1978 年 7～9 月召开的国务院务虚会就指出，"企业是基本的生产单位"，要给企业以"经济权限和经济利益"，不能"把各企业当作任何主管机关的附属品，当作只能依靠上级从外部指挥拨动的算盘珠"①。随后，党的十一届三中全会公报指出："现在我国经济管理体制的一个严重缺点是权力过于集中，应该有领导地大胆下放，让地方和工农业企业在国家统一计划的指导下有更多的经营管理自主权。"对国有企业这一本质认知的最具代表性观点是蒋一苇（1979）提出的"企业本位论"，认为企业是现代经济的基本单位，应当具有独立的经济利益，社会主义企业是一个既有权利也有义务、自主经营和自主发展的能动主体。之后，1984 年 10 月党的十二届三中全会通过了《中共中央关于经济体制改革的决定》，提出"要使企业真正成为相对独立的经济实体，成为自主经营、自负盈亏的社会主义商品生产者和经营者，具有自我改造和自我发展的能力，成为具有一定权利和义务的法人"。从改革实践来看，这一时期采取了扩权让利试点、经济责任制、利改税、承包经营责任制、租赁制、股份制试点等一系列举措，重点都是着眼于调整政府与企业的责权利关系，包括所有权与经营权的分离。

无论是从当时对国有企业本质的认知深度还是从国有企业改革实践的实用主

---

① 李先念. 在国务院务虚会上的讲话. 李先念文选［M］. 北京：人民出版社，1989.

义思维（张文魁，2008）来看，这一时期的国有企业不能实际上也没有真正成为自主经营、自负盈亏的独立经济实体，因为放权让利虽然扩大了企业内部的经营管理权，但国有企业边界刚性的格局基本上并未改变，而边界刚性的约束条件使国有企业的目标函数受到很大影响（张宇燕和何帆，1996）。即使是两权分离，也不能使国有企业成为真正的企业（周叔莲，2000；魏杰和李东红，2009）。正因如此，日本著名经济学家小宫隆太郎（1986）就做出断言：计划经济体制下"中国不存在企业，或者几乎不存在企业"。也就是说，这一时期的国有企业还不能算是"企业"（刘世锦，1995），它们总体上仍然是"社会大工厂"的一个基层生产单位（郭劲光和高静美，2003），是兼有生产、社会保障、社会福利和社会管理多种职能的"社区单位"（刘世锦，1995）。由此可见，国有企业在这一时期并没有完全摆脱政府机关附属物的角色，企业与政府之间的行政关系并未有效割裂，企业的资源配置在很大程度上仍然由政府支配，人、财、物、供、产、销等都会受到政府的行政干预。从使命功能定位来看，国有企业不仅是"国民经济中的主导力量"，而且在很大程度上依然是政府进行社会管理和社会服务的直接实施主体。

2. 国有企业与社会之间的关系：没有褪去"小社会"的浓厚色彩

虽然自1984年10月起中国开启了发展"社会主义有计划的商品经济"的征程，这一时期市场经济得到了一定程度的发展，但总体上社会分工水平不高、市场化水平不高的状况没有得到根本性改变。虽然放权让利、两权分离的改革试图让国有企业从政府与社会的严重钳制中解放出来和独立出来，但政企不分、政社不分、企社不分的现象仍然相当普遍，尤其是国有企业与社会之间的关系依旧较为模糊。作为长期计划经济体制下企业制度模式的惯性延续，国有企业总体上依然表现为经济组织的"单位化"（于淼，2006），而"单位"在社会学看来，一般被认为是一种承载社会整合使命和保障功能的组织形式（邓正来，1998）。"单位"在很大程度上是一个社会的缩影，内部齐全划一的构成能够满足人的几乎所有方面需要（董保华，2006）。在这样一种制度安排下，一方面个人所面临的各种问题没有必要到"单位"之外去寻求解决，另一方面"单位"外部实际上也不存在支撑问题解决的社会化渠道和空间，结果是整个社会被压缩至"单位"中。因此，这一时期虽然出现单位体制外组织的萌生，但单位制仍然是一种社会基础秩序，甚至这一时期被认为是"重建单位制"阶段（吕方，2010）。随之而来的则是整个社会在很大程度上保持"单位社会"特征，"国家—单位—个人"的社会架构体系占据主体地位，即"单位"依赖于国家（政府），个人依赖于"单位"。

在"单位社会"里，国有企业作为"企业单位"，不仅仅是一个生产性组织，而且成为人们的生活重心，在一定程度上可以看作是准"生活共同体"（李路路和李汉林，2004），因为人们"生命历程"中的各类"时机"和各类"生活事件"都以此为载体予以展开，国有企业是个人人生价值在社会中扩展的原点。国有企业俨然延续着传统体制下的"小社会"属性，是"大社会"的微型模具，是基本的调控单位和资源分配单位，呈现出自我封闭性、行政主义、身份主义和关系主义。国有企业生产出企业成员的"单位身份"，决定他们的社会化身份、地位和分配方式，同时还是城市社区的重要节点甚至核心节点，执行着经济功能之外的社会功能，承担西方社会中属于社区的职能，实际上表现为一个"社会单位"。因此，这一时期国有企业与社会的边界较为模糊，国有企业在现实中仍然没有褪去"小社会"的浓厚色彩，封闭性和实际独立性的缺乏使国有企业与消费者、供应商、银行等外部利益相关方较少打交道。

3. 国有企业社会责任的实践内容：承担社会责任的错位

政企不分、企社不分引致的结果是国有企业在这一时期承担社会责任的错位，"企业办社会"的延续让国有企业继续承担着不合时宜、苦不堪言的无限责任，企业的责任边界被无限放大。"企业办社会"有内部和外部两个方面内容（辛小柏，1997）：前者一方面表现为国有企业创办和建设"大而全、小而全"的社会服务体系，社会服务的许多条件都在企业内部得以实现，如企业办学校（指普及型学校）、办医院、办幼儿园；另一方面表现为企业对职工提供"从摇篮到坟墓"的一揽子福利和保障，承担对职工的无限责任，包括生、老、病、死、吃、喝、拉、撒、睡以及政策、文化等全方位服务，甚至很多企业不仅要对职工本人负责，还要对其子女的入学、就业负责。后者是由于国有企业与地方政府在职能划分上模糊，加之相对滞后的社会服务和不规范的行政方式，并受到诸如"人民公路人民建""携手公益建设"等宣传口号的影响，本来应该由地方政府承担的许多公益建设投入往往会通过某种方式强推给国有企业。"企业办社会"的延续与当时的历史情境密切相关，但"企业办社会"绝不是现代意义的企业社会责任，它是社会分工不充分、服务社会化不足的结果，本质上是"低效率的"（王志强，2001）。

从承担经济责任来看，国有企业是经济体制改革的微观主体，这一时期的扩权让利试点、经济责任制、利改税、承包经营责任制、租赁制、股份制试点等改革举措促使国有企业开始树立和不断增强"经济责任"意识，部分改革举措甚至带来了国有企业经济效益的可观改善。但是，由于制度设计的不完善、制度执行的偏离，特别是受制于政企不分、政资不分，国有企业履行经济责任的能力和水平并没有达到预期，甚至出现背离国家产业结构调整和合理化方向的现象，频发企业滥发工资奖金、投资不计效益等短期行为，内部人控制失控现象也迅速滋长（周叔莲，2000），因此可以认为这一时期国有企业对于经济责任的履行也存在某种程度的异化。在这一时期，无论是政府、社会还是企业，改革的着眼点都聚焦于"经济责任"，在很大程度上缺乏环境保护意识、环境保护能力和环境保护行动，因此国有企业对于"环境责任"的承担较为缺失。从履责对象来看，国有企业除了对内部利益相关方即职工承担无限责任外，因为与外部利益相关方打交道相对较少，自然也较少关注和采取实际行动履行对各外部利益相关方的责任。

4. 国有企业社会责任的实现方式：缺乏合理与有效的方式

严格来讲，国有企业在这一时期的责任错位意味着很难谈及现代意义的企业社会责任实现方式问题，但从历史演变角度来看，考察国有企业在当时所谓"履责"实现方式的不同维度表现，将有助于对国有企业社会责任发展与演进分析保持连续性与一致性，能够为之后的国有企业社会责任发展与演进研究提供背景性支撑。从推动力量来看，无论是"企业办社会"还是异化的经济责任，国有企业行为方式最为重要的影响力量都来源于政府，长期形成与延续的行政干预模式使政府本质上依然是国有企业具体运行的主导力量。从管理模式来看，一方面，当时国有企业在管理理念、管理体制、管理方式、管理方法、管理手段等方面都较为落后，大部分国有企业甚至可以说没有真正的"管理"，即使是对在现在看来属于社会责任内容范畴的安全议题，当时的管理也只是从运营需要视角予以开展，十分粗放且完全没有责任议题思维；另一方面，当时国有企业因为缺乏真正意义的企业社会责任，根本不具备进行社会责任管理的对象基础和要素基础，因此现代意义的企业社会责任管理更是无从谈起。从制度供给来看，当时针对国有企业的制度设计与制度落实基本上都聚焦于"经济改革"，针对国有企业履行社会责任的对象和议题相关的制度供给则极其缺乏，这是由当时的经济体制改革重点和时代背景所决定的。但也有例外，1993 年中国出台《消费者权益保护法》，为之后国有企业履行对消费者的责任奠定了制度基础。从社会环境来看，一方面是受到长期计划经济体制下社会思潮的影响，社会公众对当时国有企业过度承担责任具有普遍的期望，对"企业办社会"仍保留强烈预期甚至根深蒂固，由此国有企业实际上面临着不合理的社会期望；另一方面这一时期的各种改革策略和解释模式较少涉及重新建构一个带有一定自主意义的社会，公民社会应当具备的五个条件即个人主义（Individualism）、私人权（Privacy）、市场（Market）、多元主义（Pluralism）和阶级（Class）（Giner，1995）严重缺乏，几乎可以说公民社会还没有起步。需要指出的是，这一时期官办性质的非营利性社会团体开始搭建平台，如 1989 年 10 月中国青少年发展基金会发起实施希望工程，为后来国有企业履行社会责任提供了重要渠道和载体。

三、真正意义企业下的责任弱化阶段（1994～2005 年）

"放权让利"的利益约束改革和"两权分离"的契约约束改革（郭劲光和高静美，2003）并没有触及传统体制下企业制度最核心的产权问题（章迪诚，2008），而企业财产（产权）关系上存在的制度性缺陷被认为是国有企业出现各种弊端的根源。于是，在 1992 年确立"社会主义市场经济"目标以后，1993 年11 月党的十四届三中全会开启了国有企业改革"制度创新"阶段，国有企业制度重建的结果是构建出产权清晰的真正意义企业。与此相对应的，则是国有企业由原来承担过度责任的"企业办社会"转向市场经济下片面追逐利润而忽视承担非经济性责任（沈志渔等，2008；陈孜昕，2014），国有企业对于履行社会责任的意识和实践表现均明显"弱化"甚至"迷失"。

1. 国有企业本质与使命功能定位：独立的法人实体和市场竞争主体

鉴于传统国有企业产权制度下"财产的非人格化走到了极致"（科尔奈语）（罗仲伟，2009），并着眼于构造适应于社会主义市场经济体制的微观运行基础，以产权改革为主要特征的"制度创新"或"制度重建"成为这一时期国有企业改革的重点，结果是推动国有企业彻底摆脱国家机关附属物的角色和地位，走上真正意义企业的建设之路。1993 年 11 月党的十四届三中全会提出，国有企业改革的方向是要建立现代企业制度，基本特征是产权清晰、权责明确、政企分开、管理科学，推动国有企业成为自主经营、自负盈亏、自我发展、自我约束的法人实体和市场竞争主体。12 月，《中华人民共和国公司法》正式通过，为国有企业构建现代企业制度、建设成为真正意义企业提供了法律依据。1997 年 9 月党的十五大和 1999 年 9 月党的十五届四中全会对股份制进行了全面肯定，提出国有大中型企业可以进行公司化改制成为股份制企业，这标志着国有企业改革与发展真正进入按照国际通行规范建立现代公司的阶段（吴敬琏，2003）。之后，2003 年10 月党的十六届三中全会提出，要建立"归属清晰、权责明确、保护严格、流转顺畅"的现代产权制度，最终明确股份制是公有制的"主要实现形式"。由此可见，这一时期随着对国有企业本质认知的深化和国有企业改革战略主义思维的落地（张文魁，2008），国有企业与市场经济融合的步伐加快，国有企业作为市场经济下一般性企业的角色得到强调，国有企业由国家机关附属物转变为独立的法人实体和市场竞争主体。

从使命功能定位来看，这一时期是中国社会主义市场经济体制初步建立与开始完善的过程，也是国有企业开始成为市场与政府双重替代物的过程（程承坪和程鹏，2013）。从微观层面来看，国有企业作为市场经济下的一般性企业，其基本功能是向社会提供产品与服务，而作为"国有"的特殊企业，其提供的产品和服务以及产品和服务的提供过程应当体现国家意志（袁辉，2014）。从宏观层面来看，党的十五大、党的十五届四中全会和党的十六大都明确指出，"国有企业是我国国民经济的支柱"，因为在社会主义市场经济体制下，国有企业不仅是政府干预经济的手段，还是政府参与经济的手段（黄速建和余菁，2006）。在这一时期的经济转轨过程中，国有企业的使命功能定位是要解决三类"失灵"问题（吕政和黄速建，2008；黄速建等，2008）：一是解决发达国家普遍面临的一般性市场失灵问题，如公共物品的提供、自然垄断行业产品和服务的提供、宏观调控职能的发挥和国家安全的保证；二是解决转轨国家特有的市场失灵问题，如建立社会保障体系等"制度变迁"成本；三是解决发展中国家特有的市场失灵问题，如实现国家主导下的"经济赶超"战略。就第一个使命功能而言，党的十五大要求国有经济必须在关系国民经济命脉的重要行业和关键领域占据支配地位，党的十五届四中全会要求国有经济控制涉及国家安全的行业、自然垄断的行业、提供重要公共产品和服务的行业以及支柱产业和高新技术产业中的重要骨干企业四大行业和领域，党的十六届三中全会要求进一步推动国有资本更多地投向关系国家安全和国民经济命脉的重要行业和关键领域。就第二个和第三个使命功能而言，国有企业改革促进包括多层次社会保障制度在内的社会主义宏观经济制度与社会治理体系的建立和不断完善，有效增强中国经济总体的国际竞争力（黄速建等，2008）。

2. 国有企业与社会之间的关系：在"市场社会"中脱嵌于社会之外

社会主义市场经济体制的建立过程，尤其是以产权改革为主要特征的"制度创新"或"制度重建"过程，本质上也是长期存在的单位制和"单位社会"从根基上彻底动摇和瓦解的过程，与之相伴随的则是国有企业与社会关系的彻底重构。这一时期，在各项重大深层次经济体制改革举措的推动下，"单位社会"作为一种被"制度锁定的社会""丧失活力的社会"和"平均主义的社会"（田毅鹏和吕方，2009），按照四个步骤的轨迹逐渐消解和终结，即"第一波是单位体制外组织的萌生；第二波是单位成员向体制外流失；第三波是单位职能向社区转移；第四波是单位自身大量破产、改制，导致单位社会的最终解体"（华伟，2001），取而代之的则是一种新的社会生活形态的孕育与形成，整个社会进入到所谓的"后单位社会"。相较于"单位社会"，在"后单位社会"中，生活中心由单位向社区转变，社会就业由一元、凝滞的向多元、流动的转变，单位福利向社会保障转变，"计划"思想向市场意识转变，"单位人"向"社会人"转变（姜地忠和王国伟，2006），社会架构体系则由"国家—单位—个人"向"国家—社区、社会团体—个人"转变，单位组织承载的社会公共性转移至社区与社会团体。

　　"后单位社会"一方面突出市场经济下不同社会主体或单元的合理社会分工，将本不应该由国有企业承担的过度社会功能从其肩上卸载下来，让原本模糊的政企关系、政社关系、企社关系变得相对清晰，国有企业的独立性得到根本性增强；另一方面也因单位制的消解而使社会呈现原子化动向，社会联结出现中断与错乱（田毅鹏和吕方，2009），包括国有企业在内的社会主体都像散落于社会中的一个个原子，它们之间的相互联系明显减少，同类主体之间的"跨单位组织"也尚未有效建立，国有企业与社会之间的联结变得简单、脆弱甚至缺失。"后单位社会"的另一个显著特征则是对市场主义的崇尚导致波兰尼所说的"市场社会"逐渐显现，因为"市场对经济体制的控制会对社会整体产生决定性的影响，即视社会为市场的附属品，而将社会关系嵌含于经济体制中，并非将经济行为嵌含在社会关系里"（Polanyi，1944）。如果说"单位社会"是经济活动过度内嵌或锁定于一个个"小社会"之中，那么"后单位社会"则是经济活动脱嵌于社会之外，甚至整个社会反过来内嵌于市场之中。与之相匹配，作为社会市场经济体制下的微观主体，国有企业在这一时期与体制之外的民营企业类似，在很大程度上受到所谓的"市场逻辑"支配，可以说是脱嵌于社会之外。

　　3. 国有企业社会责任的实践内容：非经济责任的严重弱化甚至缺失

　　国有企业在这一时期履行社会责任可以从宏观和微观两个层次予以理解，前者即宏观层面国有企业的使命功能、存在意义和应尽的社会承诺，后者由微观层面国有企业的本质属性、国有企业与社会关系所决定。从宏观层次的国有企业社会责任来看，无论是主观还是客观，无论是主动还是被动，这一时期的系列改革推动国有企业从整体上承担起解决一般性市场失灵问题、转轨国家特有的市场失灵问题和发展中国家特有的市场失灵问题，国有企业整体性的经济目标和非经济目标都在一定程度上得以实现。从微观层次的国有企业社会责任来看，国有企业个体与这一时期一般性企业类似，在"后单位社会"中被认为是构成社会的一个个原子，在"市场社会"中脱嵌于社会之外，特别是在市场主义、效率至上的经济主义影响下，国有企业个体由原来的"管理型单位"向"利益型单位"转化，其所拥有的利益共同体功能得到空前膨胀，最大化盈利成为许多国有企业主导性目标甚至唯一追求的目标，非经济目标在分离企业社会职能改革之下被许多国有企业完全抛之脑后，社会责任意识与社会责任行为严重弱化，陷入社会职能与社会责任双重缺失的境地（沈志渔等，2008）。这一时期的国有企业或隐或现地展现出新古典经济学所秉持的"唯赚钱论"企业社会责任观，其行为背后的逻辑与弗里德曼长期坚持的观点不谋而合，即"在自由经济中，企业有且仅有一个社会责任——只要它处在游戏规则中，也就是处在开放、自由和没有欺诈的竞争中，那就是要使用其资源并从事经营活动以增加利润"（Friedman，1962）。

结合宏观层次与微观层次的国有企业社会责任来看，两者在这一时期实际上出现了偏离甚至背离，宏观层次的国有企业社会责任并没有传导至微观层次，而微观层次的国有企业社会责任也无法主动地支撑宏观层次的有效实现。

从应然角度来讲，这一时期国有企业因为通过产权改革而成为真正意义上的独立企业，因此在属性上理应具有现代意义上的企业社会责任，但实然却出现严重偏离。从承担社会性议题来看，国有企业经过"抓大放小"改革、三年脱困的"剥离债务、兼并破产、减员增效、下岗分流、结构调整"以及 21 世纪初的主辅分离、辅业改制、分离企业办社会职能等改革，一方面推动政企分开、企社分开，不仅减轻国有企业的历史包袱和社会负担，而且为国有企业在合理社会分工基础上承担社会性议题奠定基础；但另一方面也导致国有企业出现完全"甩包袱"、对社会性议题缺乏回应和参与的现象，表现出从原来过度承担的一个极端走向基本缺失的另一个极端，从之前的被动越位转变为主动缺位。由于政府对国有企业管制的放松、非国有企业迅速发展形成的巨大竞争压力以及刚从企业办社会中脱身，国有企业无暇顾及也缺乏动力关注和参与社会性议题，更谈不上形成适应于市场经济下回应和参与社会性议题的有效范式。比如，国有企业在终止对员工"从摇篮到坟墓"的无限责任之后，对于市场经济下的员工权益、安全健康、成长关怀等员工责任议题并没能实现良好的调适，由此招致 20 世纪 90 年代末开始，跨国公司对其供应链上的中国企业（包括国有企业）劳工问题进行重点关注。从承担环境性议题来看，经济主义的过分强调、将产出增加和收入上升等同于"发展"的片面发展观（张文魁，2008），都催生出包括国有企业在内的企业粗放式发展模式，以牺牲环境为代价、以高强度资源消耗为前提换取增长速度成为企业普遍的做法，节约资源、保护生态、美化环境的意识与行动较为缺乏。从履责对象来看，国有企业作为独立的法人实体和市场竞争主体，与消费者、供应商、合作伙伴、同业竞争者等外部利益相关方打交道逐渐变多，但更多的主要体现为纯粹的市场交易关系，企业对外部利益相关方市场交易之外的责任承诺和承担关注较少，甚至频频出现诚信缺失、违法违规等跨越底线责任的行为。

4. 国有企业社会责任的实现方式：内外部有利环境开始出现但总体不足

计划经济向市场经济的转变导致国有企业生存与发展环境的易变性、不确定性、复杂性和模糊性（Bouée，2013）大大增强，国有企业决策和活动的"制度场"和"社会场"发生根本性转变，相应地，国有企业履行社会责任的实践表现与实现方式也出现转折性变化。从推动力量来看，这一时期政府聚焦于国有企业的制度性改革和经济性改革，忙于分离企业办社会职能，相对放松对国有企业的社会管制，因此对国有企业履行社会责任的要求相对弱化。但是，随着中国对外开放的进一步推进以及卖方市场向买方市场的转变，知名跨国公司、国际组织和消费者开始成为推动国有企业履行社会责任的积极力量，只不过当时这一力量相对较弱，尚无法对国有企业履行社会责任的意愿和行为产生实质影响。从管理模式来看，随着现代企业制度建设的推进，特别中国是加入世界贸易组织（WTO）之后对国外先进管理理念与方法的引进，市场经济下的国有企业组织治理和企业管理体系初步建立，其中包括企业社会责任部分议题的管理体系，如安全生产、资源环境等，但这些议题管理的运作方式主要服务于内部管理和职能管理需要，从企业社会责任视角进行管理则相对缺乏。这一时期国有企业由于对社会责任的关注度较低，因此系统和主动的社会责任管理尚无从谈起，但随着跨国公司在其供应链上的一些中国企业中推行社会责任国际标准 SA8000，以及西方的现代企业社会责任概念逐步引入，少量的、零星的国有企业也开始探索性地涉猎社会责任管理。比如在社会责任信息披露方面，2005 年江西移动公司发布了国内第一份社会责任报告。从制度供给来看，这一时期政府在劳工权益、安全生产、社会公益、环保节约等多个领域进一步完善了相关的法律法规，为国有企业在相关社会责任议题实践上提供了强制性制度约束，但在落实与执行上并不完全到位。除了政府强制性制度供给外，一些指引性与诱导性的制度供给也开始出现，比如 2005 年中国纺织工业协会发布了中国纺织企业社会责任管理体系（CSC9000T）实施指导文件及细则。从社会环境来看，随着"单位社会"的消解，依托"单位社会"的乌托邦精神和公共精神生活迅速消逝，社会理想主义随之坠落，整个社会转向趋利的物质主义（田毅鹏和吕方，2009），社会公众对包括国有企业在内的企业更多的是市场经济下的一般性期望，社会性期望相对较弱，可以认为社会公众对企业履行社会责任期望不足。但不容忽视的是，这一时期中国公民社会开始出现"星星之火"的起步，除了较早成立的中华慈善总会外，一批致力于中国企业社会责任发展的非政府组织也得以出现，包括中国企业联合会全球契约推广办公室和可持续发展工商委员会、中国社会工作者协会企业公民委员会、中国企业社会责任联盟等，成为国有企业履行社会责任的观察者、推动者和指引者。

四、现代意义企业下的责任重塑阶段（2006～2013 年）

针对经济体制转变带来的一系列经济社会问题以及国有企业改革不彻底问题，中国开始按照科学发展观和社会主义和谐社会建设的要求对社会主义市场经济进行完善，并进一步深化国有企业改革，逐步理顺国有资产管理体制和深入推进现代企业制度建设，推动国有企业转变为现代意义公司。特别是，2005 年 10 月修订并于 2006 年正式实施的公司法，要求"公司从事经营活动，必须遵守法律、行政法规，遵守社会公德、商业道德，诚实守信，接受政府和社会公众的监督，承担社会责任"，正式开启国有企业建设富有责任感的现代意义公司的新征程。国有企业社会责任发展与演进进入责任重塑阶段，国有企业履责动力、履责内容、履责方式、履责环境和履责效果均出现重大变化，初步形成适应现代意义公司要求的社会责任系统构架。

1. 国有企业本质与使命功能定位：经济功能与社会功能相互融合的现代意义企业

无论是科学发展观和社会主义和谐社会建设的要求，还是经过"制度创新"之后的国有企业在社会主义市场经济建立过程中表现出来的非合意行为，都促使人们对先前过分强调国有企业的经济组织属性进行反思，而新公司法首次对企业承担社会责任的明确在某种程度上也是这一反思的结果。这一时期的国有企业不再一味地强调在市场经济下的经济组织属性，不再纯粹突出生产和交易社会所需要的商品和服务的经济功能，而是融合地将其看作兼具生产属性、交易属性和社会属性的社会经济组织，同时强调其所拥有的经济功能和社会功能，由此成为现代意义企业。所谓现代意义企业，绝不仅仅是 Chandler（1977）从结构与形式上所界定的现代公司，而是意指符合现代社会中经济系统与社会系统相互嵌入而密不可分、经济属性和社会属性内在统一而具有整合经济与社会功能的现代公司。作为现代意义企业，国有企业不是原子化的个体或组织，而是一种社会性存在和开展社会行动的法人行动者。社会行动意味着国有企业必然经过社会化建构，由此社会属性就成为内嵌于国有企业不可分割的特性。需要指出的是，国有企业所拥有的经济属性与社会属性并不是相互割裂和分离的，而是密不可分、相辅相成的，因为经济功能是国有企业发挥社会功能的基础，而社会功能则能为企业更好发挥经济功能明确方向。

从使命功能定位来看，国有企业在这一时期延续着国家干预和参与经济的角色定位，发挥弥补市场失灵的功能，但由于社会主义市场经济体制已经初步建立，因此国有企业的使命功能重点由上一阶段解决三类市场失灵问题转变为两类，即解决发达国家普遍面临的一般性市场失灵问题和解决发展中国家特有的市场失灵问题。为此，2006 年国务院办公厅转发国资委《关于推进国有资本调整和国有企业重组的指导意见》，要求进一步推进国有资本向关系国家安全和国民经济命脉的重要行业和关键领域集中。2007 年党的十七大也提出，优化国有经济布局和结构，增强国有经济活力、控制力、影响力。2012 年党的十八大更是明确指出，要推动国有资本更多投向关系国家安全和国民经济命脉的重要行业和关键领域。对于国有企业在弥补市场失灵中的作用，最有力的证明则是国有企业在抗击 2008 年国际金融危机中所起到的中流砥柱作用（袁辉，2014）。除了弥补市场失灵功能外，这一时期国有企业还被赋予解决"社会失灵"（Failure of Society）问题的功能。社会主义和谐社会建设的推进，目的就是要解决由"单位社会"向"后单位社会"和市场社会转变之后所出现的"社会失灵"，即由于社会运行机制或社会运行主体（自组织）的内在缺失，导致社会自我运行失序或社会服务提供的低效失效等现象（黄建，2015）。国有企业作为具有整合经济与社会功能的现代意义企业，被政府和社会赋予充当构建社会主义和谐社会排头兵、解决"社会失灵"问题重要参与者的期望与功能定位。

2. 国有企业与社会之间的关系：嵌入于社会并形成"影响"关系

按照帕森斯的结构功能主义观点，社会是一个自我平衡的系统，社会各子系统的整合是社会主义和谐社会的基础（陈成文和陈海平，2005）。社会主义和谐社会建设意味着国有企业发展不能仅仅与经济系统相协调，而应当与整个社会系统相协调。在这一背景下，根据新经济社会学的基本思想，市场是由社会行动者推动的，本质上是一个社会过程，不是单纯的抽象交易系统（White，1981），由此经济活动被认为是一种社会建构，被嵌入在特定的社会网络和社会结构之中，因为嵌入是"经济活动的现有社会模式的情境联结"（Granovetter，1973）。作为现代意义企业，国有企业在这一时期被认为是经济活动的社会行动者，其行为嵌入于特定的社会结构、社会文化、社会关系网络以及环境、资源关系之中，受到社会因素的影响和制约。国有企业无法脱离特定的社会关系而独立存在，因为"一个健康的企业和一个病态的社会是很难共存的"（Drucker，1973）。因此，无论是从"合法性"视角还是系统互动视角，国有企业在社会中的关系性嵌入和结构性嵌入都意味着其行为不仅要具有经济理性，而且更应该具有社会理性，并且在很多情境下，经济理性应当受到社会理性的限制。

社会主义和谐社会建设不仅要求嵌入社会中的国有企业发挥积极社会功能，而且要求作为子系统和社会器官的国有企业能够有效管理其行为的社会影响。按照社会系统论观点，社会系统由互相依赖的因素构成，影响社会系统任何部分的事情都会对社会系统整体产生影响。在社会主义和谐社会建设的背景下，国有企业在这一时期被认为是社会大系统的组成部分甚至是子系统，是社会运转的"器官"，国有企业的行为绝不仅仅是自身的事情，更会对社会大系统产生影响。因此，除了"嵌入"关系之外，国有企业与社会之间的另一种关系就是"影响"，即企业"给社会、经济或环境所带来的积极或消极变化，这种变化全部或部分地来自企业过去与现在的决策和活动"（ISO，2010）。"影响"反映出国有企业作为子系统对社会大系统的作用方式，体现出局部运作对整体系统的作用效应。"影响"关系的存在意味着国有企业应当有效管理其行为对社会大系统可能造成的消极影响，降低甚至消除其行为引致的负外部性，推动企业子系统与社会大系统的协调运转与和谐发展。

3. 国有企业社会责任的实践内容：经济责任、环境责任与社会责任的多元化推进

基于对国有企业本质与使命功能定位、国有企业与社会之间关系的重新认知，这一时期国有企业社会责任发展进入重塑阶段，国有企业社会责任的实践内容与方式发生重大转变。根据 Wood（1991）将企业社会责任原则分为企业作为经济组织整体的制度层面、企业作为特定个体的组织层面、企业管理层的个人层面三个层次，国有企业在这一时期对国有企业作为整体、特定个体以及国有企业领导层三个层次社会责任内容（王敏和李伟阳，2008）进行了重塑，其中重点是对国有企业作为特定个体的社会责任实践进行了再造。无论是对普遍性社会问题的回应，还是对企业运营造成的社会性风险预防，国有企业均一改之前以自我为中心的原子化倾向和突出强调经济组织属性的态度，对日益高涨的社会期望进行回应。这一时期国有企业社会回应（Corporate Social Responsiveness）的内容沿着两条脉络展开：一是议题脉络，即明确和践行重点社会责任议题。2008 年国务院国资委在《关于中央企业履行社会责任的指导意见》中将中央企业（也适用于国有企业）的社会责任内容界定为八项议题，即坚持依法经营诚实守信、不断提高持续盈利能力、切实提高产品质量和服务水平、加强资源节约和环境保护、推进自主创新和技术进步、保障生产安全、维护职工合法权益、参与社会公益事业；2011 年在《中央企业"十二五"和谐发展战略实施纲要》中进一步明确为五个方面议题，即诚信央企、绿色央企、平安央企、活力央企、责任央企。二是对象脉络，即确定和履行对利益相关方的责任。鉴于利益相关方理论对企业社会责任理论的补充与融合，利益相关方模式被广泛应用于企业社会责任研究与实践中（Clarkson，1995）。诸多国有企业也因此按照不同利益相关方对象，分别明确对其各自不同的责任内容。然而，无论哪条脉络，这一时期国有企业社会责任实践的内容更加全面与合理，均涵盖了经济责任、环境责任与社会责任。虽然也出现了诸如"三鹿奶粉事件"等企业社会责任缺失现象，但这一时期国有企业社会责任实践总体上呈现转折性变化，尤其是 2008 年 5·12 汶川地震之后，国有企业社会责任意识与实践显著提升，2008 年也因此被认为是中国企业社会责任"元年"。

随着西方先进企业社会责任理念的引入和国内企业社会责任发展的深入，国有企业在这一时期的社会责任实践方式也出现突破，探索和创新出一些更有价值、更可持续的新模式。特别是，Porter 和 Kramer（2006）提出的战略性企业社会责任和"共享价值"模式（Porter 和 Kramer，2011）在一些国有企业履行社会责任中得到探索与实践。对于前者，战略性企业社会责任突破传统企业社会责任

中企业经济目标与社会目标相矛盾的争论，强调企业与利益相关方、企业与社会之间的正和博弈关系，要求企业超越降低价值链活动的消极影响，转而在更高层面上实施那些既能产生社会利益又能强化企业战略的价值链活动，推动企业成功与社会进步的共同迈进。对于后者，共享价值模式是一种企业受自我利益驱动与社会使命感驱动相结合的综合价值创造模式，它立足于企业自身所拥有的资产、资源、专长和知识来解决特殊的社会需求（肖红军，2017），企业在参与解决社会问题的行动中对社会施加积极影响，创造积极的、正向的综合价值，同时通过参与行动，企业也获得更多商业机会或创造了更多的财务价值。这一时期国有企业对这两种模式进行探索与实践的典型代表是中国移动，其实施的"数字鸿沟跨越行动""气候变化应对行动""信息应用惠民行动"均与其通信服务核心业务紧密结合，既帮助解决社会问题，又促进通信业务发展。

4. 国有企业社会责任的实现方式：社会责任管理与外部履责环境同步快速优化

按照共同演化思想，国有企业在这一时期转变成为现代意义企业的过程以及社会责任重塑的过程，也是国有企业与内外部环境共同演化的过程，由此社会责任重塑必然带来国有企业履责要素与环境的重构。从推动力量来看，这一时期国有企业履行社会责任的推动力量初现多元化，基本形成企业、政府与社会共同推动国有企业社会责任发展的态势。一方面，政府通过明确的高层重视、制度供给、能力培育和政策诱导等多种方式对国有企业履行社会责任提出要求和行为规范，成为推动国有企业社会责任发展最为重要的力量。这一时期，党和国家领导人在多个场合强调企业要树立科学的社会责任观，积极承担和履行社会责任。比如，2013 年 3 月国家主席习近平访问非洲时要求中国企业积极履行社会责任；李克强总理也明确指出"要努力提高我国企业的社会责任建设水平"。各级政府和部门通过成立专门机构、制定政策等方式要求和鼓励企业履行社会责任，例如2012 年国务院国资委成立"国资委中央企业社会责任指导委员会"，为中央企业深入开展社会责任工作提供指导。另一方面，联合国全球契约（UNGC）、世界可持续发展工商理事会（WBCSD）、全球报告倡议组织（GRI）等国际组织与国内的行业协会、非营利组织和专门致力于中国企业社会责任理论研究与实践推动的社会团体及新闻媒体等社会力量，通过发起倡议、制定指南、搭建平台、能力支持、评价监督、舆论引导等多种方式对国有企业履行社会责任提供指引和支持，成为多元协同推进国有企业社会责任发展的至关重要的力量。从管理模式来看，这一时期国有企业开启了真正意义的社会责任管理探索，从社会责任战略、社会责任治理、社会责任融合、社会责任绩效、社会责任能力、社会责任沟通六个维度（彭华岗和楚序平，2011）构建社会责任管理体系，2012 年甚至被认为是中国企业社会责任管理"元年"。以中央企业为例，截至 2013 年，多家中央企业按照社会责任要求重塑了企业的使命、价值观和愿景，形成符合企业发展战略、经营业务和文化特色的社会责任理念；全部中央企业都明确了社会责任工作机构、相关职能部门和下属单位工作责任；全部中央企业都发布了社会责任报告或可持续发展报告。特别是，一些国有企业开始探索和寻找适合自身的社会责任管理模式，如国家电网公司自 2008 年率先提出全面社会责任管理模式后，从 2009 年开始持续开展纵向到底、横向到边的全面社会责任管理试点，探索出不同层级履行社会责任的多种创新性做法和管理模式，形成了独具特色的社会责任管理新模式。

从制度供给来看，这一时期国有企业履行社会责任的制度需求与供给都明显增强，从先前的制度相对缺失向诱导性制度变迁和强制性制度变迁转变。强制性制度变迁主要体现为两个方面：一是各相关政府部门针对企业员工权益、食品安全、环境污染、低碳经济等社会责任核心议题出台和完善了一系列法律法规，包括 2008 年开始生效的新劳动法，成为国有企业履行底线责任的重要依据。二是各级国有资产监督管理部门针对国有企业出台了专门性社会责任制度文件，其中具有里程碑意义的是国务院国资委于 2008 年出台的《关于中央企业履行社会责任的指导意见》，对中央企业履行社会责任做出强制性制度要求。此外，多个省市国有资产监督管理部门出台了推动地方国有企业履行社会责任的制度文件，如 2011 年山东省国资委下发了《关于省管企业履行社会责任的指导意见》，厦门市国资委印发了《厦门市属国有企业履行社会责任的指导意见》，这些文件对地方国有企业履行社会责任做出强制性制度要求。诱导性制度变迁主要包括两个方面：一是社会责任国际标准、规范、倡议的相继发布及在国内推广，尤其是 2010 年正式发布的社会责任国际标准 ISO26000，为国有企业履行社会责任提供了指引性、诱导性和规范性的支撑。二是各种行业性社会责任指南、规范、倡议开始大量涌现，比如《中国工业企业及工业协会社会责任指南》《中国对外承包工程行业社会责任指引》《中国电子信息行业社会责任指南》，为所在行业的国有企业履行社会责任提供了针对性、鼓励性与操作性的指导。从社会环境来看，社会主义和谐社会建设的推进，引发了人们对"后单位社会"和市场社会的反思，走出"社会迷失"的社会转型对国有企业履行社会责任的社会环境形成极大改观，主要表现为两个方面：一是社会各界对国有企业履行社会责任的期望日益强烈但相对理性，改变了之前预期不足与过度预期的两种困境。以此为基础，社会责任投资、可持续消费等社会责任运动开始起步并快速发展，为国有企业履行社会责任在资本市场和消费市场上提供有效激励。比如，自 2008 年 4 月国内第一只社会责任基金成立，到 2012 年已有 6 只社会责任基金成立运作；根据中国消费者协会等机构 2012 年发布的报告，90% 的消费者认为自身的购买行为能够对企业经营行为产生影响。二是公民社会发展步入加速期，国内外非政府组织、行业协会、媒体和社会责任专业机构开始变得活跃，它们通过多种方式引导和推动国有企业社会责任发展，尤其是各种社会责任评价不断涌现，成为促进国有企业社会责任向纵深方向发展的助推器。

五、企业新定位下的责任创新阶段（2014 年至今）

随着国有企业改革逐步迈入深水区和攻坚期，国有企业一些亟待解决的突出矛盾和问题日益暴露，尤其是国有企业存在"国家使命冲突"（黄群慧和余菁，2013）对新时期国有企业的发展造成严重困扰。对此，2013 年 11 月党的十八届三中全会通过《中共中央关于全面深化改革若干重大问题的决定》，要求"准确界定不同国有企业功能"，特别是 2015 年 9 月中共中央、国务院发布《关于深化国有企业改革的指导意见》，明确提出分类推进国有企业改革，由此开启国有企业分类改革的新时代，最终形成以"新型国有企业"为主的国有经济（黄群慧，2018）。新时代带来国有企业本质的新认识、使命功能的新定位和国有企业与社会之间关系的新调整，企业社会责任上升到国家战略层面，由此国有企业社会责任发展也在重塑的基础上迈入创新阶段，社会责任理念创新、内容创新、形式创新、实践创新、管理创新、制度创新、组织创新频频涌现，形成宏观与微观创新互动、有序衔接、有机融合的良好发展局面。

1. 国有企业本质与使命功能定位：多元属性的异质性混合组织

随着中国特色社会主义进入新时代，对国有企业本质的认知更加丰富、更加拓展和更加精细，具体反映在两个方面：一是国有企业目的属性与价值属性变得更加综合。按照帕森斯的社会功能系统"AGIL"模式，即适应功能（Adaptation）、目标实现功能（Goal Attainment）、整合功能（Integration）和模式维持功能（Latency Pattern Maintenance），所有组织根据其拥有的功能和目标可以分为四种基本类型：经济生产组织，典型的是实业公司；政治目标组织，致力于实现有价值的目标，形成和部署社会权力；整合组织，旨在实现社会的整合目标；模式维持组织，主要指那些具有"文化""教育""揭示"功能的组织（王茂福，1997）。这一时期的国有企业融合了经济生产组织、政治目标组织、整合组织和模式维持组织等各种不同的组织属性，本质上成为一个多元属性的综合组织。二是国有企业属性组合具有异质性。国有企业分类改革的背后隐含着一个基本假设，即虽然国有企业都是经济属性和社会属性内在统一而具有整合经济与社会功能的现代意义企业，但不同国有企业在经济属性与社会属性的成分组合上、经济功能与社会功能的整合程度上应当是有差异性的。如果从 Alter（2007）基于可持续发展视角提出的、涵盖从最左端传统的非营利性组织到最右端传统的纯粹商业组织六种类型组织混合光谱来看，国有企业虽然均分布于中间的混合型组织形态，但属性组合的异质性意味着不同国有企业向左或向后靠近的位置不同，呈现为不同类型的混合型组织。

从使命功能定位来看，随着新时代社会主要矛盾的转变、新发展理念的贯彻落实，这一时期国有企业在推进"五位一体"总体布局中的角色地位更加突出，不同国有企业在经济社会发展全局中的使命功能定位更加科学，具体表现在三个方面：一是国有企业弥补市场失灵的一般性功能继续得到强化。党的十八届三中全会指出，国有资本投资运营要服务于国家战略目标，更多投向关系国家安全、国民经济命脉的重要行业和关键领域，重点提供公共服务、发展重要前瞻性战略性产业、保护生态环境、支持科技进步、保障国家安全。二是国有企业在中国特色社会主义建设中的特殊功能得到前所未有的突出。组织域中的国有企业制度与政治域中的国家形态的联结构成一个可自我实施的互补性制度系统（邵传林，2011），国有企业应当以更开拓的视野在更大的制度系统中和更高的战略平台上定位自己。2015 年 9 月中共中央、国务院发布的《关于深化国有企业改革的指导意见》指出，国有企业属于全民所有，是推进国家现代化、保障人民共同利益的重要力量，是我们党和国家事业发展的重要物质基础和政治基础。2016 年 10 月习近平总书记在出席全国国有企业党的建设工作会议时，更是创新提出国有企业"六个力量"的使命功能定位。三是不同类型国有企业的使命功能定位更加精准与细化。商业类国有企业的主要目标被界定为增强国有经济活力、放大国有资本功能、实现国有资产保值增值，更加强调经济目标；公益类国有企业则被要求以保障民生、服务社会、提供公共产品和服务为主要目标，更加突出非经济目标。

2. 国有企业与社会之间的关系：高级形态的共生共演关系

随着利益共同体、责任共同体、命运共同体等概念在国内的提出及不断升华，尤其是习近平构建人类命运共同体思想的提出、丰富和创新，共同体思想、共同体范式在各种场域得到广泛认同、应用和深化。共同体不仅仅被表达于和塑造于国际场域和国家场域，而且频繁出现于社会场域和组织场域，学习共同体、创新共同体、价值共同体、职业共同体、宗教共同体、社会共同体、精神共同体等各种实体性共同体与虚拟性共同体大量涌现并交织构造，可以说整个社会发展正在迈向一个"共同体社会"。"共同体"（Community）概念最早由德国社会学家滕尼斯（Tonnes）在 1887 年提出，后来经过多个学者的发展，逐渐被广泛地应用于哲学、社会学、人类学、政治学等多个学科领域（陈凯，2017）。虽然人们对共同体概念的理解迥异，但在现代社会普遍将共同体看作一个整体的、具有社会功能的人类生活方式或组织运行方式，并可以概括为三种类型：地域性类型

（如城市、社区）、关系性类型（如宗教团体、社团）、心理性类型（如利益共同体、责任共同体）。共同体既可以是有形的共同体，也可以是无形的共同体（鲍曼，2003）。无论何种共同体，现代意义的共同体更加重视"实质"而非"形式"，强调价值观理念、价值创造、利益配置、情感相依、责任分担、资源供给上的"共同性"，突出共同体运作方式上的共商、共建、共享、共治、共依，要求共同体各主体共生与共演。"共同体社会"就是指个人或组织均以现代意义的共同体为载体存在于社会中，社会由各种相互依存、相互成就、相互交叉的现代意义共同体构成。

"共同体社会"意味着国有企业与社会之间的关系超越了之前的"嵌入"和"影响"，形成互动更为紧密、互惠更加常态、共演更为高级、发展更为协同的共生关系。"共生"（Symbiosis）概念最初出现于生物学领域，后来逐步被应用于经济学、社会学、管理学甚至政治学，它在抽象层面上指的是共生单元之间在一定共生环境中按某种共生模式形成的关系（袁纯清，1998）。按照哲学上的社会共生论，共生具有普遍存在性，无论是社会个体还是政府、企业及社会组织等各种类型的组织，都存在着共生，国有企业也不例外。这一时期国有企业目的属性与价值属性的综合多元特征更加显著，意味着国有企业与处于社会中的利益相关方和其他主体等共生单元有着更为广泛的物质、信息、能量交换，形成更为普遍性的共生关系。而且，在寄生、偏利共生、非对称性互惠共生、对称性互惠共生四种共生基本模式中，国有企业与利益相关方和其他社会主体之间越来越把追求对称性互惠共生作为目标，从而形成共生单位的价值积累同步进行、共生演化同步发展。由此可见，这一时期国有企业与社会中各共生单元（主体）的微观共生演化集合造就了国有企业与社会的宏观共生演化，促使两者形成高级形态的动态演化共生系统。

3. 国有企业社会责任的实践内容：更加中国化、国企化、个性化、情境化和创新化

国有企业在新时代的新定位、新使命、新关系和新角色，意味着国有企业社会责任实践内容与方式的新变化和新调整，国有企业社会责任发展与演进步入责任创新阶段。这一时期国有企业超越上一阶段重在对普适性企业社会责任的引进、消化、吸收和构造上，转而强调企业社会责任的中国化、国企化、个性化和情境化，重视结合国情、社情、地情和企情进行社会责任实践内容与方式创新，形成具有中国特色和国有企业特色的社会责任内容架构与实践范式。具体来说，主要体现在以下四个方面：一是更加突出政治责任维度。虽然政治责任、经济责任、社会责任（狭义）一直被认为是国有企业的三大责任，但这一时期国有企业的使命功能新定位决定政治责任得到更加突出的强调，政治责任成为国有企业

社会责任中至关重要的实践内容维度。二是更加突出国家战略导向。按照企业社会责任在宏观层次与微观层次相一致的思路，国有企业在这一时期更加强调将贯彻落实宏观层面的国家战略作为微观个体履行社会责任的优先内容，结合各自优势参与精准扶贫、"一带一路"建设、减缓气候变化、重大区域发展战略等成为国有企业社会责任的核心议题。三是更加突出责任边界的理性。国有企业在这一时期的社会责任实践变得更为理性，一方面是更加重视将核心社会功能的充分发挥作为企业的核心社会责任，避免本末倒置；另一方面是越来越注重履行社会责任内容边界的克制，对于参与解决社会问题发挥先行引领作用但不大包大揽、不越位。四是更加突出责任内容的差异化。分类改革在国有企业社会责任实践领域也得到反映，因为不同类型国有企业的功能定位和主要目标不同，尤其是针对不同类型国有企业的考核重点差异化，导致商业类国有企业和公益类国有企业在核心社会功能的充分发挥与自愿性的企业公民行为等社会责任内容上（肖红军和李伟阳，2010）表现出实践差异性。

新时代国有企业与社会之间的共生关系、国家治理体系与治理能力现代化建设的推进，都促使国有企业社会责任实践超越之前的被动性、工具理性的企业社会回应，转而更加强调主动性、价值理性的企业社会创新（Corporate Social Innovation），形成社会责任实践方式的创新。根据 Neumeier（2012）对社会创新的归类，即以组织为中心的方法（企业组织及其外部关系）、社会学第一方法（整体社会变化）、社会学第二方法（特殊群体变化），企业社会创新更多属于第一类。由此，企业社会创新被认为是企业通过与社会部门合作参与解决社会问题的新形式，其关键在于企业与公共利益之间形成共赢的伙伴关系（Kanter，1999）。需要指出的是，企业社会创新目的和手段都是"社会性"的，最终目的是要增进社会福利，但也能增进企业个体的行动能力，因此在 Drucker（1984）看来，企业社会创新是企业履行社会责任的新途径和新范式。国有企业在这一时期开展社会创新的普遍性做法是从社会问题和社会需求出发，与政府、非政府组织等合作，通过产品、服务和技术创新而寻找到创新性的解决方案，典型的例子是国有能源企业的"光伏扶贫"，如国家电力投资集团有限公司在多个省区贫困地区创新开展户用光伏、村级电站、集中电站等形式的光伏扶贫项目。

4. 国有企业社会责任的实现方式：新制度、新思路、新组织、新范式不断涌现

国有企业在这一时期的责任创新是全方位的，不仅社会责任实践内容呈现多样化与特色化创新，而且社会责任的实现也有新思路和新范式。从推动力量来看，这一时期企业、政府与社会多元协同推动国有企业履行社会责任的格局得到巩固，尤其是中央层面将社会责任上升到国家战略层次，对国有企业履行社会责

任形成巨大推动。2013 年 11 月"社会责任"首次出现在中央全会文件中，即党的十八届三中全会通过的《中共中央关于全面深化改革若干重大问题的决定》；2014 年 10 月党的十八届四中全会提出要"加强企业社会责任立法"；2015 年 8 月《中共中央、国务院关于深化国有企业改革的指导意见》要求，社会主义市场经济条件下的国有企业，要成为自觉履行社会责任的表率；2015 年 10 月党的十八届五中全会明确提出，必须增强国家意识、法治意识、社会责任意识。此外，这一时期国有企业顺应高质量发展和转型升级的要求，对以负责任的方式开展企业运营、通过履行社会责任提升企业竞争力也形成较为强烈的内生动力。从管理模式来看，这一时期国有企业加快推进由以社会责任实践为重点向以社会责任管理为关键的转变，更大力度地从关注局部的管理改进和社会风险管理转向整体的管理变革和创新责任管理模式。重点包括三个方面：一是继续完善社会责任治理与组织管理体系、社会责任内部推进制度建设、社会责任能力建设机制、社会责任绩效评价与考核机制，以便形成更加健全的社会责任管理体系。比如 2017 年中国核能电力股份有限公司通过公司"十三五"企业文化、社会责任、品牌传播三位一体专项规划，进一步构架企业社会责任管理的顶层设计。二是积极推动社会责任融入企业运营，力求将社会责任理念融入公司使命、价值观、业务运营、基础管理和职能管理等各个领域，以便实现社会责任理念在企业的真正落地。比如国家电网公司自 2014 年起探索社会责任根植项目制，希望通过运用项目制管理的理念和方法，逐级指导和推动各基层单位有计划、有管控、系统化、制度化、可持续地组织实施社会责任根植。三是不断加强透明度管理，创新利益相关方沟通与参与，努力增强利益相关方和全社会对企业的了解、理解、支持和信任。

从制度供给来看，这一时期国有企业履行社会责任的制度安排加快完善，强制性制度变迁与诱导性制度变迁齐头并进，企业社会责任法制化与规范化趋势日益明显。法制化制度主要包括两个方面：一是企业社会责任相关内容议题的法律法规加快出台与完善，比如《环境保护法》《安全生产法》和《食品安全法》都完成修订，为国有企业履行必尽之责提供了更充分的依据。特别是，2016 年《慈善法》发布，对国有企业开展慈善事业和慈善行为起到历史性作用。二是企业社会责任促进的综合性法律法规正在加快研究与制定之中，一旦出台，必将对国有企业承担社会责任形成更强烈、更明确的约束性要求。规范化制度主要包括三个方面：一是社会责任国家标准的出台，为国有企业统一社会责任认识、规范社会责任实践和开展社会责任国际对话奠定了基础。2015 年 6 月，《社会责任指南》《社会责任报告编写指南》和《社会责任绩效分类指引》三项国家标准正式发布。二是国有企业履行社会责任专门性制度出台，为国有企业开展社会责任实践与社会责任管理提供规范。2016 年 7 月，国务院国资委印发《关于国有企业更好履行社会责任的指导意见》，对国有企业深化社会责任理念、明确社会责任议题、将社会责任融入企业运营、加强社会责任沟通、加强社会责任工作保障等方面提出规范性要求。三是行业性企业社会责任指南不断涌现，如《中国信息通信行业企业社会责任管理体系》标准、《中国负责任矿产供应链尽责管理指南》，为所在行业国有企业履行社会责任提供更为具体的规范。从社会环境来看，虽然这一时期一度出现"企业社会责任悲观论"（肖红军和张哲，2017）不绝于耳的异常现象，但决胜全面建成小康社会攻坚战的深入推进、"共同体社会"的快速发展以及国有企业改革的纵深推进，使国有企业社会责任发展总体上嵌入于良好的社会环境之中。一方面，社会各界对企业社会责任的认知更加科学合理、更加理性务实，企业社会责任边界意识、社会主体自我履责意识均得到显著提升，可持续消费、社会责任投资、负责任采购等社会运动获得蓬勃发展，对国有企业履行社会责任形成有效的市场激励约束机制。另一方面，公民社会发展在这一时期进入规范阶段，国家针对非政府组织、行业协会和媒体等社会责任推进机构都进行了规范性制度约束，对于出现的各种不规范机构与行为开展了清理整顿，为国有企业履行社会责任提供了更加健康的社会环境。

六、国有企业社会责任发展与演进的规律特征

改革开放 40 年来国有企业社会责任发展与演进的历程表明，国有企业社会责任既是一种认知，又是一种行为；既具宏观属性，又有微观特征；既内嵌于环境，又作用于环境；既遵循一般规律，又强调自身特殊。因此，国有企业社会责任是一个集成性、混合性和现实性的概念，国有企业社会责任发展与演进的过程是前置性因素、过程性行为和支撑性环境的系统变迁过程，反映出不同时期"政府—企业—社会"关系以及国有企业社会责任观与行为、推进方式和社会环境的更替变化，呈现出从低阶到高阶、从局部到整体、从学习到创新、从实践到管理、从回应到追求的演变规律与特征。

1. "政府—企业—社会"关系范式：追求合理化与合意性的过程

"政府—企业—社会"关系是国有企业社会责任最为关键的前置性决定因素，国有企业社会责任发展与演进的历程本质上也是"政府—企业—社会"关系调整与转变的过程，因为不同时期的国有企业社会责任发展实质性地反映出不同时期的不同类型"政府—企业—社会"关系。如表 6-1 所示，在不完全企业下的责任错位阶段，国有企业在很大程度上仍然是国家机关附属物，政企不分、企社不分依然广泛存在，国有企业在"单位社会"中承担着过度的"企业办社会"职能。在真正意义企业下的责任弱化阶段，政企分离实质性推进，企社分离基本实现，国有企业成为自主经营、自负盈亏、自我发展、自我约束的法人实体

和市场竞争主体，国有企业在"后单位社会"和"市场社会"中出现原子化倾向，政府规制放松，企业行为脱嵌于社会之外。在现代意义企业下的责任重塑阶段，政府、企业、社会的分工进行适当调整，国有企业被认为是经济属性和社会属性内在统一而具有整合经济与社会功能的现代公司，政府对国有企业进行"以管为主"的适度管制，在社会主义和谐社会建设中国有企业嵌入于社会并对社会产生影响。在企业新定位下的责任创新阶段，政府、企业、社会的分工更趋合理化，国有企业成为目的属性与价值属性更加多元的合意性综合组织，并被认为是属性组合具有异质性的不同类型混合型组织。在迈向"共同体社会"中，政府对国有企业进行"以服为主"的放管服改革，国有企业与社会形成互动更为紧密、互惠更加常态、共演更为高级、发展更为协同的共生关系。由此可见，国有企业社会责任在不同时期的发展与演进反映出"政府—企业—社会"关系逐步向追求合理化与合意性的方向变化。

表 6 - 1　不同时期"政府—企业—社会"关系的演变

政企社 关系　　　　阶段	不完全企业下的责任错位阶段	真正意义企业下的责任弱化阶段	现代意义企业下的责任重塑阶段	企业新定位下的责任创新阶段
国有企业本质	没有完全摆脱政府机关附属物的角色	独立的法人实体和市场竞争主体	经济属性和社会属性内在统一而具有整合经济与社会功能的现代公司	目的属性与价值属性更加多元、属性组合具有异质性的综合混合组织
国有企业使命功能定位	在很大程度上依然是政府进行社会管理和社会服务的直接实施主体	解决发达国家普遍面临的、转轨国家特有的、发展中国家特有的"三类"失灵问题	解决发达国家普遍面临的市场失灵问题、发展中国家特有的市场失灵问题；解决社会失灵问题	强化弥补市场失灵的一般性功能、突出在中国特色社会主义建设中的特殊功能
政企关系	企业与政府之间的行政关系并未有效割裂	政企分离实质性推进、管制放松	"以管为主"的适度管制	"以服为主"的放管服
社会形态	单位社会（保持）	后单位社会、市场社会（转为）	社会主义和谐社会（建设）	共同体社会（迈向）
企社关系	小社会（保持）	企社分离基本实现、原子化	嵌入、影响	共生
社会责任发展程度	错位	弱化	重塑	创新

2. 国有企业社会责任观与行为范式：追求高级化与自适应的过程

国有企业社会责任的发展与演进最直接的刻画是不同时期国有企业社会责任观、动力机制、实践内容、实践方式、融入范式和管理模式的演变，如表 6 - 2 所示。在不完全企业下的责任错位阶段，国有企业并不存在真正意义和现代意义上的企业社会责任问题，它秉持的是对社会的一切"负责任"的过度责任观；政府主导是国有企业行为的主要推动力量，国有企业采取"企业办社会"的方式对职工提供"从摇篮到坟墓"的一揽子福利和保障，对国家承担异化的经济责任；国有企业将所谓的"责任"作为其核心运营的组成部分，在 Yuan 等（2011）提出的七种将社会责任活动融入核心业务的模式中，可以归结为"本质上以企业社会责任为导向"的模式，但属于错位性的融入范式；国有企业完全没有责任议题思维，现代意义的企业社会责任管理更是无从谈起。在真正意义企业下的责任弱化阶段，国有企业展现出"唯赚钱论"企业社会责任观，社会责任意识与社会责任行为严重弱化；政府放松对国有企业的社会管制，知名跨国公司、国际组织和消费者虽然对国有企业履行社会责任形成一定的推动，但力量较弱；国有企业主要聚焦于经济目标，无暇顾及也缺乏动力关注和参与社会性议题，谈不上社会责任实践方式与融入范式问题，在社会责任的宏观层次与微观层次出现割裂；国有企业缺乏从社会责任视角的议题管理，系统和主动的社会责任管理也无从谈起，但少量的、零星的探索性涉猎社会责任管理开始出现。在现代意义企业下的责任重塑阶段，国有企业秉持"企业社会回应"的社会责任观，企业、政府与社会等多元力量推动国有企业履行社会责任的态势初现；国有企业履行社会责任的内容涵盖经济责任、环境责任与社会责任，但更注重显性企业社会责任（Matten 和 Crane，2008），社会责任的宏观层次与微观层次经常出现冲突，实践方式主要是通过议题参与和回应利益相关方期望来实现，也出现战略性企业社会责任、共享价值等创新性实践模式；国有企业将社会责任融入运营与管理的方式出现多样性，涵盖 Yuan 等（2011）提出的七种模式中的六种，即补丁模式、强化模式、定位模式、重贴标签模式、修整模式、合作模式，并开启了真正意义的社会责任管理探索，多维构建社会责任管理体系。在企业新定位下的责任创新阶段，国有企业树立更加系统、全面的"最大化社会福利贡献"社会责任观，内生动力与外源动力共同驱动国有企业履行社会责任；国有企业社会责任实践内容强调中国化、国企化、个性化和情境化，突出政治责任维度、国家战略导向、责任边界理性和内容差异化，同时注重隐性企业社会责任（Matten 和 Crane，2008）和显性企业社会责任，确保社会责任的宏观层次与微观层次相一致，并主要通过主动性、价值理性的企业社会创新来实现；国有企业更加重视将社会责任融入核心业务与企业管理，重点采取 Yuan 等（2011）提出的"本质上以企业社会责任为导向"模式、补丁模式、强化模式、修正模式来实现；国有企业加快推进社会责任管理转型，积极从关注局部的管理改进和社会风险管理转向整体的管理变革和创新责任管理模式。综合以上分析可以看到，国有企业社会责任观与行为范式在不同时期的演变实际上是一个追求高级化与自适应的过程。

表6－2 不同时期国有企业社会责任观与行为范式的演变

社会责任 ＼ 阶段	不完全企业下的责任错位阶段	真正意义企业下的责任弱化阶段	现代意义企业下的责任重塑阶段	企业新定位下的责任创新阶段
社会责任观	对社会的一切"负责任"的过度责任观	"唯赚钱论"	"企业社会回应"	"最大化社会福利贡献"
动力机制	政府主导企业行为	外部推动力量弱	初现企业、政府与社会等多元力量	内生动力与外源动力共同驱动
实践内容	企业办社会、异化的经济责任	聚焦于经济目标	经济责任、环境责任、社会责任	突出政治责任维度、国家战略导向、责任边界理性和内容差异化
实践方式	大包大揽	纯粹市场行为	议题参与、回应利益相关方期望	企业社会创新
责任类型	—	同时缺乏显性与隐性社会责任	显性社会责任	显性社会责任、隐性社会责任
实践层次	低层级、不合理的宏观与微观一致性	宏观与微观割裂	宏观与微观经常出现冲突	宏观与微观相一致
融入范式	错位的"本质上以企业社会责任为导向"模式	缺乏融入	补丁模式、强化模式、定位模式、重贴标签模式、修整模式、合作模式	"本质上以企业社会责任为导向"模式、补丁模式、强化模式、修正模式
管理模式	无社会责任管理	少量零星探索	真正意义的社会责任管理探索、多维构建社会责任管理体系	整体的管理变革、创新责任管理模式

第二节　论国有企业高质量发展

经济从高速增长阶段转向高质量发展阶段是中国特色社会主义迈入新时代的鲜明特征，也是中国经济发展迎来的历史性转变。高质量发展在相当长一段时间将成为中国经济发展的重大战略方向，随之而来的质量变革、效率变革和动力变革则成为中国经济发展"补短板"的重点。由于"质量"涵盖了微观、中观和宏观三个层次，即微观层面的产品质量、企业质量、人口质量和环境质量，中观层面的产业发展质量、工业化质量、城市化质量、金融发展质量和生活质量，宏观层面的经济增长质量、国民经济运行质量、经济发展质量、公共服务质量、对外贸易质量、高等教育质量和经济政策质量（任保平，2018），因此"高质量发展"虽然是以宏观层面的经济高质量发展为缘起而提出，但它必然也涵盖中观层面的产业高质量发展和微观层面的企业高质量发展，形成贯穿微观、中观和宏观的高质量发展完整体系。特别是，企业是宏观经济发展的微观主体，是中观产业发展的基本组织，经济高质量发展归根结底需要通过企业高质量发展予以实现。无论是推动经济发展方式转变、经济结构优化和增长动力转换，还是实施质量变革、效率变革和动力变革，都离不开企业的主体性作用，其成功与否关键在于企业，在于能否实现企业高质量发展。然而，目前对于高质量发展的研究基本上都聚焦于宏观层面的经济高质量发展，包括高质量发展的经济学分析（金碚，2018）、经济高质量发展的价值理论（吴金明，2018）、经济高质量发展的基本特质与支撑要素（刘志彪，2018）、经济高质量发展的制度逻辑（杜爱国，2018）、经济高质量发展的评判体系与测度（任保平和李禹墨，2018；师博和任保平，2018）、经济高质量发展的动力转换（陈昌兵，2018；蒲晓晔和 Fidrmuc，2018）和效率变革（贺晓宇和沈坤荣，2018；茹少峰等，2018）、经济高质量发展的实现途径（任保平和文丰安，2018；任保平和李禹墨，2018；刘友金和周健，2018）等，甚少对微观层面的企业高质量发展进行专门研究，系统性研究更是几乎没有。当然，在经济学之外，虽然管理学中没有专门提出企业高质量发展概念，但对企业成长、企业成功、企业竞争力、企业创新、世界一流企业、可持续发展等诸多领域的大量研究都与企业高质量发展密切相关，为开展企业高质量发展研究提供了有力支撑。不过，这些研究领域和视角毕竟与企业高质量发展不同甚至相去甚远，企业高质量发展作为一个新概念和一种新范式，迫切需要进行专门的系统性研究。

经济从高速增长转向高质量发展，既是经济体制改革不断推进的结果，也对进一步深化经济体制改革提出了新要求。长期以来，作为经济体制改革的中心环节和重要方面，国有企业改革不仅在宏观上推进了社会主义市场经济体制的建立和完善，保证了经济发展的稳定运行，增强了整体经济的国际竞争力（黄速建，2008），为经济高质量发展提供了必要的条件和强有力的支撑，而且在微观上将十分僵化和脆弱的国有企业从极度困境中"拉出来"，培育和打造了一批具有较强活力、控制力、影响力和抗风险能力的新型国有企业，同时催生与激活了一批颇具创造力、成长性与竞争力的民营企业，为推动企业高质量发展奠定了坚实的基础。然而，国有企业总体上仍然存在"大而不强"、布局偏"重"、体制不顺、机制不活、动力不足、发展方式粗放的突出问题，而国有企业改革则在经历放权让利、制度创新、国资监管和分类改革四个具有历史意义的阶段（黄群慧，2018）之后，步入了深水区和攻坚期，目标方向是要通过体制机制改革、发展方式转变和"强身健体"，推动国有企业迈向高质量发展。实际上，无论是战略主义的改革思维还是实用主义的改革思维（张文魁，2008），新时代深化国有企业改革的目标取向和重大举措都在向推动国有企业高质量发展方向收敛。从目标取向来看，推动国有资本做强做优做大、培育具有全球竞争力的世界一流企业和增强国有经济活力、控制力、影响力、抗风险能力，实质都是国有企业高质量发展的表征性反映或内质性要求。从重大举措来看，当前深化国有企业改革的五大重点，即调整优化国有经济布局、完善公司治理等现代企业制度、推进以混合所有制为重点的产权制度改革、分类改革以及完善国有资产管理体制，本质都是推动国有企业高质量发展的制度变革与制度优化。2018 年政府工作报告就明确提出，"国有企业要通过改革创新，走在高质量发展前列"。由此可见，高质量发展已经成为深化国有企业改革的内在要求，是新时代国有企业改革和发展的目标范式。国有企业高质量发展诚然已经转变成新时代中国经济发展和深化改革的一个重大命题，但正如对一般性企业高质量发展缺乏研究一样，国有企业高质量发展还未得到学界应有的关注，特别是对国有企业高质量发展的普遍规律和特殊规律、深化国有企业改革与国有企业高质量发展的内在逻辑关系、国有企业高质量发展的实现路径等具有重大意义的现实问题，都亟须进行清晰、深入和系统的研究。①

一、对企业高质量发展的理解

自从党的十九大报告正式提出"高质量发展"概念以来，人们对宏观层面的经济高质量发展概念进行了不同视角的理解和界定，而对微观层面的企业高质

---

① 本节核心内容发表于：黄速建，肖红军，王欣. 论国有企业高质量发展[J]. 中国工业经济，2018（10）.

量发展概念却缺乏探究。与此同时，一些政策敏感性强的企业尤其是国有企业，与时俱进地以高质量发展为导向，提出自身的高质量发展战略与行动部署。但深究来看，它们中的绝大部分对"企业高质量发展"缺乏科学合理的理解，很多都停留在简单套用与囫囵吞枣的层面，因此有必要对企业高质量发展的内涵与特征进行深入研究和解构。

1. 企业高质量发展的内涵

企业高质量发展是一个具有包容性的概念，由"企业""高质量""发展"等多个概念复合而成，虽然直观上人们似乎容易意会其含义，但真正界定与科学把握却并不容易，往往会出现认知上的分歧，无法形成统一的观点。但是，无论何种认知，界定企业高质量发展都需要回溯到对"企业发展质量"的理解，而后者则需要进一步追溯到对"质量"这个一元概念的定义和认识。

（1）对质量的再理解。质量在本源意义上有两种含义：第一种是从主体角度出发，质量被用来度量物体所含物质的多少或物体惯性的大小，表明质量主体的内在属性，即主体保持自身的运动状态，这也是解释质量概念的自然属性视角；第二种是从客体角度出发，质量被用来判断事物、产品或工作的优劣程度，表明质量主体的外在属性，即主体满足客体的程度，这也是解释质量概念的社会属性视角（程文广和赵捷，2012；任保平等，2017）。显然，无论是作为经济现象的微观主体，还是作为内嵌于社会的机构组织，对于涉及企业的质量认知和理解都强调质量的社会属性视角，即采用质量的第二种含义。从这种意义上来看，质量概念涉及价值判断，本质上是对经济事物或社会事物的社会价值的判断（任保平，2018），反映经济事物或社会事物的优劣程度。

质量的本源含义应用于不同载体就产生了多个衍生概念，企业发展质量概念亦是如此生成。从演变来看，质量概念经历了从最初的微观产品质量拓展到"大质量"（Big Quality）的过程（鲍悦华和陈强，2009），形成从狭义质量到广义质量的"质量伞"，而企业发展质量就是"质量伞"之下的一个概念构件。与此同时，质量的内涵也不断丰富和动态变化，从以克劳斯比和田口玄一为代表的客观质量论者强调"产品的有用性"，转向以休哈特、朱兰、戴明、费根堡姆和石川馨为代表的主观质量论者重视"产品能够满足顾客和社会需要的程度"，质量关注重点从最初关注产品本身到关注顾客，再到关注利益相关方，最新则关注整个社会（杨幽红，2013）。比如，国际标准化组织在最新的 ISO9000：2015 标准中指出，质量不仅包括产品预期的功能和性能，还涉及顾客的价值和利益感知，它通过满足顾客、利益相关方、社会的需求和期望而创造价值。质量内涵的演进表明，一方面，社会价值判断日益成为质量概念的核心，对企业发展质量的理解尤其需要以合理的社会价值判断体系为基础，包括以功利主义为核心的现实价值判断和基于人本主义发展观的终极价值判断（任保平等，2017）；另一方面，质量应当同时反映质量主体的本体固有特性和客体的价值感知特性，企业发展质量概念也应该同时涵盖 Shewhart（1939）所区分的客观质量和主观质量、郭克莎（1992）所界定的绝对质量和相对质量。

（2）对企业发展质量的认识。按照质量的本源含义，所谓企业发展质量，就是"企业发展的优劣程度"。从主观质量或相对质量视角，传统上"优劣程度"界定主要包括企业绩效观、企业竞争力观、企业效率或生产率观三种观点，强调效益最大化的现实价值判断，而最新的企业社会责任观或利益相关方理论则对"优劣程度"评价进行拓展，将企业创造的社会价值和利益相关方价值作为重要评价维度，突出以人为本的终极价值判断。从客观质量或绝对质量视角，"企业发展的优劣程度"评价不能仅仅停留在静态的、现实的、表征性的企业创造经济价值和社会价值水平上，更不能仅仅关注绝对量或相对量的扩张，而应该重视企业持续创造经济价值和社会价值的动态能力，强调企业成长的素质、活力和能力等企业本质性特征，这与 Penrose（1959）的企业成长观和 Porter（1990）的竞争优势理论也相符合。概括而言，企业发展质量是企业在一定时期内开展经营和追求发展过程中所展现出来的经济价值和社会价值实现效率与水平，以及企业持续成长和持续创造价值的素质能力。显然，企业发展质量是一个时域性概念，即对企业发展质量的评价与测度必须置于一定的时间范围内，当然这一时间段可以是短期，也可以是中长期；企业发展质量也是一个中性概念，即企业发展质量可以依据企业表现区分为高与低、优与劣；企业发展质量还是一个综合性概念，即企业发展质量全面反映企业的现实价值实现水平与未来价值创造潜力，既包括企业发展的表征性要素，又内含企业成长的本质性基因。

（3）对企业高质量发展的界定。从企业发展质量概念推演到对企业高质量发展的理解时，需要区分企业高质量发展作为状态性概念和过程（行为）性概念的差异。从前者来看，高质量发展在经济层面的提出即由高速增长阶段转向高质量发展阶段，说明高质量发展是区别于高速增长的一种经济发展质态（金碚，2018），包括经济发展的高质量、改革开放的高质量、城乡发展的高质量、生态环境的高质量和人民生活的高质量（任保平和李禹墨，2018）。类似地，企业高质量发展也可以认为是企业发展的一种新状态，即企业实现或处于高水平、高层次、卓越的企业发展质量的状态。在这种意义上，企业高质量发展是相对于低水平、低层次、低质量的企业发展而言，是企业发展追求的目标状态或理想状态。从后者来看，由于高质量发展是在我国传统上依靠要素投入拉动经济的粗放型发展方式难以为继和新时代社会主要矛盾发生转化背景下提出的，被认为是与"创新、协调、绿色、开放、共享"发展理念相契合（师博和张冰瑶，2018）并强调"质量第一，效益优先"的新型发展（贺晓宇和沈坤荣，2018），因此高质量发展是实现经济提质增效的新的发展范式。与此相似，企业高质量发展亦可看作企业发展的一种新范式，即企业以实现高水平、高层次、卓越的企业发展质量为目标，超越以往只重视企业规模扩张、仅依靠增加要素投入的粗放式发展方式，走提供高品质产品和服务、强调经济价值和社会价值创造效率与水平、重视塑造企业持续成长的素质能力的道路。在这种意义上，企业高质量发展是一种合意的企业发展导向和范式选择，是企业集约型发展范式、内涵式发展范式和可持续发展范式的集成。综合状态性概念与过程性概念的界定，企业高质量发展可以定义为：企业追求高水平、高层次、高效率的经济价值和社会价值创造，以及塑造卓越的企业持续成长和持续价值创造素质能力的目标状态或发展范式。需要指出的是，虽然企业发展质量的评价与测度可以是短期或中长期，但企业高质量发展需要在一个较长时间域内予以审视与界定，因此通常是一个中长期概念。此外，企业高质量发展中的"企业"指的是特定企业个体，而非企业界，因此属于微观层面的概念。

2. 企业高质量发展的特征

企业高质量发展是一个综合性、集成性、动态性概念，代表着企业发展的新潮流、新趋势、新方向、新范式、新要求和新规律，是新时代建设卓越企业和世界一流企业的"中国方案"。更加清晰地理解企业高质量发展概念，需要从现代企业发展的基本逻辑和运行规律来揭示与解构企业高质量发展的特征。

（1）企业高质量发展的刻画维度。虽然现实中企业高质量发展因为企业的异质性而存在个体差异，但在更高的群体层面上应当存在共同的特质。根据以上定义，企业高质量发展涉及企业发展系统、价值实现层次和价值对象范围，这也构成刻画企业高质量发展的三个维度。

第一，"五好"的企业发展系统。按照现代企业的运行和发展规律，企业发展系统由发展动力、能力要素、行为表现、机制保障和绩效结果等各要素构成。企业高质量发展是全方位的高质量，意味着企业发展系统各要素具有高质量特点，具体表现为"五好"："想做好"，即从动力上有意愿、有想法去做好，这是基础；"能做好"，即从能力上有要素、有支撑去做好，这是条件；"行动好"，即从行为上真正落实好、表现好，这是关键；"持续好"，即从机制上保证一贯地做好、自觉地做好，这是保障；"成效好"，即从绩效上展现出好的结果、好的效果，这是根本。

第二，三层次的价值实现。企业高质量发展意味着企业首先具有强大的价值创造能力和卓越的价值创造水平，能够致力于对可持续发展的贡献（ISO，2010），最大限度地创造包括经济价值和社会价值的综合价值，这是价值实现的基础层次；其次是高度重视并持续提升运营透明度，善于开展价值沟通，能够让利益相关方和社会了解企业创造综合价值的努力与结果，这是价值实现的中间层次；最后是赢得利益相关方和社会的利益认同、情感认同、价值认同，增进利益相关方和社会对企业的理解与合作，夯实企业可持续发展的社会基础，这是价值实现的最高层次。

第三，全视域的价值对象。无论是经济发展还是企业发展，都需要解决"发展为了谁"和"发展依靠谁"的问题，即价值对象问题。从现实来看，任何企业的发展都是企业与利益相关方和社会互动的结果，是企业与环境共同演化的过程（肖红军等，2015）。因此，企业高质量发展要求企业必须超越以往自我为中心和纯粹内部视野，树立外部视野和具备换位思考能力，对于任何重大决策和活动都应当从企业视角、利益相关方视角和社会视角进行全方位统筹考虑。企业高质量发展要求企业无论是在理念认知、能力要素、行为表现、机制保障和绩效结果上，还是在价值创造、价值沟通和价值认同上，都应当从企业视角、利益相关方视角和社会视角进行全面审视，既充分考虑内部与外部对企业运营的核心需求，又协调配置内部与外部对企业发展的资源供给，形成企业与利益相关方和社会良好协同互动、共创共享多层多元价值的发展格局。

（2）企业高质量发展的七大特质。综合企业发展系统、价值实现层次和价值对象范围三个维度，企业高质量发展表现出以下七大明显特质，如图6-3所示。

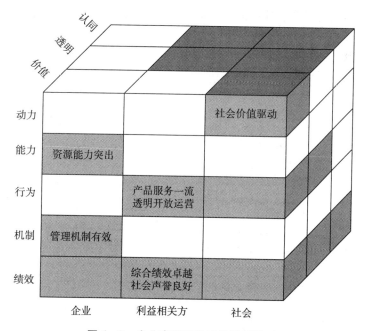

图6-3　企业高质量发展的特质模型

第一，社会价值驱动。企业是经济功能与社会功能融为一体的组织（李伟阳，2010），企业发展动力有外源性动力和内生性动力两种，但企业高质量发展意味着内生性的使命驱动和自我驱动是企业发展的核心动力源泉。企业高质量发展要求企业坚持社会价值本位而非纯粹企业利益最大化的发展理念，以社会价值为引领，置身于经济社会发展大局中定位自身的角色与使命，洞察、预知、挖掘社会需求，将参与解决社会问题、创造社会价值、贡献社会进步作为企业存在与发展的出发点。由于社会需要和问题往往可以转化为有利可图的商业机会（Drucker，1984），因此企业在社会价值引领下，往往可以用创新的方案解决社会问题和满足社会需要，同时也为企业带来可观的财务价值，创造企业与社会双赢的共享价值，推动企业与社会的协调可持续发展。由此可见，强烈的使命感、高度的责任感和无限的进取心是驱动企业高质量发展的根本动力，最终将企业塑造成为自我驱动、价值引领的进取型企业。

第二，资源能力突出。按照资源基础观，具有价值性、稀缺性、不可完全模仿性和组织性的战略资源（Barney，2002）是企业获取持续竞争优势的来源，而企业能力理论则认为，配置、开发、保护、使用和整合资源的能力特别是核心能力（Prahalad 和 Hamel，1990）和动态能力（Teece 等，1997）是企业竞争优势的深层来源。对于现实中的企业，资源基础和动态能力都是企业成长甚至世界一流企业成功的基因（黄群慧等，2017）。因此，企业高质量发展要求企业培育和具备异质性的战略资源、独特的核心能力和突出的动态能力，能够构筑形成竞争优势和适应外部环境变化，保证企业持续有能力去将社会价值引领的理念落地。高质量的战略资源意味着企业更加重视和强调人才、信息、数据、信誉、品牌、用户参与等软实力资源，将其打造成为支撑企业战略和运营的关键性要素。高水平的核心能力和动态能力意味着企业拥有较强的整合能力（内外部资源整合与优化配置能力）、创新能力（技术创新、服务创新及解决方案创新的能力）和适应能力（动态适应内外部环境变化、善于与外部环境共演的能力）。

第三，产品服务一流。企业存在的目的在于其核心社会功能，能够提供质量合意性（金碚，2018）的产品与服务。企业高质量发展意味着企业善于依托自身的资源能力优势去充分发挥核心社会功能，为社会提供高品质的、具有一流水平的产品与服务。企业高质量发展要求企业培育和拥有强烈的工匠精神，对产品与服务品质的追求永不止步，特别是高度重视产品与服务提供的有效和高效（李伟阳，2010）。有效，首先是坚持需求导向，所提供的产品与服务符合客户所需和社会所需，甚至引导形成合理的客户需求和社会需求；其次是功能质量先进，所提供的产品与服务安全、稳定、优质、技术水平高。高效，就是不断提高生产运营效率，降低产品与服务的综合成本，所提供的产品与服务具有经济合理性和绿色环保性。

第四，透明开放运营。正如"企业目的必然存在于企业自身之外"（Drucker，1973），企业的价值也存在于企业之外，企业的价值只有被利益相关方和社会所认可与认同，才可以说是具有真正意义的价值。无论是基于合法性理论还是资源依赖理论，企业都需要通过透明开放运营来赢得利益相关方了解、理解、认同和支持。因此，企业高质量发展必然要求企业着眼于实现一流的产品服务提供，对利益相关方和社会保持足够的透明度与开放度。一方面，企业应当加强与利益相关方的沟通，开展透明运营，关注利益相关方的多元期望与诉求，并在产品与服务提供过程中予以充分考虑，从而赢得利益相关方和社会对企业运营的了解、理解与认同；另一方面，企业需要高度重视利益相关方参与，实施开放运营，既充分发挥利益相关方的互补性优势，使其为企业的产品与服务提供做出贡献，又通过相互合作为利益相关方创造价值，从而共同发现价值、共同创造价值、共同分享价值，实现高层次的互利共赢。

第五，管理机制有效。充沛的活力是企业竞争优势中最为重要的部分（Porter，1990），而活力来源于主动求变的创新和灵活高效的管理机制。企业高质量发展要求企业与时俱进地开展管理模式创新，虽然不刻意追求最为前瞻和最为领先的管理机制，但需要建立具有一定先进性、符合企业实际需要的管理机制。企业所构建的合意的管理机制通常包括五个方面：治理有效，即公司治理结构与治理机制能够保证权力的制衡和决策的科学性，组织结构与运行规程能够适应企业发展战略需要；管理科学，即形成一套具有自身特色、具有一定先进性的管理模式，从战略管理、基础管理、职能管理、专项管理、赋权赋能等方面构建起一套合意的管理系统，拥有一套行之有效的管理方法；制度规范，即建立起一套完整规范的制度体系，并能够真正得到有效落实，制度的激励约束功能得到充分发挥；流程合理，即拥有一套符合行业发展规律、满足企业管理规律、基于企业客观实际的业务运营和企业管理流程体系，形成"流程管事"的良好格局；文化优秀，即打造形成积极健康、充满活力、务实求真、追求卓越的企业文化，企业文化的导向功能、凝聚功能、激励功能、约束功能、辐射功能和整合功能得到充分展现，形成文化治企的新模式。

第六，综合绩效卓越。无论是社会价值驱动还是作为集约型发展范式、内涵式发展范式和可持续发展范式的集成，企业高质量发展都要求企业不是仅仅关注自身的财务绩效，而是强调范围更广、内容更全的综合绩效，成为卓越综合绩效的创造者。综合绩效卓越主要体现在三个层次：从企业自身来看，企业应当具有高水平、行业领先甚至世界一流的经济绩效，尤其是拥有较高的市场地位和优异的成长性、盈利性、效率性指标，保持企业运营的健康性与健壮性，能够充分维持和支撑企业持续的自我发展；从利益相关方层次来看，企业应当创造可观的利益相关方价值，增强利益相关方的价值获得感，满足利益相关方的多元价值偏好和诉求；从社会层次来看，企业应当最大限度地实现高水平的社会绩效，包括对经济发展的间接贡献、对社会进步的促进作用和对环境保护的直接与间接效应。企业高质量发展还意味着企业以最少的全要素投入创造最大的综合绩效产出，具有一流的全要素综合绩效产出率。

第七，社会声誉良好。良好的社会声誉是企业重要的无形资产和软实力，能够为企业的可持续发展创造良好的社会环境。企业高质量发展要求企业高度重视社会形象与品牌声誉的塑造，努力获取社会高度认同、长期赢得广泛尊重、形成良好社会声誉，将自身打造成为对经济社会发展和人民生活品质提升具有重要影响力、拥有强大行业领导力和广泛社会带动力的企业。良好社会声誉的塑造要求企业通过负责任的行为，向利益相关方和社会展现负责任的企业形象，赢得利益相关方和社会的良好形象感知；通过透明运营和开放运营，尊重利益相关方和社会对企业的知情权、监督权和参与权，赢得利益相关方和社会的高度心理认同；通过匹配性的品牌建设，提升品牌的认知度、美誉度和知名度，赢得利益相关方和社会的卓越品牌口碑。企业高质量发展意味着内外部对企业的真心认同、真心尊重、真心信赖、真心支持，真正体现出企业具有卓越的品牌价值和社会影响力。

二、国有企业高质量发展的特殊性

国有企业是国民经济的重要支柱，是中国特色社会主义经济的"顶梁柱"，是推进社会主义现代化强国建设、保障人民共同利益的重要力量。国有企业改革和发展直接关系到我国经济能否实现高质量发展、"人民日益增长的美好生活需要和不平衡不充分的发展之间的矛盾"能否得到有效解决、社会主义现代化强国建设能否顺利推进。推动国有企业高质量发展成为一项具有全局性、战略性、时代性、现实性的紧迫任务，而完成这一任务的前提是能够有效把握国有企业高质量发展的基本规律和特殊性。国有企业作为特殊企业的性质和功能（金碚，1999），决定国有企业高质量发展不仅拥有一般性企业高质量发展的特点，而且具有其固有的特殊性和差异化表现，突出体现为多层次性、多样性和多重约束性。

1. 国有企业高质量发展的多层次性

无论是谈及国有企业改革还是国有企业发展，都需要区分四个层次或概念，即国有经济、国有资本、国有企业整体和国有企业个体，它们往往意味着不同层次国有企业改革与发展的方向、思路、重点和方式的差异性。相应地，国有企业高质量发展也应当包括和区分出四个层次，即国有经济高质量发展、国有资本高质量发展、国有企业整体高质量发展和国有企业个体高质量发展，这与一般性企业高质量发展主要意指企业个体高质量发展具有显著不同。

（1）宏观层面的国有经济高质量发展。按照我国宪法规定，"国有经济，即社会主义全民所有制经济"，它一方面是一种生产社会化程度更高的所有制形态（王生升，2018），另一方面也是整个经济大系统中的一个子系统。作为一种经济类型，国有经济高质量发展更多地属于宏观层面的经济高质量发展范畴，需要反映和遵循经济高质量发展的规律与要求。根据经济高质量发展的定义，即"能够更好满足人民不断增长的真实需要的经济发展方式、结构和动力状态"（金碚，2018），国有经济高质量发展意味着国有经济宏观层面需要进行重"质"轻"量"的战略性调整，不仅要转变国有经济发展方式、推进国有经济布局结构优化、升级国有经济发展动力（黄群慧，2016），而且应当通过强调经济发展的本真理性（金碚，2018）来更好地满足人民日益增长和升级的实质需要。国有经济高质量发展主要反映在更优地实现国有经济整体功能和高效率，塑造高水平的国有经济活力、控制力、影响力和抗风险能力。

（2）中观层面的国有资本高质量发展和国有企业整体高质量发展。国有资本和国有企业整体都属于"集合"或群体概念，因此国有资本高质量发展和国有企业整体高质量发展都属于中观层面的高质量发展范畴。对于国有资本高质量发展，国有资本是国有经济在资本层面的承载形式，国有经济的布局优化、结构调整和战略性重组都需要通过国有资本的投资与运营优化予以实现。国有资本高质量发展意味着做强做优做大国有资本，体现为合理的国有资本投向和高效的国有资本运营，前者要求从实现国有经济整体功能和增强国有经济活力出发，推动国有资本更多投向关系国家安全、国民经济命脉、国计民生的重要行业和关键领域，向战略性、前瞻性产业和优势产业集中，后者要求提高国有资本配置运营效率，获取较优的国有资本回报率。对于国有企业整体高质量发展，由于国有企业群体是国有资本的主要载体，国有企业做强做优做大与国有资本做强做优做大具有一致性（宋方敏，2018），因此国有资本高质量发展的实现在很大程度上取决于国有企业整体高质量发展。国有企业整体高质量发展抽象掉了特定国有企业个体的行为特征和运行规律，更多的是从整体层面反映国有企业群体的运行和发展状态，强调国有企业群体在国家经济社会发展中的功能定位（如"六个力量"）实现到位，整体的经济价值和社会价值创造能力、效率与水平表现较好，保持总体的国有资产增值处于一个较优水平，国有企业群体在整体上实现"强、优、大"。

（3）微观层面的国有企业个体高质量发展。无论是国有经济、国有资本还是国有企业整体，最终的载体还是微观层面的一个个特定国有企业，累积性的和耦合性的国有企业个体高质量发展将会推动形成国有企业整体高质量发展、国有资本高质量发展和国有经济高质量发展。一方面，国有企业个体首先是"企业"，遵循普适性的企业发展规律，因此国有企业个体高质量发展应当符合一般性企业高质量发展的意涵和要求，具备一般性企业高质量发展的七大共性特质，即社会价值驱动、资源能力突出、产品服务一流、透明开放运营、管理机制有效、综合绩效卓越和社会声誉良好。另一方面，国有企业个体毕竟拥有国有性质的特殊性，其决策目标、运行逻辑和约束条件都有别于一般性企业，因此国有企业个体高质量发展除了具有一般性企业高质量发展的泛化特征外，在企业高质量发展不同刻画维度上、不同特质要素上都有其特殊的具体表现，同时在实现方式上也与一般性企业高质量发展有所差异。

（4）国有企业高质量发展四个层次的逻辑关系。由国有企业高质量发展四个层次的界定可以看出，国有经济高质量发展、国有资本高质量发展和国有企业整体高质量发展皆是一种目标状态，属于状态性概念，而国有企业个体高质量发展则既是一种目标状态，又是一种发展范式，同时属于状态性概念和过程性概念。从它们之间的相互关系来看（见图6-4），四个层次自上而下体现为导向与任务关系，即某一层次的推进需要以上面若干层次为目标导向，同时以紧邻的上一层次为任务要求；自下而上体现为实现方式与支撑要素关系，即某一层次的推进是实现紧邻的上一层次的主要方式，同时也是上面若干层次推进的支撑要素。考虑到国有企业高质量发展四个层次之间关系密切，而国有企业个体高质量发展最为基础，因此本节的国有企业高质量发展概念囊括了四个层次，但最为主要的是指国有企业个体高质量发展。

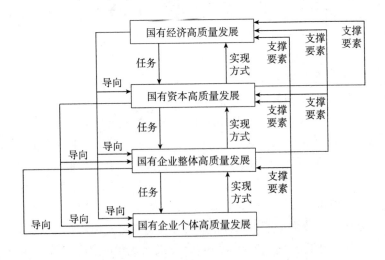

图6-4　国有企业高质量发展四层次的逻辑关系

2. 国有企业高质量发展的多样性

　　企业的使命性质和功能定位会直接决定企业运行的制度逻辑，而制度逻辑则会通过组织场域对企业的行为活动如战略、结构、实践等产生影响（Greenwood等，2011），并进一步影响到企业发展质量。当谈及一般性企业高质量发展时，往往将企业看作经过社会化建构的经济组织，抽象掉企业使命性质和功能定位的异质性，强调纵向视角下制度逻辑的同质性因素（王涛和陈金亮，2018），而且，即使一般性企业对使命性质和功能定位进行差异化选择，也是企业个体的自主选择，因此存在普遍意义上的企业高质量发展目标状态或范式的趋同。然而，尽管国有企业整体可以看作以营利方式实现全民目标的经济组织（金碚，2015），但"全民目标"所赋予国有企业个体的内容也千差万别，这意味着国有企业个体的"国家使命"和功能定位是外部赋予的、多样化的，其差异性在国有企业个体的现实运行中不得不考虑。使命性质和功能定位的异质性一方面使国有企业分类成为深化国有企业改革和推动国有企业发展的逻辑起点，另一方面也导致国有企业个体运行的制度逻辑差异，从而引起国有企业个体高质量发展的差异化与多样化。

　　国有企业分类的逻辑和依据可以有不同视角，相应的分类也就多种多样，但目前达成共识的是以使命要求和功能定位作为国有企业分类的依据。虽然依据使命要求和功能定位差异的国有企业分类也有"两分法""三分法"和"两两分法"（盛毅，2014）的差别，但它们大同小异，本质上都类似。根据2015年出台的《关于国有企业功能界定与分类的指导意见》，国有企业可以划分为公益类国有企业、商业一类国有企业和商业二类国有企业三种类型，它们因为运行的制度逻辑差别而在一般性企业高质量发展的七个特质上表现出差异性。

　　（1）公益类国有企业高质量发展。公益类国有企业承载的是最大化公共利益和最优保障社会民生的使命要求和功能定位，是弥补和矫正"市场失灵"的工具，主要提供基础性的公共产品和服务，属于偏向较高公共利益的组织场域（王涛和陈金亮，2018）。由于公共利益制度逻辑处于强势甚至主导地位，公益类国有企业高质量发展的特点具体表现为：①企业发展动力来源于社会价值驱动的基础层次即社会责任驱动，是一种对国家、对社会、对人民负责任的义务感和责任感驱动企业不断追求进步。②资源能力突出要求企业重视提供公共产品和公共服务的基础保障能力，将全部资源和精力都投入到公共产品和公共服务提供上，强调提供公共产品和公共服务的方式创新、流程创新、服务创新和手段创新。③产品服务一流是企业高质量发展的关键，表现为高效率地提供高品质的公共产品和公共服务，满足人民群众日益提高的公共产品和公共服务需求。④企业透明开放运营非常关键，高公共性要求保持高透明度，尤其是要有效满足社会公众对企业提供公共产品和公共服务的知情权、参与权和监督权。⑤管理机制有效更加强调高效和有效的外部监督机制、问责机制，以及以方便人民群众为导向的规范性公共产品和公共服务提供流程。⑥综合绩效卓越主要表现为最大限度地创造社会价值，既包括公共产品和公共服务的提供与保障水平、满足人民对公共产品和公共服务的需求程度，也包括相应的成本控制和营运效率，追求以更少的投入创造更多的社会价值。⑦社会声誉良好来源于社会公众对企业提供公共产品和公共服务的感知及其需求满足程度，表明企业提供公共产品和公共服务的质量与效率获得社会公众认可。

（2）商业一类国有企业高质量发展。商业一类国有企业处于充分竞争行业和领域，提供的是具有竞争性和消费上排他性的私人产品（中国宏观经济分析与预测课题组，2017），除了"国有"性质特殊性外，与一般性企业具有最大相似性，承载的是以国有资产保值增值为核心要求的"市场盈利"的使命要求和功能定位（黄群慧和余菁，2013），属于偏向较高市场经济的组织场域（王涛和陈金亮，2018）。受到处于强势甚至主导地位的市场经济制度逻辑作用，商业一类国有企业高质量发展的特点具体表现为：①社会价值驱动来源于企业家精神，是企业对全球性和区域性社会问题或可持续发展问题的关注、将社会问题转化为商业机会的敏感性驱动企业不断发展，属于高度自主驱动型和高层次社会价值驱动型。②资源能力突出强调企业构建相对竞争对手更优的战略资源、核心能力和动态能力，打造突出的双元创新能力、环境共演能力、战略柔性能力和商业化运作能力，形成能够生发和获取持续竞争优势的能力体系。③产品服务一流要求企业以创新的产品、服务或方案解决社会问题，生产和提供具有高品质、高附加值、高可靠性的"饱含责任感"的产品或服务，产品和服务品质在行业内甚至全球处于一流水平，能够很好地满足用户的高层次需求。④透明开放运营意味着企业需要保持适宜的透明度，满足利益相关方的差别化沟通和参与需求，重视打造具有竞争优势、保持活力、动态开放的商业生态圈，形成企业与利益相关方、生态圈成员的共赢式合作。⑤管理机制有效更加强调构建适应环境动态变化和市场竞争要求的、前瞻性与现实性兼具的企业管理模式，特别是要求建立和创新科学高效的公司治理体系、灵活的运营机制、先进的管理方法和匹配的企业文化。⑥综合绩效卓越突出效益和效率导向，强调企业取得和保持一流的经营业绩、全要素生产率、市场竞争力和国有资产保值增值能力，同时关注利益相关方价值创造水平和通过企业运行对解决社会问题的贡献。⑦社会声誉良好意味着企业相对竞争对手具有更优的品牌知名度、认知度和美誉度，赢得利益相关方更高的利益认同、情感认同和价值认同，建立起一流的社会形象和获得广泛的社会尊重。

（3）商业二类国有企业高质量发展。商业二类国有企业介于公益类国有企业和商业一类国有企业之间，属于非完全竞争领域的特定功能企业，承载的是保障国家安全、主导国民经济命脉、完成特殊任务、支撑经济赶超的使命要求和功能定位，是政府参与和干预经济的重要手段（黄速建和余菁，2006），处于公共利益和市场经济叠加的组织场域（王涛和陈金亮，2018）。商业二类国有企业的运行受到公共利益制度逻辑和市场经济制度逻辑的双重平衡作用，其高质量发展的特点具体表现为：①企业发展动力融合多个层次，社会价值驱动既包括基础层次的承担社会责任驱动，也包括将社会问题转化为商业机会的高层次社会价值驱动。②资源能力突出强调企业拥有执行国家经济意志和重大专项任务、参与市场经济两者相融合的战略资源、核心能力和动态能力，尤其要求企业具备双元运作能力，重视关键领域的技术创新能力、产业化能力和商业化运作能力。③产品服务一流要求企业提供行业内一流、具有较强竞争力的产品和服务，能够高水平地满足人民群众或特定用户的需要以及执行国家战略任务的需要。④透明开放运营则因企而异，对于与人民群众利益密切相关的、处于自然垄断行业的商业企业，需要保持高度的公众透明，而对于保障国家安全与国民经济运行、执行国家战略任务的商业类企业，则应在利益相关方范围内保持合理适度的透明。⑤管理机制有效既要求企业建立能够动态适应市场竞争的、具有行业领先性的企业管理模式和运行机制，又强调构建有效的外部监督机制和问责机制。⑥综合绩效卓越表明企业具有较优的经营业绩、全要素生产率、市场竞争力和国有资产保值增值能力，在行业内处于领先水平，同时要求企业保障国家安全与国民经济运行、执行国家战略任务、提供基础设施服务的特殊功能得到充分发挥，创造出较高的社会价值。⑦社会声誉良好既来源于社会公众认可企业在发挥保障国家安全与国民经济运行、执行国家战略任务、提供基础设施服务等特殊功能方面的表现，也表明企业拥有比竞争对手更优的品牌知名度、认知度和美誉度。

3. 国有企业高质量发展的多重约束性

企业高质量发展既是一个具有一定标准设定的绝对概念，又是一个与以往发展状态或范式相比较的相对概念，这意味着企业需要从原有的相对低质发展状态演进到新的高质量发展状态，从以往相对粗放的发展范式转变为新的高质量发展范式。企业高质量发展的实现过程实际上是企业成长从量变向质变的跨越，而这一过程受到企业发展动力与阻力相互作用强度的影响，特别是形成阻力的制约性因素往往更需要关注。从企业高质量发展的约束条件来看，国有企业由于历史成因、现实制约和特殊性质，相对一般性企业高质量发展具有更多重的制约因素，突出表现为更强的路径依赖、制度依赖和社会依赖。

（1）更强的路径依赖。路径依赖是一个普遍的经济社会现象，企业发展和组织成长过程中也经常出现路径依赖现象甚至多元路径依赖（Multiple Path Dependence）问题。路径依赖在企业场域是指企业"继续从事同样事情"的趋势，这要么是由企业拥有完成某项任务的能力或知识决定的，要么是因为企业无法从历史中摆脱出来（Winter，2006），通常是资源陷入、认知局限和行为惯性的组合（Sydow 和 Koch，2009）。无论对于国有企业还是一般性企业，由于路径依赖会产生资源惰性和惯例惰性（Gilbert，2005）、群体思维、认知锚定、黏性和组织弹性缺乏等一系列问题（Arthur，1989），而企业的资源存量、认知思维和行为活动一旦形成对发展范式的路径依赖，就可能导致发展范式转变的行为被排除在企业选择之外，因此路径依赖在很大程度上会影响企业进行发展范式转变或发展状态跃升，成为阻碍企业高质量发展实现的制约因素。进一步，对于国有企业特别是公益类国有企业和商业二类国有企业来说，一方面由于长期的历史积淀、根深蒂固的观念和一贯的行为方式，其相对一般性企业具有更高程度的资源陷入、认知局限和行为惯性；另一方面国有企业的改革发展尤其是组织变革会遭受更为强烈和更为复杂的利益集团阻挠，而地方政府行为更是会增加国有企业转变发展范式的不确定性，这两个方面共同导致国有企业相对一般性企业具有更强的发展路径依赖。相应地，国有企业高质量发展的实现会受到更高程度的路径依赖影响，在 Roe（1996）所区分的三种路径依赖类型中通常属于高度路径依赖。

（2）更强的制度依赖。根据新制度组织理论，企业的生存与发展依赖于制度环境，制度会深刻影响企业的战略、组织结构与分工结构、新技术投资等，进而对企业的全要素生产率产生影响（Cull 和 Xu，2005）。从企业高质量发展来看，通过组织转型与技术创新来提高企业的全要素生产率是企业实现发展范式转变的关键，因此制度环境也是实现企业高质量发展的重要影响因素。但是，并不是所有行业、所有类型的企业都会受到制度环境的相同程度影响（魏婧怡等，2017），制度依赖性表现出企业差异性。虽然经过改革开放 40 年来的强制性制度变迁和诱致性制度变迁，国有企业面临的正式制度和非正式制度已经向市场经济体制方向大步迈进，但在转型时期的"市场政治双元"制度环境中，政府与企业的关系、产权制度、企业领导人的任命机制等制度安排仍在深刻变革中，对于国有企业发展具有重大影响。一方面，国有企业天然的政治依附性意味着政府与企业关系调整的困难，隐性的政策性负担、预算软约束和政企分开、政资分开的不彻底对商业一类国有企业高质量发展形成障碍，而公益类国有企业和商业二类国有企业的高质量发展更是高度依赖于政企关系的调整方向；另一方面，产权制度、企业领导人的任命机制都是国有企业最基础的、具有决定意义的制度安排，而深化产权制度改革与企业领导人的任命机制改革都不是国有企业个体所能自主选择和决定的，而是高度甚至完全依赖于整体的国有企业制度改革方向和改革进程。因此，相对于一般性企业，国有企业高质量发展的实现具有更高程度的制度依赖性，深受正式制度与非正式制度的变革方向影响。

（3）更强的社会依赖。任何企业都是以某种方式嵌入于社会中，企业的生存和发展离不开企业与社会之间关系的有效处理，企业在社会网络中的结构性嵌入和关系性嵌入在一定程度上决定了企业的经济性和创新绩效（Owen - Smith 和 Powell，2004），进而对企业发展质量产生重要影响。企业高质量发展需要构建高质量的企业与社会之间关系，企业发展范式的转变则意味着企业的社会网络嵌入需要创新和升级。相对于一般性企业，脱胎于计划经济体制的国有企业属于社会化建构程度更高的企业，公益类国有企业和商业二类国有企业本身就应该为社会公众提供公共性或基础性的产品与服务，商业一类国有企业也被社会公众预期赋予更多的社会义务和社会责任，因此国有企业与更广泛的社会公众拥有千丝万缕的联结，社会网络嵌入赋予国有企业更为重要的意义。与此同时，随着社会转型由改革开放初期的单位社会转向后单位社会，再到社会主义和谐社会建设，直至现今向"共同体社会"迈进，国有企业与社会之间的关系也应随之相应调整，而能否成功调整对国有企业的发展质量影响重大。比如，虽然剥离社会负担和社会职能一直是国有企业改革的重要内容，这一问题总体上也都获得了解决，但现实中仍有不少国有企业面临社会性的历史遗留问题，而其中很多问题都是"难啃的骨头"，涉及较多社会群体的利益和社会问题。显然，无论是国有企业与社会之间关系的历史演化，还是国有企业与社会公众之间的现实关系，国有企业的社会网络嵌入相对一般性企业都更为特殊，国有企业高质量发展的实现具有更高的社会依赖性。

三、国有企业高质量发展的应然性

经过40年的改革开放，国有企业发展进入到一个多重情境交汇的"历史关口"，既有中国特色社会主义进入新时代的时代新情境，又有新一轮工业革命大幕逐渐开启和逆全球化倾向正在暗流涌动的全球新现象，既有世界一流企业竞争方式和发展范式不断迈向高端的演化新趋势，又有国有企业改革迈入深水区和攻坚期并在争议中继续深化前行的探索新要求。时代新情境、全球新现象、演化新趋势和探索新要求共同构成了新时代国有企业发展的情境新集合，对国有企业重新审视自身的发展方向、发展道路和发展范式提出了新要求。这意味着从应然视角回答"要不要"推动国有企业高质量发展，对于国有企业成功跨越"历史关口"和再上发展新台阶至关重要。

1. 关键外部环境深刻变化的倒逼效应

无论是环境适应理论还是环境选择理论，都表明企业发展与外部环境息息相关，尤其是战略性和关键性的外部环境。战略性、关键性外部环境的深刻变化要求企业必须进行适应性的变革或重新进行环境选择，否则就可能被环境所"抛弃"或者遭受难以承受的致命之击，企业发展质量更是可能无法逃离剧烈恶化的命运。国有企业发展作为国有企业与多重外部环境因素共同演化的过程，自然也会受到战略性、关键性外部环境深刻变化的强烈影响，必须做出适应性甚至前瞻性的自我变革。实际上，近些年来国有企业发展的战略性、关键性外部环境的确正在经历转折性或"跳跃式"变化，对国有企业进行发展范式转型、突破以往低端"锁定"的粗放式发展道路形成倒逼，国有企业高质量发展成为响应环境倒逼的客观需要和开展适应性变革的战略抉择。

（1）经济发展阶段重大转变的直接倒逼。经济从高速增长阶段转向高质量发展阶段不仅是对中国经济的一个重大判断和战略定位，而且是中国经济已经发生、正在经历和将要实现的实实在在的巨大转折。相对高速增长阶段，经济高质量发展阶段不再是解决"落后的生产力"问题，也不需要所谓的"非理性繁荣"，而是要破解"不平衡、不协调、不充分、不可持续"的难题（金碚，2018），实现更高质量、更有效率、更加公平、更可持续发展。经济高质量发展阶段将至少出现六个方面的重大变化：发展思想的转变，即由忽略经济发展的本真性质转向以人民为中心的本真复兴（金碚，2018）；发展动力的转变，即由要素投入驱动转向创新驱动；发展方向的转变，即由数量追赶转向质量追赶；发展重点的转变，即由规模扩张转向结构升级；发展速度的转变，即由高速增长转向中速增长；发展方式的转变，即由缺乏对社会和环境包容性的增长转向对社会和环境负责任的可持续发展。对于作为国民经济重要支柱的国有企业来说，中国经济迈向高质量发展阶段一方面需要依托国有企业高质量发展的强力支撑，另一方面也意味着国有企业发展面临的战略性、关键性经济环境出现了非连续性的深刻变化，对国有企业变革发展范式形成强烈的直接倒逼。经济高质量发展的前置性环境因素要求国有企业进行适应性或前瞻性的变革，加快推进发展理念、发展动力、发展布局、发展方式、发展重点和发展绩效的"质量升级"与"价值升级"，转向或实现企业高质量发展。由此可见，国有企业高质量发展是国有企业适应与支持中国经济发展阶段重大转变、应对经济高质量发展引致系列环境因素深刻变化的应有之义。

（2）新工业革命大范围推进的深层倒逼。工业革命是以通用目的的技术的突破为基础，并往往表现为能源技术变革和通信技术变革共同引发的经济社会转型。工业革命所蕴含的"重大的"技术范式转变及其开辟的巨大技术机会和广泛应用前景（黄群慧和贺俊，2013），必然会引起技术路线、生产方式、产业组织方式、市场需求、商业模式、管理范式、社会资源配置机制等方面的变革，因此是影响企业发展的战略性、关键性外部环境。对于新一轮工业革命，无论是基于技术经济范式转变（黄群慧和贺俊，2013）、康德拉季耶夫长波对应的技术革命浪潮（贾根良，2013）等界定的第三次工业革命，还是以技术创新范式和生产率变化为依据（张其仔，2018）、以革命性新技术的诞生为基础（李金华，2018）等区分的第四次工业革命，本质上都是数字化、网络化、智能化的信息技术革命和绿色化的可再生能源革命共同导致的生产生活方式变化和经济社会的巨大变革。从历史演变角度来看，虽然以往每次工业革命也都带来产品、企业、产业、经济、人民生活方面的"质量"提升，但总体上都是以提高生产效率获取规模扩张和量的增加为核心与重点。新工业革命则完全不同，它通过由采摘果实类创新范式转向组合式创新范式（张其仔，2018）、由大规模生产转向大规模定制和全球化个性化制造、由工厂化生产转向社会化生产，引起产业形态和产业组织的全面变革，实质上是推动经济发展迈向高质量和高级化。正因如此，世界上一些主要国家都在积极推进和应对新一轮工业革命，如美国推出了《先进制造业国家战略计划》和修订了《美国创新战略》、日本发布了《日本再兴战略》和《机器人新战略》、德国实施了"工业4.0战略"、英国推出了"英国工业2050战略"、法国发布了《新工业法国》、西班牙实施了"工业连接4.0"、韩国推行了"制造业创新3.0战略"、俄罗斯公布了《国家技术计划》、印度发布了《印度制造计划》、中国则实施了"中国制造2025"。新一轮工业革命的大范围扩散和加速推进对国有企业发展的战略性、关键性外部环境产生了深层次影响，从根本上要求国有企业由上一轮工业革命情境下以规模扩张为重点的发展范式转向新一轮工业革命背景下的高质量发展范式。

（3）竞争中立规则挑战加剧的潜在倒逼。竞争中立（Competitive Neutrality）规则最早由澳大利亚提出并付诸实施，指的是在商业竞争中政府要一视同仁地对待国有企业和私营企业，不能因为国有企业的所有权地位而使其享受私营企业无法享受到的竞争优势。之后，竞争中立规则在欧盟、美国等多个国家和地区得到推广，主要以国内立法或政策形式存在，目前超过3/4的OECD成员国已经以竞争法或竞争政策的方式，保证国有企业和私营企业拥有平等的权利义务和市场地位（孙燕芬，2017）。随着竞争中立不断获得认可，竞争中立规则不仅成为OECD呼吁国际社会采纳的国际倡导性规则，而且越来越多地变成区域自由贸易的国际约束性规则。最具代表性的是最初协商的《跨太平洋伙伴关系协定》（TPP）和《跨大西洋贸易与投资伙伴关系协定》（TTIP），以及最终签署的缩减版TPP即《全面与进步跨太平洋伙伴关系协定》（CPTPP），它们均对竞争中立做出了约束性要求。比如，CPTPP设立了独立于"竞争政策"的"国有企业和指定垄断"专章内容，涵盖商业性考量与非歧视对待、豁免与公正规定、非商业援助等多项竞争中立的内容。而且，从最新的中美贸易摩擦发生与演变角度，美国在自己所设定的"游戏规则"上越来越倾向于超越"竞争中立"而走向"竞争限制"。从中国来看,虽然竞争中立没有在相关的正式文件中予以明确,但深化经济体制改革对发挥市场在资源配置中的决定性作用的强调、对"逐步确立竞争政策的基础性地位"的要求、公平竞争审查制度的推出以及社会对私营企业获得公平竞争环境的期望,都说明竞争中立规则在国内的应用正在加速,未来很有可能会得到正式确立。对于具有更强制度依赖和社会依赖的中国商业类国有企业来说,竞争中立规则在国外的日益流行特别是成为区域自由贸易的国际约束性规则,将对其"走出去"战略和国际化运营形成潜在的巨大挑战;而竞争中立规则在国内的非正式应用范围逐步扩大以及未来可能得到正式构建,必将要求商业类国有企业抛弃依靠政府的特殊政策获取竞争优势的固有思维和习惯,转而改变和变革以往的发展范式,培育和塑造自身的战略资源、核心能力、动态能力,走高质量发展之路。

2. 世界一流企业发展趋势的规律使然

"做强做优做大"和"培育具有全球竞争力的世界一流企业"的国有企业改革与发展目标要求对世界一流企业的发展趋势与规律进行研究,因为世界一流企业集合了现实中最为前瞻、最为先进的企业发展与管理特质,在很大程度上代表着未来企业发展的方向。分析来看,尽管不同世界一流企业个体在发展方向、演进路径、特质表现等具体维度上呈现出差异性,但在更高的群体共同特征与发展规律上却向"高质量发展"收敛,高质量发展成为世界一流企业发展的基本潮流和共同趋势。这意味着国有企业高质量发展是顺应世界一流企业发展大潮流、大趋势的需要,是把握、遵循、践行、检验与深化世界一流企业发展基本规律的需要。

(1)静态视角:高质量发展是世界一流企业的基本特质。基本特质反映出世界一流企业在静态层面的"领先状态",刻画出世界一流企业是一个"什么样的企业"的轮廓。鉴于目前已有多个学者或机构对世界一流企业、世界级企业、卓越企业等企业的特征属性进行了研究(见表6-3),本节借鉴社会学研究中的质性研究方法,对世界一流企业、世界级企业、卓越企业的典型文本进行分析,并将各类特征属性进行重新编码和分类,然后再进行合并。结果显示,世界一流企业、世界级企业、卓越企业的所有特征要素几乎都能归入"社会价值驱动、资源能力突出、产品服务一流、透明开放运营、管理机制有效、综合绩效卓越、社会声誉良好"。也就是说,企业高质量发展作为一种目标状态,是世界一流企业拥有的共同特征,是国有企业迈向世界一流企业必须培育和打造的基本特质。

表6-3　世界一流企业特征刻画的相关研究

作者	对象	特征刻画
Hayes 等（1988）	世界级企业	成为最佳的竞争者、比竞争对手具有更快的增长速度和更强的盈利能力、雇用和留住最好的人才、具有一流的管理团队、能够迅速和果断地对市场环境变化做出反应、采用最优的产品和工艺流程方法及持续改进设施、技术和支持系统
Newman 和 Chen（1999）	卓越企业	规模合适、产品和服务优质、有能力与跨国公司开展竞争、遵循全球运营规则和标准、国际化管理、柔性管理能力较高、拥有核心专长
孙秋柏等（2002）	世界级企业	相当的规模实力、良好的经营业绩和成长性、一流的经营管理能力、丰厚的人力资源和先进的企业文化、全方位跨国经营
Debra（2006）	世界级企业	产品、服务、全面成本、对市场的反应、组织能力、企业责任
蓝海林（2008）	世界级企业	追求相对规模、关注产品质量与性能、有能力参与全球竞争、按照世界通行标准运作、能够跨国界和跨文化管理、高度柔性、善于取舍和保持核心专长
《财富》杂志	世界一流企业	创新能力、产品和服务质量、管理水平、社区与环境责任、吸引与留住人才、国际化经营
李泊溪（2012）	世界一流企业	重视战略变革、追求产品创新、发展独特竞争优势、企业形成体系并达到一定规模、全球范围配置资源、高水平利用资本市场、高水平人才队伍、为顾客和股东创造最大价值、重视社会责任、公认的世界一流企业地位
张文魁（2012）	世界一流企业	竞争、份额、价值、产业、品牌、人才、机制、文化
周原冰（2012）	国际一流企业	较大的规模和持续良好的业绩表现、强大的品牌影响力、卓越的产品和服务、较高的国际化水平、卓越的战略管理能力和领导力、有机协调的业务体系、高效的集团管控和强大的资源配置能力、可持续的创新能力、健全完善的风险管控体系、优秀的企业文化
麦肯锡（2012）	世界一流企业	大（规模）、强（业绩、产品、品牌、价值）、基业长青（愿景、价值观、使命与文化、治理与管理体系）
国务院国资委（2013）	世界一流企业	规范健全的法人治理结构、较强核心竞争力、自主创新能力强、发展战略性新兴产业具有明显优势、国际化经营与运作能力较强、拥有国际知名品牌、具有合理的经济规模与较强的盈利能力、激励约束机制健全、集中有效的集团管控模式、较强风险管控能力、管理信息化水平较高、重视领导力建设、先进独特的企业文化和较强的社会责任

作者	对象	特征刻画
德勤（2013）	世界一流企业	战略决策、领导力建设、公司治理、运营与控制、国际化、人才管理、品牌与客户、创新管理、经营绩效
罗兰贝格（2017）	世界一流企业	海外收入份额、跨地区经营利润分配、管理团队整合、综合且独特的发展战略计划、全球品牌或形象影响、全球技术影响力、国际化发展治理模式、跨公司合作与拓展合作伙伴关系
波士顿咨询公司（2017）	世界一流企业	充裕的资本流通、跨行业信息洞察、集团管理人才储备、集团品牌价值
黄群慧等（2017）	世界一流企业	资源基础（企业家、核心产品、财务资本、人力资源）、动态能力（管理创新、组织创新、技术创新、公司治理）、战略柔性（战略定位、战略规划、业务转型、国际化战略）、价值导向（企业家精神、品牌价值、组织文化、社会责任）
单洪青和王曦（2018）	世界一流企业	杰出的经营业绩、显著的国际影响力、清晰的发展战略、高效的组织管理、卓越的创新能力、超强的抗风险能力、优秀的企业文化

（2）动态视角：世界一流企业转向高质量发展范式竞争。世界一流企业都是在长时间的竞争中成长和产生的，竞争范式的转变最能反映世界一流企业运营、管理甚至成长的演变过程，能够较好地动态反映世界一流企业发展的趋势变化。纵观世界一流企业竞争范式的演变，总体上呈现如下的基本规律：竞争焦点由价格竞争、成本竞争到产品竞争、份额竞争，再到质量竞争、服务竞争，再到时间竞争、基于用户参与的竞争，再到社会责任竞争、品牌形象竞争；竞争层次由企业个体间竞争到价值链之间的竞争、产业链之间竞争，再到生态圈之间竞争；竞争优势由显性的成本优势、差异化优势到隐性的战略资源优势、核心能力优势、动态能力优势；竞争形式由"零和博弈"竞争到"正和博弈"竞争合作；竞争环境由相对稳定的环境到低度动态的环境，再到复杂动态的环境，再到超竞争环境。从竞争范式各要素的变化来看，世界一流企业的竞争范式呈现动态优化、逐步高级化的规律特点，也是不断适应经济社会发展动态转型、技术创新多次实现重大突破的结果。如果更深层次透视和挖掘，世界一流企业的竞争范式演变可以集中概括为由单点竞争到多点竞争再到系统性竞争，最新的趋势则是发展范式竞争，越来越向包容性竞争和可持续竞争方向发展。实际上，无论是基于用户参与的竞争、社会责任竞争、品牌形象竞争，还是生态圈之间的竞争，抑或是战略资源、核心能力、动态能力的竞争优势，以及"正和博弈"竞争合作，都

属于企业高质量发展的重要构成要素和维度，这意味着世界一流企业的竞争范式越来越向高质量发展范式竞争演进，表现为更高层次、更加系统、更可持续的竞争。国有企业要迈向世界一流企业，就必须适应世界一流企业竞争范式演变的趋势和规律，转变与重塑竞争范式，构建和形成更新、更具持久竞争力的高质量发展范式。

3. 破解国有企业发展难题的内生要求

国有企业改革的持续深入推进推动国有企业不断发展壮大，无论是结构布局、资产规模、效益水平还是经营机制、发展活力、红利释放都有巨大的进步和改善，为国有企业未来的进一步发展奠定了基础。然而，受制于多种因素的约束和长期的路径依赖，目前国有企业发展仍然存在多个方面的突出问题，既有一直存在、妨碍国有企业嬗变的"大而不强"难题，又有经历40年改革之后，国有企业不得不面对的"中年之惑"问题，还有长期饱受诟病、根深蒂固难以改变的发展方式"粗放陋习"。破解这些问题需要深化国有企业改革，特别是要推动国有企业实施思想理念变革和发展范式变革，而国有企业高质量发展正是这种变革的最优方向，是破解国有企业发展难题、实现国有企业裂变发展的必然之路。

（1）破解"大而不强"问题的需要。无论是从国有企业整体视角还是国有企业个体角度，国有企业用"巨大"来形容都当之无愧。对于前者，根据国家财政部公布的数据，2017年国有企业营业总收入超过52万亿元，而截止到2018年7月，国有企业资产总额已经将近173万亿元，无论是收入规模还是资产规模都十分庞大；对于后者，在2018年《财富》杂志主要以营业收入排名的"世界500强"中，中央企业和地方国有企业达到73家，其中国家电网公司、中国石化和中国石油更是分别位居第二位、第三位和第四位，可以说是名副其实的世界"大企业"。然而，国有企业的"大"并没有必然带来"强"，2018年进入"世界500强"的中央企业和地方国有企业，2017年平均利润只有14.4亿美元，即使是进入其中的48家中央企业，2017年平均利润也只有15.9亿美元，而"世界500强"企业同期的平均利润为37.6亿美元，由此可见，与世界一流企业相比，国有企业的盈利能力和效益水平还有较大的差距。与此同时，根据中国企业联合会、中国企业家协会发布的《2018中国企业500强分析报告》，包括国有企业在内的中国500强企业在国际化程度、技术创新能力等方面依然相对较弱，与世界500强企业差距较大。"大而不强"的问题不仅使国有企业在与世界一流企业竞争中处于劣势，而且也对国有企业的健康可持续发展造成困扰。正因如此，"做强"才置于"做强做优做大国有资本"的首位，而"做强"的关键是要推动国有企业提升发展质量，从做大规模偏好转向企业高质量发展。

（2）破解"中年之惑"问题的需要。国有企业改革的目的是要让国有企业增强自身的素质能力、适应多变的外部环境，40年的改革也的确推动一批国有企业实现了脱胎换骨、焕然一新。但不得不承认，许多国有企业经过多轮的改革效果仍不理想，不仅难以适应高度动态的外部环境变化，而且自身长期积累的老问题和改革引致的新问题复杂交织，企业发展陷入生命周期的缓慢甚至停滞阶段，出现了类似人一样的"中年之惑"甚至"中年危机"。即使是一部分曾经经历改革获得新生的国有企业，在短暂的"红火"之后由于企业运营和发展不能与时俱进，目前也陷入"中年之惑"甚至"中年危机"。国有企业的"中年之惑"或"中年危机"突出表现在三个方面：首先是改革或改变的速度无法跟上外部环境变化的步伐，特别是处于技术更替或技术革命频繁的行业或领域的国有企业，面临被新时代、新环境"抛弃"的风险；其次是随着企业规模的扩张，一些国有企业患上严重的"大企业病"，机构臃肿、决策缓慢、官僚文化、行动僵化、协调困难，出现严重的"X非效率"现象，不仅缺乏活力与创新，甚至会使企业面临生存危机；最后是思想理念陈旧，过分相信和依赖经验，不愿意也不善于接受新思维和新方法，企业心智模式"衰老"，知识技能陈旧，与时代要求脱轨。"中年之惑"或"中年危机"的破解需要国有企业通过改革创新和转型发展来实现"中年再出发"，否则就极有可能出现"温水煮青蛙"现象，而改革创新和转型发展的方向则是企业高质量发展。

（3）破解"粗放陋习"问题的需要。得益于中国经济长期保持的高速增长，许多国有企业依靠粗放式发展范式不断地"做大"，但随着中国经济进入高质量发展的新阶段，国有企业长期形成的粗放式发展"陋习"已经无法适应和难以为继，成为制约国有企业进一步发展的障碍。国有企业粗放式发展的"陋习"突出表现在四个方面：首先是许多国有企业习惯于在价值链和产业链上的"低端锁定"，而一些国有企业在进行"高端攀升"尝试受到"高端挤压"与受挫后又返回价值链和产业链中低端环节，结果导致低端产能过剩，产品附加值较低，企业发展陷入低层次的"简单化"；其次是国有企业普遍缺乏工匠精神，对工艺流程、产品质量缺乏精益求精的精神，与行业内世界一流企业的产品质量和技术含量相比仍有明显差距，甚至一些国有企业存在"粗制滥造"的问题；再次是许多国有企业依然坚持依靠大量要素投入、大规模投资而获取企业规模扩张的发展道路，甚至仍然坚持以牺牲生态环境为代价来换取企业的发展，全要素生产率低下，企业可持续发展动力与能力不足；最后是一些国有企业社会责任理念与意识淡薄，社会责任缺失现象时有发生，甚至出现严重的打破"底线"行为，对利益相关方和社会带来不良影响。国有企业要想在中国经济高质量发展的新阶段和新一轮工业革命加速推进的情境下获得竞争力与竞争优势，彻底改变粗放式发展

"陋习"已经势在必行，而企业高质量发展则是破解这一"陋习"的必然方向和战略选择。

四、国有企业高质量发展的实现性

国有企业高质量发展在理念和实践上具有合意性，在逻辑和思路上具有自洽性，是与深化国有企业改革高度契合的前瞻性发展思想和发展范式。然而，即便是最为前瞻、最为先进的发展思想和发展范式，最为重要和关键的仍然是现实中如何实现的问题。国有企业高质量发展亦是如此，但其实现却颇具挑战性，并不是"水到渠成"的轻松之事，而是需要国有企业个体、政府和社会共同投入、相互协作、共克困难，尤其需要各个主体各安其身、各就其位、各尽其能、各得其所，共同推动国有企业高质量发展在个体层面和整体层面得到真正实现。

1. 合理的实现逻辑框架

按照一般性企业高质量发展的基本要求和主要规律，结合国有企业高质量发展的特殊性，实现国有企业高质量发展的关键逻辑如下（见图 6-5）：①应当沿着微观—中观—宏观的层次递进路径予以实现，即国有企业个体高质量发展—国有企业整体高质量发展—国有资本高质量发展—国有经济高质量发展。②实现国有企业个体高质量发展的核心是企业个体变革，因为只有真正意义的变革才能使国有企业个体从一种发展范式跃升至另一种更高级的发展范式。企业个体变革应当是全方位的，包括形成企业高质量发展范式的动力转换、战略转型、效率变革、能力再造、管理创新和形象重塑。③国有企业个体变革的成功实施需要具备必要的基础条件，既包括国有企业个体要成为真正的独立市场主体，又涵盖对国有企业个体进行科学合理和针对性的分类界定，还要求能够推动和实施企业个体变革的企业家精神。④国有企业个体变革的推进和基础条件的实现，都需要有合意的制度供给和制度安排作为支撑，包括关系最为直接的国有企业制度创新和国有资产管理体制改革，以及关系较为密切的深化经济体制改革。⑤国有企业个体变革的推进、基础条件的实现和制度供给的完善，都离不开健康和适宜的社会生态，社会对国有企业改革和发展形成合理预期、积极行动支持、主动投入参与对于实现国有企业高质量发展至关重要。⑥社会生态、制度供给、基础条件和国有企业个体变革之间并不是简单的单向线性影响关系，而是相互作用的共同演化关系，存在多重的非线性影响。

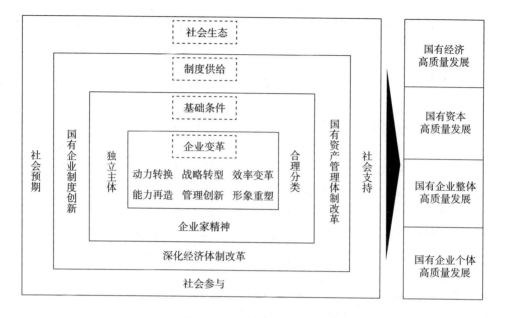

图6-5　实现国有企业高质量发展的逻辑框架

2. 需要全面的企业变革

全方位变革要求国有企业个体重视组织记忆的"新陈代谢"，积极改变思维惯性和行为惯性，打破"惯性枷锁"，推动组织惯例由自我复制转向新的搜寻，从而实现从以往发展范式的"低端锁定"中脱离出来，转向高级形态的企业高质量发展。国有企业个体的全方位变革主要包括以下六个方面：

（1）动力转换，打造高自我驱动型企业。动力转换是实现国有企业高质量发展的起点，国有企业高质量发展需要有高质量的发展驱动力，需要从以往支撑规模型发展范式的动力转换到支撑质量效益型发展范式的动力。国有企业发展动力转换的基本方向是由外源性要素驱动转换为内生型自我驱动，具体包括：①动力来源转换，即由外部驱动转向内生驱动，前者主要是市场竞争倒逼、外部制度要求、上级任务要求、社会压力回应，后者则是企业家精神驱动、企业精神驱动、自我驱动。②动力性质转换，即由任务驱动转向使命驱动，前者将推动企业发展看作国家或上级公司赋予的任务，以被动执行任务或满足工作要求的方式开展企业运营，后者则是在国家经济社会发展大局中定位企业发展的价值，将最大化服务国家战略和解决社会问题内化为企业使命，以高度的使命感、责任感、价值感驱动企业发展。③动力内容转换，即由要素驱动转向创新驱动，前者主要依靠各种资源投入、大规模投资支撑企业发展，后者则是将创新作为第一动力，以技术创新、管理创新、制度创新和人才创新驱动企业发展。④动力主体转换，即由领导驱动转向全员驱动，前者是指领导是企业发展的唯一"发动机"，企业发展的动力来源完全依托领导层，员工属于被动执行主体，缺乏推动企业发展的自主渴望，后者是指既有领导作为驱动企业发展的"发动机"，又有各层级员工将企业发展作为个人实现平台的驱动力，形成全员从内心深处"想"企业发展好的意愿。

（2）战略转型，打造高站位前瞻型企业。战略转型是实现国有企业高质量发展的基础，国有企业高质量发展需要企业从传统战略管理范式转向发展型战略（Developmental Strategy）管理范式，确立前瞻性与现实性兼具、适应环境甚至改变环境、符合企业实际的清晰发展战略。国有企业战略转型需要区分三种类型的企业：①公益类国有企业的战略转型重点是在国家对国有经济布局调整优化的前提下，深刻把握所从事的行业或领域发展规律，准确定位企业的角色和提供公共产品与服务的长远发展目标，尤其是依据所在行业或领域最新发展趋势进行发展方向调整与优化。②商业一类国有企业的战略转型重点是根据外部宏观环境的变化、行业发展规律与趋势的变化，基于竞争要求和企业的资源能力基础，调整优化企业的业务布局，既需要进行新业务领域的前瞻性战略布局，也要求对原有业务的价值链或产业链进行升级，同时必须构架合理有效的竞争战略。③商业二类国有企业的战略转型重点需要兼顾公益类国有企业和商业一类国有企业的战略转型思路，在国家对企业所从事行业或领域确定的前提下，考虑行业或领域的竞争属性，双元地平衡公共性发展战略与竞争性发展战略，实现企业整体战略的最优。推动国际化战略转型升级，创新国际化进入模式，优化国际化组织方式、国际化运营方式、国际化竞争方式和国际化管理方式，提升国际化程度、层次和效果，积极打造形成全球竞争力。

（3）效率变革，打造高价值集约型企业。效率变革是实现国有企业高质量发展的关键，国有企业高质量发展要求企业拥有一流的全要素生产率和社会价值创造水平，需要企业以效率导向和价值导向开展运营。国有企业效率变革的具体要求包括：①效率认知变革，即由以往将效率片面等同于财务收益的认知转变为强调全要素生产率、科技进步贡献率。②效率生成变革，即由以往强调单一领域效率、单一要素效率、单一类型效率转变为企业整体效率、全领域生成效率、全方位协同效率。③运营效率变革，即产品生产与提供、企业运营全过程追求更高效、更经济、更安全、更清洁、更和谐，不断提升技术效率和改善管理效率，实现企业整体运营效率的提升。④配置效率变革，即推动要素的市场化配置、全球化配置，强调资源整合、集约利用和高效循环，重视资源节约和投入产出比，追求高水平的全要素生产率。此外，企业的绩效管理应突出效率导向、价值导向，让效率变革贯穿和落实于员工个体、部门或单位、公司整体之中。

（4）能力再造，打造高层次创新型企业。能力再造是实现国有企业高质量发展的根本，国有企业高质量发展要求企业拥有突出的战略资源、核心能力和动态能力，需要企业全方位打造一流的内在素质。国有企业能力再造的重点方向包括：①培育和构建以高素质人才为基础的战略资源群，将资源边界由"供给侧"拓展至"需求侧"，注重用户参与、数据、平台、关系资本等适应新工业革命兴起背景下的战略资源打造，形成区别于竞争对手、支撑企业高质量发展的资源基础。②提升企业技术创新能力，优化企业技术创新范式，注重原始创新、集成创新和引进消化吸收再创新相结合，强调创新协同和双元创新，善于平衡面向未来的探索式创新与改进当下的利用式创新，以及采用不同架构方式的构建型创新（Architectural Innovation）与替换核心元件的模组型创新（Modular Innovation），提升技术创新的广度、深度、高度和远度。③培养和打造高层次与异质性的商业化能力，构建具有行业领先性的、创造性的商业模式，能够将企业解决社会问题、抓住商业机会的美好构想转化成现实的商业运作。④重视从长远视角培育和构建企业生态系统，建立强大、健康、可持续的商业生态圈，动态优化商业生态圈的共生、互生和重生功能，推动企业竞争由"点"上的竞争优势向系统的生态优势转化。

（5）管理创新，打造高品质活力型企业。管理创新是实现国有企业高质量发展的保障，国有企业高质量发展要求企业勇于、敢于和善于进行管理变革，破除国有企业体制机制和管理上长期存在的弊病，构建灵活高效、适合行业特征、满足竞争需求的企业管理模式。国有企业管理创新的重点包括：①适应组织演变的新趋势和行业发展的新特点，推进组织形态变革，打造形成适于赋权赋能、善于动态优化的组织模式。②完善公司治理，公益类国有企业、商业一类国有企业和商业二类国有企业根据自身特点分别构建合理的、适合的公司治理架构，完善董事会治理，推动公司治理实质性地从行政型治理转向经济型治理。③优化集团管控模式，公益类国有企业、商业一类国有企业和商业二类国有企业分别建立差别化的集团管控体系，持续优化集团管控流程，形成体系结构完善、流程运转高效、权力配置合理、协同效应显著的适宜企业客观发展需要的集团管控模式。④对标世界一流企业，平衡集权与分权、柔性与规范、激励与约束、探索与利用、有序与即兴的双重需要，优化甚至重构企业管理体系，完善管理制度、管理流程，创新管理方法、管理工具，推动企业管理水平向行业一流甚至世界一流迈进。⑤打造"进取型＋和谐型＋国际化＋国企化"的企业文化，公益类国有企业、商业一类国有企业和商业二类国有企业需要分别构建适宜自身特点的物质文化、制度文化和精神文化，同时通过管理制度与企业文化的契合，推动企业文化持续一贯地在不同层级与个体予以落地，形成不同层级与个体的高度心理认同。

（6）形象重塑，打造高认同共益型企业。形象重塑是实现国有企业高质量发展的支撑，国有企业高质量发展需要企业赢得利益相关方和社会高度的利益认同、情感认同和价值认同，获得广泛的社会尊重和影响力。国有企业形象重塑的目标方向是要彻底改变利益相关方和社会公众对国有企业的刻板印象，由不良传统国企的形象转变为焕然一新的新国企形象。国有企业形象重塑的重点包括：①转变形象塑造的方式，由以往企业自我认知视角转向外部利益相关方和社会视角，由以往封闭式自我塑造转变为外部参与式塑造，由以往只强调"做"转变为"做"与"说"同步推进。②塑造具有高度责任感和卓越责任绩效的企业形象，以战略性企业社会责任、共享价值、社会创新、共益企业等范式开展社会责任实践，积极推动社会责任议题嵌入和管理嵌入，创造高水平的利益相关方价值和社会价值。③塑造透明开放、友好互动的企业形象，以增进利益相关方和社会公众的亲近感、体验感、认同感为着眼点，建立与完善透明度管理体系，创新社会沟通载体、方式和渠道，改变"写谁谁看、谁写谁看"的传统沟通困境以及国有企业"高高在上"的原有形象。④塑造具有高认知度、知名度和美誉度的一流企业品牌，特别是商业类国有企业，需要全面加强品牌管理，打造具有竞争优势的产品品牌和企业品牌，提升品牌资产与品牌价值，增进顾客的品牌忠诚度。

3. 需要合意的支撑环境

相对一般性企业，国有企业高质量发展具有更强的路径依赖、制度依赖和社会依赖特点，国有企业个体变革和国有企业高质量发展的实现需要企业同时"利用依赖"和"摆脱依赖"，特别是要通过外部改革避免经常出现的国有企业"带着镣铐跳舞"现象，让国有企业在合意的外部支持下打消顾虑、破除束缚、"轻装上阵"，以更大的自主权集中精力谋取企业高质量发展。

（1）必要的基础条件。从独立市场主体来看，实现国有企业高质量发展的前提条件是国有企业必须拥有独立市场主体地位。然而，从以建立现代企业制度为目标的国有企业改革要求推动"国有企业成为自主经营、自负盈亏、自我发展、自我约束的法人实体和市场竞争主体"，到新时代深化国有企业改革要求"国有企业真正成为依法自主经营、自负盈亏、自担风险、自我约束、自我发展的独立市场主体"，国有企业建立独立市场主体地位的改革一直在进行，但现实中许多国有企业仍然没有成为真正意义上的独立市场主体。因此，未来需要进一步推动和落实政企分开、政资分开、所有权与经营权分离，依法依规落实企业自主权，积极推动和创造条件完善企业市场化经营机制，促进商业类国有企业按市场化要求开展商业化运作，公平参与市场竞争，推动国有企业真正成为独立市场主体。从合理分类界定来看，国有企业个体的类别属性不同决定企业高质量发展的内涵特征、内容表现与实现方式存在差异，国有企业个体的变革方向和重点也会相应不同，因此合理的类别属性界定也是实现国有企业高质量发展的前提。然而，现实中国有企业分类往往由政府主导、企业参与，国有企业个体往往无法自主确定自身的类别，最终的类别界定决定权通常归于政府。这就要求政府在对国有企业个体进行类别属性界定时，应当更加充分地与企业进行沟通协商，使类别属性界定更加科学、更加周全、更加精细，更加符合企业实际，更加有利于企业功能实现和未来高质量发展。从企业家精神来看，无论是国有企业个体变革的成功发动与顺利实施，还是争取或推动形成有利于企业高质量发展的外部支持，都离不开企业家精神和企业家作用。从理论上讲，当国有企业成为真正意义的独立市场主体时，企业应当可以按照市场规则自主选择、聘用具有"企业家精神"的经营管理者，甚至可以通过巨大的战略性投入来培育和激发企业家精神。但是，现实中受制于独立市场主体地位不到位、国有企业领导人员任命机制改革不到位、企业家精神的市场供给不足，国有企业个体往往只能"碰运气"地被赋予、被配置具有"企业家精神"的经营管理者。这意味着需要深化国有企业领导人员培养、任命与考核机制改革，加快建立职业经理人制度，营造尊重和激励企业家精神的社会氛围，在更大范围培育、配置和保护企业家精神，为推动国有企业高质量发展提供更多、更强劲、更持久的"发动机"。

（2）有效的制度供给。从国有企业制度创新来看，国有企业个体的管理创新、制度创新、机制创新在一定程度上会受到国有企业整体制度安排的影响，尤其是公益类国有企业和商业二类国有企业，其战略构想和管理机制更是很大程度会受到国有企业整体制度安排的制约，因此应以推进国有企业高质量发展为导向，对国有企业整体制度安排和制度设计进行创新、优化。国有企业制度创新的重点是要积极落实分类改革的顶层设计，差异化推进公益类国有企业、商业一类国有企业、商业二类国有企业的产权制度改革、公司治理改革、定责考核制度改革和"三项制度"改革，稳步推进商业类国有企业的混合所有制改革，激发国有企业的内生活力。从国有资产管理体制改革来看，国有资本投向与国有经济布局会对国有企业尤其是公益类国有企业和商业二类国有企业的战略转型形成导向与约束，国有资产监督管理模式则会对国有企业的运营方式和行为方式产生影响，因此需要着眼于推进国有企业高质量发展的角度，继续优化国有资本和国有经济的结构布局，完善国有资产管理体制。国有资产管理体制改革的重点是要加快推进以管资产、管企业为主的监管模式向以管资本为主的监管模式转变，制度化、规范化和系统化地加强以管资本为主的国有资产监管，积极推进和不断深化国有资本投资运营公司的综合性改革，从而既提高监管效能，确保国有资产保值增值，防止国有资产流失，又增强国有企业积极性、主动性，提升企业发展活力。从经济体制改革来看，宏观层面的政绩观、经济制度环境、政府效能都是实现国有企业高质量发展的重要影响因素，需要进一步深化改革与持续优化。经济体制改革的重点主要是要推动政绩观的转变，由以往唯 GDP 论、唯增长速度论转向高质量发展的政绩观；深化非竞争性行业与领域改革，进一步加强民营企业产权保护，积极引入和推进"竞争中立"政策，营造"国民共进"的公平竞争环境，坚决反对"民营经济离场论"，缓解"民营企业焦虑症"，构建国有企业与民营企业相互促进、共同发展的经济生态；进一步推进"放管服"改革，提升政府效能，优化企业发展环境，最大限度激发市场活力和国有企业活力。

（3）适宜的社会生态。从社会预期来看，社会公众对国有企业的认知和预期会通过压力传导机制作用于企业，对企业的运行方式和行为方式产生影响，特别是，不合理的社会预期可能会对国有企业个体的变革创新形成障碍，因此实现国有企业高质量发展要求科学引导社会公众理性认识国有企业，形成对国有企业功能承担与行为方式的合理预期。社会预期引导的重点是要提升国有企业改革的公众透明度，增进社会公众对国有企业与国有企业改革的了解，改变社会公众对国有企业长期持有的刻板印象，避免社会公众对国有企业功能认知与行为预期出现偏差，防止"预期不足"和"预期过度"的双重陷阱，为推进国有企业高质量发展营造健康良性的社会舆论环境。从社会支持来看，社会公众和机构构成了国有企业直接或间接、现实或潜在的客户群体，客户群体的消费行为、采购行为、投资行为和"用脚投票"方式会对国有企业形成有效的市场激励与约束，影响国有企业对发展方式的选择和对发展质量的追求。实现国有企业高质量发展需要社会公众和机构以升级消费行为、采购行为和投资行为的方式支持国有企业向高质量发展转型，重点是要引导与推动社会公众和机构采取可持续消费、可持续采购、可持续投资等更高层次的行为范式，形成对国有企业高质量发展的市场激励。从社会参与来看，社会公众、非政府组织、非营利组织、公众媒体都是国有企业社会网络和生态系统中的结点与成员，是国有企业的直接或间接利益相关方，国有企业个体的变革创新离不开它们的参与。推动社会参与的重点是要构建有效的社会参与合作机制（如产学研合作机制），既激发社会公众、非政府组织、非营利组织、公众媒体参与合作的意愿，又规范它们参与合作的行为，确保国有企业与社会公众和机构的合作能够实现互利共赢，促进国有企业迈向高质量发展。

第七章 责任铁律：上市公司合意的社会责任行为探寻

本章概览

自从 Clark（1916）首次提出企业社会责任思想以来，企业社会责任的理论研究走过了争论不休、激荡曲折的百年，期间涌现出诸多耳熟能详但也常被批判的企业社会责任理论和模型，而责任铁律（Iron Law of Responsibility）则是为数不多受到普遍认同的企业社会责任经典理论。责任铁律是 Davis（1960）根据管理学中经典的"权责匹配"原则提出的企业社会责任基本定律，其核心思想是"责任是权力的对等物"，企业承担的社会责任应当与其社会权力相匹配，"权力越大，责任越大"，企业对社会责任的回避将会导致其所拥有的社会权力的逐步削弱甚至完全丧失。长期以来，学者们对"责任铁律"习以为常，既缺乏对"责任铁律"的存在性、合意性、权变性和异质性进行明确检验，更忽视对"责任铁律"的内在机理和深层逻辑开展深入探索。

首先，本章针对传统上静态视角对责任铁律检验的缺陷，将 2006～2015 年的中国沪深股市上市公司并购样本作为研究对象，通过考察外延式边界扩张对企业社会责任表现的增进效应，间接反向地动态检验责任铁律的存在性与合意性、权变性与异质性，探寻责任铁律的可能逻辑路径。实证研究表明，并购引致的外延式边界扩张对企业社会责任表现会产生积极的增进作用，证实了责任铁律在现实中的存在性与合意性；相比于相关性并购，非相关性并购引起的外延式边界扩张对企业社会责任表现的增进效应更强，即责任铁律具有权变性与异质性，表明"利益相关方网络规模（结构性嵌入）—社会影响力—社会权力—社会责任"是责任铁律的逻辑路径之一；非沉淀性冗余资源变化和市场地位变化是外延式边界扩张的企业社会责任增进效应的中介机制，沉淀性冗余资源变化则没有展现出明显的中介作用，"非沉淀性冗余资源—企业能力—社会权力—社会责任"和"市场地位—市场势能—社会权力—社会责任"是责任铁律的另外两条逻辑路径。

其次，本章从会计稳健性的中介效应检验视角切入，系统分析了社会责任信息披露与股价崩盘风险之间的内在关系及其形成机理。研究发现：社会责任信息披露水平与条件性会计稳健性存在显著负向关系，且这种负向关系仅在强制披露和未进行第三方信息鉴证的社会责任报告公司存在；而条件性会计稳健性会负面影响未来期股价的崩盘风险。进一步的机理分析证实，会计稳健性是社会责任信息披露与股价崩盘风险之间的部分中介因子，表明在我国资本市场，非财务信息的披露会影响管理层的会计政策选择进而对资本市场产生极端影响。总体结论证实，我国企业社会责任信息披露体现了"机会推动"而非"价值驱动"的假说。

第一节 外延式边界扩张的企业社会责任增进效应研究

有一些实证研究从企业规模与企业社会责任之间关系的角度间接或侧面地验证了"责任铁律"的存在，其基本逻辑是由"企业规模越大，企业社会责任表现越好"的实证结论（Johnson 和 Greening，1999；Muller 和 Kolk，2010）反向推演出"规模越大，权力越大，责任越大"。这一实证检验范式至少存在两个方面的明显缺陷：

一是方法缺陷。目前关于企业规模对企业社会责任影响的研究中，一方面，学者们主要从静态视角研究企业规模的绝对值对企业社会责任的影响，而且往往将其作为考察企业履行社会责任的影响因素与经济后果时的控制变量，忽略了从动态视角研究企业规模的变化对企业社会责任的影响（Stanwick 和 Stanwick，1998；Orlitzky，2001；Brammer 和 Millington，2006；Udayasankar，2008；Chang 等，2012；Hyewon 等，2015；Wickert 等，2016；苏勇和冯臻，2009；王增涛和杨雪艳，2010；郑海东，2012）。与此同时，从静态视角研究企业规模的绝对值对企业社会责任的影响，难以控制两者之间存在的内生性问题而影响研究结论的稳健性，导致研究结论容易出现分歧（Blombäck 和 Wigren，2009；Baumann-Pauly 等，2013）。另一方面，学者们对于企业社会责任的经验研究普遍存在着研究样本的规模偏见，现有文献大多只在大公司或小公司取样做研究，其研究结论容易给读者一种特殊类别规模企业社会责任表现即为企业社会责任表现整体情况的错觉（Wickert，2016；彭泗清等，2007）。此外，在企业履行社会责任实践中，中国企业家调查系统调查了 4586 位企业家对企业社会责任的认识与评价，调查结果显示企业履行社会责任呈现出生命周期特征（彭泗清等，2007），即企业社会责任对于特定企业个体具有纵向的动态性，静态研究视角难以反映企业社会责任的动态性特征。

二是逻辑缺陷。现有关于企业规模对企业社会责任影响的研究中，主导逻辑是"规模越大，影响力越大，社会期望越高，社会责任表现越好"（Fombrun 和 Shanley，1990），相应地对"责任铁律"的验证逻辑是"规模越大，影响力越大，权力越大，社会期望越高，责任越大"。这一逻辑推演虽然识别出了企业在社会上的"权力"来源之一即影响力，但却没有进一步挖掘出影响力的关键影响因素即利益相关方网络嵌入，尤其是忽视了企业在社会上的"权力"的另外两个可能来源，即以资源为基础的企业能力（内部视角）和以市场地位为基础的市场势能（外部视角）。尽管一些研究考察了冗余资源对企业社会责任表现的影响（Tan 和 Peng，2004；Voss 等，2008；Xu 等，2015；Shahzad 等，2016），也有部分学者研究了市场竞争与企业社会责任表现之间的关系（Fernández - Kranz 和 Santaló，2010；Flammer，2015），但却缺乏从权力生成视角对它们之间的影响机制或关系逻辑进行深入探讨。也就是说，目前尚没有学者对"责任铁律"可能的逻辑路径"利益相关方网络嵌入—社会影响力—社会权力—社会责任""资源丰裕度—企业能力—社会权力—社会责任"以及"市场地位—市场势能—社会权力—社会责任"是否存在进行检验。

进一步来看，为了克服以往静态视角研究企业规模绝对值对企业社会责任影响的局限性，必然要求动态地考察企业成长变化（尤其是企业边界扩张）对企业社会责任表现的影响。然而，企业成长分为内部成长与外部并购两种实现方式，相对应的则是内拓式企业边界扩张和外延式企业边界扩张。与内部成长方式和内拓式边界扩张方式相比，并购引致的外延式边界扩张成为企业快速成长的重要方式。Stigler（1950）甚至认为："没有一个美国大公司不是通过某种程度、某种方式的兼并而成长起来的，几乎没有一家大公司主要是靠内部扩张成长起来的。"正因如此，并购引致的外延式边界扩张引起了学术界的广泛关注和大量研究，并主要从影响因素与经济后果两条主线展开，重点是基于代理动机、协同效应与管理者自负效应来研究并购动机与并购绩效的关系（Roll，1986；Martynova 和 Renneboog，2009；徐昭，2017），特别关注并购的经济绩效是否改善（Lambrecht，2004；Fraser 和 Zhang，2009）。部分学者研究了企业社会责任作为影响因素对并购绩效的影响和社会责任投资行为的市场反应（Aktas 等，2011；Deng 等，2013；颜建国，2017；徐士伟等，2017），但重点仍然聚焦于并购财务绩效（Fuller 等，2002；Finkelstein 和 Cooper，2012；陈仕华等，2013）。少数研究已经注意到并购对企业社会责任行为的影响（Chase 等，1997；Waddock 和 Graves，2006），但主要是关注于并购企业和目标企业在并购前后对不同类型利益相关方的关注度变化，而没有研究并购对企业整体社会责任表现的影响。鉴于现有研究普遍忽略外部并购引致的外延式边界扩张对企业社会责任表现的影响，本节主要基于利益相关方理论、网络嵌入理论、冗余资源理论和市场势能理论，深入考察并购引致的外延式边界扩张与企业社会责任表现的关系，探索分析并购引致的外延式边界扩张对企业社会责任表现的影响机制，以期更加科学地检验"责任铁律"的存在性和合意性，寻找"责任铁律"形成的逻辑路径。因此，从实践角度来看，本研究有助于企业正确认识外部并购扩张的企业社会责任增进效应，为企业更好地履行社会责任、更有效地开展外延式边界扩张提供有益借鉴和启示。①

一、理论分析与研究假设

1. 责任铁律的存在性与合意性：外延式边界扩张对企业社会责任表现的增进效应

理论上来说，根据管理学中的"权责匹配"原则，责任铁律自然成为企业社会责任领域的基本定理。然而，责任铁律在现实中的存在性和对个体企业的合意性，却难以从"权力—责任"路径进行事前的直接正向实证，相反往往采取事后的间接反向检验，即要么静态考察不同规模企业在社会责任表现上是否具有差异性，要么动态考察企业成长（尤其是外延式边界扩张）是否带来企业社会责任表现的增进，本质上是一种从实然到应然的推演方法。鉴于静态方法的缺陷性，本节拟采用动态方法进行理论分析和实证研究。

根据新制度经济学原理，企业是一组契约的联结点。这一组契约包括企业与管理者、雇员、所有者、供应商、客户及社区等相关利益方之间的契约，由此企业成为"所有相关利益方之间的一系列多边契约"（Freeman 和 Evan，1990）。由于每一个与企业订立显性契约或隐性契约的利益相关方实际上都向企业提供了不同形式的个人资源，作为交换，每个利益相关方都希望自己的利益能够得到满足（Donaldson 和 Dunfee，1994）。按照组织合法性理论，企业的存活和发展依赖于各个利益相关方的认同，其行为应当符合一系列显性或隐性的制度规范（Suchman，1995）。基于此，企业需要考虑、平衡和管理各个利益相关方的期望与诉求，最大限度地满足不同利益相关方的合理要求和多元偏好，为利益相关方创造价值，争取赢得各个利益相关方的利益认同、情感认同和价值认同。企业通过并购实现外延式边界扩张，通常会拓展企业的利益相关方类型、增加企业的利益相关方数量和增进与利益相关方的联系，相应地，企业与利益相关方之间的显性与隐性契约类型和数量也会增加。企业为了在外延式边界扩张后获得和提升组织合法性，必然要遵循"契约精神"，保证契约各方的权益，考虑、平衡和管理更

---

① 本节核心内容发表于：肖红军，李井林. 责任铁律的动态检验：来自中国上市公司并购样本的经验证据[J]. 管理世界，2018（7）.

多类型和更多数量利益相关方的期望与要求，为更多利益相关方创造更大的价值，进而增进企业的社会责任表现。Waddock 和 Graves（2006）的实证研究就显示，并购会增加企业对利益相关方的关注和回应，创造更多的利益相关方价值。

从社会层面来看，社会责任源于社会对企业行为的期望。企业社会责任的期望理论强调当今"组织型社会"的基本特点，认为社会对包括企业在内的组织参与解决社会问题都怀有普遍期望，希望企业以负责任的行为方式对经济、社会、环境的发展做出贡献。最具代表性的学者当数 Carroll，他很早就明确提出，企业社会责任是在特定时期社会对组织所寄予的经济、法律、伦理和自由裁决的期望（Carroll，1979；Schwartz 和 Carroll，2008）。虽然企业社会责任的期望理论所指的"企业"是企业界，社会对企业行为的期望往往表现为对企业界的整体期望（李伟阳和肖红军，2011），但却也能应用于特定企业个体。根据企业社会回应理论（Wood，1991），社会的普遍期望实际上形成对特定企业个体负责任行为的压力，企业为保证生存的"合法性"，将不得不"对许多迫在眉睫的社会需求做出回应"（Frederick，1986），由此利益相关方压力有助于提升企业可持续发展绩效（Wolf，2014）。在现实中，社会公众对大企业以负责任的方式参与解决社会问题往往抱有更多和更高的期望，对大企业所承担的社会责任内容范围和层次的显性与隐性"要求"都会明显高于中小企业。这意味着外延式边界扩张所引起的企业"变大"和"变强"将会导致社会公众对企业履行社会责任期望的增加，企业所面临的参与解决社会问题的压力也会增长，企业会基于对"合法性"的追求而对这些社会期望和社会压力进行回应。尤其是，外延式边界扩张往往不仅会增强企业参与解决社会问题的能力，而且通常会激发企业的高层次价值追求，使企业更倾向于采用战略性企业社会责任范式（Burke 和 Logsdon，1996；Porter 和 Kramer，2006；McWilliams 和 Siegel，2011）和共享价值范式（Porter 和 Kramer，2011），通过参与解决与自身业务有交叉的社会问题，在创造社会价值的同时获得经济利益，实现工具理性的价值增值。由此，本节提出如下假设：

H1：外延式边界扩张对企业社会责任表现具有积极的增进作用，即随着外延式边界扩张强度的增加，企业社会责任表现会相应地得到提升。

2. 责任铁律的权变性与异质性：扩张方式对外延式边界扩张强度与企业社会责任表现之间关系的调节作用

从新经济社会学的视角来看，任何企业的行为都是嵌入于一定的外部关系网络，尤其是企业的利益相关方网络。不同企业由于拥有的利益相关方网络复杂度和嵌入利益相关方网络的方式不同，其在外部关系网络和社会上的影响力也表现出显著的差异性，这使责任铁律可能存在"企业特质"上的权变性和异质性。

通常来说，企业运营过程中嵌入利益相关方网络的程度越高，企业的社会影响力就会越大。由此，"利益相关方网络嵌入—社会影响力—社会权力—社会责任"就成为"责任铁律"的可能逻辑路径。然而，从动态检验方法来看，并购引致的外延式边界扩张对企业嵌入利益相关方网络的影响方向取决于并购类型，相关性并购和非相关性并购对企业利益相关方网络嵌入性的影响强度存在差异，相应地，基于利益相关方网络嵌入的责任铁律逻辑路径检验就转化为考察扩张方式对外延式边界扩张强度与企业社会责任表现之间关系的调节作用。

网络嵌入性可以分为关系性嵌入和结构性嵌入（Granovetter，1992）。关系性嵌入是企业与利益相关方网络中不同利益相关方相互联系的二元交易关系，表明双方之间的理解、信任、承诺和互惠程度。按照互动频率、亲密程度、关系持续时间和相互服务支持程度的不同，关系性嵌入可以区分为强联结和弱联结两类（Granovetter，1985）。结构性嵌入指的是企业行为不仅受到企业与利益相关方二元关系内容和性质的影响，还依赖于整个利益相关方网络的结构及企业在网络中的位置，通常用网络规模、网络中心性等指标来衡量（许晖等，2013）。网络规模是利益相关方网络中的所有节点数量，也就是企业联结利益相关方的广泛程度；网络中心性反映出企业在整个利益相关方网络中的位置，通常包括程度中心性（Degree）、接近中心性（Closeness）和中介中心性（Betweeness）（Hanneman和Riddle，2005）。从不同类型并购引致的外延式边界扩张方式对网络嵌入性影响来看，一方面，非相关性并购引致的外延式边界扩张意味着企业快速实现非相关多元化，业务领域和行业类型的拓展导致企业需要面对的利益相关方类型更加多样化，并且时常伴随利益相关方数量的急剧增长。而相关性并购引致的外延式边界扩张虽然通常会带来利益相关方数量的增长，但新的利益相关方类型往往较少出现。由此，相较于相关性并购，非相关性并购引致的外延式边界扩张会更大程度地增加企业利益相关方网络的多样性和复杂度，更加明显地拓展企业的利益相关方网络规模，使企业嵌入更多数量的异质性利益相关方网络，形成更为广泛和复杂的网络结构。进一步，无论是基于合法性理论还是考虑资源依赖理论，企业都有动机在实施非相关性并购后去考虑更加多样化和更多数量利益相关方的期望与诉求，为更加复杂的利益相关方网络成员创造更大的多元价值，从而相应地显著提升企业的社会责任表现。Wang等（2003）以及Wang和Barney（2006）构建模型分析出产品多元化会通过降低风险而有利于利益相关方；倪昌红和张洁慧（2013）的实证研究发现，产品多元化与地域多元化战略强化了企业社会责任表现；Kang（2013）的研究更是表明，多元化程度与企业社会责任表现正相关，因为多元化加剧了管理层风险规避偏好，导致管理者会对利益相关方诉求做出回应。另一方面，并购企业在实施并购后的利益相关方网络往往是由并购前自身的利益相关方网络和目标企业的利益相关方网络叠加或耦合而成，因此并购企业在并购后的利益相关方网络中所展现的关系性嵌入类型和网络中心性程度主要取决于并购企业和目标企业在并购前各自利益相关方网络中的联结方式和网络位置，与并购类型关联度较小。也就是说，相关性并购和非相关性并购都可能促使并购企业与并购后利益相关方形成强联结关系或弱联结关系，也都可能引起并购企业在并购后利益相关方网络的中心性提升或下降。

基于以上分析，相较于相关性并购，非相关性并购引致的外延式边界扩张会更大程度地增加企业利益相关方网络的多样性和复杂度，拓展利益相关方网络规模，并在合法性追求和资源依赖驱动下创造更高的社会价值。因此，本节提出如下假设：

H2：相比于相关性并购，非相关性并购引起的外延式边界扩张对企业社会责任表现的增进效应更强。

3. 基于资源丰裕度的责任铁律逻辑：冗余资源变化对外延式边界扩张与企业社会责任表现之间关系的中介作用

结合巴纳德的权威接受理论和科特的四元权威来源理论，领导个体或组织的权力有多种来源，其中基于知识与技能、资源占有与配置的权力是现代权力的重要来源。按照资源基础理论（Barney，1991）和企业能力理论（Prahalad 和 Hamel，1990），企业的决策活动和行为绩效取决于所拥有的异质性资源和资源配置能力，相应地，社会赋予企业的权力多寡也必然取决于企业具备的资源和能力水平。企业拥有越多的被社会认可的资源和能力，企业被赋予的社会权力就会越大。由此，"资源丰裕度—企业能力—社会权力—社会责任"也成为"责任铁律"的可能逻辑路径。从动态检验方法来看，并购引致的外延式边界扩张必然引起企业冗余资源的变化，进而导致企业能力的改变。根据冗余资源理论（Slack Resources Theory），企业社会责任表现优劣取决于企业是否拥有可用的宽裕资源承担社会责任，因此冗余资源的不同变化方向势必会对外延式边界扩张与企业社会责任表现之间的关系产生影响。相应地，基于资源丰裕度的责任铁律逻辑路径检验就转化成考察冗余资源变化对外延式边界扩张与企业社会责任表现之间关系的中介作用。

冗余资源是一种过量的、能够被控制者随意使用的、起到缓冲作用的、现实的和潜在的资源（Bourgeois，1981），并可分为非沉淀性冗余资源（Unabsorbed Slack）和沉淀性冗余资源（Absorbed Slack）两种类型（Singh，1986；Sharfman 等，1988；Tan 和 Peng，2004；Voss 等，2008）。从整体上来看，在企业拥有的可自由支配资源相对缺乏的情况下，企业管理者会将关注点聚焦于短期的财务绩效，对于参与解决社会问题等新项目往往会忽视。冗余资源作为一种战略资源

（Lawson，2001），能够降低企业内部的限制，缓解企业因外部环境变化而需要面对的风险，不仅可以有效释放管理者对短期财务绩效关注的锁定，将注意力拓展至更广泛的外部社会问题参与，而且有助于企业发现和利用各种机会（Thompson，1967），保证企业有能力实施包括社会创新在内的新项目和战略尝试，从而拥有更多的战略选择（Bromiley，1991）。也就是说，冗余资源多的企业比冗余资源少的企业会更有意愿、更有能力参与解决社会问题，表现出更优的社会责任表现。Waddock 和 Graves（1997）认为，好的财务绩效可能导致宽裕资源的可获得性，这些资源使企业有能力和机会投资社会责任领域，以便改善社区、雇员关系以及环境状况，而好的社会责任就是这些资源分配到社会领域的结果。Schuler 和 Gording（2006）认为企业履行社会责任行为是昂贵的，只有那些具有良好财务绩效（冗余资源）的企业才有能力去承担社会责任行为。

从不同类型的冗余资源来看，非沉淀性冗余资源是没有被投入到组织设计或具体程序中的基础资源，具有高自由配置的特征。非沉淀性冗余资源代表了企业开展创新可利用的资源（Subramanian 和 Nilakanta，1996），能够提高企业对开展社会创新失败的风险承受度，增进企业对参与解决社会问题的尝试，加大企业对社会责任领域的投入。沉淀性冗余资源是已经被吸收到生产系统中的、运行成本较高的，但通过重新的组织设计可以恢复到可利用状态的资源，流动性和灵活性很差。沉淀性冗余资源会导致企业成本的增加，当企业拥有较多沉淀性冗余资源时，企业管理者通常会耗费较多精力致力于此类冗余资源的搜寻和处置，将关注点集中于内部组织的重新设计和生产效率的改进，对解决外部社会问题的关注度和参与度会下降。Xu 等（2015）的实证研究显示，非沉淀性冗余资源对企业社会责任表现具有积极的影响，而沉淀性冗余资源则会抑制企业的社会责任表现。

鉴于冗余资源数量与某些财务绩效指标之间存在线性关系（Bourgeois，1981），因此并购引致的外延式边界扩张对企业冗余资源的影响将与并购对并购企业财务绩效的影响方向具有同向性或反向性。从协同效应理论、税盾理论、市场力量理论、自由现金流量假说、公司控制权市场假说和信息与信号理论等理论出发，并购能够促进企业财务绩效的改善。Ravenscraft 和 Scherer（1987）通过对1950～1977 年的 471 家并购公司开展实证研究，发现并购能够系统性地提高企业的经营业绩；Healy 等（1992）以 1979～1984 年美国 50 起最大并购活动为样本，实证结果发现并购企业经行业调整后的经营业绩在并购后得到显著提高；Fraser 和 Zhang（2009）的研究显示，并购对并购企业三年内的经营业绩有显著的提升作用。并购对企业经营业绩的改善意味着企业冗余资源的优化，非沉淀性冗余资源和沉淀性冗余资源的数量均会增加。基于以上分析，本节提出如下假设：

H3a：非沉淀性冗余资源变化对外延式边界扩张与企业社会责任表现之间关系具有中介作用，即外延式边界扩张通过非沉淀性冗余资源变化间接正向影响企业社会责任表现。

H3b：沉淀性冗余资源变化对外延式边界扩张与企业社会责任表现之间关系具有中介作用，即外延式边界扩张通过沉淀性冗余资源变化间接负向影响企业社会责任表现。

4. 基于市场地位的责任铁律逻辑：市场地位变化对外延式边界扩张与企业社会责任表现之间关系的中介作用

社会权力既体现在企业因与广泛利益相关方和社会公众联系紧密而对其产生的影响力，也反映在企业与各利益相关方和社会公众互动过程中所展现出来的博弈能力、谈判能力和控制力，其直接基础则是企业实际拥有或被感知的"市场势能"，这里的"市场"是广义的"交易市场"概念。根据市场势能理论，市场势能意指市场上各参与者拥有的博弈力量的相对状况，其中更多"市场势能"拥有者将在市场中处于相对的主导地位，表现出对其他参与者更大的砍价能力、方向引导力、规则制定权力。市场势能的构成要素或影响因素较多，但市场地位是一个关键指标，市场地位高的企业无疑将拥有更高的市场势能。由此，"市场地位—市场势能—社会权力—社会责任"也成为"责任铁律"的可能逻辑路径。从动态检验方法来看，并购引致的外延式边界扩张将会导致企业在相关行业或领域内市场地位的变化，相应地改变企业的市场势能。Sethi 和 Sama（1998）的研究表明，企业社会责任行为是内部资源约束和外部市场竞争综合作用的结果，企业社会责任表现优劣受到企业竞争状况的影响，因为企业履行社会责任是应对市场竞争的一种战略手段（Flammer，2015）。这意味着企业的市场地位会影响企业社会责任表现，由此企业的市场地位改变必然会对外延式边界扩张与企业社会责任表现之间的关系产生影响。相应地，基于市场地位的责任铁律逻辑路径检验就转化为考察市场地位变化对外延式边界扩张与企业社会责任表现之间关系的中介作用。

从利益相关方视角来看，市场地位高的企业之所以能够在商业领域获得市场份额优势，在某种程度上是因为它相对市场地位低的企业来说，能够正确处理与各利益相关方关系，有效开展与各利益相关方的合作，创造出更大的客户价值，拥有更优质的供应商关系，形成更广泛和更可靠的合作对象群体，具备一支对企业具有高度认同感的员工队伍。也就是说，相对市场地位低的企业，市场地位高的企业能够创造出更多元和更大规模的利益相关方价值。特别是，随着企业市场地位的提升，各利益相关方对获得企业负责任的对待、受惠于更多的"价值溢出"怀有更高的期望，而企业为了保持甚至进一步提升市场地位，往往会对这些期望进行合理的回应。从社会视角来看，一方面，由于开展解决社会问题的社会责任项目可以帮助企业克服成本劣势或巩固成本优势，帮助企业获取更大的市场份额（马虹和李杰，2014），因此市场地位高的企业在巩固和增加市场份额的驱动下，会有更为强烈的意愿对社会责任项目进行投资；另一方面，相对市场地位低的企业，市场地位高的企业对市场拥有更多的控制权，不仅能够较好地实现规模经济效益，拥有更为丰富的内部性资源，而且在供应商关系、客户资源、银行授信、商业信用、员工认同等方面具有综合优势（张新民等，2012），可以获得更为广泛的外部性资源。比如，Van Horen（2007）的实证结果表明，企业自身所具备的市场地位与商业信用融资之间存在正向关联。更多的内外部资源使企业对开展社会创新项目具有更大的风险承受能力，使企业更有能力去对社会责任项目进行投资。综合利益相关方视角和社会视角，企业市场地位的提升将会增进企业履行社会责任的动力和能力，创造更为可观的社会价值。

提升市场地位是企业开展并购活动、实施外延式边界扩张的主要目标之一，因为相关性并购和非相关性并购都可以通过不同机制来增强并购企业的市场地位（白雪洁等，2016）。从相关性并购来看，基于替代关系的横向并购将会导致市场上企业数量的直接减少，可以带来成本节约和实现规模经济效益，相应地会直接或间接地提升并购企业的市场地位；基于互补关系的纵向并购可以增强并购企业对产业链上下游的控制能力和谈判能力，通过一体化避免效率损失，相应地也会直接或间接地提升并购企业的市场地位。从非相关性并购来看，它可以通过实现范围经济和节约交易成本两个方面来提高并购企业的生产效率，降低运营成本，增强并购企业在市场竞争中的优势，从而带来市场地位的提升。实际上，Barton和Sherman（2003）就认为，并购有助于并购企业构筑进入壁垒，增强其市场地位；Vita和Sacher（2010）的实证研究则发现，企业的并购行为与其市场地位存在显著的正相关关系。基于以上分析，本节提出如下假设：

H4：市场地位变化对外延式边界扩张与企业社会责任表现之间关系具有中介作用，即外延式边界扩张通过市场地位变化间接正向影响企业社会责任表现。

二、研究设计

1. 样本选择与数据来源

鉴于2006年被认为是中国企业社会责任发展的元年，因此本节截取2006~2015年我国沪深股市上市公司作为研究样本，考虑到金融保险类行业公司财务指标的特殊性，剔除了该类上市公司，同时剔除资产负债率大于100%、事实上已经资不抵债的公司；并购样本为交易完成且公司控制权发生变更的并购事件，同一并购标的的多起并购事件，将其合并为一起并购事件（如果样本公司在样本期间的特定年份发起连续并购事件，则保留第一起并购事件），最终得到 2639 个并购样本。从 Wind 资讯数据库的"中国并购库"获得外延式边界扩张变量和外延式边界扩张方式变量数据，外延式边界扩张强度变量与企业社会责任表现六个维度变量数据根据国泰安数据库的"财务报表数据库"和"财务报表附注数据库"中的相关字段计算而得；非沉淀性冗余资源变化变量数据来源于国泰安数据库的"财务指标分析数据库"的"偿债能力"文件，而沉淀性冗余资源变化变量与市场地位变化变量数据由国泰安数据库的"财务报表数据库""利润表"文件中的相关字段计算而得；股权集中度变量与产权性质变量数据来源于国泰安数据库的"股权性质数据库"，企业年龄变量与行业性质变量数据来源于国泰安数据库的"首次公开发行数据库"。如果样本公司相关变量数据缺失，则通过上市公司所披露的年报数据根据其度量方法进行计算补充。为了避免极端值的影响，本节对主要变量观测值 1% 和 99% 分位数外的样本使用 Winsorize 方法进行了缩尾处理，所有数据处理和模型估计工作均使用 Stata11 完成。

2. 模型设定与变量定义

（1）模型设定。本节设定模型（1）至模型（3），分别用于检验假设 H1 至假设 H4，具体模型设定如下：

$$\text{CSP}_{it} = \alpha_0 + \alpha_1 \text{M\&A}_{it-1} + \alpha_i \text{Control}_{it-1} + \varepsilon_{it} \tag{1}$$

$$\text{CSP}_{it} = \beta_0 + \beta_1 \text{Strength}_{it-1} + \beta_1 \text{Control}_{it-1} + \varepsilon_{it} \tag{2}$$

$$\text{CSP}_{it} = \beta_0 + \beta_1 \text{Strength}_{it-1} + \beta_2 \text{MV}_{it-1} + \beta_3 \text{Strength}_{it-1} \times \text{MV}_{it-1} + \beta_i \text{Control}_{it-1} + \varepsilon_{it} \tag{3}$$

考虑到并购样本的数据特点，上述模型的回归估计方法采用混合横截面数据回归，其中，模型（1）至模型（3）的被解释变量为企业社会责任表现；模型（1）中的 $\text{M\&A}_{it-1}$ 为解释变量，反映企业是否发生了外延式边界扩张，模型（2）与模型（3）中的 Strength_{it-1} 为解释变量，反映企业外延式边界扩张的强度，模型（3）中的 MV_{it-1} 为中介变量，分别为企业冗余资源的变化与市场地位的变化；模型（1）至模型（3）中的 Control_{it-1} 为控制变量，分别为股权集中度、产权性质、企业年龄、行业性质与时间效应。

（2）变量定义。

被解释变量：企业社会责任表现的测度方法多种多样，早期更多地运用单一指数进行测度，典型的包括企业声誉指数法（Cochran 和 Wood，1984）、KLD 指数（Waddock 和 Graves，1997）、《财富》杂志对公司声誉排名（Preston 和 Obannon，1997）。然而，由于企业社会责任表现是一个多维度的结构（Carroll，1979；Griffin 和 Mahon，1995；Rowley 和 Berman，2000），其测量指标也应当是多维度的，不能简单地用单维度指标测量，同时这些方法大多具有较强的主观性。随着利益相关方理论的逐渐完善，运用利益相关方理论来评价企业社会责任表现成为理论与实证研究的主流（Clarkson，1995；李正和向锐，2007；符刚等，2016）。因此，本节基于利益相关方理论，从政府责任绩效、员工责任绩效、供应商责任绩效、顾客责任绩效、金融机构责任绩效和社会公益责任绩效六个维度来测度企业社会责任表现。由于企业环境责任具有一定的强制性和较强的行业差异性，而且企业因承担环境责任发生的支出包括购买环保设备、构建环保设施等发生的费用以及行政罚款支出、损失赔偿款项等，这些支出所产生的环境绩效一部分已包括在政府责任绩效和社会公益责任绩效中，另一部分无法直接反映，因此本节没有单独计量环境责任绩效。另外，本节选择使用相等权重的加权平均法来计量企业社会责任表现。

解释变量：外延式边界扩张及其强度。为了考察外延式边界扩张对企业社会责任表现的影响，本节从是否发生外延式边界扩张以及外延式边界扩张强度两个方面设置了外延式边界扩张及其强度两个解释变量。外延式边界扩张变量的设置是为了比较外部并购引致的企业边界扩张与内生增长引致的企业边界扩张对企业社会责任表现影响的差异，如果在特定年份，公司发生并购交易，则认为公司存在外延式边界扩张，该样本公司赋值为1，否则为0。进一步地，为考察外延式边界扩张强度对企业社会责任表现的影响，本节以发生了外延式边界扩张的公司为样本，以并购前后公司资产规模的变化率来度量企业外延式边界扩张强度，从动态的视角来考察企业边界扩张对企业社会责任表现的影响。

调节变量：外延式边界扩张方式。本节设置了外延式边界扩张方式，如果企业是通过相关性并购引致的外延式边界扩张，则该样本赋值为1，而如果企业是通过非相关性并购引致的外延式边界扩张，则该样本赋值为0，检验不同外延式边界扩张方式对企业社会责任表现的影响是否存在差异，以检验利益相关方网络嵌入的责任铁律逻辑路径。

中介变量：冗余资源变化。借鉴国内外学者基于财务数据对组织冗余资源的度量方法，本节与他们一致，选择流动比率测量非沉淀性冗余资源（AS）（Cheng和Kesner，1997；蒋春燕和赵曙明，2004），该指标越大，表示企业利用流动资产解决即时债务的能力越强，企业短期内可开发利用的资源就越多；选择费用收入比［（管理费用＋销售费用）/营业收入］测量沉淀性冗余资源（RS）（Wiseman和Catanach，1997；解维敏和魏化倩，2016），该指标反映运用于管理、营销等活动的特定资源多寡，此类资源的转化与利用会受到限制和约束。在稳健性检验中，借鉴Latham和Braun（2008）等文献，采用速动比率度量非沉淀性冗余资源；借鉴Greenley和Oktemgil（1998）以及李晓翔和刘春林（2010）等文献，采用管理费用/营业收入度量沉淀性冗余资源。为了便于从动态的视角考察冗余资源对外延式边界扩张强度与企业社会责任表现之间关系的影响，本节以各冗余资源对应财务指标在并购前后的变化反映冗余资源的变化。

中介变量：市场地位变化。市场地位的差异性会影响到企业社会责任的履行方式和程度，而外延式边界扩张意味着企业市场地位的变化。因此，本节设置市场地位变化变量来考察其对外延式边界扩张强度对企业社会责任绩效的影响。对于企业市场地位的度量，主要有主营业务利润率（黎来芳等，2013）、营业利润率（徐一民和张志宏，2010）以及赫芬达尔指数，但主营业务利润率与营业利润率均没有考虑企业与行业的相对情况，而赫芬达尔指数反映的是行业的竞争情况。考虑到用企业营业收入占行业总营业收入的比重来度量企业市场地位的指标值过小，我们以〔（企业营业收入－营业收入行业均值）/营业收入行业均值〕来度量企业市场地位，而并购前后这一指标的变化则代表企业市场地位变化。

控制变量：借鉴 Chang 等（2012）、Kang（2013）以及符刚等（2016）的相关研究，我们在对模型进行回归估计时，控制了股权集中度、产权性质、企业年龄、行业性质（制造业按照细类进行划分）与时间效应。

上述相关变量的定义详见表 7－1。

表 7－1　变量定义

变量类型	变量名称	变量符号	变量度量
被解释变量	政府责任绩效	GORP	（支付的各项税费－收到的税费返还＋应交税费）/营业总收入
	员工责任绩效	EMRP	（支付给职工以及为职工支付的现金＋应付职工薪酬）/营业总收入
	供应商责任绩效	SURP	（购买商品接收劳务支付的现金＋应付账款＋应付票据）/营业总收入
	顾客责任绩效	CORP	（销售商品及提供劳务收到的现金＋应收账款＋应收票据）/营业总收入
	金融机构责任绩效	FIRP	偿还债务支付的现金/营业总收入
	社会公益责任绩效	SPRP	捐赠支出/营业总收入
	企业社会责任表现	CSP	（GORP＋EMRP＋SURP＋CORP＋FIRP＋SPRP）/6
解释变量	外延式边界扩张	M&A	在特定年份发生并购交易的样本公司赋值为1，否则为0
	外延式边界扩张强度	Strength	（本年度资产规模－上年度资产规模）/上年度资产规模

续表

变量类型	变量名称	变量符号	变量度量
调节变量	外延式边界扩张方式	Type	并购标的与并购公司所属行业具有相关性的并购样本赋值为1，否则为0
中介变量（MV）	非沉淀性冗余资源变化	AS	并购前后流动比率的年度变化
	沉淀性冗余资源变化	RS	并购前后（管理费用＋销售费用）/营业总收入的年度变化
	市场地位变化	MP	并购前后［（企业营业收入－营业收入行业均值）/营业收入行业均值］的年度变化
控制变量	股权集中度	Top1	公司第一大股东持股比例
	产权性质	State	国有企业为1，非国有企业为0
	企业年龄	Age	样本年份减去企业上市年份
	行业性质	Industry	根据2012年版证监会行业分类标准，当企业属于行业i时，$Industry_i = 1$，否则$Industry_i = 0$

三、实证结果与分析

1. 描述性统计分析

表7-2报告了并购样本公司主要变量的描述性统计结果。从表7-2中可以看出，反映企业社会责任表现的变量（CSP）平均值与中位数分别为3.02和1.95，标准差为3.33，最小值与最大值分别为0.07和20.33，说明并购样本公司之间的企业社会责任表现差别非常大；反映企业外延式边界扩张强度的变量（Strength）的平均值与中位数均为0.01，标准差为0.01，最小值与最大值分别为0.00和0.08，差异不是特别大，说明样本公司中没有发生并购强度特别大的事件；反映企业市场地位变化的变量（MP）的平均值与中位数分别为0.75和0.17，标准差为2.13，最小值与最大值分别为－3.42和13.52，差异十分明显，表明并购引致的外延式边界扩张普遍性带来企业市场地位的提升，但也有企业的市场地位受到削弱，这可能是因为有新的行业进入者或者其他竞争性企业提升更快；反映非沉淀性冗余资源变化的变量（AS）均值与中位数分别为－0.55和－0.12，标准差为1.68，最小值与最大值分别为－7.45和5.01，差异较为明显；反映沉淀性冗余资源变化的变量（RS）均值与中位数均为0.00，标准差为0.07，最小值与最大值分别为－0.47和0.45，差异不是特别大，说明并购引致的外延式边界扩张对不同企业的非沉淀性冗余资源影响要大于对沉淀性冗余资源

的影响。在控制变量方面，股权集中度（Top1）与企业年龄（Age）的标准差均较大，在并购样本公司间也存在着较大差异，说明企业社会责任表现可能会受到这种差异的影响。

表7-2　主要变量的描述性统计结果

变量	平均值	标准差	中位数	最小值	最大值
CSP	3.02	3.33	1.95	0.07	20.33
Type	0.76	0.43	1.00	0.00	1.00
Strength	0.01	0.01	0.01	0.00	0.08
MP	0.75	2.13	0.17	-3.42	13.52
AS	-0.55	1.68	-0.12	-7.45	5.01
RS	0.00	0.07	0.00	-0.47	0.45
Top1	0.37	0.15	0.36	0.05	0.76
State	0.35	0.48	0.00	0.00	1.00
Age	6.70	5.36	5.00	0.00	25.00

表7-3报告了并购样本公司各变量间的 Pearson 相关系数。外延式边界扩张强度（Strength）与并购后的企业社会责任表现（CSP）在10%的置信水平上显著正相关，说明外延式边界扩张有利于企业社会责任表现的提升，初步验证了假设 H1，即责任铁律的存在性和合意性。企业的市场地位变化（MP）与并购后的企业社会责任表现（CSP）在1%的置信水平上显著正相关，说明企业市场地位的增强有利于企业社会责任表现的提升；企业的非沉淀性冗余资源变化（AS）与并购后的企业社会责任表现（CSP）在1%的置信水平上显著正相关，说明企业非沉淀性冗余资源的增多有利于企业社会责任表现的提升；企业的沉淀性冗余资源变化（RS）与并购后的企业社会责任表现（CSP）负相关，说明企业沉淀性冗余资源的增多不利于企业社会责任表现的提升。

表7-3　各变量间的 Pearson 相关系数

变量	CSP	Type	Strength	MP	AS	RS	Top1	State	Age
CSP	1								
Type	0.02	1							
Strength	0.04*	0.01	1						
MP	0.42***	-0.02	0.13***	1					

续表

变量	CSP	Type	Strength	MP	AS	RS	Top1	State	Age
AS	0.14***	−0.06***	0.04*	0.08***	1				
RS	−0.03	−0.01	−0.14***	−0.07***	−0.02	1			
Top1	0.09***	0.05**	−0.03	0.24***	0.02	−0.03	1		
State	0.25***	0.04*	−0.09***	0.25***	0.18***	−0.04*	0.26***	1	
Age	0.20***	−0.03	0.01	0.09***	0.24***	−0.04**	−0.04*	0.38***	1

注：*、**和***分别表示统计检验在10%、5%和1%置信水平上显著不为零。

2. 单变量分析

表7-4报告了按照外延式边界扩张与否分类的变量组间差异的T检验和Mann-Whitney U检验结果。通过组间差异检验可以发现，实施外延式边界扩张的样本公司滞后一期的企业社会责任表现的均值与中位数分别高于没有开展外延式边界扩张的样本企业社会责任表现的均值与中位数，而且组间差异检验结果显著，表明外延式边界扩张能够带来企业社会责任表现的提升，进一步验证了假设H1，即责任铁律的存在性和合意性。与此同时，外延式边界扩张对市场地位变化的正向影响在1%的置信水平上显著，说明相对于内拓式边界扩张，外部并购更有利于企业市场地位的增强。此外，外延式边界扩张引起了非沉淀性冗余资源和沉淀性冗余资源的明显变化，控制变量股权集中度、产权性质与企业年龄的均值在外延式边界扩张与否两组样本间也均存在显著差异。

表7-4　按外延式边界扩张与否分类的变量组间差异检验结果

变量	均值			中位数		
	非并购样本	并购样本	T检验	非并购样本	并购样本	Mann-Whitney U检验
CSP	2.94	3.06	−1.43*	1.90	1.98	−2.71***
Strength	0.01	0.01	−27.63***	0.00	0.01	−32.49***
MP	0.46	0.75	−6.52***	0.06	0.17	−16.66***
AS	−0.09	−0.55	14.86***	−0.01	−0.12	15.71***
RS	0.00	0.00	2.09**	0.00	0.00	1.90*
Top1	0.36	0.37	−2.85***	0.34	0.36	−2.75***
State	0.50	0.35	14.10***	1.00	0.00	14.03***
Age	9.35	6.70	19.86***	10.00	5.00	19.42***

注：*、**和***分别表示统计检验在10%、5%和1%置信水平上显著不为零。

3. 多变量回归分析

（1）责任铁律的存在性与合意性假设检验及结果讨论。为了更加充分地验证假设 H1 即外延式边界扩张对企业社会责任表现的增进效应，本节采取两步法进行检验分析：第一步是根据模型（1）对全样本的混合截面数据进行 OLS 回归，考察外延式边界扩张与否（M&A）对企业社会责任表现的影响。从表 7 - 5 中列（1）的回归结果可以看出，企业外延式边界扩张变量（M&A）的估计系数在 1% 的置信水平上显著为正，表明并购引致的外延式边界扩张能够增进企业社会责任表现。第二步是根据模型（2）对并购样本企业的混合截面数据进行 OLS 回归，考察外延式边界扩张强度（Strength）对企业社会责任表现的影响。在不考虑其他因素对外延式边界扩张强度与企业社会责任表现之间关系的干预效应时，表 7 - 5 中列（2）报告了模型（2）中外延式边界扩张强度对企业社会责任表现影响的总效应的检验结果，回归结果显示外延式边界扩张强度与企业社会责任表现在 1% 的置信水平上显著正相关，即随着外延式边界扩张强度的增加，并购企业的社会责任表现会相应地得到提升。第一步和第二步的验证结果更进一步支持了假设 H1，责任铁律的存在性与合意性假设得到证实。而且，由于并购引致的外延式边界扩张意味着企业规模的迅速增长，外延式边界扩张对企业社会责任表现的增进作用也支持了 Stanwick 和 Stanwick（1998）、Johnson 和 Greening（1999）与 Muller 和 Kolk（2010）关于企业规模与企业社会责任表现之间正相关关系的实证结论。

表 7 - 5　外延式边界扩张对企业社会责任表现影响的回归结果

变量	（1）全样本	（2）并购样本
M&A	0.23 *** (3.07)	
Strength		17.48 *** (3.23)
Type		0.48 *** (3.02)
Top1	0.03 *** (14.90)	0.02 *** (3.62)
State	1.02 *** (16.79)	1.06 *** (5.98)
Age	0.04 *** (8.32)	0.06 *** (3.90)

续表

变量	（1）全样本	（2）并购样本
行业效应	控制	控制
时间效应	控制	控制
Cons	− 0. 27 （− 1. 22）	− 0. 24 （− 0. 37）
Adj − R²	0. 21	0. 30
F 值	104. 30 ***	22. 51 ***

注：①括号中为 t 值；②＊、＊＊、＊＊＊分别表示统计检验在 10%、5% 和 1% 的置信水平上显著不为零。

实际上，企业社会责任表现优劣同时取决于企业对履行社会责任的需求强度与供给能力，是企业对两者进行权衡与匹配的结果。从需求角度来看，合法性关系到企业的生存与发展（Scott，2001），当企业的行为方式和结果被利益相关方和社会感知到与所处环境的价值观、期望和社会规范相一致时，企业的合法性地位才能得以建立（Dowling 和 Pfeffer，1975）。因此，为了获取实用合法性、道德合法性和认知合法性（Suchman，1995），企业不得不对利益相关方和社会的合理期望与诉求做出回应，不得不以透明和道德的方式行事，即不得不履行社会责任。Mukasa 等（2015）的实证结果表明，企业从事社会责任活动有助于提升企业的社会声誉，增进社会认同与合法性。考虑并购引致的外延式边界扩张，一方面，它虽然可能扰乱企业现有利益相关方关系，因为并购使企业与现有利益相关方的长期关系的连续性被置于利害关系的境地，但企业为了实现并购的成功、获得现有利益相关方的认同，必然需要以负责任的方式满足现有利益相关方的合理期望与正当诉求，保持甚至提升与他们之间的显性或隐性契约关系；另一方面，它还会带来新利益相关方的涉入，既可能是利益相关方数量的增加，也可能是利益相关方类型的拓展，企业为了确保并购本身的合法性以及并购后的组织合法性，必然会投入资源回应新利益相关方的期望和诉求。无论是针对现有利益相关方还是着眼新利益相关方，并购会使企业对利益相关方的关注增加，更加注重对利益相关方期望与诉求的回应（Waddock 和 Graves，2006）。从供给角度来看，企业对是否参与解决社会问题的决策受到企业社会创新能力和社会创新预期回报的影响。并购作为企业外部资源获取的重要方式，其过程存在知识转移的现象（Vaara 等，2012），能够拓展企业现有的知识存量、提高内部知识多样性（Ahuja 和 Katila，2001）和增强外部信息的吸收能力，从而促进社会创新能力的提升。

与此同时，并购引致的外延式边界扩张意味着企业拥有更加多元的发展机会，能够通过将自身业务与参与解决关联性社会问题相结合（Porter 和 Kramer，2006），创造更多的共享价值。这表明，无论是从并购企业提升合法性的需求角度，还是并购增强了企业参与解决社会问题能力的供给角度，并购引致的外延式边界扩张都会增进企业的负责任行为，从而基于动态视角间接反向地验证了责任铁律的存在性与合意性。

（2）责任铁律的权变性与异质性假设检验及结果讨论。责任铁律的存在性与合意性假设得到验证表明其在"企业界"具有普适性，但责任铁律的作用程度与表现强度是否因企业个体而异仍然有待检验。为此，本节从考察不同外延式边界扩张方式与企业社会责任表现之间关系的视角检验了责任铁律在"企业特质"上的权变性和异质性，也即检验了"利益相关方网络嵌入—社会影响力—社会权力—社会责任"这一责任铁律逻辑路径。根据模型（2），将并购样本企业区分为相关性并购样本和非相关并购样本，分组进行混合截面数据 OLS 回归。表 7-6 的结果显示，无论是相关性并购样本，还是非相关性并购样本，外延式边界扩张强度（Strength）与企业社会责任表现均显著正相关，而且相较于相关性并购样本，非相关性并购样本的外延式边界扩张强度变量系数更大，并且该系数差异的显著性通过 Bootstrap 检验。这意味着相比于相关性并购，非相关性并购引致的外延式边界扩张对企业社会责任表现的增进效应更强，支持假设 H2。该检验结果表明外延式边界扩张方式对外延式边界扩张强度与企业社会责任表现之间的关系具有调节作用，验证了责任铁律的权变性与异质性。进一步来看，该检验结果说明并购引致的外延式边界扩张对企业社会责任表现的增进作用主要是因为并购引发利益相关方网络规模的拓展，从而使企业嵌入更多数量的异质性利益相关方网络，形成更为广泛和复杂的网络结构。这不仅验证了"利益相关方网络嵌入—社会影响力—社会权力—社会责任"是责任铁律的逻辑路径之一，而且反映出利益相关方网络规模变化引起的结构性嵌入变化是责任铁律之所以出现的重要来源，即"利益相关方网络规模（结构性嵌入）—社会影响力—社会权力—社会责任"是责任铁律更为具体的逻辑路径之一。

表 7-6　外延式边界扩张强度对企业社会责任表现影响的
分组（依据扩张方式）回归结果

变量	（1）相关性并购样本	（2）非相关性并购样本
Strength	11.34 *	36.25 ***
	(1.82)	(3.28)
Top1	0.01 *	0.04 ***
	(1.86)	(3.86)

续表

变量	（1）相关性并购样本	（2）非相关性并购样本
State	1.08 *** (5.16)	1.03 *** (3.07)
Age	0.07 *** (4.07)	0.04 (1.38)
行业效应	控制	控制
时间效应	控制	控制
Cons	0.57 (0.78)	− 1.02 (− 0.72)
扩张强度系数的真实差异 （相关性并购 VS 非相关性并购）	− 24.91	
经验 p 值	0.00	
$Adj - R^2$	0.32	0.25
F 值	19.67 ***	5.84 ***

注：①括号中为 t 值；②＊、＊＊、＊＊＊分别表示统计检验在 10%、5% 和 1% 的置信水平上显著不为零；③"经验 p 值"用于检验组间 Strength 系数差异的显著性，通过自举法（Bootstrap）抽样 1000 次得到。

　　由于相关性并购与非相关性并购分别属于企业的相关多元化战略与非相关多元化战略，因此假设 H2 的成立意味着非相关多元化战略对企业社会责任表现的积极影响更为强烈，这与 Kang（2013）关于多元化程度与企业社会责任表现的研究结论相一致，即非相关多元化与企业社会责任表现具有正向关联性，而相关多元化则没有。之所以如此，主要是因为产品或地域的多元程度直接决定利益相关方诉求和社会议题的范围，尤其是不同产业和区域市场的利益相关方对不同社会议题的关注度不同（Adams 和 Hardwick，1998；Brammer 和 Millington，2008），而这一切的本源则是多元化战略增加了企业的利益相关方网络规模和异质性。非相关性并购与非相关多元化战略将导致企业跨越多个不同的行业，企业需要面对更多不同类型的利益相关方、不同的利益相关方诉求和社会议题，而相关性并购与相关多元化战略则使企业需要面对的利益相关方类型和诉求具有连续性与一致性，企业需要聚焦的社会议题也相对较窄。与此同时，多元化会进一步强化管理者的风险规避倾向，降低管理者被解雇的风险，增加社会责任投资的"范围经济"，这些正是管理者关注和回应利益相关方诉求与社会议题追求的主要目标（McWilliams 和 Siegel，2001；Merriman 等，2006；Kacperczyk，2009）。在非相关性并购与非相关多元化战略情境下，管理者会更强烈地受到这些目标的驱动，对所嵌入的更多数量异质性利益相关方网络予以关注，并对网络中各成员的差异性诉求及其所关注的社会议题予以回应。

（3）基于资源丰裕度的责任铁律逻辑路径假设检验及结果讨论。基于资源基础和企业能力的责任铁律生成逻辑在理论上具有可能性，但在现实中是否存在仍然有待检验。为此，本节通过考察冗余资源变化对外延式边界扩张强度与企业社会责任表现之间关系的中介作用，检验了基于资源丰裕度的责任铁律逻辑路径，即"资源丰裕度—企业能力—社会权力—社会责任"这一责任铁律逻辑路径。根据模型（3）和温忠麟等（2004）提出的中介效应检验程序，表7-7报告了冗余资源变化对外延式边界扩张与企业社会责任表现之间关系的中介作用的回归结果。本节首先检验了自变量（外延式边界扩张强度）对因变量（企业社会责任表现）影响的总效应，列（1）表明外延式边界扩张强度（Strength）对企业社会责任表现具有显著的正向效应；然后检验了自变量（外延式边界扩张强度）对中介变量（非沉淀性冗余资源变化与沉淀性冗余资源变化）的影响，列（2）表明外延式边界扩张强度（Strength）对非沉淀性冗余资源变化具有显著的正向效应，列（3）表明外延式边界扩张强度（Strength）对沉淀性冗余资源变化具有不显著的负向效应；进一步地，本节还检验了中介变量（非沉淀性冗余资源变化与沉淀性冗余资源变化）对因变量（企业社会责任表现）的影响，列（4）表明非沉淀性冗余资源变化（AS）对企业社会责任表现具有显著的正向效应，列（5）表明沉淀性冗余资源变化（RS）对企业社会责任表现具有不显著的负向效应；最后检验了自变量（外延式边界扩张强度）与中介变量（非沉淀性冗余资源变化与沉淀性冗余资源变化）对因变量（企业社会责任表现）的共同影响，列（6）表明外延式边界扩张强度（Strength）对企业社会责任表现具有显著的正向效应，并且与列（1）的外延式边界扩张强度（Strength）系数相比，显著地减小了，此外，非沉淀性冗余资源变化（AS）对企业社会责任表现具有显著的正向效应，沉淀性冗余资源变化（RS）对企业社会责任表现具有不显著的负向效应。由此可见，非沉淀性冗余资源变化对外延式边界扩张与企业社会责任表现之间关系起到中介作用，假设H3a得到支持，即外延式边界扩张通过非沉淀性冗余资源变化间接正向影响企业社会责任表现。结合假设H1的检验结果，非沉淀性冗余资源变化对外延式边界扩张的企业社会责任增进效应具有部分而非完全的中介作用。该检验结果不仅说明了"资源丰裕度—企业能力—社会权力—社会责任"是责任铁律的逻辑路径之一，而且进一步将这条逻辑路径界定为"非沉淀性冗余资源—企业能力—社会权力—社会责任"。

表7-7 冗余资源变化的中介作用

项目	(1) 企业社会责任表现	(2) 非沉淀性冗余资源变化	(3) 沉淀性冗余资源变化	(4) 企业社会责任表现	(5) 企业社会责任表现	(6) 企业社会责任表现
影响路径	c: 总效应	a: 自变量→中介变量	a: 自变量→中介变量	b: 中介变量→因变量	b: 中介变量→因变量	c': (自变量+中介变量)→因变量
Strength	17.48*** (3.23)	4.47** (2.31)	-0.12 (-1.30)			16.91*** (3.10)
Type	0.48*** (3.02)	-0.01 (-0.21)	0.00 (0.75)	0.52*** (3.30)	0.50*** (3.13)	0.50*** (3.16)
Top1	0.02*** (3.62)	0.00** (2.14)	0.00 (-0.29)	0.02*** (3.60)	0.02*** (3.64)	0.02*** (3.71)
State	1.06*** (5.98)	0.06 (0.86)	0.00 (-1.31)	1.01*** (5.70)	1.02*** (5.75)	1.03*** (5.83)
Age	0.06*** (3.90)	0.03*** (4.87)	0.00 (0.85)	0.05*** (3.08)	0.05*** (3.62)	0.05*** (3.37)
AS				0.13*** (2.78)		0.12*** (2.73)
RS					-1.63 (-1.37)	-1.11 (-0.93)
行业效应	控制	控制	控制	控制	控制	控制
时间效应	控制	控制	控制	控制	控制	控制
Cons	-0.24 (-0.37)	-0.41 (-1.61)	0.01 (0.56)	0.08 (0.12)	0.00 (0.01)	-0.11 (-0.16)
Adj-R²	0.30	0.04	0.02	0.30	0.29	0.30
F值	22.51***	4.13***	2.45***	22.38***	22.18***	21.60***

注：①括号中为t值；②*、**、***分别表示统计检验在10%、5%和1%的置信水平上显著不为零。

为了更精确地考察冗余资源变化对外延式边界扩张与企业社会责任表现之间关系的中介作用，本节按照Preacher和Hayes（2004）以及Zhao等（2010）提出的中介效应检验程序并结合Bootstrap方法来进一步验证中介效应的显著性，将随机抽样设置为 5000 次，置信区间的置信度设定为 95%，运行结果表明非沉淀性冗余资源变化的中介效应显著为正（a × b = 0.17，p < 0.05），置信区间 CI = [0.02，0.33]，不包含 0，假设 H3a 得到支持；而沉淀性冗余资源变化的中介效应不具有显著性（CI = [−0.00，0.97]，包含 0），假设 H3b 没有得到支持。

非沉淀性冗余资源变化与企业社会责任表现的正向关系支持了 Waddock 和 Graves（1997）与 Schuler 和 Gording（2006）的观点，即冗余资源有利于企业承担社会责任，而沉淀性冗余资源变化与企业社会责任表现之间的不显著负向关系则没能得到支持。并购引致的外延式边界扩张强度与非沉淀性冗余资源的正向关系为并购的财务绩效改善效应观点（Ravenscraft 和 Schere，1987；Healy 等，1992；Fraser 和 Zhang，2009）提供有力支持。而且，以往的研究主要聚焦于冗余资源在多元化或并购与企业经营绩效之间关系的调节作用。如张庆垒等（2015）发现非沉淀性冗余资源对技术多元化与企业经营绩效的关系具有正向调节作用，而沉淀性冗余资源则会产生负向调节效应；李晓翔和刘春林（2011）发现非沉淀性冗余资源和沉淀性冗余资源的存在会减弱并购绩效。本节的研究结果则不同，发现非沉淀性冗余资源对并购的企业社会责任增进效应具有中介作用而非调节作用，这对已有的研究文献是一种补充和丰富。

（4）基于市场地位的责任铁律逻辑路径假设检验及结果讨论。基于市场地位和市场势能的责任铁律生成逻辑在理论上具有可能性，但在现实中是否存在还需要实证检验。为此，本节通过考察市场地位变化对外延式边界扩张强度与企业社会责任表现之间关系的中介作用，检验了基于市场地位的责任铁律逻辑路径，即"市场地位—市场势能—社会权力—社会责任"这一责任铁律逻辑路径。同样，根据模型（3）和温忠麟等（2004）提出的中介效应检验程序，表 7 - 8 报告了市场地位变化对外延式边界扩张与企业社会责任表现之间关系的中介作用的回归结果。本节首先检验了自变量（外延式边界扩张强度）对因变量（企业社会责任表现）影响的总效应，列（1）表明外延式边界扩张强度（Strength）对企业社会责任表现具有显著的正向效应；然后检验了自变量（外延式边界扩张强度）对中介变量（市场地位变化）的影响，列（2）表明外延式边界扩张强度（Strength）对市场地位变化具有显著的正向效应；进一步地，本节还检验了中介变量（市场地位变化）对因变量（企业社会责任表现）的影响，列（3）表明市场地位变化（MP）对企业社会责任表现具有显著的正向效应；最后检验了自变量（外延式边界扩张强度）与中介变量（市场地位变化）对因变量（企业社会责任表现）的共同影响，列（4）表明外延式边界扩张强度（Strength）对企业社会责任表现具有显著的正向效应，并且与列（1）的外延式边界扩张强度（Strength）系数相比显著地减小了，此外，市场地位变化（MP）对企业社会责任表现具有显著的正向效应。由此可见，市场地位变化对外延式边界扩张与企业社会责任表现之间关系起到中介作用，支持假设 H4，即外延式边界扩张通过市场地位变化间接正向影响企业社会责任表现。结合假设 H1 的检验结果，市场地位变化对外延式边界扩张的企业社会责任增进效应具有部分中介作用。该检验结果验证了"市场地位—市场势能—社会权力—社会责任"是责任铁律的逻辑路径之一。

表 7-8 市场地位变化的中介作用

项目	(1) 企业社会责任表现	(2) 市场地位变化	(3) 企业社会责任表现	(4) 企业社会责任表现
影响路径	c：总效应	a：自变量→中介变量	b：中介变量→因变量	c'：(自变量 + 中介变量)→因变量
Strength	17.48***	11.55***		9.05*
	(3.23)	(3.53)		(1.68)
Top1	0.02***	0.02***	0.01	0.01
	(3.62)	(4.87)	(1.47)	(1.55)
State	1.06***	0.63***	0.82***	0.84***
	(5.98)	(5.28)	(4.81)	(4.91)
Age	0.06***	0.0100	0.05***	0.05***
	(3.90)	(0.96)	(3.69)	(3.79)
Type	0.48***	-0.01	0.56***	0.55***
	(3.02)	(-0.10)	(3.72)	(3.63)
MP			0.50***	0.49***
			(13.67)	(13.23)
行业效应	控制	控制	控制	控制
时间效应	控制	控制	控制	控制
Cons	-0.24	-0.87**	0.21	0.10
	(-0.37)	(-2.00)	(0.34)	(0.16)
Adj-R^2	0.30	0.14	0.37	0.37
F 值	22.51***	11.92***	30.20***	29.43***

注：①括号中为 t 值；②*、**、***分别表示统计检验在 10%、5% 和 1% 的置信水平上显著不为零。

本节进一步利用 Bootstrap 中介效应检验方法对市场地位变化在外延式边界扩张与企业社会责任表现之间关系的中介效应进行了显著性检验，运行结果表明市场地位变化的中介效应显著为正（$a \times b = 22.81$，$p < 0.01$），置信区间 CI = [19.52，26.35]，不包含 0，假设 H4 得到支持。

并购引致的外延式边界扩张强度与市场地位变化的正向关系支持了 Barton 和 Sherman（2003）与 Vita 和 Sacher（2010）的观点，即并购有利于增强企业的市场地位，与 Focarelli 和 Panetta（2003）及 Moeller（2005）的观点则相左。这一方面是由于部分的并购本身就是出于提升进入壁垒、增强并购企业市场地位的动机，另一方面则是并购所产生的经营协同效应、管理协同效应和财务协同效应，都会客观上增强并购企业在相关领域的市场地位。市场地位变化对企业社会责任表现的正向效应表明市场地位高的企业更有意愿和能力参与解决社会问题，创造更可观的利益相关方价值，这与传统上着眼于效率视角的平静生活假说（The Quiet Life Hypotheses）相悖。平静生活假说假定企业市场势力（市场地位）越高，管理者越会减少最大化经营效率的努力，因此市场势力（市场地位）与效率负相关（Berger 和 Hannan，1998）。如果将经营效率拓展至综合价值，本节的实证结果表明平静生活假说并不成立，市场势力（市场地位）与效率关系的"马歇尔困境"可以得到破解。而且，市场地位变化对外延式边界扩张与企业社会责任表现之间关系的中介效应表明，市场地位为企业并购行为与企业综合绩效之间架起一座桥梁，在一定程度上解释了 Cording 等（2002）提出的"并购悖论"。

四、稳健性检验

1. 样本分组检验

本节进一步将并购样本按照产权性质进行分组，考察外延式边界扩张强度与企业社会责任表现之间的正向影响关系在不同样本组中是否具有一致性。表 7-9 报告了不同产权性质企业外延式边界扩张强度对企业社会责任表现影响的回归结果，分组检验的回归结果显示，无论是国有企业并购样本，还是非国有企业并购样本，外延式边界扩张强度（Strength）与企业社会责任表现均显著正相关，与前文研究结论相一致。

表 7-9 不同产权性质企业外延式边界扩张强度对
企业社会责任表现影响的回归结果

变量	（1）国有企业样本	（2）非国有企业样本
Strength	27.49**	14.96**
	(2.27)	(2.86)
Type	0.78**	0.28*
	(2.22)	(1.85)
Top1	0.02*	0.01*
	(1.91)	(2.14)

续表

变量	（1）国有企业样本	（2）非国有企业样本
Age	0.10＊＊＊ （3.26）	0.02 （1.53）
行业效应	控制	控制
时间效应	控制	控制
Cons	－0.11 （－0.08）	1.28＊ （1.70）
Adj－R²	0.28	0.23
F值	8.87＊＊＊	11.79＊＊＊

注：①括号中为 t 值；②＊、＊＊、＊＊＊分别表示统计检验在 10%、5% 和 1% 的置信水平上显著不为零。

2. 替代变量检验

为增强研究结论的稳健性，本节进一步用速动比率替换流动比率，作为企业非沉淀性冗余资源的替代变量（Singh，1986；Herold 等，2006；Shimizu，2007），用管理费用率替换管理费用率与销售费用率之和，作为企业沉淀性冗余资源的替代变量（Wiseman 和 Catanach，1997；Palmer 和 Wiseman，1999），并对冗余资源变化在外延式边界扩张强度与企业社会责任表现之间关系的中介作用进行了进一步的检验，表 7－10 报告了上述检验结果，与前文的研究结论相一致。此外，冗余资源变化的 Bootstrap 中介效应检验结果也与前文的研究结论相一致，其中非沉淀性冗余资源变化的中介效应显著为正（a×b＝0.29，p＜0.01，置信区间 CI＝［0.10，0.49］，不包含 0），而沉淀性冗余资源变化的中介效应不显著（置信区间 CI＝［－0.02，0.97］，包含 0）。

表 7－10　采用替代变量后冗余资源变化的中介作用

项目	（1）企业社会责任表现	（2）非沉淀冗余资源变化	（3）沉淀冗余资源变化	（4）企业社会责任表现	（5）企业社会责任表现	（6）企业社会责任表现
影响路径	c：总效应	a：自变量→中介变量	a：自变量→中介变量	b：中介变量→因变量	b：中介变量→因变量	c′：（自变量＋中介变量）→因变量
Strength	17.48＊＊＊ （3.23）	3.41＊ （1.96）	－0.11 （－1.46）			16.81＊＊＊ （3.09）
Type	0.48＊＊＊ （3.02）	0.00 （0.03）	0.00 （0.17）	0.52＊＊＊ （3.32）	0.50＊＊＊ （3.14）	0.50＊＊＊ （3.18）

续表

项目	(1) 企业社会责任表现	(2) 非沉淀冗余资源变化	(3) 沉淀冗余资源变化	(4) 企业社会责任表现	(5) 企业社会责任表现	(6) 企业社会责任表现
影响路径	c：总效应	a：自变量→中介变量	a：自变量→中介变量	b：中介变量→因变量	b：中介变量→因变量	c′：(自变量+中介变量)→因变量
Top1	0.02*** (3.62)	0.00** (2.48)	0.00 (-0.26)	0.02*** (3.60)	0.02*** (3.64)	0.02*** (3.70)
State	1.06*** (5.98)	0.04 (0.70)	0.00 (-0.71)	1.01*** (5.70)	1.02*** (5.77)	1.03*** (5.83)
Age	0.06*** (3.90)	0.03*** (5.05)	0.00 (0.20)	0.05*** (3.02)	0.05*** (3.61)	0.05*** (3.31)
AS				0.15*** (2.96)		0.14*** (2.88)
RS					-1.97 (-1.25)	-1.42 (-0.89)
行业效应	控制	控制	控制	控制	控制	控制
时间效应	控制	控制	控制	控制	控制	控制
Cons	-0.24 (-0.37)	-0.37 (-1.64)	0.01 (0.77)	0.09 (0.14)	-0.01 (-0.02)	-0.11 (-0.16)
$Adj-R^2$	0.30	0.04	0.02	0.30	0.29	0.30
F值	22.51***	4.11***	2.04***	22.42***	22.16***	21.63***

注：①括号中为 t 值；②*、**、*** 分别表示统计检验在 10%、5% 和 1% 的置信水平上显著不为零。

3. 时期延滞检验

考虑到企业通过外部并购扩张所带来的市场地位变化可能会滞后一定时期，因此，本节用并购后一年的市场地位减去并购前一年的市场地位来反映市场地位的变化，并对市场地位变化在外延式边界扩张强度与企业社会责任表现之间关系的中介作用进行了进一步的检验，表 7-11 报告了上述检验结果，与前文的研究结论相一致。与此同时，市场地位变化的 Bootstrap 中介效应检验结果也与前文的研究结论相一致（$a \times b = 24.18$，$p < 0.01$，置信区间 $CI = [20.71, 28.01]$，不包含 0）。

表 7 - 11　滞后一期市场地位变化的中介作用

项目	(1) 企业社会责任表现	(2) 市场地位变化	(3) 企业社会责任表现	(4) 企业社会责任表现
影响路径	c：总效应	a：自变量→中介变量	b：中介变量→因变量	c′：(自变量 + 中介变量)→因变量
Strength	17.48*** (3.23)	37.12*** (6.35)		9.03* (1.74)
Top1	0.02*** (3.62)	0.04*** (6.98)	0.00 (1.10)	0.01 (1.17)
State	1.06*** (5.98)	1.17*** (5.71)	0.66*** (4.03)	0.68*** (4.14)
Age	0.06*** (3.90)	0.01 (0.53)	0.05*** (3.65)	0.05*** (3.76)
Type	0.48*** (3.02)	- 0.14 (- 0.81)	0.54*** (3.70)	0.53*** (3.61)
MP			0.33*** (17.98)	0.32*** (17.63)
行业效应	控制	控制	控制	控制
时间效应	控制	控制	控制	控制
Cons	- 0.24 (- 0.37)	- 1.49** (- 2.00)	0.46 (0.76)	0.34 (0.56)
Adj - R^2	0.30	0.19	0.41	0.41
F 值	22.51***	15.90***	36.19***	35.26***

注：①括号中为 t 值；②*、**、*** 分别表示统计检验在 10%、5% 和 1% 的置信水平上显著不为零。

4. 行业调整检验

借鉴 Vanacker 等 (2013) 的做法，用行业水平对相应的财务指标进行调整，以消除行业异质性，以此来衡量企业的冗余资源，其中行业水平可用相关财务指标的行业中值来代替，亦可用相关财务指标的行业均值来调整，本节在稳健性检验中用行业均值来调整。本节对企业社会责任表现、外延式边界扩张强度的变化与冗余资源的变化这些变量均通过减去其行业平均值进行了行业调整，回归结果仍然支持前文的研究结论 (见表 7 - 12 至表 7 - 15)。

表7-12　外延式边界扩张对企业社会责任表现影响的回归结果（H1）

变量	（1）全样本	（2）并购样本
M&A	0.23 ***	
	(3.07)	
Strength		17.48 ***
		(3.23)
Type		0.48 ***
		(3.02)
Top1	0.03 ***	0.02 ***
	(14.90)	(3.62)
State	1.02 ***	1.06 ***
	(16.79)	(5.98)
Age	0.04 ***	0.06 ***
	(8.32)	(3.90)
行业效应	控制	控制
时间效应	控制	控制
Cons	-0.36 *	1.39 *
	(-1.68)	(1.72)
Adj - R^2	0.21	0.30
F 值	104.30 ***	22.51 ***

注：①括号中为 t 值；②*、**、***分别表示统计检验在10%、5%和1%的置信水平上显著不为零。

表7-13　外延式边界扩张强度对企业社会责任表现影响的分组
（依据扩张方式）回归结果（H2）

变量	（1）相关性并购样本	（2）非相关性并购样本
Strength	11.34 *	36.25 ***
	(1.82)	(3.28)
Top1	0.01 *	0.04 ***
	(1.86)	(3.86)
State	1.08 ***	1.03 ***
	(5.16)	(3.07)
Age	0.07 ***	0.04
	(4.07)	(1.38)
行业效应	控制	控制

续表

变量	（1）相关性并购样本	（2）非相关性并购样本
时间效应	控制	控制
Cons	1.60* （1.74）	2.47 （1.43）
扩张强度系数的真实差异 （相关性并购 VS 非相关性并购）	－24.91	
经验 p 值	0.00	
Adj－R²	0.32	0.25
F 值	19.67***	5.84***

注：①括号中为 t 值；②＊、＊＊、＊＊＊分别表示统计检验在 10%、5% 和 1% 的置信水平上显著不为零；③"经验 p 值"用于检验组间 Strength 系数差异的显著性，通过自举法（Bootstrap）抽样 1000 次得到。

表 7－14　冗余资源变化的中介作用（H3）

项目	（1）企业社会责任表现	（2）非沉淀性冗余资源变化	（3）沉淀性冗余资源变化	（4）企业社会责任表现	（5）企业社会责任表现	（6）企业社会责任表现
影响路径	c：总效应	a：自变量→中介变量	a：自变量→中介变量	b：中介变量→因变量	b：中介变量→因变量	c′：（自变量＋中介变量）→因变量
Strength	17.48*** （3.23）	4.47** （2.31）	－0.12 （－1.30）			16.90*** （3.10）
Type	0.48*** （3.02）	－0.01 （－0.21）	0.00 （0.75）	0.52*** （3.30）	0.50*** （3.13）	0.50*** （3.16）
Top1	0.02*** （3.62）	0.00** （2.14）	0.00 （－0.29）	0.02*** （3.60）	0.02*** （3.64）	0.02*** （3.71）
State	1.06*** （5.98）	0.06 （0.86）	0.00 （－1.31）	1.01*** （5.70）	1.02*** （5.75）	1.03*** （5.83）
Age	0.06*** （3.90）	0.03*** （4.87）	0.00 （0.85）	0.05*** （3.08）	0.05*** （3.62）	0.05*** （3.37）
AS				0.13*** （2.78）		0.12*** （2.73）
RS					－1.63 （－1.37）	－1.11 （－0.93）
行业效应	控制	控制	控制	控制	控制	控制
时间效应	控制	控制	控制	控制	控制	控制

续表

项目	(1) 企业社会责任表现	(2) 非沉淀性冗余资源变化	(3) 沉淀性冗余资源变化	(4) 企业社会责任表现	(5) 企业社会责任表现	(6) 企业社会责任表现
影响路径	c：总效应	a：自变量→中介变量	a：自变量→中介变量	b：中介变量→因变量	b：中介变量→因变量	c'：（自变量＋中介变量）→因变量
Cons	1.39 * (1.72)	−0.06 (−0.21)	−0.10 *** (−6.96)	−0.01 (−0.01)	−0.26 (−0.38)	1.37 * (1.66)
$Adj-R^2$	0.30	0.04	0.02	0.30	0.29	0.30
F 值	22.51 ***	4.13 ***	2.45 ***	22.38 ***	22.18 ***	21.60 ***

注：①括号中为 t 值；②*、**、***分别表示统计检验在 10%、5% 和 1% 的置信水平上显著不为零。

表 7-15 市场地位变化的中介作用（H4）

项目	(1) 企业社会责任表现	(2) 市场地位变化	(3) 企业社会责任表现	(4) 企业社会责任表现
影响路径	c：总效应	a：自变量→中介变量	b：中介变量→因变量	c'：（自变量＋中介变量）→因变量
Strength	17.48 *** (3.23)	22.98 *** (7.89)		9.05 * (1.68)
Top1	0.02 *** (3.62)	0.02 *** (7.27)	0.01 (1.47)	0.01 (1.55)
State	1.06 *** (5.98)	0.45 *** (4.41)	0.82 *** (4.81)	0.84 *** (4.91)
Age	0.06 *** (3.90)	0.00 (0.38)	0.05 *** (3.69)	0.05 *** (3.79)
Type	0.48 *** (3.02)	−0.09 (−0.97)	0.56 *** (3.72)	0.55 *** (3.63)
MP			0.50 *** (13.67)	0.49 *** (13.23)
行业效应	控制	控制	控制	控制
时间效应	控制	控制	控制	控制
Cons	1.39 * (1.72)	1.62 *** (3.61)	0.12 (0.19)	0.90 (1.15)
$Adj-R^2$	0.30	0.18	0.37	0.37
F 值	22.51 ***	15.31 ***	30.20 ***	29.43 ***

注：①括号中为 t 值；②*、**、***分别表示统计检验在 10%、5% 和 1% 的置信水平上显著不为零。

五、研究结论与相关建议

1. 研究结论

本节基于利益相关方理论、网络嵌入理论、冗余资源理论和市场势力理论等，以外延式边界扩张对企业社会责任表现的影响为研究切入点，将2006～2015年中国沪深股市上市公司并购事件作为研究对象，通过动态方法间接反向地检验责任铁律的存在性与合意性、权变性与异质性，寻找责任铁律的可能逻辑路径。研究结论显示：

第一，并购引致的外延式边界扩张对企业社会责任表现存在正向的积极影响。外延式边界扩张强度的增加将会促使企业社会责任表现的提升，表明企业边界的变化将会引起利益相关方和社会公众对企业履行社会责任期望的变化，以及企业实际履行社会责任的能力变化，证实了责任铁律在现实中的存在性与合意性。本节的研究结论支持了Waddock和Graves（2006）、Kacperczyk（2009）以及杜雪峰（2017）的观点。Waddock和Graves（2006）认为并购会增加企业对利益相关方的关注和回应，从而创造更多的利益相关方价值。Kacperczyk（2009）利用收购保护作为公司治理的一个指标，研究了外部权力从股东到经理人的转移如何影响企业对非股东利益相关方的关注，发现公司收购保护的增加导致企业增强了对社区和自然环境等非股东利益相关方的关注度，同时也为股东创造了长期价值。杜雪峰（2017）发现国有企业快速扩张与国有企业承担的社会责任存在显著的正相关关系，国有企业的快速扩张会导致社会责任投入的增加，有利于社会综合效益的增强。

第二，外延式边界扩张方式对外延式边界扩张强度与企业社会责任表现之间关系具有调节作用。相比于相关性并购，非相关性并购引致的外延式边界扩张对企业社会责任表现的增进效应更强，即责任铁律具有权变性与异质性。这表明企业边界的变化对企业社会责任表现的积极影响主要是通过利益相关方网络规模的增加或减少而改变结构性嵌入，由此"利益相关方网络规模（结构性嵌入）—社会影响力—社会权力—社会责任"成为责任铁律的逻辑路径之一。以往文献大多研究并购类型的财务效应，一些学者认为企业之间的多样化并购能够提高公司价值（Billett和Mauer，2004），而另一些学者则发现企业多样化并购会损害股东的价值（李善民和朱滔，2006），构成了所谓的多样化并购之谜（刘笑萍等，2009），而本节的研究结论则表明多样化并购更能创造社会价值。此外，本节的研究结论表明并购引致的企业外延式边界扩张所带来的企业社会责任表现增进效应主要源于对利益相关方网络的结构性嵌入的改变，支持了Wang等（2003）、Wang和Barney（2006）、Kang（2013）以及倪昌红和张洁慧（2013）关于产品多元化对企业社会责任表现存在正向影响的观点。

第三，非沉淀性冗余资源变化和市场地位变化是外延式边界扩张的企业社会责任增进效应的中介机制，沉淀性冗余资源变化则没有展现出明显的中介作用。外延式边界扩张通过非沉淀性冗余资源变化和市场地位变化间接地正向影响企业社会责任表现，表明"非沉淀性冗余资源—企业能力—社会权力—社会责任"和"市场地位—市场势能—社会权力—社会责任"是责任铁律的另外两条逻辑路径。从前者来看，本节的研究结论表明企业具有良好的冗余资源有利于企业社会责任更好地实现，支持了 Waddock 和 Graves（1997）与 Schuler 和 Gording（2006）的观点。进一步地，本节的研究结论表明相对于沉淀性冗余资源的变化，非沉淀性冗余资源的变化对外延式边界扩张的企业社会责任增进效应的中介作用更为显著，支持了 Xu 等（2015）关于非沉淀性冗余资源对企业社会责任表现具有积极的影响，而沉淀性冗余资源则会抑制企业的社会责任表现的研究结论。从后者来看，本节的研究结论表明市场地位高的企业，由于具有较强的产品竞争力和经济实力，所以有能力更好地履行社会责任，支持了 Fernández‐Kranz 和 Santaló（2010）与 Flammer（2015）关于产品市场竞争力与企业社会责任正相关的观点。

综合以上研究结论，外延式边界扩张与企业社会责任表现之间关系、责任铁律的三条逻辑路径如图 7‐1 所示。

2. 管理启示

基于上述研究结论，本节提出以下三个方面的管理启示：

第一，健康成长是企业更好地履行社会责任的前提与基础。企业成长将会导致企业在社会中的权力增长，而责任铁律在现实中的存在性与合意性意味着企业所需承担的社会责任较大，企业创造经济、社会、环境综合价值的水平和对可持续发展的贡献相应地会得到提升。实际上，责任铁律的三条逻辑路径中，无论是利益相关方网络规模的拓展，还是非沉淀性冗余资源的增加，抑或是市场地位的提升，都依赖于企业通过内部成长实现内拓式边界扩张或通过外部并购实现外延式边界扩张，企业成长成为责任铁律得以存在与发挥作用的源头。因此，无论是企业本体还是外部主体，在推动企业履行社会责任时都不能一味地强调企业"无私的付出"和以牺牲企业成长为代价，更不能"杀鸡取卵""涸泽而渔"，而是要将企业的可持续发展与社会的可持续发展协调起来，推动企业以负责任的方式实现自身健康成长，进而为促进社会可持续发展做出更大的贡献。

第二，分类施策与差异化治理是推动企业履行社会责任的理性方式。责任铁律的权变性与异质性以及三条逻辑路径都深刻说明，处于不同成长阶段、拥有不同组织规模和占据不同市场地位的企业，其所承担社会责任的范围、程度和能力

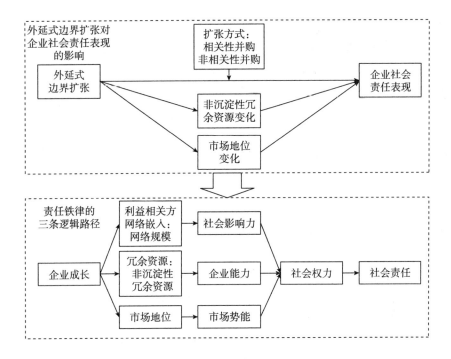

图7-1　责任铁律的三条逻辑路径

都存在差异性，因此针对不同企业履行社会责任应当分类施策和差异化治理。从个体理性角度来看，特定企业应根据成长阶段演进、组织规模变化和市场地位变动，基于非沉淀性冗余资源丰裕度和企业能力，动态权变地确定自身履行社会责任的适宜边界，合理配置在必尽责任、应尽责任和愿尽责任三个层次的资源投入，确保企业社会责任与企业特质的高度适配性，最大限度地实现综合价值创造的可持续性和社会认同的广泛性。从社会理性角度来看，无论是政府还是公民社会，推动企业履行社会责任绝不能忽视责任铁律而搞"一刀切"和"一锅煮"，取而代之的是区分不同成长阶段、不同组织规模和不同市场地位的企业，形成差异化的合理期望与理性要求，建立因企施策、一类一策的社会责任推进机制，保证不同类型企业有动力、有能力和有行动去履行合乎自身的社会责任，实现个体理性向社会理性的转化。

第三，社会价值创造应当成为企业并购决策与实施方式的重要考量维度。传统的并购决策更多地关注于并购本身的经济合理性、能力互补性、操作可行性，基本上忽视企业并购可能带来的社会价值创造效应。然而，实证研究结论显示，并购引致的外延式边界扩张的确会对企业社会责任表现产生直接或间接的影响，因此企业并购的决策与实施需要超越传统的企业自身视角，补充性地从社会视角进行审视和考量，将并购可能带来的企业社会责任表现变化作为并购决策合理性的重要评判要件。鉴于并购引致的外延式边界扩张对企业社会责任表现的影响主要通过利益相关方价值创造机制和社会问题解决的参与机制来实现，因此企业一方面需要在并购决策、实施和整合的全过程中负责任地对待每一个利益相关方，为利益相关方创造价值；另一方面需要在并购决策和整合后的运行中以适当的方式参与解决社会问题，积极创造社会价值。进一步来看，政府部门在对企业并购实施审查时，应当将并购可能带来的社会价值增多或减少作为重要的考量因素；在对企业并购效果进行评估时，也应当将并购后的企业社会责任表现作为重要的评估维度。

3. 未来研究方向

针对责任铁律、企业边界扩张与企业社会责任表现之间关系，未来可在以下研究方向上进一步拓展与深化：

第一，责任铁律检验视角的拓展与逻辑路径研究的深化。本节从外延式边界扩张对企业社会责任表现影响的视角检验了责任铁律的存在性与合意性、权变性与异质性，但内拓式边界扩张也是企业成长的重要方式，因此未来可以通过时间序列的方法检验内部成长对企业社会责任表现的影响，进而验证责任铁律对于内拓式边界扩张企业的存在性与合意性。与此同时，本节通过实证研究寻找出责任铁律的三条逻辑路径，但对于"权力"的来源与真正的"权力"之间关系主要是基于理论推演，未来可通过问卷调查的方式对逻辑路径的前半段即"利益相关方网络嵌入—社会影响力—社会权力""非沉淀性冗余资源—企业能力—社会权力""市场地位—市场势能—社会权力"进行进一步的实证研究。

第二，外延式边界扩张与企业社会责任表现之间关系的研究视角拓展。本节主要是从组织层面考察了外延式边界扩张对企业社会责任表现的影响作用，未从个体层面与制度层面进行研究。就个体层面而言，外延式边界扩张的管理者动机对于企业社会责任表现的变化可能具有影响，如管理者出于自利动机（管理者理性）而扩大企业规模所发起的外延式边界扩张是否有利于提升企业社会责任表现？又如过度自信的管理者（管理者非理性）所发起的外延式边界扩张是否对企业社会责任表现产生影响？就制度层面而言，企业所处的制度环境对外延式边界扩张与企业社会责任表现之间关系是否存在干预效应，比如市场化程度与法制环境对外延式边界扩张与企业社会责任表现之间关系是否存在调节效应？因此，未来可以将外延式边界扩张与企业社会责任表现之间关系的研究从组织层面拓展到个体层面与制度层面。

第二节 社会责任披露对股价崩盘风险的影响研究

中国资本市场的暴涨暴跌在全球名列前茅，股价的暴涨暴跌问题特别是暴跌所引起的股价崩盘风险挑动投资者的敏感神经，并对中国证券市场的安全构成巨大隐患。公司层面的股价崩盘风险是指个股持有收益出现极端负值的概率，传达的是公司股价短期的急剧波动风险。如 2015 年 5 月港股汉能薄膜发电（00566）23 分钟内股价暴跌 47%；2015 年 6 月中国中车（601766）合并后交易的第二日起连续暴跌，三天之内股价跌幅达到 19.94%。特别是 2015 年下半年以来中国 A 股市场"千股集体跌停"的"股灾"现象严重挑战了投资者的敏感神经，干扰了金融市场的稳定和良性发展。那么引起股价崩盘风险的因素到底有哪些呢？现有研究主要集中于三个角度：信息透明及代理成本的"内部观"、资本市场参与者的"影响观"和经营环境的"政策观"。其中，公司财务信息透明度对股价崩盘风险的影响已经得到研究者的关注，如 Hutton 等（2009）和潘越等（2011）研究发现公司财务信息透明度的提高会降低股价崩盘的风险，然而公司非财务（企业社会责任）信息披露与股价崩盘风险之间的关联尚没有得到关注。实际上，企业社会责任信息披露可能与财务信息披露角色功能类似，也能增加信息透明度，降低信息不对称，降低资本成本，但也可能与财务信息披露功能相异，因为它具有自愿性、选择性、低规范化等特点。那么，深入到微观企业的运营决策，企业社会责任信息披露到底对微观企业会计行为会产生何种影响？这种影响是否会造成剧烈的市场波动和风险？特别是，在当前中国制度设计不完善、监管政策不到位的制度和市场环境下，企业从事社会责任信息披露行为到底体现了谁的利益？是股东"价值主义"的产物还是管理层"机会主义"的产物？对这些问题的研究在当前社会责任信息披露监管的规范化过程中显得至关重要。针对以上问题，本节以 2009～2013 年我国 A 股公布社会责任报告的上市公司为样本，在结合制度背景和理论分析的基础上，提出两个竞争性假说——"价值驱动"假说和"机会推动"假说，并预期通过实证检验企业社会责任信息披露水平、会计稳健性及股价崩盘风险之间的内生关系，深入分析和考察两种假说现实的适用性和合理性。①

一、理论分析与研究假设

1. 价值驱动假说 VS 机会推动假说

企业社会责任建设对微观企业会计行为和市场绩效会产生何种影响？这个问

---

① 本节核心内容发表于：权小锋，肖红军. 社会责任披露对股价崩盘风险的影响研究：基于会计稳健性的中介机理[J]. 中国软科学，2016（6）.

题在学术界一直存在激烈争论。但 Ioannou 和 Serafein（2014）的研究为学者深入思考这些问题提供了启发，他们认为在监管制度变迁的环境下，要想正确认识企业社会责任建设（社会责任建设包含履行和披露两个层次）的经济后果需要首先深入剖析管理层从事社会责任建设的行为动机。Derwall 等（2011）认为企业社会责任建设受到两种动机驱动：价值驱动和机会推动。

（1）价值驱动假说。价值驱动假说认为企业管理层履行社会责任并及时进行信息披露的关键动机在于通过社会责任建设实现股东和利益相关方利益的统一和联合，提升公司的长期价值。这一假说的提出分为两个层次展开：从道德和伦理等非经济因素来看，企业履行社会责任并充分披露信息存在三种非经济性的行为动机：①伦理动机，认为企业将履行社会责任当作一种伦理责任（Donaldson 和 Preston，1995；Phillips 等，2003），公司在道德准绳的要求下从事"伦理正确、对社会有益的事"是必须的。②社会动机，认为企业是社会的组成部分，履行社会责任是企业应尽的职责（Donaldson 和 Dunfee，1994；Matten 和 Crane，2005）。③综合动机，认为企业的成功要依赖于社会，企业应将其经营需求融入社会需求（Swanson，1995；Agle 和 Mitchell，1999），因此有义务承担社会责任。Jones（1995）认为，使用道德伦理方法解决代理问题比使用设计的制度机制来约束管理层机会主义行为更为有效。从股东财富创造的经济因素来看，企业从事社会责任建设存在资源交换的动机。新制度经济学的契约理论认为企业本身是一个契约的联合体，这种契约的联合将股东和利益相关方在显性契约和隐形契约的框架下进行了利益绑定。在显性契约方面，利益相关方一旦认为企业履行社会责任具有真实意愿并形成对其的诚信预期，那么每一组利益相关方都会贡献自己的关键资源和努力程度以换取显性契约（如工资合约、产品合约、供应合约）的要求权。在隐形契约方面，企业履行社会责任给利益相关方提供了工作安全、环境优化、产品质量等方面的声誉保证和隐形承诺。这时社会责任建设会形成一种维护关系基础的无形资产。通过企业社会责任建设，能够吸引责任感强的消费者（Hillman 和 Keim，2002），能从社会责任感强的投资者手中获取财务资源（Kapstein，2001），提高融资的便利性（Ioannou 和 Serafeim，2014）或者帮助公司迅速从财务困境中恢复（Choi 和 Wang，2009）。另外，价值驱动理论认为企业从事社会责任建设能够有效抑制管理层的机会主义行为，如抑制管理层的盈余管理，提高会计信息透明度（Kim 等，2012；Belgacem 和 Omri，2015），或抑制管理层的过度投资行为（Goss 和 Roberts，2011）。最后，价值驱动假说认为管理层建设社会责任目的是通过保护和提高公司声誉，最终降低公司的特质风险（Lee 和 Faff，2009）和提高公司业绩（Freeman 等，2007）。综合而言，价值驱动假设认为企业社会责任建设代表着股东主义，能够提高公司声誉和降低公司风险，提升公司长期价值。

（2）机会推动假说。机会推动假说认为管理层从事社会责任建设是以管理层自身利益为中心的，是为了实现逐利效应最大化。以 Friedman（1970）为代表的学者认为企业从事社会责任建设是服务于管理层利益而非股东利益。企业实施社会责任的收益由管理层享受，但风险和成本却由股东买单（Barmea 和 Rubin，2010）。因此，企业从事社会责任建设是以管理层主义为中心的，企业社会责任本身就是代理成本。还有一些跟随者沿袭源于新古典经济学的理论脉络，认为企业社会责任提高了公司的不必要成本和风险，从而使公司在竞争中处于劣势位置（Aupperle 等，1985）。McWilliams 等（2006）认为企业社会责任是管理层的一种"在职消费"，管理层经常会通过过度投资在社会责任建设过程以提升自己的职业声誉和个人事务。Hemingway 和 Maclagan（2004）研究认为，公司发布社会责任报告是为了掩饰一些不端行为的影响。高勇强等（2012）通过实证研究就曾发现，中国企业进行慈善捐款更多的目的是希望通过慈善来掩盖或者转移公众对企业其他不当行为或内在社会责任缺失的关注，降低企业的声誉损失。中国民营企业的社会责任表现更多的是"工具性"的，是"绿领巾"而非"红领巾"。姚立杰（2015）研究发现，中国企业社会责任表现越好，真实盈余管理水平越高，表明中国企业社会责任信息披露成为上市公司掩饰其盈余管理的一种工具，中国企业社会责任信息披露并不能反映出企业的"道德意识"。因此综合来看，机会推动假说认为企业社会责任建设代表着管理层主义，社会责任建设是管理层机会主义和代理成本的一种体现，其不仅不能带来股东利益和利益相关方利益的趋同和统一，还会进一步引起两者之间利益的严重分歧和企业资源的极端浪费，最终损害企业股东财富价值。

2. 研究假设的提出

（1）社会责任信息披露与会计稳健性。会计稳健性是关于会计盈余确认和计量的一项重要原则。Basu（1997）对会计稳健性给出了一个描述性定义，即在财务报告中确认"好消息"（收益）比"坏消息"（损失）需要更多的保证。该定义反映了会计稳健性对收益和损失的非对称性处理。在此基础上，Ball 和 Shivakumar（2005）、Beaver 和 Ryan（2005）将会计稳健性分为两类：一类是条件稳健性，它源于 Basu（1997）的稳健性定义，指的是盈余反映坏消息比反映好消息更快，如存货的成本与市价孰低法、资产减值准备等就属于此类稳健性；另一类是非条件稳健性，它建立在 Feltham 和 Ohlson（1995）关于稳健性定义的基础上，指的是一个总体偏见，与当期消息没有关系，而倾向于通过加快费用或推迟收入确认来低估权益账面价值，如无形资产开发成本立即费用化、固定资产加速折旧等就属于这类稳健性。两者的区别主要在于，前者给企业管理者留下了更多的选择空间，是一种原则性导向，而后者则是会计准则强加规定的，不给企业管理者留下更多的选择空间，是一种规则性导向。这种区别就使财务报告使用者对条件稳健性产生的偏差更加难以识别和纠正，因此也备受关注。

针对会计稳健性的需求分析，Watts（2003a，2003b）提出了契约观和信息观两种理论。契约观基于代理理论，认为由于任职期限和责任的有限性，管理者有夸大当期盈余和未来现金流量的动机，在以盈余为基础的报酬计划下，会支付超额的薪酬，还会导致过度投资（投资于净现值为负的项目）。而且当管理者离开公司时，超额支付的报酬很难收回，而过度投资的损失难以追究管理者的法律责任，给股东留下更低的权益价值。由于缺乏可验证性的要求，因此利用事后条款来防止管理层的机会主义行为的这一机制被认为是不完善的，Watts（2003a，2003b）因此提出，会计稳健性是保证股东和管理者契约效率的有效机制之一。稳健的盈余计量提供了某种程度上的及时、恰当的激励，递延管理者的报酬，因为有些基于盈余的报酬计划延伸到退休后。Ball（2009）发现，由于在当期能够提供正的盈余，或者出于声誉因素的考虑，管理者总是推迟结束那些损害公司价值的项目。会计稳健性要求对损失的确认更加及时，对收益的判断更加严格，因而限制了管理者的短视行为，促使他们尽早做出决定，结束净现值（NPV）为负的项目。信息观基于信息不对称理论，认为管理者对公司当前和未来的盈余信息掌握得较为完全，但是由于各种因素，例如薪酬、债务契约、职业生涯等的考虑，管理者会选择性地公布盈余信息，增加了信息不对称程度。如 Ahmed 和 Du-ellman（2007）、Kothari 等（2009）都认为管理层在信息披露上具有加速披露好消息而推迟披露坏消息的内在动机。而会计稳健性原则作为会计的基本原则之一，能够有效地减少管理者对信息公布的不对称性（公布好消息、保留坏消息），降低信息不对称程度，增加对投资者的保护。

由此可见，从契约观而言，会计稳健性是保证股东和管理者契约效率的机制之一，能够减少管理者的机会主义行为，增加投资者的保护。从信息观而言，会计稳健性能够有效地减少管理者对信息公布的不对称性（公布好消息、保留坏消息），减少信息不对称。因此，如果企业社会责任信息披露体现的是价值驱动，代表着股东利益，那么企业社会责任信息披露与会计稳健性具有动机和目的的一致性，两者在方向变动上应会保持一致。从共同维护股东利益和长期价值目的出发，管理层对外公布非财务信息——社会责任报告的同时，也会在内部财务信息生成的会计行为上选择更加稳健的政策。因此，价值驱动假说下预期企业社会责任信息披露水平与会计稳健性呈正向关系。但如果企业社会责任信息在披露动机上体现的是机会推动，代表着管理层利益，那么企业社会责任信息披露水平越高，则管理层会计行为上越需要规避稳健性的政策，因为会计稳健性一方面会从契约机制上约束管理层机会主义，另一方面会从信息机制上抑制管理层的信息操纵（公布好消息、保留坏消息）行为倾向，因此在机会推动假说下，社会责任信息披露水平预期同会计稳健性呈负向关系。基于"价值驱动"和"机会推动"假说推论，特提出以下两个备择假设：

H1－A：在中国资本市场，如价值驱动假说成立，则企业社会责任信息披露水平与会计稳健性呈显著正向关系。

H1－B：在中国资本市场，如机会推动假说成立，则企业社会责任信息披露水平与会计稳健性呈显著负向关系。

（2）会计稳健性与股价崩盘风险。股价崩盘风险是全球金融危机后财务学产生的热点研究问题。Jin 和 Myers（2006）针对其形成机理，提出了管理层捂盘假说的理论解释。他们认为，管理层出于自身薪酬、职业生涯、建立帝国以及政治晋升考量，在信息披露中经常会报喜不报忧，如果好消息和坏消息均随机出现，且管理者均及时披露两类消息，即消息分布是对称的，则股票回报的分布也对称（Kothari 等，2009）。然而大量研究表明，管理者披露坏消息和好消息分布并不对称——管理层存在捂盘坏消息的行为倾向，即管理者更倾向于隐瞒或推迟披露坏消息而加速披露好消息（Francis 等，1994；Kothari 等，2009），坏消息随时间的推移在公司内部不断积累，但"纸终究包不住火"，由于公司对坏消息的容纳存在一个上限，一旦累积的负面消息超过了这个上限，坏消息将集中释放出来，进而对公司股价造成极大的负面冲击并最终崩盘（Jin 和 Myers，2006；Hutton 等，2009；潘越等，2011；许年行等，2013；Callen 和 Fang，2014；Xu 等，2014）。

会计稳健性作为一种重要治理机制，预期对股价崩盘风险会产生三个方面的影响。首先，会计稳健性对损失和收入的非对称认知和保证处理将会加速坏消息如损失的确认并延迟好消息如收入的确认，这种行为后果会制约管理层的捂盘行为（Lafond 和 Watts，2008）。最终坏消息将会比未经证实的好消息更快进入资本市场，稳健性阻止了坏消息的累积，降低了股票的崩盘风险。其次，稳健性的会计报告提供了更加可靠的会计信息，因为稳健性会计报告将会包含更多可证实的"硬信息"（Hard Information），而压缩了"软信息"（Soft Information）如管理层盈余预测或者其他自愿披露的非财务信息的空间。在非稳健的公司中，管理层机会主义的自愿披露行为更难被提前发现，因此管理层更可能通过自愿披露实施对投资者的误导。而在稳健性的公司中，误导性的自愿披露行为会及早被发现和制止。因此，会计稳健性通过影响管理层可掌控的信息结构对其自利捂盘行为进行了抑制和削弱。最后，会计稳健性还会对管理层的真实决策过程产生显著影响。对股东和董事会而言，稳健性会计起到一种"烟雾报警器"的作用，这种报警器能够约束管理层从事非效率投资行为和捂盘行为。综合而言，会计稳健性作为一种约束管理层自利行为的治理机制，预期能够抑制股价崩盘风险的产生及扩大。因此特提出以下假设：

H2：在其他条件不变的情况下，会计稳健性水平与股价崩盘风险呈显著的负向关系。

（3）社会责任信息披露与股价崩盘风险：会计稳健性传导机理假设。结合假设 H1 和 H2 的推论，本节形成研究假设的推理如表 7 - 16 所示，如价值驱动假说成立，那么企业社会责任信息披露水平越高，企业会计稳健性需求就越高，进而股价的崩盘风险越低，因此在价值驱动假说下，企业社会责任信息披露水平预期最终会负向影响股价的崩盘风险。而在机会推动假说下，企业社会责任信息披露水平越高，则企业会计稳健性需求越低，进而股价的崩盘风险越高，因此在机会推动假说下，企业社会责任信息披露水平预期会正向影响股价的崩盘风险。而且，在理论逻辑链条中，会计稳健性预期应该对企业社会责任信息披露水平与股价崩盘风险之间的关系起到中介调整作用。因此特提出以下假设：

表 7 - 16　研究假设推理

方向／类型	H1：社会责任信息披露对会计稳健性影响	H2：会计稳健性对股价崩盘风险影响	H3：社会责任信息披露对股价崩盘风险影响	备注
价值驱动假说	+	－	－	H3 = H1 * H2
机会推动假说	－	－	+	H3 = H1 * H2

H3 - A：在中国资本市场，如价值驱动假说成立，则企业社会责任信息披露水平与股价崩盘风险呈显著负向关系。

H3 - B：在中国资本市场，如机会推动假说成立，则企业社会责任信息披露水平与股价崩盘风险呈显著正向关系。

H4：会计稳健性预期对企业社会责任信息披露水平与股价崩盘风险之间的关系产生显著的中介效应。

二、研究设计

（一）样本选择与数据来源

本节选择 2009 ~ 2013 年上市公司 A 股披露社会责任报告的公司作为研究样本，之所以选择 2009 年作为样本起点是基于两点考量：①2009 年开始润灵环球（RKS）才开始披露社会责任报告评价指数。②2009 年开始我国企业社会责任报告披露正式进入密集和常规披露的态势，这为学术探索提供了重要的研究渠道[1]。在研究数据合并过程中，本节样本还经过以下处理过程：①剔除股票年度周收益少于 26 周的样本数据[2]；②删除金融行业企业；③剔除 ST、PT 企业；④剔除财务和公司治理数据缺失的样本。最终得到 1778 个样木观测值。本节研究的社会责任信息披露水平数据来源于润灵环球的社会责任报告评价指数，股价崩盘风险、财务数据以及公司治理等变量数据来源于 CSMAR 数据库。为了剔除变量异常值的影响，本节对连续变量在 1% 和 99% 水平上进行 Winsorize 处理。

（二）变量测度

1. 股价崩盘风险 $CR_{i,t}$

借鉴 Hutton 等（2009）、Xu 等（2014）的文献，本节用三种方法来度量股价崩盘风险。具体计算过程如下：先计算各个公司每年的周收益，记为 W。公司周收益 $W_{i,\tau} = Ln(1 + \varepsilon_{i,\tau})$，$\varepsilon_{it}$ 为式（1）估计的残差。

$$r_{i,\tau} = \alpha_i + \beta_{1,i} r_{m,\tau-2} + \beta_{2,i} r_{m,\tau-1} + \beta_{3,i} r_{m,\tau} + \beta_{4,i} r_{m,\tau+1} + \beta_{5,i} r_{m,\tau+2} + \varepsilon_{i,\tau} \tag{1}$$

其中，$r_{i,\tau}$ 是公司 i 在第 τ 周的股票收益率；$r_{m,\tau}$ 为市值加权的市场指数在第 τ 周的收益率。

本节采用的第一种股价崩盘风险的度量指标是股票周收益负偏程度，记为 NCSKEW。具体计算方法是：计算各家公司每个年度周收益的三阶矩与周收益的标准差三次方之商的相反数，用等式表示如式（2）：

$$NCSKEW_{i,t} = -\left[n(n-1)^{3/2} \sum W_{i,\tau}^3 \right] / \left[(n-1)(n-2)\left(\sum W_{i,\tau}^2 \right)^{3/2} \right] \tag{2}$$

其中，t 代表第 t 年；n 表示公司 i 在年度 t 中周收益的观测值数量。

本节采用的第二种股价崩盘风险的度量指标是周收益跌涨波动比率，记为 DUVOL。先将各家公司每年所有的周收益按照高于或低于平均值分成两组，然后分别计算各组的标准差。DUVOL 为低于平均值的标准差与高于平均值的标准差比值的自然对数。用等式表示如式（3）：

$$DUVOL_{i,t} = Ln\left\{ (n_u - 1) \sum_{DOWN} W_{i,\tau}^2 / \left[(n_d - 1) \sum_{UP} W_{i,\tau}^2 \right] \right\} \tag{3}$$

其中，t 代表第 t 年；n_u 和 n_d 分别表示高于平均值和低于平均值的周收益观测值数量。

---

① 据笔者统计，2005～2008 年，在华发布的企业社会责任报告的份数不足 140 份，而到了 2009 年上半年，在华发布的企业社会责任报告就达到近 400 份，表明在华企业社会责任披露进入常态化和密集化态势。

② 之所以剔除周收益数据少于 26 周的样本是因为参考 Jin 和 Myers（2006）的文献，后面计算股价崩盘风险时的基本来源数据就是周收益数据，如果样本每年周收益数据少于 26 周，则指标计算不可靠，因此剔除。

本节采用的第三种股价崩盘风险的度量指标是周收益极值分布虚拟变量，记为 $CRSAH_{i,t}$，计算方法如下：

$$W_{i,\tau} < Average(W_\tau) - 3.09\sigma \tag{4}$$

其中，$Average(W_\tau)$ 是每一年度内所有公司周收益的平均值，σ 是每一年度内公司股票周收益的标准差。如果年度内股票 i 的周收益 $W_{i,\tau}$ 落在式（4）的区间 1 次以上（包含 1 次），则推定股票陷入崩盘风险，股票周收益极值分布值 $CRSAH_{i,t}$ 等于 1，否则为 0。特别需要注意的是，因为模型设定的关系，本节被解释变量股价崩盘风险 CR 的指标全取向后一年的数据（$NCSKEW_{i,t+1}$、$DUVOL_{i,t+1}$、$CRSAH_{i,t+1}$）。

2. 会计稳健性 $AC_{i,t}$

（1）条件稳健性 $CAC_{i,t}$。Khan 和 Watts（2009）认为，Basu（1997）模型中的会计盈余对外部信息的反应程度是公司三个特征变量——账面市值比（$MB_{i,t}$）、公司规模（$SIZE_{i,t}$）和资本结构（$LEV_{i,t}$）的线性函数，即对原有 Basu 模型做了如下改进：

$$G\_Score_{i,t} = \mu_{1t} + \mu_{2t}SIZE_{i,t} + \mu_{3t}MB_{i,t} + \mu_{4t}LEV_{i,t}$$
$$C\_Score_{i,t} = \lambda_{1t} + \lambda_{2t}SIZE_{i,t} + \lambda_{3t}MB_{i,t} + \lambda_{4t}LEV_{i,t} \tag{5}$$

其中，$C\_Score_{i,t}$ 反映了相对于"好消息"，会计盈余对"坏消息"的增量确认倾向。因此，本节用 $C\_Score_{i,t}$ 来测度条件稳健性 $CAC_{i,t}$，该值越大，会计盈余对负面消息越敏感，条件稳健性越强。

（2）非条件稳健性 $UAC_{i,t}$。Louis 等（2009）基于会计应计和经营性现金流通常存在反转关系的假设，提出持续性的负的应计可以作为会计稳健性的代理变量。本节将应计思路下的非条件稳健性指标定义为：

$$UAC_{i,t} = -(1/3)\sum_{t-1}^{t+1} NOPAC_{i,t}/TA_{i,t-1} \tag{6}$$

其中，$NOPAC_{i,t}$ 是非经营性应计项目，计算方式为 $NOPAC_{i,t}$ = 总应计 − 经营性应计（总应计 = 净利润 + 折旧 − 经营活动产生的现金流；经营性应计 = 应收账款变动额 + 存货变动额 + 预付账款变动额 − 应付账款变动额 − 应交税金变动额），本节取前后累计 3 年期的非经营性应计比例作为非条件稳健性 $UAC_{i,t}$ 的度量指标。该数值越大，非条件稳健性水平越高。

3. 企业社会责任信息披露水平 $CSR_{i,t}$

本节选取润灵环球对上市公司社会责任报告的评分指数作为企业社会责任信息披露水平的测度指标，该评分采用指数法衡量了企业社会责任报告中反映的企业社会责任履行以及披露情况。润灵环球是中国企业社会责任权威第三方评级机构，其对企业社会责任报告的评价是采用其独创的 MCTi 评级体系依据结构化评分方法从四个维度展开①。润灵环球的企业社会责任报告评分指数 $CSR_{i,t}$ 越高，则企业的社会责任信息披露水平越高。

4. 控制变量 CV_i

控制变量的选取借鉴 Kim 等（2011）、潘越等（2011）等文献。$DTURN_{i,t}$ 为去趋势化的月度换手率指标，用来测度投资者异质信念。$NCSKEW_{i,t}$ 为公司第 t 年的周收益偏度的相反数。$DUVOL_{i,t}$ 为公司第 t 年的股票周收益波动比。$CRASH_{i,t}$ 是公司第 t 年的股票周收益的极值分布虚拟变量。$SIGMA_{i,t}$ 是第 t 年公司周收益的标准差，该指标反映了公司股价的波动大小，波动越大股价暴跌风险越大。$RET_{i,t}$ 是第 t 年公司周收益平均值。$LNSIZE_{i,t}$ 表示公司规模，用总资产的自然对数测度。$MB_{i,t}$ 表示公司市值账面比。$LEV_{i,t}$ 表示公司财务杠杆，用公司总资产负债率表示。$OPAQUE_{i,t}$ 表示信息不透明度，用公司第 t 年的过去三年（t−1、t−2 和 t−3）操纵性应计绝对值平均值测度，操纵性应计根据修正截面琼斯模型计算得到，Hutton 等（2009）用该指标表示公司财务信息透明度的反向指标。$ROE_{i,t}$ 为净资产收益率。IND 表示控制行业效应，YEAR 表示控制年份效应。变量的具体定义见表 7−17。变量的描述性统计见表 7−18。

表 7−17　变量定义

变量类型	变量名	变量符号	变量测度
被解释变量	股价崩盘风险	$NCSKEW_{i,t+1}$	向后一年股票周收益的负偏程度，具体测度见式（2）
		$DUVOL_{i,t+1}$	向后一年股票周收益涨跌波动比，具体测度见式（3）
		$CRASH_{i,t+1}$	向后一年股票周收益极值分布，具体测度见式（4）
解释变量	社会责任信息披露水平	$CSR_{i,t}$	润灵环球对上市公司社会责任报告评价指数
	条件性会计稳健性	$CAC_{i,t}$	具体测度见式（5）
	非条件性会计稳健性	$UAC_{i,t}$	具体测度见式（6）

① RKS 评价指标体系是从 Macrocosm—整体性、Content—内容性、Technique—技术性、industry—行业性四个零级指标出发，分别设立一级指标和二级指标对报告进行全面评价，设置了包括"战略""利益相关方""劳工与人权""公平运营"等 15 个一级指标，63 个二级指标（不含行业性指标）。MCTi 评分采用结构化专家打分法，满分为 100 分，其中整体性评价 M 值权重为 30%，满分为 30 分；内容性评价 C 值权重为 45%，满分为 45 分；技术性评价 T 值权重为 15%，满分为 15 分；行业性评价 I 值权重为 10%，满分为 10 分（综合业与其他制造业无行业性指标评价，内容性评价权重调整为 50%，满分为 50 分；技术性评价权重调整为 20%，满分为 20 分）。

续表

变量类型	变量名	变量符号	变量测度
控制变量	周收益负偏度	$NCSKEW_{i,t}$	公司第 t 年周收益偏度的相反数
	周收益波动比	$DUVOL_{i,t}$	公司第 t 年周收益涨跌波动比率
	周收益极值分布	$CRASH_{i,t}$	公司第 t 年周收益极值分布的虚拟变量
	投资者异质性	$DTURN_{i,t}$	去趋势化的月度换手率
	市场波动	$SIGMA_{i,t}$	公司第 t 年周收益标准差，反映股价波动幅度
	市场收益	$RET_{i,t}$	公司第 t 年周收益平均值
	财务杠杆	$LEV_{i,t}$	用资产负债率测度
	公司规模	$LNSIZE_{i,t}$	用总资产的自然对数测度
	市账比	$MB_{i,t}$	每股现价对每股账面价值的比率
	净资产收益率	$ROE_{i,t}$	净利润与平均股东权益的比值
	信息不透明度	$OPAQUE_{i,t}$	为公司第 t 年的过去三年（t−1、t−2 和 t−3）操纵性应计绝对值的均值
	行业	IND	控制行业固定效应
	年份	YEAR	控制年份固定效应

表 7−18 描述性统计分析

变量	样本数	均值	中位数	最小值	最大值	标准差
$NCSKEW_{t+1}$	1778	−0.320	−0.274	−2.212	1.223	0.652
$DUVOL_{t+1}$	1778	−0.219	−0.205	−1.383	0.886	0.459
$CRASH_{t+1}$	1778	0.061	0	0	1.000	0.239
CSR_t	1778	34.375	31.749	16.620	73.011	11.737
CAC_t	1778	0.218	0.064	−0.249	1.146	0.376
UAC_t	1778	0.028	0.014	−0.117	0.557	0.085
$NCSKEW_t$	1778	−0.232	−0.211	−1.993	1.343	0.613
$DUVOL_t$	1778	−0.160	−0.167	−1.212	0.931	0.444
$CRASH_t$	1778	0.071	0	0	1.000	0.258
RET_t	1778	0.001	−0.001	−0.024	0.030	0.011
$SIGMA_t$	1778	0.061	0.057	0.024	0.118	0.021
$DTURN_t$	1778	0.361	0.290	0.029	1.250	0.268
$OPAQUE_t$	1778	0.233	0.159	0.025	1.590	0.249
LEV_t	1778	0.524	0.536	0.093	0.857	0.177
MB_t	1778	1.657	1.348	0.722	5.808	0.947
$LNSIZE_t$	1778	22.852	22.730	20.349	26.660	1.313
ROE_t	1778	0.114	0.101	−0.222	0.452	0.103

（三）模型设定

为检验假设 H1，特设定如下模型：

$$AC_{i,t} = \beta_0 + \beta_1 CSR_{i,t} + \beta_2 LNSIZE_{i,t} + \beta_3 MB_{i,t} + \beta_4 LEV_{i,t} + \beta_5 ROE_{i,t} +$$
$$\beta_j IND + \beta_k YEAR + \varepsilon_{i,t} \qquad\qquad (7)$$

为检验假设 H2，特设定如下模型：

$$CR_{i,t+1} = \beta_0 + \beta_1 AC_{i,t} + \beta_2 CR_{i,t} + \beta_3 DTURN_{i,t} + \beta_4 SIGMA_{i,t} + \beta_5 RET_{i,t} +$$
$$\beta_6 LNSIZE_{i,t} + \beta_7 MB_{i,t} + \beta_8 LEV_{i,t} + \beta_9 ROE_{i,t} + \beta_{10} OPAQUE_{i,t} +$$
$$\beta_j IND + \beta_k YEAR + \varepsilon_{i,t} \qquad\qquad (8)$$

为检验假设 H3 和假设 H4，本节借鉴 Baron 和 Kenny（1986）的 Sobel 中介因子检验方法，设定路径模型 Path a、Path b、Path c 如下：

$$CR_{i,t+1} = \beta_0 + \beta_1 CSR_{i,t} + \beta_2 CR_{i,t} + \beta_3 DTURN_{i,t} + \beta_4 SIGMA_{i,t} +$$
$$\beta_5 RET_{i,t} + \beta_6 LNSIZE_{i,t} + \beta_7 MB_{i,t} + \beta_8 LEV_{i,t} + \beta_9 ROE_{i,t} +$$
$$\beta_{10} OPAQUE_{i,t} + \beta_j IND + \beta_k YEAR + \varepsilon_{i,t} \qquad\qquad (\text{Path a})$$

$$AC_{i,t} = \alpha_0 + \alpha_1 CSR_{i,t} + \alpha_2 LNSIZE_{i,t} + \alpha_3 MB_{i,t} + \alpha_4 LEV_{i,t} + \alpha_5 ROE_{i,t} + \alpha_j IND +$$
$$\alpha_k YEAR + \varepsilon_{i,t} \qquad\qquad (\text{Path b})$$

$$CR_{i,t+1} = \beta_0 + \beta_1 CSR_{i,t} + \beta_2 AC_{i,t} + \beta_3 CR_{i,t} + \beta_4 DTURN_{i,t} + \beta_5 SIGMA_{i,t} +$$
$$\beta_6 RET_{i,t} + \beta_7 LNSIZE_{i,t} + \beta_8 MB_{i,t} + \beta_9 LEV_{i,t} + \beta_{10} ROE_{i,t} +$$
$$\beta_{11} OPAQUE_{i,t} + \beta_j IND + \beta_k YEAR + \varepsilon_{i,t} \qquad\qquad (\text{Path c})$$

依据 Baron 和 Kenny（1986）的研究方法，检验会计稳健性 $AC_{i,t}$ 对企业社会责任信息披露水平与股价崩盘风险之间关系是否具有中介和调整效应可以分三步展开。第一步，在路径模型 Path a 中不添加会计稳健性指标 $AC_{i,t}$ 的基础上，检验企业社会责任信息披露水平 $CSR_{i,t}$ 对股票崩盘风险 $CR_{i,t+1}$ 的影响，观察路径模型 Path a 的回归系数 β_1；第二步，检测企业社会责任 $CSR_{i,t}$ 对会计稳健性指标 $AC_{i,t}$ 的影响，观察路径模型 Path b 的回归系数 α_1；第三步，同时分析企业社会责任信息披露水平 $CSR_{i,t}$ 与会计稳健性指标 $AC_{i,t}$ 对股票崩盘风险 $CR_{i,t+1}$ 的影响。观察路径模型 Path c 的回归系数 β_1 和 β_2。当路径模型 Path a 的回归系数 β_1 显著为负时，则价值驱动假说进一步成立；当路径模型 Path a 的回归系数 β_1 显著为正时，则机会推动假说进一步成立。当以下条件都成立时，会计稳健性指标 $AC_{i,t}$ 具有完全的中介效应：路径模型 Path a 的回归系数 β_1 显著，路径模型 Path b 的回归系数 α_1 显著，路径模型 Path c 的回归系数 β_2 显著时，Path c 的回归系数 β_1 不再显著，且 Sobel Z 值统计上显著。当以下条件都成立时，会计稳健性指标 $AC_{i,t}$ 具有部分的中介效应：路径模型 Path a 的回归系数 β_1 显著，路径模型 Path b 的回归系数 α_1 显著，虽路径模型 Path c 的回归系数 β_1 和 β_2 都显著，但 Path c 的回归系数 β_1 显著低于路径模型 Path a 的回归系数 β_1，且 Sobel Z 值统计上显著。

三、实证结果与分析

1. 企业社会责任信息披露水平对会计稳健性的影响

表 7-19 列示了会计稳健性对社会责任信息披露水平的回归结果，其中栏目 1 的因变量是条件稳健性，栏目 2 的因变量是非条件稳健性。从回归结果可见，栏目 1 中社会责任信息披露水平 CSR_t 的回归系数为 -0.001，且在 5% 水平上统计显著，栏目 2 中社会责任信息披露水平 CSR_t 的回归系数为 -0.001，但统计上并不显著。这表明在中国资本市场，企业社会责任信息披露水平并不会对事前的非条件稳健性产生任何影响，但却会对事后的条件稳健性产生显著的负向影响。条件稳健性相比非条件稳健性而言，前者给企业管理者留下了更多的选择空间，是一种原则性导向，而后者则是会计准则强加规定的，不给企业管理者留下更多的选择空间，是一种规则性导向。社会责任信息披露水平仅对条件稳健性产生显著的负向影响，表明企业社会责任信息披露动机背后存在机会主义的倾向，社会责任信息披露水平越高，则管理层对会计信息的稳健性需求越低，研究结果初步证实了机会推动假说 H1-B 成立。

表 7-19　社会责任信息披露对会计稳健性的影响

自变量		因变量	
		条件性稳健性 CAC_t	非条件性稳健性 UAC_t
名称	符号	栏目 1	栏目 2
常数项	CON	0.172 (0.640)	0.480 ** (2.413)
社会责任信息披露水平	CSR_t	-0.001 ** (-1.973)	-0.001 (-1.604)
财务杠杆	LEV_t	0.285 *** (7.046)	0.070 ** (2.333)
市值账面比	MB_t	0.027 *** (5.188)	-0.008 ** (-2.007)
规模	$LNSIZE_t$	-0.009 (-0.751)	-0.020 ** (-2.204)
净资产收益率	ROE_t	-0.150 *** (-4.096)	0.027 (1.006)
行业	IND	控制	控制
年份	YEAR	控制	控制
N		1778	1778

续表

自变量		因变量	
		条件性稳健性 CAC$_t$	非条件性稳健性 UAC$_t$
名称	符号	栏目1	栏目2
F 值		3538.60	12.76
R^2		0.962	0.083

注：①括号内为 t 值；②＊、＊＊和＊＊＊分别表示相关系数在1%、5%和10%水平下显著（双尾）。

为进一步检验机会推动假说，本节依据社会责任信息的披露形式和鉴证内容，将研究样本进行了分组回归，回归结果见表7-20。从结果可见，当因变量是条件稳健性时，就企业社会责任报告披露形式而言，社会责任信息披露水平对会计稳健性的负面影响仅在强制披露组存在①，而在自愿披露组并不存在。就企业社会责任报告是否经过权威第三方进行信息鉴证而言，社会责任信息披露水平对会计稳健性的负面影响仅在未鉴证组存在，而在鉴证组并不存在。当因变量是非条件稳健性时，所有分组回归都不显著，证实了社会责任信息披露水平及其信息特征对非条件稳健性并无显著影响。这进一步验证了机会推动假说的成立。因为非条件稳健性是规则导向，很难受到管理层的机会主义操纵，因此机会主义动机下管理层披露的社会责任信息不管是何种信息特征形式都不会对非条件稳健性产生显著影响；而条件稳健性是原则导向，更容易受到管理层操纵和利用，特别是相比自愿披露社会责任报告的公司而言，强制披露社会责任报告的公司道德意识更弱，应付监管意识更强，因此更可能将社会责任报告进行机会主义利用。并且相比已进行第三方信息鉴证的社会责任报告，未进行鉴证的社会责任报告的信息可验证性差、信息质量低，管理层实施机会主义的行为更不容易被发现和探查，因此在强制披露和未进行鉴证的社会责任报告披露公司中，社会责任信息披露水平与会计稳健性之间的负向关系更为强烈和显著。

表7-20　社会责任信息披露对会计稳健性的影响：基于信息特征的深度考察

自变量		因变量：条件稳健性 CAC$_t$				因变量：非条件稳健性 UAC$_t$			
		强制组	自愿组	未鉴证组	鉴证组	强制组	自愿组	未鉴证组	鉴证组
名称	符号	栏目1	栏目2	栏目3	栏目4	栏目5	栏目6	栏目7	栏目8
常数项	CON	0.696＊＊ (2.087)	-0.519 (-0.926)	0.205 (0.763)	3.662 (1.106)	0.732＊＊＊ (3.497)	0.343 (0.523)	0.505＊＊ (2.509)	-2.232＊ (-1.808)

①　强制披露社会责任报告的上市公司主要包括上证180、公司治理板块、金融类以及深证100指数四类公司。

自变量		因变量：条件稳健性 CAC$_t$				因变量：非条件稳健性 UAC$_t$			
		强制组	自愿组	未鉴证组	鉴证组	强制组	自愿组	未鉴证组	鉴证组
名称	符号	栏目1	栏目2	栏目3	栏目4	栏目5	栏目6	栏目7	栏目8
社会责任信息披露水平	CSR$_t$	−0.001* (−1.957)	0.000 (0.010)	−0.001** (−2.275)	−0.001 (−0.451)	0.000 (0.209)	0.001 (0.726)	−0.001 (−1.433)	0.001 (0.738)
财务杠杆	LEV$_t$	0.352*** (7.186)	0.096 (1.138)	0.279*** (6.791)	0.581 (1.431)	0.093*** (3.036)	0.038 (0.387)	0.078** (2.537)	−0.331** (−2.190)
市值账面比	MB$_t$	0.034*** (5.619)	0.011 (1.234)	0.026*** (5.110)	−0.019 (−0.327)	−0.003 (−0.829)	−0.014 (−1.312)	−0.008** (−2.058)	0.023 (1.086)
规模	LNSIZE$_t$	−0.034** (−2.247)	0.029 (1.085)	−0.010 (−0.845)	−0.165 (−1.126)	−0.032*** (−3.438)	−0.014 (−0.462)	−0.021** (−2.321)	0.097* (1.771)
净资产收益率	ROE$_t$	−0.205*** (−4.645)	−0.070 (−1.041)	−0.152*** (−4.056)	−0.049 (−0.276)	−0.004 (−0.141)	0.076 (0.973)	0.026 (0.941)	0.022 (0.336)
行业	IND	控制	控制	控制	控制	控制	控制	控制	控制
年份	YEAR	控制	控制	控制	控制	控制	控制	控制	控制
F 值		2807.82	797.37	3467.59	155.89	11.30	2.27	13.06	1.42
R^2		0.948	0.946	0.947	0.972	0.093	0.084	0.087	0.444
N		1375	403	1737	41	1375	403	1737	41

注：①括号内为 t 值；②＊、＊＊和＊＊＊分别表示相关系数在1%、5%和10%水平下显著（双尾）。

2. 会计稳健性对股价崩盘风险的影响

表7−21是股价崩盘风险对会计稳健性的回归结果。由表中结果可见，当股价崩盘风险分别用股票周收益的负偏程度 NCSKEW$_{t+1}$ 和周收益涨跌波动比 DUVOL$_{t+1}$ 测度时，条件稳健性的回归系数分别为 −0.618 和 −0.421，且都在1%水平上显著；当股价崩盘风险用周收益的极值分布 CRASH$_{t+1}$ 测度时，回归方法选择面板数据 Logit 回归时条件稳健性的回归系数为 −3.323，且在10%水平上统计显著。实证结果证实假设 H2 成立，表明企业条件稳健性越高，则未来的股价崩盘风险越低，会计稳健性具有制约和抑制股价崩盘风险的治理效应。

表7−21　会计稳健性对股价崩盘风险的影响

自变量		因变量		
		NCSKEW$_{t+1}$	DUVOL$_{t+1}$	CRASH$_{t+1}$
名称	符号	栏目1	栏目2	栏目3
常数项	CON	−5.845*** (−3.018)	−4.171*** (−3.046)	

续表

自变量		因变量		
		$NCSKEW_{t+1}$	$DUVOL_{t+1}$	$CRASH_{t+1}$
名称	符号	栏目1	栏目2	栏目3
条件稳健性	CAC_t	-0.618*** (-3.063)	-0.421*** (-2.950)	-3.323* (-1.708)
周收益负偏度	$NCSKEW_t$	-0.210*** (-6.921)		
周收益波动比	$DUVOL_t$		-0.214*** (-7.267)	
周收益极值分布	$CRASH_t$			-2.487*** (-4.328)
市场回报	RET_t	-0.474 (-0.152)	-2.626 (-1.185)	-18.292 (-0.667)
市场波动	$SIGMA_t$	-1.341 (-0.731)	0.057 (0.044)	-20.638 (-1.228)
投资者异质性	$DTURN_t$	0.193 (1.540)	0.110 (1.239)	1.343 (1.400)
信息不透明度	$OPAQUE_t$	0.225* (1.942)	0.135* (1.650)	1.523 (1.247)
财务杠杆	LEV_t	-0.146 (-0.493)	-0.102 (-0.484)	-3.756 (-1.316)
市值账面比	MB_t	0.117*** (2.890)	0.080*** (2.803)	1.255*** (3.338)
规模	$LNSIZE_t$	0.245*** (2.804)	0.167*** (2.703)	0.413 (0.714)
净资产收益率	ROE_t	-0.205 (-0.775)	0.075 (0.402)	-2.903 (-1.188)
行业	IND	控制	控制	控制
年份	YEAR	控制	控制	控制
N		1778	1778	1778
F 值		0.000	0.000	0.000
R^2		0.0948	0.1016	

注：①括号内为 t 值；②*、**和***分别表示相关系数在1%、5%和10%水平下显著（双尾）。

四、会计稳健性的传导机理

表 7-22 是会计稳健性的中介效应检验结果。从结果可见，首先，在不添加中介因子的路径模型 Path a 中，当股价崩盘风险应用周收益的负偏程度 NC-SKEW$_{t+1}$时，社会责任信息披露水平 CSR$_t$ 的回归系数为 0.007，在 5% 水平上统计显著；当股价崩盘风险应用周收益的涨跌波动比 DUVOL$_{t+1}$时，社会责任信息披露水平 CSR$_t$ 的回归系数为 0.005，在 5% 水平上统计显著；当股价崩盘风险应用周收益的极值分布 CRASH$_{t+1}$，回归模型选择面板数据 Logit 回归时，社会责任信息披露水平 CSR$_t$ 的回归系数为 0.012，在 5% 水平上统计显著。这表明社会责任信息披露水平越高，则未来期股价的崩盘风险越高，企业社会责任信息披露具有正向的崩盘效应。研究结论证实 H3-B 成立，从市场后果检验来看，企业社会责任信息披露表现符合机会推动假说。其次，当把中介因子 CAC$_t$ 放入路径模型 Path c 中时，会计稳健性的回归系数分别为 -0.601、-0.407、-3.281，统计上都表现显著。但社会责任信息披露水平的回归系数分别降为 0.005、0.004 和 0.008，统计上显著性水平也由路径模型 Path a 的 5% 降低到 10%，并且当股价崩盘风险应用周收益的负偏程度 NCSKEW$_{t+1}$和周收益涨跌波动比 DUVOL$_{t+1}$测度时，中介效应 Sobel Z 检验值在 10% 水平上统计显著。这表明在社会责任信息披露水平与股价崩盘风险之间的关系形成中，会计稳健性具有部分的中介效应。社会责任信息披露崩盘效应的形成具有两种途径：直接途径和间接传导途径。从会计稳健性的间接传导效应来看，当股价崩盘风险用股票周收益负偏程度 NC-SKEW$_{t+1}$测度时，会计稳健性的中介效应大体贡献总效应 41.2% 的比重，即企业社会责任信息披露水平对股价崩盘风险的影响效应中 41.2% 的权重是通过会计稳健性的间接传导效应实现的，剩余的 58.8% 的效应比重是由社会责任信息披露水平对股价崩盘风险的直接影响贡献的；当股价崩盘风险用股票周收益的涨跌波动比 DUVOL$_{t+1}$测度时，间接传导效应和直接影响效应的贡献比例为 42.6% : 57.4%。

综合来看，表 7-22 的结果证实了两种推论：①社会责任信息披露水平越高，则未来期的股价崩盘风险越高，社会责任信息披露水平与股价崩盘风险呈显著的正向关系，验证了机会推动假说 H3-B 的推论，表明在当前资本市场，企业社会责任信息披露存在正向的崩盘效应。②剖析社会责任信息披露崩盘效应的形成和传导机理，发现"社会责任信息披露—会计稳健性—股价崩盘风险"的传导路径是部分成立的。这表明管理层出于机会主义的动机披露社会责任信息，这种机会主义的行为实施降低了对会计信息稳健性的需求，最终加剧了市场中股价的崩盘风险。其中，社会责任信息披露的崩盘效应中，有大约 40% 的贡献比例是由于会计稳健性的间接和中介传导效应造成的，其余 60% 左右的比例是社会责任信息披露对股价崩盘风险的直接效应造成的。

表 7-22　会计稳健性的传导效应检验

Panel A：路径模型 Path a（不含中介因子）检验				
自变量		**因变量**		
		$NCSKEW_{t+1}$	$DUVOL_{t+1}$	$CRASH_{t+1}$
名称	符号	栏目 1	栏目 2	栏目 3
社会责任信息披露水平	CSR_t	0.007 **	0.005 **	0.012 **
		(1.99)	(2.11)	(2.27)
其他控制变量	CV	控制	控制	控制
行业、年份	IND、YEAR	控制	控制	控制
N		1778	1778	1778
F 或 χ^2 对应的 P 值		0.000	0.000	0.000
R^2 或 Pseudo R^2		0.091	0.099	0.023
Panel B：路径模型 Path c（包含中介因子）检验				
自变量		**因变量**		
		$NCSKEW_{t+1}$	$DUVOL_{t+1}$	$CRASH_{t+1}$
名称	符号	栏目 4	栏目 5	栏目 6
社会责任信息披露水平	CSR_t	0.005 *	0.004 *	0.008 *
		(1.68)	(1.90)	(1.78)
会计稳健度	CAC_t	-0.601 ***	-0.407 ***	-3.281 *
		(-2.98)	(-2.85)	(-1.68)
其他控制变量	CV	控制	控制	控制
行业、年份	IND、YEAR	控制	控制	控制
N		1778	1778	1778
F 或 χ^2 对应的 P 值		0.000	0.000	0.000
R^2 或 Pseudo R^2		0.097	0.104	0.034
Sobel Z		1.773 *	1.788 *	0.459
Sobel Z 对应的 P 值		(0.076)	(0.074)	(0.646)
中介效应占比		0.412	0.426	

注：①括号内为 t 值；②*、** 和 *** 分别表示相关系数在 1%、5% 和 10% 水平下显著（双尾）。

五、内生性控制与稳健性检验

1. 内生性处理

对于本节研究结论的一个潜在担忧就是内生性问题。本节借鉴 El Ghoul 等

（2011）的方法，以行业内其他公司的社会责任信息披露水平的均值 OTHER_CSR$_t$ 作为工具变量，应用两阶段工具变量 IV 法对论文主体假设 H1 和 H3 的内生性问题进行控制和处理。处于同一行业内的公司，在业务流程、产品和服务等方面具有相似性，这就使其面临相似的投资机会、成长性和经营风险。而我国企业社会责任信息披露制度正处于规范和建设过程中，行业内社会责任报告的披露行为经常会相互学习和借鉴。这不仅获得了理论上的支持（Dhaliwal 等，2011），同时也获得了实践证据的支持，如润灵环球 2012～2014 年连续三年的《中国企业社会责任报告蓝皮书》都发现我国企业社会责任报告披露的数量和质量表现出高度的行业属性。因此，本节选取行业内其他企业社会责任信息披露水平作为工具变量具有理论和实践支持。工具变量法回归结果见表 7 - 23。从结果可见，在控制了内生性问题以后，本节的研究结论并没有改变，社会责任信息披露水平越高，企业条件稳健性的程度越低，未来期股价的崩盘风险越高。

表 7 - 23　内生性处理——工具变量法

自变量		因变量：会计稳健性		因变量：股价崩盘风险		
		CAC$_t$	UAC$_t$	NCSKEW$_{t+1}$	DUVOL$_{t+1}$	CRASH$_{t+1}$
名称	符号	栏目 1	栏目 2	栏目 3	栏目 4	栏目 5
常数项	CON	0.172 (0.64)	0.480 ** (2.41)	-7.402 ** (-2.39)	-4.793 ** (-2.45)	
预期的社会责任披露水平[①]	CSR_ HAT$_t$	-0.006 ** (-1.99)	-0.002 (-0.26)	-0.005 * (-1.79)	-0.004 * (-1.69)	-0.009 (-1.36)
周收益负偏度	NCSKEW$_t$			-0.225 *** (-5.07)		
周收益波动比	DUVOL$_t$				-0.227 *** (-5.77)	
周收益极值分布	CRASH$_t$					-0.250 *** (-6.25)
市场回报	RET$_t$			-0.480 (-0.12)	-1.720 (-0.70)	-1.386 (-0.84)
市场波动	SIGMA$_t$			-0.451 (-0.15)	0.269 (0.14)	-2.289 (-1.67)
投资者异质性	DTURN$_t$			0.123 (0.68)	0.084 (0.72)	0.139 (1.76)

续表

自变量		因变量：会计稳健性		因变量：股价崩盘风险		
		CAC_t	UAC_t	$NCSKEW_{t+1}$	$DUVOL_{t+1}$	$CRASH_{t+1}$
名称	符号	栏目 1	栏目 2	栏目 3	栏目 4	栏目 5
信息不透明度	$OPAQUE_t$			−0.070 （−0.30）	−0.075 （−0.51）	0.151 （−1.45）
财务杠杆	LEV_t	0.286 *** （6.24）	0.068 ** （2.13）	−0.300 （−0.79）	−0.213 （−0.88）	−0.161 （−0.94）
市值账面比	MB_t	0.027 *** （4.85）	−0.008 ** （−1.99）	0.098 ** （2.39）	0.047 * （1.80）	0.060 *** （3.32）
规模	$LNSIZE_t$	−0.012 （−0.80）	−0.018 * （−1.74）	0.207 * （1.79）	0.148 ** （2.01）	0.050 （0.96）
净资产收益率	ROE_t	−0.169 *** （−3.23）	0.033 （0.90）	−0.261 （−0.82）	−0.034 （−0.17）	0.076 （0.53）
行业	IND	NO	NO	NO	NO	NO
年份	YEAR	YES	YES	YES	YES	YES
N		1772	1772	1772	1772	1772
R^2 或 Pseudo R^2		0.955	0.062	0.016	0.018	0.002

注：①括号内为 t 值；②*、** 和 *** 分别表示相关系数在 1%、5% 和 10% 水平下显著（双尾）；③预期的社会责任信息披露水平是应用两阶段工具变量 IV 法从第一阶段对工具变量（行业内其他企业社会责任信息披露水平均值 OTHER_ CSR）回归以后提取的企业社会责任信息披露水平的预期值。工具变量的选取通过了 Wald 检验和 Sargan 检验。为节省篇幅，第一阶段回归结果没有列示，留存备索。

2. 更换检验方法：交乘项处理

对于假设 H3 和 H4 的检验，现有文献还经常应用交乘项的处理方法来检验会计稳健性的中介效应，为此设定模型如下：

$$CR_{i,t+1} = \beta_0 + \beta_1 CSR_{i,t} + \beta_2 CSR_{i,t} * CAC\_ DUM_{i,t} + \beta_3 CAC\_ DUM_{i,t} + \beta_4 CR_{i,t} +$$
$$\beta_5 DTURN_{i,t} + \beta_6 SIGMA_{i,t} + \beta_7 RET_{i,t} + \beta_8 LNSIZE_{i,t} + \beta_9 MB_{i,t} +$$
$$\beta_{10} LEV_{i,t} + \beta_{11} ROE_{i,t} + \beta_{12} OPAQUE_{i,t} + \beta_j IND + \beta_k YEAR + \varepsilon_{i,t} \quad （9）$$

其中，$CAC\_ DUM_{i,t}$ 是条件会计稳健性的虚拟变量，当样本观测值高于行业—年度中位数时取 1，否则为 0；如 β_1 显著为负，则假设 H3 – A 成立；如 β_1 显著为正，则假设 H3 – B 成立；如 β_2 统计显著，则假设 H4 成立。回归结果见表 7 – 24，由结果可见，更换检验方法以后基本结论基本不变。

表 7 - 24　稳健性测试：更换检验方法

自变量		因变量		
		NCSKEW$_{t+1}$	DUVOL$_{t+1}$	CRASH$_{t+1}$
名称	符号	栏目 1	栏目 2	栏目 3
常数项	CON	-5.802*** (-2.994)	-4.116*** (-3.007)	
社会责任信息披露水平	CSR$_t$	0.007* (1.892)	0.005* (1.943)	0.007* (1.683)
社会责任信息披露水平 * 条件稳健性	CSR$_t$ * CAC_ DUM$_t$	-0.002*** (-2.700)	-0.001** (-2.196)	0.009 (0.372)
条件稳健性	CAC_ DUM$_t$	-0.030 (-0.294)	-0.065 (-0.887)	-0.729 (-0.888)
周收益负偏度	NCSKEW$_t$	-0.212*** (-6.995)		
周收益波动比	DUVOL$_t$		-0.213*** (-7.263)	
周收益极值分布	CRASH$_t$			-2.455*** (-4.316)
市场回报	RET$_t$	0.063 (0.020)	-2.346 (-1.069)	-19.518 (-0.706)
市场波动	SIGMA$_t$	-1.233 (-0.671)	0.227 (0.175)	-19.788 (-1.189)
投资者异质性	DTURN$_t$	0.158 (1.259)	0.083 (0.933)	1.440 (1.487)
信息不透明度	OPAQUE$_t$	-0.213* (-1.834)	-0.123 (-1.493)	-1.353 (-1.113)
财务杠杆	LEV$_t$	-0.265 (-0.908)	-0.171 (-0.829)	-3.482 (-1.202)
市值账面比	MB$_t$	0.095** (2.377)	0.066** (2.330)	1.255*** (3.280)
规模	LNSIZE$_t$	0.237*** (2.713)	0.160*** (2.587)	0.441 (0.725)
净资产收益率	ROE$_t$	-0.168 (-0.639)	0.093 (0.500)	-2.878 (-1.171)

续表

自变量		因变量		
		NCSKEW$_{t+1}$	DUVOL$_{t+1}$	CRASH$_{t+1}$
名称	符号	栏目 1	栏目 2	栏目 3
行业	IND	控制	控制	控制
年份	YEAR	控制	控制	控制
N		1778	1778	1778
F 值		0.000	0.000	0.000
R^2 或 Pseudo R^2		0.097	0.107	0.023

注：①括号内为 t 值；②＊、＊＊和＊＊＊分别表示相关系数在 1%、5% 和 10% 水平下显著（双尾）。

3. 更换指标测度方法

本节研究中会计稳健性作为中介因子，其科学测度对研究结论具有较大影响，因此本节对于条件稳健性和非条件稳健性指标也更换了测度方法进行了重新测试，如条件稳健性重新应用 Basu（1997）的模型方法进行测度，非条件会计稳健性应用 Ahmed 和 Duellman（2007）文献的行业调整的负账面市值比排名重新进行测度。结果发现，更新会计稳健性的测度指标以后，研究结论基本保持不变，表明本节结论总体稳健。

六、研究结论与政策建议

本节从会计稳健性的中介视角，系统分析了社会责任信息披露与股价崩盘风险之间的内在关系和形成机理。研究结果显示：①社会责任信息披露水平会负向影响条件性的会计稳健性，而对非条件性的会计稳健性并不能产生显著影响，表明企业社会责任信息披露水平的提高会影响管理层的会计政策选择，降低对会计信息稳健性的需求；②分组回归发现，社会责任信息披露水平对条件性会计稳健性的负向影响仅在强制披露和未进行信息鉴证的公司存在，而在自愿披露和已进行第三方信息鉴证的社会责任报告公司并不存在；③条件性的会计稳健性对未来期股价的崩盘风险会产生显著负向影响，表明在我国资本市场，会计稳健性具有治理效应，会计处理越稳健，则企业未来期股价崩盘风险越低；④企业社会责任信息披露水平总体上与未来期股价的崩盘风险呈显著的正向关系，表明中国上市公司披露社会责任信息的同时加剧了股价的崩盘风险，可见存在社会责任信息披露的崩盘效应；⑤利用 Sobel 中介效应的检验发现，会计稳健性对社会责任信息披露与股价崩盘风险之间的关系存在部分中介效应，这一中介效应贡献比重大体占 40%。研究结论证实，在当前市场环境和制度规范过程中，企业社会责任信息披露体现了管理层"机会推动",而非股东"价值驱动"。出于对社会责任报告披露的机会主义利用目的,管理层会降低对会计信息稳健性的需求,这种行为会在资本市场产生极端的负面后果,造成未来股价崩盘风险的扩大和加剧。

本节研究的政策建议包括:①针对企业管理层,应切实加强对管理层社会责任意识的定期思想教育和引导,对于管理层社会责任意识的培养是不能懈怠的。企业管理层只有切实提高自身的"社会责任意识"和"道德意识",才能更好地提高自身的职业声誉,推动企业的可持续发展。②针对上市企业,应鼓励企业进行组合信息披露,即在披露社会责任报告等非财务信息的同时披露投资、融资、股利、定期报告等财务信息。组合披露有利于利益相关方通过对财务信息和非财务信息的交叉核对,探究管理层社会责任信息披露的真实动机,有利于发挥外部利益相关方的监督角色和功能。③针对市场中介机构,应鼓励引进更为独立、公正、权威的第三方鉴证机构对社会责任报告提供鉴证和信息审核,为鉴证机构展开市场和声誉竞争创造良好的激励环境,社会责任信息披露的监管政策可由针对上市公司披露行为的直接监管转向针对市场鉴证中介机构的市场监管。④针对监管层,建议加快推进社会责任立法并积极制定和出台国家层面的企业社会责任战略性文件,并制定统一的社会责任报告披露标准和规范,明确企业社会责任履行及披露的内容、范围、意义,约束当前企业社会责任报告披露的非平衡怪象,切实加强和提升中国企业建设社会责任的实践水平。总之,当前我国企业社会责任信息披露正处于政策建设和规范时期,如何引导企业切实履行社会责任信息的披露义务,提高非财务信息的透明度在上市公司战略认知层面仍然任重道远,需要监管层、研究学者、投资者、社会大众共同付出努力。

第八章 可持续发展："一带一路"建设的合意推进范式

本章概览

全球化仍是当今世界经济发展的大趋势，为促进经济要素有序自由流动、资源高效配置和市场深度融合，我国提出加快建设"一带一路"的倡议，积极推动企业对外直接投资（Foreign Direct Investment，FDI）以消除地区经济发展的不平衡，实现世界共同繁荣。当前我国不少东部发达地区承接的FDI纷纷发生转移，其中一部分逐渐向欧美发达国家回流，还有一定比例源源不断地转移到一些东南亚国家。学术界对其原因展开了深入讨论，主要有四种观点：一是劳动力、土地等要素成本上升。根据波士顿咨询（BCG）发布的报告，2014年，中国的制造业成本指数为96，与美国、英国、日本等发达经济体越发接近，且高于印度、泰国、印度尼西亚等东南亚国家。二是基础设施不完善。广大中西部地区处于我国腹地，虽然基础设施已经得到较大的改善，但仍相对落后，特别是高铁网络尚不发达，导致物流成本居高不下，这使外资企业宁愿转移到一些东南亚国家也不愿向我国中西部地区转移。三是政府主导作用尚未发挥。我国FDI一直呈现政府主导特征，从空间上看，主要体现在东部地区，中西部地区的政府作用发挥较弱。四是劳动力市场结构不完善。由于优质医疗、教育等资源的缺失以及服务业发展的滞后，中西部地区很难吸引到发展急需的专业技术人才。

这些观点较好地解释了这一典型现象，但是仍存在以下事实：由于干部交流以及新发展理念的传播，中西部地区似乎更倾向于高起点规划和构建本地产业体系，即政府定位已经由招商引资转向招商选资，一些不符合环境保护、员工福利等标准的企业是很难进入的；一些政府规制措施，如企业为非户籍职工的社保缴费义务不再豁免等也令相当多的企业不堪重负等。这些影响产业或企业转移的因素本质上属于社会责任规制。因此，除了以上因素外，社会责任规制是否也是影响企业对外直接投资的重要变量？我国外资转移现象是否意味着社会责任规制会抑制企业的对外直接投资？目前针对这些问题的研究还有待深入。

首先，本章从成本驱动视角研究了社会责任规制对企业对外直接投资的影响与机制。通过构建理论框架和利用跨国面板数据的实证检验发现，包括经济自由度、反腐败、劳动者福利保障、环境规制四个方面在内的社会责任规制促进了FDI流入。但这一结论在不同国家类型，如大国、小国、沿海国家、高收入国家之间存在着一定的差异。进一步地，从总体上看，社会责任规制程度的提高抑制了制造业 FDI 的流入，但却有助于促进服务业 FDI 的流入。本章得到的启示是，我国可以通过优化社会责任规制来扩大 FDI 规模、优化 FDI 结构，进而实现产业结构调整和价值链升级。

其次，从学理上讲，可持续发展与"一带一路"倡议具有相互契合的内在逻辑（夏先良，2017），故本章认为，可持续发展是推进"一带一路"建设的破题关键。当前，关于"一带一路"倡议的认知国际上存在很多误解甚至歪曲（Andornino，2017）。为此，针对一些理解片面或歪曲"一带一路"倡议的现象，本章以2010~2015年"一带一路"沿线60个国家为样本，从可持续发展的角度，主要回答了三个问题：①沿线各国可持续发展的现状是什么？②"一带一路"倡议是否有利于促进沿线各国可持续发展？③如何更好地推进"一带一路"建设？研究发现：一是沿线各国可持续发展体现出不平衡特征，总体上提升空间很大；二是"一带一路"倡议对各国可持续发展有积极影响，但由于时间较短，这一影响在目前并不显著；三是推进"一带一路"建设要以可持续发展为目标，以设施联通为切入口，因国、因域施策，加强区域内、区域间的协调发展等。

第一节 社会责任规制会抑制企业对外直接投资吗

目前，国内探讨社会责任规制与企业对外直接投资关系的成果比较少见。一些国外学者分别从社会责任规制的某一方面入手分析了其对 FDI 的影响，比如：Gross 和 Ryan（2008）通过对日本的研究发现，劳动者保护立法对于 FDI 的区位选择和规模有负面影响；Cole 等（2009）以中国为例发现，FDI 往往流向政府效率较高、反腐败成效较好的地区；Fredriksson 等（2003）针对美国的研究表明，环境政策对于 FDI 的流动有着显著影响。这些研究结论从理论上证明了社会责任规制对 FDI 的确具有不可忽视的影响。基于此，本节将在现有研究的基础上做一些有益的探索和补充，即结合企业跨国经营主流理论，从社会责任规制的视角切入，通过构建计量模型以及跨国数据的实证检验，重点讨论两个问题：一是东道国社会责任规制对 FDI 是否存在影响及其机制；二是从产业结构角度来看，东道国社会责任规制对 FDI 究竟是抑制还是促进。①

一、理论与模型

1. 社会责任规制与企业对外直接投资：成本驱动机制

虽然对于企业社会责任是否是自发实现的仍存在争论，但是越来越多的证据表明社会责任的实施需要政府规制。跨国公司作为全球价值链（GVC）的"链主"，通常可以任意对东道国的生产制造环节或配套厂商进行压榨，表现在不履行社会责任上，比如雇用童工、廉价工资、无视环保等。东道国对跨国企业进行的社会责任规制主要包括经济规制、社会规制、环境规制三个方面。

显然，社会责任规制对于企业对外直接投资的区位选择具有一定的影响。本节认为，社会责任规制对 FDI 区位选择的影响主要是通过成本驱动机制实现的。企业的生产成本实际上包含两部分：一部分是显性的要素成本，另一部分是隐性的交易成本。社会责任规制对于要素成本和交易成本的影响方向是不一致的。一般来讲，社会责任规制中对员工福利、环境保护等要求的提高可能更多地增加要素成本，而加强反腐败、维护市场公平竞争等则偏向于降低交易成本。社会责任规制对于企业生产成本的影响具有行业，甚至是企业异质性。比如，提高员工基本福利水平、严格环境保护对劳动密集型或资源消耗型企业生产成本的提升明显要大于知识密集型或资本密集型企业。即使是同一行业中员工工资水平不同的两家企业在东道国政府提高工人最低工资水平后其生产成本的变化方向和幅度也可能是不一样的。同样，同一类社会责任规制的不同措施对企业生产成本的影响也会产生差异。例如，对员工保护的措施包括提高最低工资水平、增加解雇成本、禁止使用童工、保障劳动时间等。不少研究发现，东道国劳动力市场越趋向于柔性（如解雇成本较低等）越能吸引 FDI 流入（Javorcik 和 Spatareanu，2005）。还有学者证实，限制劳动时间的规定会对 FDI 向风险型产业流入产生负面影响（Haaland 等，2002）。

环境保护方面的规制措施也会对企业的生产成本产生影响，进而影响 FDI 的区位决策。以提高环保标准为例，其一方面会提升企业使用环境、资源的价格，增加企业对环保设备的投资，从而使企业要素成本上升；另一方面也可能减少东道国政府在环保领域的寻租行为，从而降低企业的交易成本（Fredriksson 等，2003）。有证据表明，环境规制的加强不利于吸引 FDI 流入（Hanna，2010）。但也有研究发现，更严格的环境规制措施可以促进 FDI 流入（Elliott 和 Zhou，

---

① 本节核心内容发表于：肖红军，程俊杰，黄速建. 社会责任规制会抑制企业对外直接投资吗？[J]. 南京大学学报（哲学·人文科学·社会科学），2018（3）.

2013）。Kahouli 等（2014）认为，环境规制对 FDI 流入的影响是积极的，但是却不显著。

经济规制对企业生产成本的影响主要包括两个方面：一是可能会通过税收、财政补贴等政策改变企业的要素使用成本，即内部成本的转移或外部化。比如在过去一段时期内，不少地方政府为吸引 FDI 往往通过免税、低价供地、生产补贴等形式展开竞争。二是通过制定政府权力清单、审批清单，简政放权或中央集权等措施改变经济自由度，从而影响企业的交易成本。Busse 和 Groizard（2008）研究发现，经济规制较少的国家相对于规制较多的国家在吸引跨国公司投资方面更有优势。

反腐败是社会规制的一个重要方面，反映政府治理效率，通常有利于降低企业的进入门槛，直接减少交易成本，同时，也会间接影响企业的要素成本，其方向往往与企业原先从腐败中得到的收益呈负相关关系。从整体层面来说，对于增量 FDI，反腐败程度越高，可能越有利于吸引 FDI 流入。这一结论也得到了广泛的证实。

2. 社会责任规制对企业对外直接投资区位的影响：行业异质性模型

（1）企业跨国经营模式。一般来说，企业跨国经营模式主要有四类，分别是：母国生产与母国销售、母国生产与东道国销售、东道国生产与东道国销售以及东道国生产与母国销售。本节主要考虑涉及对外直接投资的跨国经营模式，即以母国为目标市场的东道国生产与母国销售以及以东道国为目标市场的东道国生产与东道国销售。

事实上，以上两种企业跨国经营模式的划分并不绝对。现实表明，东道国生产与母国销售可能涉及在东道国以及母国都有生产，东道国也不止一个，比如很多跨国企业将核心的生产部门留在本国，同时在世界各地建立制造工厂或基地，此外，销售也不仅仅局限于母国，可能更多的是面向以母国为主的国际市场，但总的来说是以东道国生产及母国销售为主。同样，东道国生产与东道国销售的经营模式也可能包括在东道国生产而在非母国的其他国家销售以及东道国的生产、销售与相同或相似产品的进口同时存在等情况。① 另外，选择该种经营模式的跨国企业很有可能也同时采用母国生产与销售的模式在母国经营。一般来讲，东道国生产与母国销售模式下的产业转移动力通常是降低成本，而东道国生产与东道国销售模式下的产业转移动力往往是获取市场。改革开放以来，全国不少地区，特别是东部地区大力开展招商引资，吸引 FDI，发展加工贸易，走出了一条后发地区赶超发展的捷径。其中，大部分 FDI 类型可以归结为垂直型，对应的企业跨

---

① 从理论上讲，非母国的其他国家一般与东道国地理上接近，属于同质市场区。

国经营模式是东道国生产与母国销售。虽然当初有人提出"以市场换技术"的美好设想，但遗憾的是，大量核心技术很难通过这一思路获得突破。其根本原因主要在于：虽然我国人口众多，市场规模较大，但由于市场分割和收入水平的限制，有效市场规模并不大，绝大多数流入的FDI主要是为了利用廉价的劳动力、土地、环境等生产要素从而降低生产成本。因此，普遍见到国际代工、为出口而进口等现象（巫强和刘志彪，2009）。

从产业特征来看，制造业，特别是低端制造业对要素成本更为敏感，而服务业则对交易成本，如要素质量、市场环境等更为敏感，且一般具有本地消费的属性，因此，前者的跨国经营更多地采取东道国生产与母国销售的方式，产业的空间布局更接近廉价生产要素的产地；后者则更多采取东道国生产与东道国销售的方式，通过接近目标市场来提高交流、控制的便捷性。资料显示，随着我国要素成本的上升，自2012年开始，流入的FDI中服务业比重逐年提高，已经超过制造业比重。

（2）基本假设。在Devereux和Griffith（1998）与田素华和杨烨超（2012）的基础上，本节假设Π_{dmc}为代表性企业的利润函数。其中，d代表企业的需求类型，当d为1时表示企业为内需导向型，即以母国为主要目标市场，当d为2时表示企业为外需导向型，即以东道国为主要目标市场；m代表企业生产是否分离，当m为1时表示企业的生产流程全部在母国，当m为2时表示企业有部分或全部的生产流程转移到东道国；c代表产业转移的区位选择，取值为$[1, n]$区间上的离散值。

由于本节仅考虑两种发生企业对外直接投资的情况，因此，当企业选择东道国生产与东道国销售时利润函数为Π_{22c}，选择东道国生产与母国销售时利润函数为Π_{12c}。虽然以上两种经营模式蕴含了多种可能的情形，但考虑到线性规划求最优解并没有太多本质上的差异，这里只考察两种最纯粹的情形：一是仅在东道国生产与销售，二是在东道国生产但仅在母国销售。[1] 参照Devereux和Griffith（1998），以上两种情形的企业利润函数可以表示为：

$$\Pi_{22c} = (1 - \tau_c) p_{22c}^* Y_{22c}^* - C(m_c, r_c, w_c, e_c, Y_{22c}^*) - F \tag{1}$$

$$\Pi_{12c} = (1 - \tau)(p_{12c} Y_{12c} - s_c Y_{12c}^*) - C(m_c, r_c, w_c, e_c, Y_{12c}^*) - F \tag{2}$$

其中，τ和τ_c分别表示母国和东道国的税率；p和p^*分别表示母国和东道国的产品价格；Y和Y^*分别表示母国和东道国的产出水平；s_c代表产品从东道国销往母国的损耗或贸易成本；C（·）为企业的成本函数；r和r_c分别表示母国

---

① 前者更近似于服务业的FDI，在目标市场所在地进行生产和销售，后者则更多的是改革开放以来，我国通过吸收FDI发展加工贸易的真实写照。需要说明的是，在利润函数的设定中，并未考虑产品内分工的情形。

和东道国的利率，以衡量资本要素的成本；w 和 w_c 分别表示母国和东道国的工资，以衡量劳动力要素的成本。此外，本节认为环境也是构成企业成本函数的主要要素，故将母国和东道国的环境成本分别用 e 和 e_c 来表示；社会责任规制是一国制度安排的重要方面，与不少文献将制度要素纳入生产函数的思路类似，这里在成本函数中引入社会责任规制变量，并用 m 和 m_c 分别表示母国和东道国的规制程度，F 为企业从事生产经营活动的固定成本。

进一步地，假定企业成本函数的具体形式满足 Cobb – Douglas 函数形式，即：

$$C(m, r, w, e, Y) = \lambda m^{\phi} r^{\alpha} w^{\beta} e^{1-\alpha-\beta} Y^{\gamma} \tag{3}$$

其中，γ 反映了产出的边际成本，该值小于 1 表明存在规模效应，反之则反是；λ 表示其他对企业生产成本产生影响的因素，比如政府扶持情况、集聚效应等；α、β 以及 $(1-\alpha-\beta)$ 分别表示资本、劳动、环境成本的边际影响。需要说明的是 ϕ 的取值情况，它实际上反映了社会责任规制对生产成本的影响弹性。正如前文所说，制造业对于要素成本更为敏感，社会责任规制程度的提高可能会导致生产成本的增加，而服务业对于交易成本更为敏感，社会责任规制程度的提高可能更容易导致生产成本的减少，反之则反是。故假定以东道国生产与东道国销售为主要经营模式的服务业跨国企业 $\phi < 0$，而以东道国生产与母国销售为主要经营模式的制造业跨国企业 $\phi > 0$。

（3）跨国企业区位选择。一般来说，可以通过监测 FDI 的流入、流出情况来了解跨国企业区位选择的决策，因此，这里的求解思路是，首先利用最优化方法求出利润最大条件下的最优产出水平，然后通过假定生产函数的具体形式来求出 FDI 存量，进而得出 FDI 的流量。

1）服务业企业。根据前文，服务业跨国企业的利润函数为 Π_{22c}，通过一阶条件，可以得出企业在东道国的最优产出水平，即：

$$(Y_{22c}^{*})^{\gamma-1} = \frac{(1-\tau_c) p_{22c}^{*} \left(1 + \dfrac{1}{\varepsilon^{*}}\right)}{\lambda \gamma m_c^{\phi} r_c^{\alpha} w_c^{\beta} e_c^{1-\alpha-\beta}} \tag{4}$$

其中，ε^{*} 表示产品在东道国的价格弹性。进一步地，假设企业的生产函数如下：

$$Y_{22c} = A K_{22c}^{\sigma} L_{22c}^{\omega} E_{22c}^{1-\sigma-\omega} \tag{5}$$

这里 K、L 及 E 分别代表资本、劳动与环境要素的投入水平，A 代表包括技术、制度等在内的生产效率因子，σ 和 ω 分别代表资本和劳动的产出弹性，假设：①规模报酬不变；②劳动力全部来自于东道国；③资本全部源自母国，即 FDI 存量，排除企业在东道国出现融资的情况。

根据式（4）和式（5），可以得出最优产出条件下的资本要素投入量，而 FDI 流量一般是本期 FDI 存量与剔除折旧后上期 FDI 存量之差，由此，可得本期

FDI 流入或流出规模，简洁起见，写成矩阵形式：

$$\text{FDI}_{22c,t} = A^{-\frac{1}{\sigma}}\left[\frac{(1-\tau_c)\left(1+\frac{1}{\varepsilon^*}\right)}{\lambda\gamma}\right]^{\frac{1}{\sigma(\gamma-1)}} O_c Z_c \tag{6}$$

由此可见，服务业 FDI 的流动与多种因素有关，比如产品价格变化，资本、劳动以及环境要素成本与投入的变化等。为了考察东道国社会责任规制程度的变化对 FDI 流动的影响，结合短期因素，假定劳动、环境等要素的投入规模保持不变，由于 φ<0，当东道国社会责任规制程度提高，将会诱使服务业 FDI 流入东道国。

2）制造业企业。制造业企业一般多采用东道国生产、母国销售这一模式，根据上一部分的做法，首先可得企业在东道国的最优产量：

$$(Y_{12c}^*)^{\gamma-1} = \frac{(1-\tau)(p_{12c}-s_c)}{\lambda\gamma m_c^\phi r_c^\alpha w_c^\beta e_c^{1-\alpha-\beta}} \tag{7}$$

将其代入生产函数，可得制造业企业在某一地区的 FDI 流量规模：

$$\text{FDI}_{12c,t} = A^{-\frac{1}{\sigma}}\left[\frac{(1-\tau)(p_{12c}-s_c)}{\lambda\gamma}\right]^{\frac{1}{\sigma(\gamma-1)}} O_c Z_c \tag{8}$$

与服务业 FDI 类似，制造业 FDI 的流动受资本要素使用成本，以及东道国劳动力、环境等要素成本与投入规模等多种因素的变化影响。东道国社会责任规制也是影响制造业 FDI 流动的重要变量，在劳动、环境等要素投入规模不变的条件下，由于 φ>0，一旦东道国社会责任规制程度提高，将极有可能导致制造业 FDI 流入规模的下降甚至流出。

基于以上分析，本节提出以下假设：

H1：社会责任规制对 FDI 的流动具有一定的影响。

H2：社会责任规制对 FDI 区位的影响具有行业异质性，其对制造业和服务业的影响存在差异。

二、样本、变量与数据

1. 样本

本节选择的样本为 OECD 中 34 个国家（不含拉脱维亚）以及"金砖四国"（巴西、俄罗斯、印度、中国）和部分"展望五国"（印度尼西亚、阿根廷），总共 40 个国家，样本期为 2005～2015 年。选择的主要依据如下：①本节主要围绕"社会责任规制与企业对外直接投资之间的关系"开展实证研究，因此，适合采用跨国数据；②样本国家基本属于市场经济国家，故企业对外直接投资的动力、影响因素与内在规律具有一致性；③样本国家分属不同的国际经济组织，且包含发达国家与新兴国家、大国与小国、高收入国家与中等收入国家、内陆国家与沿海国家等多种特征，故样本选择较为全面；④样本跨度包含了一个相对完整的经济周期，即 2008 年国际金融危机之前的繁荣、衰退以及之后的萧条、复苏，从而避免了因时间片面所可能产生的结论可靠性问题。

2. 变量与数据来源

（1）被解释变量：企业对外直接投资的衡量通常采用 FDI 指标。本节对其的处理包括两个角度：一是用 FDI 流入量指标（fdi_ inw）表示本国承接别国直接投资的情况；二是由于数据所限，用美国制造业（manuf）、信息业（infor）、存款机构（depos）、金融与保险业（finan）、科学与技术服务业（scien）向其他国家进行对外直接投资的规模指标来表示各国承接不同产业 FDI 的情况。前者的数据来源为 OECD 数据库，后者的数据来自于美国经济分析局（Bureau of Economic Analysis，BEA）网站。

（2）解释变量：由于社会责任规制的内涵十分丰富，实证研究对其的处理一般有三种思路：①通过比较某种社会责任规制措施实施前后被解释变量的变化来说明社会责任规制的影响，这种方法巧妙回避了社会责任规制的定量描述，但是容易引起社会责任规制是否是充分不必要条件的质疑。②引入哑变量从整体上测度社会责任规制，但这种方法背后的内涵比较有限。③针对社会责任规制涉及的不同方面分别选取指标进行度量，本节主要采用该种思路。根据定义，社会责任是组织对社会应负的责任，包括企业环境保护、安全生产、社会道德以及公共利益等方面，由经济责任、持续发展责任、法律责任、道德责任等构成。基于此，社会责任规制也大体应该包括经济、社会以及环境三个方面。本节用经济自由度指数（freedom）来衡量经济方面规制程度，数据来源为美国传统基金会网站；用反腐败指数（corruption）和劳动者合同解雇保护程度（employ）来表示社会方面规制程度，数据来源分别是世界银行以及 OECD 数据库；用单位国土面积碳排放量（environment）来测度环境方面规制程度，数据根据世界银行相关指标计算得出。

（3）控制变量：除了社会责任规制，还有一些影响国际产业转移的因素得到了不少研究的证实，比如区位条件、基础设施、人力资本、开放程度、市场规模、平均工资等。这些因素主要可以分为两类，分别是成本类（包括要素、环境两方面）和市场类。考虑到社会责任规制等相关因素也会在一定程度上影响要素成本，为了避免出现多重共线性问题，本节选择以下四个控制变量：人力资本情况，用高等院校入学率指标（enroll）衡量；开放程度或出口依赖度，用货物和服务出口占 GDP 的比重（export）来度量；基础设施水平，用每万人互联网用户数（internet）来表示①；市场规模，用国内生产总值（gdp）来代替。以上指标数据均来自于世界银行数据库。

三、实证结果与分析

1. 模型设定

为了实现本节的研究目标，这里将通过建立计量模型进行实证分析。基于上一部分对变量选择的考量，本节建立以下计量模型：

$$FDI_{it} = \alpha_1 + \alpha_2 freedom_{it} + \alpha_3 corruption_{it} + \alpha_4 employ_{it} + \alpha_5 environment_{it} + \theta Z_{it} + \varepsilon_{it}$$

$$(9)$$

其中，i 代表国家或地区；t 代表时间；FDI 代表企业对外直接投资的被解释变量集，在本部分的回归中表示为 FDI 流入规模（fdi_ inw），在下一部分表示为美国制造业（manuf）、信息业（infor）、存款机构（depos）、金融与保险业（finan）、科技服务业（scien）对外直接投资额；经济自由度指数（freedom）、反腐败指数（corruption）、劳动者合同解雇保护程度（employ）、单位国土面积碳排放量（environment）为解释变量社会责任规制的四项指标；Z 代表控制变量集，包括高等院校入学率（enroll）、货物和服务出口占 GDP 的比重（export）、每万人互联网用户数（internet）以及国内生产总值（gdp）；ε_{it} 代表随机误差项。

2. 基本回归

本节计算了解释变量和控制变量的 Pearson 相关系数矩阵，发现相关系数基本都小于 0.4，并未出现严重的多重共线性问题。同时，经过 Hausman 检验（p = 0.6294），证实本节样本数据更支持随机效应回归模型。考虑到可能存在遗漏变量、双向因果等问题，最终本节采用动态面板系统 GMM 方法进行估计。为了检验回归结果的稳健性，采取了两种方式：①逐个放入解释变量发现变量系数的符号没有发生变化且显著性检验情况一致；②考虑到可能存在时间效应，本节考察了所有解释变量与控制变量滞后一期的计量回归，结果依旧稳健（见表 8 – 1）。

根据表 8 – 1 的结果，可以得出以下结论：

（1）经济自由度指数与 FDI 流入规模之间存在着显著的正相关关系。经济自由度指数在一定程度上衡量了政府对经济社会责任的规制水平，涵盖了贸易政策、政府财政开支、政府对经济的干预程度、货币政策、资本流动和外国投资、银行业和金融业、工资和物价、产权、行业监管以及非正规市场活动（黑市）共 10 个方面，规制水平越差（好），经济自由度越低（高），该指数值越小

---

① 事实上，基础设施水平的衡量有很多指标，比如货物港口吞吐量、航空运输量、铁路里程数等，前两者从某种程度上与开放程度的一些指标具有一定的相关性，后者的各国数据缺失较多，且更多的是一种内陆交通选择，故本节选择互联网用户指标，可以涵盖对内、对外的双向联络、互通程度。

（大）。回归结果表明，经济责任的规制水平越好，越能促进 FDI 的流入，这一结论亦与不少文献的观点一致（宗芳宇等，2012）。其主要通过四个机制影响企业的生产成本，尤其是交易成本：一是经济自由度指数较高的国家或地区往往会通过较宽的准入限制、本地资源的自由转让等方面降低 FDI 的进入壁垒和生产成本；二是经济自由度指数较高的国家或地区一般经济制度环境相对稳定，从而减少了制度更替的摩擦，降低了企业交易成本；三是经济自由度指数较高意味着企业产权能够得到有效的保护；四是经济自由度指数较高使 FDI 企业与本土企业可以在市场上开展公平竞争等。

表 8 - 1　基于全样本的社会责任规制与 FDI 流入回归

估计方法	动态面板系统 GMM				
变量	方程 1 fdi_ inw	方程 2 fdi_ inw	方程 3 fdi_ inw	方程 4 fdi_ inw	方程 5 fdi_ inw
freedom	2. 0569 *** (0. 5916)	1. 6688 *** (0. 6496)	1. 4872 ** (0. 6556)	1. 3247 ** (0. 8445)	2. 3773 *** (1. 9597)
corruption		0. 2012 *** (0. 2836)	0. 1280 *** (0. 3092)	0. 1501 *** (0. 2759)	0. 8922 ** (0. 4176)
employ			− 0. 3039 ** (0. 2178)	− 0. 3359 ** (0. 2379)	− 0. 5629 ** (0. 3692)
environment				− 0. 1048 *** (0. 2512)	− 0. 1556 *** (0. 302)
enroll	− 5. 2521 *** (1. 5470)	− 5. 1955 *** (1 5315)	− 5. 7057 *** (1. 5223)	− 6. 0228 *** (1. 3809)	− 4. 9227 ** (2. 5647)
export	− 1. 8742 (1. 1518)	− 1. 8775 (1. 1968)	− 1. 5114 (1. 0561)	− 1. 3281 (1. 7114)	− 2. 0413 (1. 5899)
internet	1. 4048 ** (0. 6233)	1. 4034 ** (0. 7041)	1. 5308 ** (0. 7141)	1. 5782 ** (0. 6963)	− 0. 3894 (1. 4806)
gdp	0. 1771 *** (0. 0065)	0. 1777 *** (0. 0071)	0. 1768 *** (0. 0070)	0. 1767 *** (0. 0075)	0. 1611 *** (0. 0106)
_ cons	2. 3234 ** (1. 1165)	2. 3579 ** (1. 1370)	3. 3333 *** (1. 3930)	3. 7143 *** (1. 1134)	6. 4887 *** (2. 2519)
Wald 检验	3289. 82 [0. 0000]	4159. 74 [0. 0000]	3954. 26 [0. 0000]	6246. 39 [0. 0000]	2776. 36 [0. 0000]

续表

估计方法	动态面板系统 GMM				
变量	方程 1 fdi_ inw	方程 2 fdi_ inw	方程 3 fdi_ inw	方程 4 fdi_ inw	方程 5 fdi_ inw
AR (1) 检验	-2. 1404 [0. 0323]	-2. 1295 [0. 0332]	-2. 1314 [0. 0331]	-2. 143 [0. 0321]	-2. 0605 [0. 0393]
AR (2) 检验	1. 1131 [0. 2656]	1. 1097 [0. 2671]	1. 1186 [0. 2633]	1. 1126 [0. 2659]	0. 7752 [0. 4382]
Sargan 检验	16. 3635 [0. 4982]	16. 0240 [0. 5221]	16. 2894 [0. 5034]	16. 5079 [0. 4882]	19. 4019 [0. 306]
国家固定效应	Y	Y	Y	Y	Y
观测值	400	400	400	400	400
国家数目	40	40	40	40	40

注:实证结果均由 stata12 计算并整理得出。① ***、**、* 分别表示 1%、5% 和 10% 水平上的显著性;②圆括号内的数字是标准差;③方括号内的数字是 p 值;④Wald 检验的原假设为变量是外生的,Sargan 检验的原假设为所有工具变量均有效;⑤方程 5 中的解释变量为方程 4 的滞后一期。

(2) 反腐败指数与 FDI 流入规模之间的关系显著为正。世界银行《全球治理报告》中公布的各国控制腐败的指数是社会责任规制中社会制度的一个重要方面,衡量了政府部门与非政府部门之间的社会关系,该指标的取值范围为(-2.5,2.5),数值越大,说明控制腐败的成效越显著,反之则反是。同时,该指标与治理指数中的其他方面,如法治指数、政府效率等具有较为明显的相关关系。回归结果表明,控制腐败的成效越好,越能够吸引 FDI 流入。关于这一点,理论界存在着不小的争议,有的观点认为,腐败程度越严重,对 FDI 就越有吸引力(Cole 等,2007)。本节的研究则支持该观点的反面,因为在相关体制机制不完善的背景下,本土企业更容易依靠自己建立的非市场资源以弥补制度空隙(Dunning 等,2008),进而获得竞争优势。为了不输在"起跑线"上,FDI 企业不得不以增加交易成本的方式去弥补制度空隙。之所以产生争议,可能与 FDI 的产业特征、生命周期阶段等因素有关。

(3) 劳动者合同解雇保护指数与 FDI 流入规模之间存在着显著的负相关关系。OECD 数据库公布的劳动者合同解雇保护指数反映了社会责任规制中员工福利的方面。但需要说明的是,该指数越小表明保护程度越高。回归结果证明,劳动者合同解雇保护程度越高,越能够吸引 FDI 流入。以中国为例,近年来我国劳动者福利保障要求和执行力度日益提高,但吸引利用 FDI 的规模仍然呈现逐年扩张的态势。一个可能的解释是,随着劳动者福利保障标准的提高,FDI 的产业结构和劳动力使用特征均会发生变化，比如劳动力密集型 FDI 会退出，而资本密集型 FDI 会进入；对要素成本更为敏感的制造业 FDI 会退出，而对此相对不敏感的服务业 FDI 会进入。最后，由于社会制度环境的完善，交易成本的下降，FDI 的净流入仍然可能会增加。

（4）单位国土面积碳排放量与 FDI 流入规模之间的关系显著为负。本节认为，规制并不仅仅反映在治污支出方面，污染物排放强度更能反映环境规制的实际效果。另外，单位国土面积碳排放量是环境规制众多指标中规制力度最大，也是最难达到目标的指标，反映了环境规制的真正强度。结果表明，单位国土面积碳排放量越小，环境规制的力度越强，FDI 的流入规模就越大。这看似与理论，如"污染天堂"假说相悖，实际上却符合理论预期：其一，"污染天堂"假说似乎具有理论合理性，但是在经验分析中却没有得到充分的证据支持（Eskeland 和 Harrison，2003）；其二，"污染天堂"假说主要针对的是高污染行业，其忽略了行业环境消耗异质性特征；其三，从经济发展的阶段来看，本节的研究样本大多数是高收入和中高收入国家，研究结论与周长富等（2016）基本一致。

（5）在控制变量方面，本节得出的研究结论是：第一，高等院校入学率与 FDI 流入规模显著负相关。其原因可能在于：一是高等院校入学率并不能完全代表人力资本水平，很多 FDI 企业对职业教育水平更加敏感，比如降低了培训成本，不同类型教育在资源分配方面可能存在此消彼长的情形；二是人力资本对 FDI 流入的影响通常存在门槛效应，达到门槛之后，受教育程度的提高只会进一步推高劳动力成本；三是随着全球化的进一步发展，人才往往向少数发达国家、发达城市集聚，本国或本地区通过高入学率培养出来的优秀人才可能并未能为己所用。第二，货物和服务出口占 GDP 比重与 FDI 流入规模之间负相关，但不显著。这主要由于两大效应的同时存在：一是出口与 FDI 之间的替代或挤出效应；二是开放程度和对外依赖度的提高也会增加对 FDI 的吸引。第三，每万人互联网用户数、国内生产总值与 FDI 流入规模显著正相关，即基础设施水平的提高、市场规模的扩大将有助于吸收利用 FDI。

3. 分组回归

考虑到社会责任规制与 FDI 流入之间的关系可能还会受到国家经济规模、地理位置以及收入水平等因素的影响，本节将样本国家进行分组回归：①按国内生产总值是否大于或等于 1 万亿美元将样本国家分为小国、大国两类；②按国土是否拥有海岸线将样本国家分为沿海国家和内陆国家；③按世界银行的分类将样本国家分为高收入国家和中等收入国家。由于样本中内陆国家和中等收入国家数量非常少，不适合进行系统 GMM 回归，表 8 - 2 仅列出基于小国、大国、沿海国家以及高收入国家的样本回归结果。

表 8 – 2　基于分组样本的社会责任规制与 FDI 流入回归

估计方法	动态面板系统 GMM			
变量	小国 fdi_inw	大国 fdi_inw	沿海国家 fdi_inw	高收入国家 fdi_inw
freedom	2.8452 *** (0.5869)	8.4289 ** (13.4312)	0.4103 (1.2674)	0.1753 (0.9930)
corruption	0.4210 * (0.2236)	– 0.5864 (5.0299)	0.4218 * (0.2498)	0.8507 ** (0.3084)
employ	0.2123 (0.1429)	– 6.3699 * (4.0859)	0.4035 (0.4595)	– 1.7578 *** (0.4079)
environment	– 0.3248 *** (0.0544)	– 1.0393 *** (2.3428)	– 1.5704 *** (0.3233)	– 0.0859 (0.1660)
enroll	0.7836 (0.7615)	– 49.0351 ** (15.6626)	– 13.6965 *** (1.6400)	– 4.7096 *** (1.2356)
export	2.8698 *** (0.3547)	37.5403 * (15.0886)	9.2075 *** (2.0039)	0.7739 (0.8359)
internet	– 0.3119 (0.4649)	– 7.6736 (7.6075)	2.5560 * (1.0020)	0.6852 (0.9605)
gdp	0.1742 ** (0.0560)	0.3154 *** (0.0634)	0.2205 *** (0.0075)	0.1590 *** (0.0052)
_ cons	– 4.5707 *** (0.5754)	30.2953 * (15.6629)	4.5747 * (1.8977)	5.9999 *** (1.6001)
Wald 检验	1617.21 [0.0000]	603.94 [0.0000]	6142.62 [0.0000]	25509.43 [0.0000]
AR（1） 检验	– 1.7224 [0.085]	– 0.9739 [0.3301]	– 1.8792 [0.0602]	– 1.7344 [0.0828]
AR（2） 检验	0.8877 [0.3747]	– 0.4389 [0.6607]	0.8735 [0.3824]	0.8244 [0.4097]
Sargan 检验	19.0867 [0.3236]	3.7132 [0.9997]	20.0533 [0.2715]	22.4247 [0.1689]
国家固定效应	Y	Y	Y	Y
观测值	250	150	340	340
国家数目	25	15	34	34

注：实证结果均由 stata12 计算并整理得出。①***、**、*分别表示 1%、5% 和 10% 水平上的显著性；②圆括号内的数字是标准差；③方括号内的数字是 p 值；④Wald 检验的原假设为变量是外生的，Sargan 检验的原假设为所有工具变量均有效。

（1）经济自由度指数与FDI流入。第一，无论大国还是小国，经济自由度指数与FDI流入规模之间都存在着显著的正相关关系。从系数角度来看，在社会责任规制各方面中，对大国和小国FDI流入规模影响最大的均是经济责任规制水平。第二，拥有海岸线的沿海国家与高收入国家的经济自由度指数与FDI流入规模之间的关系为正，但不显著，说明经济责任规制水平并不是这些国家吸引FDI的最重要因素。

（2）反腐败指数与FDI流入。第一，从小国、沿海国家和高收入国家的角度来看，腐败控制程度均与FDI流入规模呈现显著的正相关关系，这一点在高收入国家体现得尤为明显。第二，对于大国而言，反腐败指数与FDI流入规模之间的关系并不显著。从某种程度上讲，对于FDI企业来说，本土企业通过弥补制度空隙获得资源优势并非不可逾越，另外，大国区域发展的不平衡性和产业体系的多样性，可能会使反腐败与FDI流入规模之间的关系相对复杂。

（3）劳动者合同解雇保护指数与FDI流入。第一，对于大国和高收入国家，劳动者合同解雇保护指数与FDI流入之间存在着显著的负相关关系，说明这些国家的劳动者合同解雇保护及员工福利保障程度越高，越能够吸引FDI流入。从现实来看，由于市场规模较大，劳动者福利保障要求的提高将使进入这类国家的FDI更容易进行产业结构转换。通过这种方式，降低FDI企业对劳动合同解雇保护影响生产成本的敏感性，从而导致FDI净流入增加。第二，对于小国和沿海国家，劳动者合同解雇保护指数与FDI流入之间存在正相关关系，但不显著，说明劳动者福利保障规制并不是影响这类国家吸引FDI的主要因素，在一定程度上，随着劳动者福利保障要求的提高，劳动力使用成本上升，将会导致FDI流入量的减少甚至流出。

（4）单位国土面积碳排放量与FDI流入。除高收入国家不显著外，无论是大国、小国，还是沿海国家，单位国土面积碳排放量与FDI流入规模之间均存在着显著的负相关关系，即环境规制力度的加强会促进FDI流入。这一结论亦表明，环境规制是社会责任规制中影响FDI流入的主要变量，当国家或地区处于工业化后期时，环境规制力度的增强将会导致FDI流入的质与量同时提升。

四、社会责任规制与FDI产业结构

为了验证社会责任规制可能会对不同产业的FDI流入造成的不同影响，这里将各国社会责任规制与承接国不同行业FDI流入进行回归分析（见表8-3）。

表 8 - 3 社会责任规制与 FDI 流入产业结构回归

估计方法	动态面板系统 GMM				
变量	方程 1 manuf	方程 2 infor	方程 3 depos	方程 4 finan	方程 5 scicn
freedom	2.1135 (1.4184)	2.2556 *** (0.6948)	2.2135 *** (0.1850)	7.2547 *** (2.5333)	1.3925 ** (0.5664)
corruption	-0.8366 * (0.3537)	0.6190 *** (0.2172)	-0.6256 *** (0.0881)	5.7605 *** (1.0941)	0.7322 ** (0.3479)
employ	0.5438 *** (0.6759)	-0.4604 ** (0.2237)	-1.6554 *** (0.0796)	-2.3156 *** (0.8006)	-2.4411 *** (0.3457)
environment	1.0574 *** (0.2753)	-0.1043 (0.0875)	0.1793 *** (0.0525)	-0.8130 *** (0.1786)	-0.0825 (0.0805)
enroll	-9.3988 *** (2.2927)	11.2901 *** (1.0105)	-0.8757 ** (0.3544)	2.7029 ** (2.0833)	0.0747 ** (0.5680)
export	0.0708 *** (0.0105)	0.0069 * (0.0041)	-0.0200 *** (0.0059)	-0.0061 (0.0108)	0.0251 *** (0.0036)
internet	8.2536 *** (1.3126)	0.0822 * (0.4703)	-0.0526 (0.2510)	-13.1436 *** (2.3457)	-1.9196 *** (0.5366)
gdp	0.0194 (0.0142)	0.0392 *** (0.0067)	0.0235 *** (0.0034)	0.0643 *** (0.0100)	0.0990 *** (0.0099)
_ cons	-2.7706 (2.2124)	-4.5240 *** (1.1221)	4.3132 *** (0.2399)	6.7177 ** (3.3311)	5.4300 *** (0.9732)
Wald 检验	147665.91 [0.0000]	401432.39 [0.0000]	951584.50 [0.0000]	242496.86 [0.0000]	57585.88 [0.0000]
AR (1) 检验	-2.969 [0.003]	-1.9722 [0.0831]	-1.4679 [0.0421]	-2.3836 [0.0171]	-1.7545 [0.0793]
AR (2) 检验	-0.2388 [0.8112]	1.7329 [0.1159]	-0.7935 [0.4275]	1.0913 [0.2751]	1.3385 [0.1807]
Sargan 检验	25.8036 [0.0781]	27.1952 [0.0553]	20.9745 [0.2274]	22.3631 [0.1712]	23.6489 [0.1293]
国家固定效应	Y	Y	Y	Y	Y
观测值	350	350	350	350	350
国家数目	35	35	35	35	35

注：实证结果均由 stata12 计算并整理得出。①***、**、* 分别表示 1%、5% 和 10% 水平上的显著性；②圆括号内的数字是标准差；③方括号内的数字是 p 值；④Wald 检验的原假设为变量是外生的，Sargan 检验的原假设为所有工具变量均有效。

根据表 8 - 3，可以得出以下结论：

1. 经济自由度指数与 FDI 流入

（1）经济自由度指数与制造业 FDI 流入规模相关关系为正，但并不显著，说明经济责任规制水平并不是影响制造业 FDI 流入的主要因素，但经济自由度指数的提高也会促进制造业 FDI 流入。

（2）经济自由度指数与信息、存款机构、金融与保险以及科技服务等服务业 FDI 流入规模之间均呈现出显著的正相关关系，说明相对于制造业，服务业 FDI 对于东道国经济责任规制水平更为敏感。

（3）除科技服务业外，经济责任规制水平是社会责任规制各变量中影响服务业 FDI 流入最重要的变量。

2. 反腐败指数与 FDI 流入

（1）反腐败指数与制造业、存款机构 FDI 流入规模之间存在显著的负相关关系，这可能与制造业企业以及存款机构发展所需要的关键性资源（如土地、环境资源、存款等）有不少掌握在东道国政府手里有关。在体制不完善的背景下，通过腐败渠道获得这些资源的成本要小于从公开市场获得的成本，故腐败程度越高，越有可能促进制造业与存款机构 FDI 流入。

（2）反腐败指数与信息业、金融与保险业以及科技服务业 FDI 流入规模之间的相关关系显著为正。信息、金融与保险以及科技服务等服务业企业的核心生产要素更多地掌握在企业手中，对东道国政府的依赖性相对较小，这类企业更偏好公开、透明、高效的法治型政府，因而控制腐败程度越高，越能够吸引相关 FDI 流入。

3. 劳动者合同解雇保护指数与 FDI 流入

（1）劳动者合同解雇保护指数与制造业 FDI 流入之间的相关关系显著为正，说明劳动者福利保障要求的提高会导致制造业 FDI 流入的减少，这类现象已经在我国的广东等地普遍出现。其原因主要是，制造业对于劳动力等要素成本更为敏感，劳动者福利保障要求的提高会显著增加企业的劳动力使用成本，反之则反是。

（2）劳动者合同解雇保护指数与信息、存款机构、金融与保险、科技服务等服务业 FDI 流入之间均存在着显著的负相关关系，这是服务业相对于制造业对劳动力使用成本不敏感所致，相反，社会制度的完善会刺激服务业 FDI 的流入。

4. 单位国土面积碳排放量与 FDI 流入

（1）单位国土面积碳排放量与制造业、存款机构 FDI 流入之间存在显著的正相关关系，说明环境规制力度越强，制造业与存款机构 FDI 的流入规模就越小。制造业利用环境要素相对较多，不少经验研究和典型事实均表明，环境规制力度的提升将导致一些污染较严重的制造业企业生产成本上升，进而外迁。存款机构可能与制造业企业存在共生关系，制造业 FDI 流入的减少势必也会导致存款机构 FDI 的减少。

（2）单位国土面积碳排放量与信息、金融与保险、科技服务等服务业 FDI 流入之间的关系为负，但只有金融与保险业的系数通过了显著性检验，说明由于环境要素使用较少，环境规制对其生产成本的影响并不明显，因此，环境规制不是影响信息与科技服务业 FDI 流入的主要因素。信息与科技服务业是人才密集型产业，人才对生活环境的要求使环境规制的力度增强会降低企业获取人才要素的成本，从而在一定程度上有利于 FDI 流入。环境规制对于金融与保险业 FDI 流入的影响更为显著，规制力度越强，FDI 流入越多，这可能与制造业以及存款机构 FDI 之间存在替代效应有关。

五、主要结论与启示

当前，我国提出要推进新一轮高水平对外开放，本书从社会责任规制视角切入，研究了社会责任规制与企业对外直接投资两者之间的关系，重点通过构建理论框架、实证检验讨论了三个问题：①社会责任规制对吸引 FDI 流入是否有影响、有何影响以及影响机制是什么？②对于不同类型国家，社会责任规制对 FDI 流入规模的影响有何不同？③社会责任规制对不同产业 FDI 流入规模的影响有何差异？

根据以上研究，可以得出一些启示：①当前我国出现了不少外资撤离事件，这实际上属于短期现象，无须担心，况且流出的 FDI 大多属于低端制造业，其主要原因可能在于近年来我国环境规制和劳工保护力度的加强造成该类制造业企业要素成本急剧上升。部分中高端制造业回流至发达国家则可能在一定程度上受经济自由度、反腐败成效等社会责任规制因素的影响。②对社会责任规制水平的提高可能会造成 FDI 流出的认识存在一定的误区，从长期来看，社会责任规制水平的提高反而会促进 FDI 的流入，而且在这一过程中实现产业结构由制造业为主向服务业为主转换，由此还会有利于我国的产业结构调整与价值链升级。③目前，我国为了更好地吸收利用 FDI，从社会责任规制角度来看最重要的措施就是大力优化经济责任的规制水平，即促进经济自由。④要吸引更多的现代服务业 FDI 流入，主要需要对经济责任规制、反腐败、劳动者福利保障等方面进行加强和优化。

第二节 "一带一路"倡议与可持续发展：来自沿线国家的证据

自从 1987 年联合国世界与环境发展委员会（WCED）在报告《我们共同的未来》中正式提出"可持续发展"概念以来，可持续发展得到了世界各国的极大重视和普遍共识，促进可持续发展水平的提升已经成为世界各国共同关注的重要议题。目前，从全球范围来看，各国可持续发展的现状和政策实施成效均呈现明显差异，而 2013 年中国提出的"一带一路"倡议可能会成为促进各国可持续发展水平提升的新选项和新方案，因为"一带一路"倡议旨在通过政策沟通、设施联通、贸易畅通、资金融通、民心相通，为国际社会提供更多的公共产品，同沿线各国分享中国发展机遇，实现共同繁荣，其本质就是促进各国可持续发展。虽然这一倡议已经得到世界越来越多的国家和国际组织的认可及参与，如 2016 年联合国大会首次在决议中写入"一带一路"倡议，并得到 193 个会员国的一致赞同，但在国际上仍然存在不同的声音，这就需要通过更深刻的研究来正确认识"一带一路"倡议的内涵及影响。

尽管现有研究对"一带一路"倡议进行了较为全面且深刻的探讨，但仍存在进一步深入的空间。从内在逻辑来看，不论是对提出动机，还是对风险管控、推进策略等的分析，均需以影响评估为基础，而已有文献对"一带一路"倡议影响的讨论目前主要集中于某一特定领域，特别是经济领域，很少从可持续发展的角度去评价"一带一路"倡议的影响。本节试图对参与"一带一路"建设是否促进了国家可持续发展水平的提高这一问题进行论证，并为推进"一带一路"建设提出相应的政策建议。[①]

一、可持续发展的理论基础

1. 可持续发展理论

可持续发展是指既满足当代人的需要，又不损害后代人满足需要的能力的发展。具体来说，在要求层面，要满足当代人的需要意味着可持续发展首先必须体现发展质量，而不损害后代人满足需要的能力则要求维持或增强发展动力；在目标层面，促进人与人以及人与自然之间的和谐，除了强调发展质量和动力外，还

---

① 本节核心内容发表于：肖红军，程俊杰，黄速建. 可持续发展视角下推进"一带一路"建设的政策取向[J]. 改革，2018（7）；Hongjun Xiao, Junjie Cheng and Xin Wang. Does the Belt and Road Initiative Promote Sustainable Development? Evidence from Countries along the Belt and Road [J]. Sustainability, 2018, 10 (12) .

提出了公平要义。虽然从广义上讲，公平亦属于发展质量的一方面，但是为了体现其独特性与重要性，人们通常将可持续发展的内涵概括为质量、动力及公平三类元素。其中，质量元素主要反映发展状态、效率、幸福感应等及其与生态环境容量、承载能力等之间的匹配和优化程度；动力元素体现国家或地区持续发展的潜力，大多由一些禀赋类指标构成，如自然资本、人力资本等；公平元素主要表达消除贫富差距、区域差距、城乡差距以及性别差异、代际差异等的程度。

基于以上认识，目前，可持续发展理论框架主要有压力—状态—响应模型（PSR）、反应—行动循环（RAC）、Daly 三角形、信息金字塔等。其中，运用最为广泛的是联合国可持续发展委员会提出的压力—状态—响应模型，之后在该模型的基础上还产生了一些变形的模型，如驱动力—状态—影响框架（DFSR）、压力—状态—影响—响应框架（PSIR）、驱动力—压力—状态—影响—响应框架（DPSIR）等。该模型的优点在于理论上蕴含了较为清晰的逻辑关系，即"现状是什么、为什么会发生以及如何应对"。但遗憾的是，在具体操作过程中，很多指标之间因果关系的依据或逻辑并不十分可靠，甚至可能存在双向因果问题。

考虑到不论是何种理论框架均需要对经济、社会、环境这一复杂系统进行全面考量以及考虑地区差异，我们认为，从系统维度层面建立可持续发展理论模型可能更具有合理性和适用性。根据已有文献资料，多数研究通常是从经济、社会、环境三个维度进行建模分析，也有学者或机构（如联合国可持续发展委员会）将经济、社会、环境、制度看成可持续发展的评价维度。但这些理论模型中不同维度之间逻辑关系的构建和论证方面尚存在一定的欠缺。因此，这里我们构建基于"经济—社会—环境—基础设施—机制"的可持续发展五维模型（见图 8-1）。其中，经济、社会、环境为可持续发展系统的组成要素，基础设施、机制则是驱动该系统运行的内在机制。对经济、社会以及环境的评价主要体现了系统可持续发展的现状与能力，对基础设施和机制的评估着重衡量了系统可持续发展的硬件、软件动力或保障，可持续发展则是最终的追求结果或目标。在系统组成要素的内部，即经济、社会与环境之间，经济可持续发展是基础，环境可持续发展是条件，社会可持续发展才是目的，换句话说，经济增长和环境保护都是为了社会进步和人类生活质量、健康水平的提升。

2. "一带一路"倡议与可持续发展的关系

从本质上看，"一带一路"倡议作为一个开放的涉及多国的区域合作机制，与可持续发展之间是内在统一的。

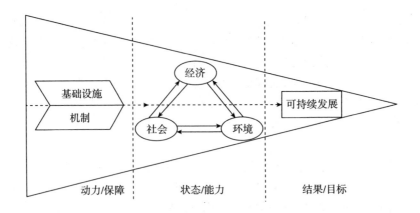

图 8 − 1 可持续发展评价五维模型

一是目标一致。"一带一路"倡议是顺应世界多极化、经济全球化、文化多样化、社会信息化潮流，适应国内经济新常态的产物，旨在推动沿线国家的经济合作、区域联结、市场融合，并以此打造政治互信、经济融合、文化包容的利益共同体、责任共同体以及命运共同体。其强调共赢、互利合作，这与促进人与人以及人与自然之间和谐的可持续发展目标具有内在一致性。进一步地，"一带一路"倡议的具体目标，如促进经济增长、推进社会进步、维护公平正义、加强环境保护等恰恰也是联合国公布 2030 年可持续发展议程的重点。

二是原则吻合。可持续发展有三大原则，分别是公平性、持续性和共同性。其中，公平性原则主要指机会选择的平等性，包括代内公平和代际公平两个方面。"一带一路"倡议同样体现了公平性原则，比如这是一个开放的倡议，并不是只有地理上相关的国家才可以加入，各国可以平等选择是否加入；在利益的分配上，除了遵照市场规律外，还包含了国际援助等履行国际义务的内容。持续性原则指的是适度开发，主要是对资源、生态、环境等合理利用。"一带一路"倡议至少从两个方面体现了持续性原则：①注重环境保护，沿线国家大多生态问题突出，倡议提出要秉持绿色发展理念；②推进基础设施建设，为持续性发展提供硬件保障。共同性原则主要强调整体性和相互依存性。"一带一路"建设需要参与各国共同的配合行动，其最终目标也是打造"三个共同体"。因此，这并不是一个由中国领导或主导的倡议，而是中国提出，多国参与，全球受益。

三是内容相通。理论上讲，可持续发展的主要内容包括经济、社会以及生态环境的可持续发展三个方面，具体来说就是，追求更有质量和效率的经济增长、改善人类生活质量以及保护地球生态环境。"一带一路"倡议是在中国需要扩大和深化对外开放、沿线各国经济互补性较强且均具有较强合作意愿的背景下提出的，其主要内容既包括经济合作，也包括各国之间的人文交流。基于此，"一带一路"建设确定了政策沟通、设施联通、贸易畅通、资金融通以及民心相通五个重点合作领域。在绿色发展框架下推进"五通"不但可以促进各国的经济增长，而且可以改善居民生活质量。

四是路径类似。可持续发展目标的实现需要相应的能力作为支撑。从路径角度来看，推进"一带一路"倡议与实现可持续发展具有高度相似性，因为"一带一路"建设的同时也提高了参与各国的可持续发展能力。一般来说，可持续发展能力建设包括决策、管理、法制、政策、科技、教育、人力资源、公众参与等内容，大体可以划分为两类：一类是要素提升，另一类是机制改善。"一带一路"建设提高参与各国可持续发展能力主要通过两大渠道来实现：①内容建设。比如通过设施联通、贸易畅通等可以优化各国的科技、教育、人力资源等实现要素提升，通过政策沟通、民心相通等可以加强各国的决策、管理、法制、政策等，提高公众参与度，实现机制改善。②合作机制。通过溢出效应的发挥来强化可持续发展能力建设。具体的合作机制包括多层次、多渠道的合作与磋商，如上海合作组织（SCO）、中国—东盟"10 + 1"、亚太经济合作组织（APEC）等多边合作组织，"一带一路"国际高峰论坛、博鳌亚洲论坛等合作平台。

3. 可持续发展的内在机制：技术创新视角

从理论上讲，"一带一路"建设的重点是"五通"，这对促进各国可持续发展水平的提升具有明显的积极作用。具体地说，设施联通除了提升相关国家的基础设施水平外，还一方面降低了贸易成本，有利于贸易规模的扩大，另一方面改善了公共产品供给和公共服务，提升了社会发展程度。资金融通不但便捷了贸易条件，促进各国经济增长，而且也为经济、社会、环境、设施等重大项目的开展提供了资金保障，进而促进可持续发展。贸易畅通、政策沟通、民心相通实际上扫除了合作壁垒和障碍，提高了区域一体化和全球化水平，这也有利于各国实现可持续发展。由此可见，"一带一路"建设可以通过成本效应、规模效应、外部效应、就业效应等多重效应影响各国的可持续发展，而这些效应发生的动力机制是创新。推进"一带一路"建设关键在于重点项目，其本质上就是对外直接投资。目前，理论界对于对外直接投资对创新特别是技术创新的影响已经开展了大量深入讨论，绝大多数文献证实对外直接投资对东道国和母国分别存在技术溢出和逆向技术溢出效应，且在企业、产业和区域、国家三个层面均有体现，甚至还有文献分析了影响技术溢出的主要因素。

对外直接投资对东道国创新（技术溢出）的影响机制主要有两种情形：

①东道国技术水平较高。由于与东道国技术领先者的地理临近可以获得正向外部效应，因此技术水平较低的跨国公司对外直接投资通常带有获取先进技术的动机，这会通过市场竞争机制倒逼东道国企业不断创新，进而提升东道国整体创新能力和水平。②东道国技术水平较低。技术水平较高的跨国公司通常具有垄断优势、技术优势、先进的管理经验以及规模经济优势，对外直接投资后通过学习机制、人员流动机制等可以将以上优势溢出到东道国公司并不断扩散，从而提升东道国的创新能力和水平。

对外直接投资对母国创新（逆向技术溢出）的影响机制同样有两种情形：①母国技术水平较高。从产品周期的角度来看，当产品处于成熟及标准化阶段时进行对外直接投资，一方面天然到了必须研发下一代产品的时候，促进母国企业开展更多的创新；另一方面该阶段对外直接投资一般只是为了降低要素成本或获取海外市场，由于东道国市场环境以及生产要素的特殊性必然需要母国企业进行相应的技术改进或创新，从而提升了母国整体创新水平。当产品处于创新阶段时对外直接投资，母国企业通常是为了在东道国有较低的研发费用、广告费用以及市场潜力，这也鼓励了企业创新，尤其是针对东道国市场的适用性技术创新。②母国技术水平较低。这时母国企业对东道国进行直接投资可以通过溢出效应获得知识，特别是隐性知识，从而降低了研发成本，这一方面为母国企业节约了资金，促使其能够在国内创新领域投入更多的资源，即研发成本分摊；另一方面海外研发成果会反馈给母国公司，进而提升母国的技术水平和创新能力，即研发收益反馈。

以上只是针对技术创新的分析，实际上对外直接投资对创新的影响同样通过相同或相似的渠道或路径扩散到制度创新、管理创新、商业模式创新、业态创新和文化创新等层面。

4. 可持续发展的评价方法

可持续发展评价一直是学术界研究的重点和难点。从学科角度来看，目前主流的评价方法主要有经济学方法、社会学方法、生态学方法以及系统学方法。这些方法对可持续发展的评判标准或依据各不相同，分别是技术创新贡献率克服投资边际效益递减，经济效率与社会公平取得合理平衡，环境保护与经济发展取得合理平衡，自然、经济、社会这一复杂系统的综合协同。从形式上看，可持续发展评价方法还可以分为单一指标评价法和多指标评价法两类。单一指标评价主要包括测算绿色GDP、真实储蓄、生态占用等。多指标评价就是建立可持续发展的指标体系并利用层次分析、模糊评价、神经网络、数据包络分析等手段进行综合评价，其中，最具影响力的就是联合国可持续发展委员会（UNCSD）提出的指标体系（见表8-4）。

表 8 - 4　可持续发展主要评价方法

评价视角	代表性方法	方法形式
经济学	包容性财富、真实储蓄率、绿色 GDP	单一指标评价
社会学	人类发展指数	单一指标评价
生态学	生态足迹、能值分析、物质流分析	单一指标评价
系统学	指标体系分析	多指标评价

　　由于可持续发展本身是一个较为综合性的概念，从经济、社会、生态单一视角切入进行评价往往过于片面，近年来，将可持续发展看成一个复杂系统运行的状态的观点得到世界范围内的普遍认可。利用指标体系法对可持续发展进行评价的优势在于全面、客观、科学，难点在于具体指标的选择以及指标权重的分配，尤其是后者，已经成为影响评价结果及其准确性、合理性的关键，因而也是导致人们争论的核心。指标权重的确定主要有主观和客观两种赋权方法，其中，运用较多的是客观赋权中的主成分分析法。

二、"一带一路" 沿线国家可持续发展现状

　　根据现有文献的一般做法，本节对 "一带一路" 沿线国家可持续发展现状的评价分析主要采用两种方法：一种是从经济、社会、环境、基础设施、机制五个维度选取指标建立 "一带一路" 沿线国家可持续发展指标体系进行评价。本节遵照全面性、逻辑性、科学性、客观性、层次性、可操作性等原则，结合联合国发布的《变革我们的世界：2030 年可持续发展议程》中 17 个可持续发展目标和 169 个具体目标，最终形成 15 个细分维度 56 个具体指标的指标体系。[①]另一种是选择一些普遍采用的衡量可持续发展水平的综合指标，如联合国开发计划署公布的人类发展指数（HDI）等进行分析。此外，考虑到创新是影响各国可持续发展的重要动力机制，本节亦将世界知识产权组织发布的全球创新指数（GII）作为评价可持续发展水平的重要综合指标。指标体系评价和综合指标评价的结果如表 8 - 5 所示，本节还根据可持续发展指标体系评价了 "一带一路" 国家经济、社会、环境、基础设施以及机制的可持续发展水平，结果如表 8 - 6 所示。

---

① 由于篇幅所限，指标体系和评价方法并未列出，感兴趣的读者可向作者索要。

表 8-5   2015 年"一带一路"沿线国家可持续发展评价

国家	人类发展指数	全球创新指数	可持续发展指数	国家	人类发展指数	全球创新指数	可持续发展指数
新加坡	0.912	59.16	62.7	阿塞拜疆	0.751	29.64	42.9
以色列	0.894	52.28	57.7	格鲁吉亚	0.754	33.86	42.1
斯洛文尼亚	0.880	45.97	57.4	阿尔巴尼亚	0.733	28.38	41.6
爱沙尼亚	0.861	51.73	54.6	越南	0.666	35.37	41.6
斯洛伐克	0.844	41.70	53.5	乌克兰	0.747	35.72	41.5
捷克	0.870	49.40	53.3	马尔代夫	0.706	25.00	41.4
立陶宛	0.839	41.76	52.0	伊朗	0.766	30.52	41.3
拉脱维亚	0.819	44.33	51.8	印度尼西亚	0.684	29.07	40.8
中国	0.728	50.57	51.3	菲律宾	0.668	31.83	40.3
克罗地亚	0.818	38.29	50.7	摩尔多瓦	0.693	38.39	40.2
波兰	0.843	40.22	50.7	蒙古	0.727	35.74	40.0
卡塔尔	0.850	37.47	50.5	尼泊尔	0.548	23.13	39.8
匈牙利	0.828	44.71	50.4	吉尔吉斯斯坦	0.655	26.62	39.8
文莱	0.856	31.67	50.4	塔吉克斯坦	0.624	29.62	39.8
保加利亚	0.782	41.42	49.9	黎巴嫩	0.769	32.70	39.4
俄罗斯	0.798	38.50	49.6	斯里兰卡	0.757	28.92	39.3
科威特	0.816	33.61	49.2	柬埔寨	0.555	27.94	39.2
沙特阿拉伯	0.837	37.75	48.1	土库曼斯坦	0.688	23.00	38.6
马来西亚	0.779	43.36	47.6	老挝	0.575	22.00	37.8
罗马尼亚	0.793	37.90	46.9	印度	0.609	33.61	37.8
黑山	0.802	37.36	46.7	乌兹别克斯坦	0.675	25.89	37.3
阿曼	0.793	32.21	46.1	埃及	0.69	25.96	36.9
哈萨克斯坦	0.788	31.51	44.8	伊拉克	0.654	25.00	36.8
泰国	0.726	36.51	44.8	缅甸	0.536	20.27	35.4
亚美尼亚	0.733	35.14	44.3	巴基斯坦	0.538	22.63	34.9
不丹	0.605	27.88	43.7	孟加拉国	0.57	22.86	34.6
白俄罗斯	0.798	30.39	43.4	约旦	0.748	30.04	34.1
塞尔维亚	0.771	33.75	43.4	东帝汶	0.595	25.00	32.7
土耳其	0.761	39.03	43.0	阿富汗	0.465	25.00	25.9
马其顿	0.747	35.40	43.0	也门	0.498	14.55	24.9

注：考虑到数据可得性，本节选取了"一带一路"沿线的 60 个国家作为分析样本；人类发展指数来自世界银行数据库，全球创新指数来自世界知识产权组织数据库，可持续发展指数来自作者计算。

表 8 - 6 2015 年"一带一路"沿线国家重点领域可持续发展评价

国家	经济	社会	环境	基础设施	机制	国家	经济	社会	环境	基础设施	机制
中国	48.8	44.0	40.4	76.1	67.7	菲律宾	39.1	38.0	34.0	29.9	70.4
斯洛文尼亚	58.2	58.4	56.1	37.9	76.1	印度尼西亚	37.7	39.2	37.4	29.8	68.1
白俄罗斯	38.7	55.7	31.3	37.2	58.6	马其顿	41.6	47.7	34.8	36.0	59.9
乌克兰	32.3	54.2	32.2	39.4	55.5	约旦	40.9	39.5	30.4	26.0	25.5
立陶宛	55.3	56.4	35.4	38.9	83.2	马来西亚	48.7	43.6	34.9	43.8	82.3
匈牙利	48.4	54.5	40.1	40.1	75.7	土耳其	46.3	47.7	28.7	31.5	67.2
乌兹别克斯坦	37.8	38.4	30.3	28.7	56.6	尼泊尔	36.2	35.5	50.8	19.3	54.6
阿塞拜疆	41.2	45.4	34.7	36.3	64.0	孟加拉国	36.8	32.5	31.1	17.8	58.4
以色列	76.4	60.1	32.8	41.0	82.3	格鲁吉亚	41.3	43.2	38.2	33.1	58.5
斯洛伐克	52.5	55.2	46.5	41.2	78.6	科威特	60.4	52.7	25.1	48.0	69.1
摩尔多瓦	41.0	48.2	33.7	30.1	45.4	柬埔寨	37.4	36.2	47.0	16.3	55.9
波兰	47.3	53.3	41.1	43.2	79.0	老挝	31.7	34.4	51.1	15.7	52.4
捷克	55.7	57.0	38.0	42.4	82.3	巴基斯坦	34.3	28.0	37.0	21.9	58.9
新加坡	81.9	68.0	28.5	45.8	99.0	印度	38.8	28.2	33.4	36.9	64.5
哈萨克斯坦	41.7	51.8	28.1	45.2	69.8	阿尔巴尼亚	35.5	49.7	34.8	34.4	58.3
俄罗斯	42.7	51.0	43.1	59.1	64.4	土库曼斯坦	49.0	33.0	31.9	28.2	52.7
罗马尼亚	44.6	48.6	41.0	34.9	72.3	文莱	60.1	46.9	37.0	34.3	80.9
爱沙尼亚	56.7	57.0	40.7	43.1	84.7	伊朗	43.4	45.8	31.4	32.5	56.7
亚美尼亚	36.0	49.9	41.8	39.2	59.5	克罗地亚	49.4	54.4	45.4	36.8	70.5
马尔代夫	45.6	42.9	29.3	40.9	54.7	不丹	35.5	32.6	71.5	23.8	46.6
塔吉克斯坦	34.1	38.3	47.8	23.4	54.2	阿曼	49.6	49.7	27.2	40.7	75.3
越南	42.5	42.1	34.9	35.5	58.0	黑山	42.3	49.0	39.2	39.4	73.2
泰国	43.5	45.0	37.0	35.3	71.8	斯里兰卡	37.1	38.1	36.3	22.8	68.8
卡塔尔	75.6	49.5	13.9	44.7	81.3	伊拉克	45.2	36.3	28.7	23.4	51.0
保加利亚	47.3	51.7	46.0	35.6	73.0	黎巴嫩	43.5	46.7	30.4	34.5	39.6
拉脱维亚	49.0	54.4	43.8	39.3	80.6	阿富汗	33.1	21.4	31.2	6.7	29.0
蒙古	30.4	48.2	46.1	19.7	51.1	沙特阿拉伯	57.3	46.6	36.5	32.9	71.6
埃及	36.9	38.6	28.1	32.7	55.4	东帝汶	43.0	33.9	34.1	13.8	26.1
塞尔维亚	37.7	54.8	34.3	31.2	62.5	缅甸	35.1	31.7	40.5	18.2	49.9
吉尔吉斯斯坦	33.6	48.4	37.7	29.8	49.3	也门	14.3	26.3	29.8	8.7	50.0

注:所有数据均由作者计算得出。

从各国可持续发展现状中可以得知：①"一带一路"沿线国家的人类发展指数、全球创新指数与可持续发展指数高度相关，统计特征基本一致。②多数国家的可持续发展指数集中在 33.3～55.5 的区间范围内，整体平均值为 43.7，说明绝大多数国家要实现可持续发展目标仍有较长的路要走，这也与中国科学院世界可持续发展报告研究组发布的《2015 世界可持续发展年度报告》中的结论基本一致。③沿线国家中可持续发展水平最高的三个国家分别是新加坡、以色列和斯洛文尼亚，最低的三个国家分别是东帝汶、阿富汗和也门。"一带一路"沿线国家可持续发展程度参差不齐，差距较大。④从耦合程度来看，可持续发展重点领域之间发展不协调现象在"一带一路"国家中非常普遍，特别是环境和社会发展的短板比较显著。⑤从 2010～2015 年可持续发展指数的变化来看，各国可持续发展水平均表现出明显的上升态势。⑥从区域来看，当前可持续发展水平最高的是中东欧地区，最低的是南亚地区。⑦经济、社会、环境、基础设施以及机制五大维度中，基础设施是推进各国可持续发展的最大短板，且差距显著，中国的基础设施水平明显高于其他国家，具有天然的合作基础。⑧环境是仅次于基础设施的第二大短板，在推进"一带一路"建设过程中，注重环境保护和节能减排是实现可持续发展的重要内容。

三、"一带一路"现有政策回顾及效果评估

为了更好地推进"一带一路"建设，提高沿线各国的可持续发展能力和水平，我国作为一个负责任的大国牵头出台了一系列相关政策，涉及经济、社会、环境、基础设施以及机制等可持续发展的各个方面。总体来看，经济方面的政策举措最多，不但表明了"一带一路"倡议旨在促进各国经济共同繁荣的出发点，也体现了"一带一路"建设分国分阶段分步骤推进的基本策略。

1. 政策梳理

经济可持续发展包括经济规模、经济质量以及经济活力三个主要方面。提升"一带一路"沿线各国的经济可持续发展水平需要着力于产值、增长、结构、效益、创新、开放、风险等细分维度的改善。为此，我国大体上基于"加强规划引导—完善财税政策—创新金融服务—提高便利化水平—打造促进平台"的思路制定了一揽子政策。从政策类型来看，可以按照不同标准划分为专项与综合、双边与多边、中央与地方等几类。

目前，推动"一带一路"参与国家（地区）社会可持续发展方面的政策大体上还是围绕服务经济交流进行制定的，主要涉及法律、教育、文化、农业、科技等重点领域。

注重生态环保是"一带一路"建设的根本要求，为此，我国提出要加强能

源合作，推进绿色"一带一路"建设的总体要求，并出台了《推动丝绸之路经济带和21世纪海上丝绸之路能源合作愿景与行动》《关于推进绿色"一带一路"建设的指导意见》，以及环保部编制了《"一带一路"生态环境保护合作规划》。

设施联通是提高沿线国家可持续发展水平的基本保障。根据《共建"一带一路"：理念、实践与中国的贡献》，加强基础设施建设，推动跨国、跨区域互联互通是共建"一带一路"的优先合作方向。目前，已出台的鼓励政策主要包括两个方面，分别是促进运输便利化和打造信息网络。

通过政策沟通会对沿线各国的国内制度、治理以及承担国际义务的意愿和能力产生积极影响，从而促进可持续发展机制子系统的提升。目前，我国已出台的加强政策沟通的政策主要有两类：一类是关于标准、规则等的联通计划或规划，另一类是多边或双边的政策对接协议或规划（见表8-7）。

表8-7　推进"一带一路"可持续发展主要政策文件

系统	领域	政策文件
经济	规划	《中华人民共和国外商投资法》
		《国务院关于推进国际产能和装备制造合作的指导意见》
		《对外投资合作国别（地区）指南》
		《鼓励外商投资产业目录（征求意见稿）》
		《"一带一路"融资指导原则》
		《企业境外经营合规管理指引》
		《市场准入负面清单（2018年版）》
		《国务院关于加快发展服务贸易的若干意见》
		《关于扩大进口促进对外贸易平衡发展的意见》
	财税	《税务总局关于落实"一带一路"发展战略要求做好税收服务与管理工作的通知》
		《国家税务总局：中国居民赴各国投资税收指南》
		《关于调整重大技术装备进口税收政策有关目录及规定的通知》
	金融	《亚洲基础设施投资银行协定》
		《中国保监会关于保险业服务"一带一路"建设的指导意见》
		《"一带一路"国家外汇管理政策概览》
		《全国银行间债券市场境外机构债券发行管理暂行办法》
	便利化	《国务院：落实"三互"推进大通关建设改革方案》
		《境外投资项目核准和备案管理办法》
		《自由贸易试验区外商投资备案管理办法（试行）》

续表

系统	领域	政策文件
经济	便利化	《商务部：境外经贸合作区服务指南范本》
		《外商投资企业设立及变更备案管理暂行办法》
	开放平台	《国务院关于支持沿边重点地区开发开放若干政策措施的意见》
		《国务院办公厅：加快海关特殊监管区域整合优化方案》
		《国务院关于支持自由贸易试验区深化改革创新若干措施的通知》
		《国务院关于同意在北京等22个城市设立跨境电子商务综合试验区的批复》
		《自由贸易试验区外商投资准入特别管理措施（负面清单）（2018年版）》
社会	教育	《教育部：推进共建"一带一路"建设的愿景与行动》
	文化	《"一带一路"文化发展行动计划》
	法律	《关于发展涉外法律服务业的意见》
		《关于人民法院为"一带一路"建设提供司法服务和保障的若干意见》
		《关于做好新时期教育对外开放工作的若干意见》
	农业	《共同推进"一带一路"建设农业合作的愿景与行动》
	科技	《推进"一带一路"建设科技创新合作专项规划》
环境	环保	《关于推进绿色"一带一路"建设的指导意见》
		《"一带一路"生态环境保护合作规划》
	能源	《推动丝绸之路经济带和21世纪海上丝绸之路能源合作愿景与行动》
基础设施	运输	《中欧班列发展规划》
		《关于贯彻落实"一带一路"倡议加快推进国际道路运输便利化的意见》
	信息	《国际通信设施建设管理规定》
		《关于境内企业承接服务外包业务信息保护的若干规定》
		《外商投资电信企业管理规定》
		《关于加快推进"一带一路"空间信息走廊建设与应用的指导意见》
机制	标准联通	《标准联通共建"一带一路"行动计划》
		《"一带一路"计量合作愿景与行动》
		《关于工业通信业标准化工作服务于"一带一路"建设的实施意见》

资料来源：根据中国一带一路网（https：//www. yidaiyilu. gov. cn/）整理。

2. 效果评估

"一带一路"倡议提出之后，我国陆续制定出台了以上一系列政策。从可持续发展指数的角度来看，2015年沿线各国相对于2014年的变化虽然可能是由多种因素共同所致，但"一带一路"推进政策的实施应是不可忽略的重要因素之一。因此，对沿线各国可持续发展指数以及各维度的评分进行比较，可以粗略、间接地反映以上政策的实施效果。

（1）可持续发展综合指数比较。为了评判"一带一路"推进政策对沿线各国可持续发展水平的总体影响，考虑到"一带一路"倡议正式提出的时间节点，本节分别考察了倡议提出之前（2012～2013 年）以及倡议提出之后（2014～2015 年）沿线各国可持续发展指数的变化情况。由于 2012～2013 年以及 2014～2015 年两段时间相近，可以假设其他控制因素不变，令倡议提出前（2012～2013 年）为参照组，倡议提出后（2014～2015 年）为实验组。

结果显示（见图 8－2），与 2014 年相比，2015 年"一带一路"沿线各国（除也门外）的可持续发展水平均出现提升；而与 2012 年相比，2013 年只有 6 个国家的可持续发展水平呈现提升状态，由此可以判断，总体上看，"一带一路"推进政策的实施对于沿线各国的可持续发展水平提升具有明显的促进作用。

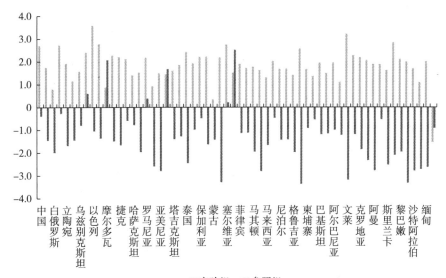

图 8－2 可持续发展政策总体效果评估

注：实验组为 2015 年与 2014 年各国可持续发展综合指数之差，参照组为 2013 年与 2012 年各国可持续发展综合指数之差。

（2）子系统评价比较。根据经济、社会、环境、基础设施以及机制可持续发展水平的变化，可以发现：①政策实施在不同系统中的效果存在显著差异。与 2014 年相比，2015 年沿线国家经济、社会、环境、基础设施、机制五大系统评分变化的均值分别为 6.8、0.5、-0.1、0.1、0.2。故总体来看，推进政策对各国经济、社会、基础设施以及机制可持续发展水平的提升起到了一定的积极作用。②五大系统中，现有政策对于沿线各国经济可持续水平的提升作用最大，除也门外，其余国家 2015 年经济系统的评分均高于 2014 年，这也与当前出台的政策主要集中在经济领域密切相关。③沿线各国社会和机制系统评分的提高幅度相对于经济系统明显较小，从属性角度看，社会和机制的演进相对于经济是一个更为漫长的过程，也较难得到提升。具体来看，除黎巴嫩外，2015 年各国的社会可持续发展评分均高于 2014 年，机制系统的评分则相对分化，有 20 个国家低于 2014 年。④各国基础设施可持续发展水平虽然总体来看出现了提高，但仍有近一半的国家 2015 年的评分低于 2014 年，这一方面说明基础设施的建设往往需要一个较长的时间周期，另一方面也表明基础设施的联通有非常广阔的合作空间，亟待加速推进。⑤各国环境可持续发展的水平总体为负，说明在推进"一带一路"建设的过程中需要更加关注环境的保护，实现绿色发展。

四、"一带一路"倡议对可持续发展的影响分析

"一带一路"倡议于 2013 年正式提出，从可持续发展综合指数的角度来看，2015 年沿线各国相对于 2014 年的变化虽然可能是由多种因素共同所致，但"一带一路"推进政策的实施肯定是不可忽略的重要因素之一。我们分别考察了"一带一路"倡议提出前后（2012～2013 年，2014～2015 年）沿线各国可持续发展综合指数的变化情况。与 2014 年相比，2015 年沿线各国（除也门外）的可持续发展水平均出现提升；而与 2012 年相比，2013 年只有 6 个国家的可持续发展水平呈现提升状态。为了更加精确地论证"一带一路"倡议对沿线各国可持续发展水平的影响，本节将借助计量经济学的方法开展实证分析。

1. 评估模型

"一带一路"倡议可以看成一项政策实验，对政策效应的评估通常有四种方法，分别是工具变量法、断点回归法、双重差分法以及倾向匹配法。考虑到工具变量法中选出符合条件的工具变量很难且可能存在的个体对政策反应的异质性，倾向匹配法为获得高质量的匹配一般需要大样本容量，断点回归法无法识别远离断点的处理效应等因素，本节将采用双重差分法（DID）对"一带一路"倡议的可持续发展效应进行评估。这就需要首先根据是否响应"一带一路"倡议将样本国家分为处理组和对照组。由于各国响应"一带一路"倡议的时间有先后，且有的国家虽然没有响应该倡议，却有民间的实质参与，很难完全分清处理组和对照组，为此，本节根据公开的官方信息将上一部分考察的"一带一路"沿线

60 个国家中与中国政府签署了共建协议、谅解备忘录或有高层领导人公开表态积极参与"一带一路"建设的 34 个国家（剔除掉 2015 年之后响应该倡议的国家）列为处理组，其余 26 个国家则为对照组（见附录表 a）。进一步地，以 2014 年为界，将总体样本划分为四组子样本，即"一带一路"倡议响应前的处理组、"一带一路"倡议响应后的处理组、"一带一路"倡议响应前的对照组及"一带一路"倡议响应后的对照组。据此，可以将 DID 方法的基准回归模型设定为如下形式：

$$\text{sustain}_{it} = \beta_0 + \beta_1 \text{treated}_{it} + \beta_2 \text{time}_{it} + \beta_3 \text{treated}_{it} \times \text{time}_{it} + \beta_4 Z_{it} + \varepsilon_{it} \qquad (10)$$

其中，被解释变量 sustain 表示国家可持续发展水平，下标 i 和 t 分别表示第 i 个国家和第 t 年，Z 代表一系列控制变量，ε 为随机扰动项。系数 β_3 体现了"一带一路"倡议对沿线国家可持续发展水平的净影响，如果倡议促进了各国可持续发展水平的提高，那么该系数应为正。

采用 DID 方法最重要的前提就是处理组和对照组必须满足共同趋势假定，也就是说，如果"一带一路"倡议没有被提出，两组国家可持续发展水平的变动趋势随时间的变化不存在系统性差异。根据处理组和对照组国家平均可持续发展综合指数，2014 年之前变动趋势基本一致，满足共同趋势假定。

2. 指标体系与评估方法

当前，可持续发展评价指标体系非常多，仅从评价对象来看，就分别有针对全球、国家、区域、城市，甚至企业、产品等多种类型的可持续发展评价指标体系。通常来讲，评价不同空间尺度的可持续发展指标体系会在框架结构和指标选择方面存在较大的差异，较有影响力的全球或区域层面的可持续发展指标体系大多由国际组织编制，如 UNCSD 提出的指标体系等。我们认为，可持续发展评价指标体系的设计至少需要满足全面性、逻辑性、科学性、客观性、层次性、可操作性六大原则，而具体指标的选择则必须遵守可获得性、通用性、可比性、时空性、简洁性五大原则。依据前一部分提出的可持续发展五维模型，借鉴已有的指标体系或研究成果，特别是重点将联合国发布的《变革我们的世界：2030 年可持续发展议程》中 17 个可持续发展目标和 169 个具体目标进行吸纳融合，再基于数据可得性和质量进行调整，形成最终的可持续发展评价指标体系，共计 15 个维度 56 个具体指标（见附录表 b）。

本节主要针对"一带一路"沿线国家的可持续发展水平进行评价，初始研究样本为 2010～2015 年包括中国在内的 65 个"一带一路"沿线国家，由于其中部分国家的数据缺失特别严重，因此，删除了叙利亚、波黑、阿拉伯联合酋长国、巴勒斯坦以及巴林这 5 个国家，最终形成包含 60 个"一带一路"沿线国家的研究样本（见表 8－8）。

表 8 - 8　研究样本

区域	样本国家
东亚	中国
中亚	塔吉克斯坦、吉尔吉斯斯坦、乌兹别克斯坦、哈萨克斯坦、土库曼斯坦
东南亚	越南、泰国、柬埔寨、老挝、新加坡、马来西亚、菲律宾、印度尼西亚、文莱、东帝汶、缅甸
南亚	尼泊尔、不丹、斯里兰卡、孟加拉国、巴基斯坦、印度、马尔代夫、阿富汗
蒙俄	蒙古、俄罗斯
西亚及中东	阿塞拜疆、以色列、亚美尼亚、卡塔尔、格鲁吉亚、科威特、沙特阿拉伯、约旦、土耳其、伊朗、阿曼、伊拉克、黎巴嫩、埃及、也门
中东欧	斯洛文尼亚、立陶宛、匈牙利、斯洛伐克、波兰、捷克、罗马尼亚、摩尔多瓦、爱沙尼亚、保加利亚、拉脱维亚、塞尔维亚、马其顿、阿尔巴尼亚、克罗地亚、黑山、白俄罗斯、乌克兰

所有指标数据来自世界银行、世界知识产权组织、传统基金会、联合国开发计划署等机构的数据库或发布报告。对于数据缺失的处理主要采用两种办法：一是对个别年份缺失的数据分别利用替代、外推、插值等方法进行补齐；二是对于少数国家整体缺失的指标采用类似指标进行替代。

目前，基于指标体系的评估方法主要有主成分分析法、模糊数学法、数据包络法等。近年来，也不断涌现出一批新兴方法，比如线性模型的集对分析法、物元可拓法等，非线性模型的神经网络法等。其难点在于指标权重的分配，这已经成为影响评价结果及其准确性、合理性的关键。指标权重的确定主要有主观和客观两种赋权方法，本节采用专家打分的主观赋权和熵值法的客观赋权相结合的权重确定思路。最终确定的指标权重为平均权重，即经济、社会、环境（权重分别为0.25）作为整个可持续发展系统的组成要素，相对于基础设施和机制（权重分别为0.125）这两大运行系统机制应占有相对更高的权重，在维度、细分维度以及指标层面则进行平均权重分配。

3. 可持续发展总体评价

根据计算得到的 2015 年"一带一路"沿线国家可持续发展综合指数，可以发现：

（1）各国可持续发展水平参差不齐且距实现可持续发展目标任重而道远。其中，沿线国家可持续发展综合指数的平均值为43.7，说明绝大多数国家要实现可持续发展目标仍有较长的路要走。可持续发展程度最高的三个国家分别是新加坡、以色列以及斯洛文尼亚，最低的三个国家分别是东帝汶、阿富汗和也门，并且可持续发展程度参差不齐，差距较大。

（2）各国可持续发展水平大体呈现出上升态势。除也门、卡塔尔外，其余国家 2015 年的可持续发展综合指数均比 2010 年有一定的提升。2010～2015 年，各国的可持续发展综合指数均表现出明显的上升态势。

（3）不同区域内部各国可持续发展水平差异较大。总的来说，中东欧地区国家的可持续发展水平最高，东南亚、东亚以及蒙俄地区国家的可持续发展水平次之，西亚及中东以及中亚地区国家的可持续发展水平再次之，南亚是可持续发展水平相对最差的地区。

4. 可持续发展重点领域分析

沿线国家经济可持续发展水平差异较大，且基本呈现提高态势。2015 年，沿线国家经济可持续发展指数的均值为 44.3，说明通过"一带一路"倡议开展经济合作，提升各国经济可持续发展水平具有广阔的前景。除中东欧外，其余地区的国家经济可持续发展分化严重。总体来看，几乎所有国家的经济可持续发展水平均表现出上升态势。

沿线国家社会可持续发展水平差异较小，但发展趋势相对分散。2015 年，沿线国家社会可持续发展指数的均值为 45.2，是经济、社会、环境中均值最大的，说明各国在社会可持续发展方面相对较好，但从绝对值看仍有较大的提升空间。各国社会可持续发展水平的差异相对较小，但变化趋势相对分散。2010～2015 年，绝大多数国家的社会可持续发展指数波动相对频繁，并未表现出明显的态势，说明社会方面的可持续发展目标相对较难实现，且容易有所反复。

沿线国家环境可持续发展水平差异显著，但发展基本保持稳定。2015 年，各国环境可持续发展指数的均值为 36.9，是经济、社会、环境三大系统中平均评分最低的，很多国家在可持续发展阶段判断过程中就是因为环境维度评分未达标而造成降级。这表明在推进"一带一路"建设过程中，注重环境保护和节能减排是实现可持续发展的重要内容。环境可持续发展水平相对较低的地区中国家之间差异相对显著。各国环境可持续发展水平的变化趋势基本平稳，指数的波动频率相对较小，说明环境可持续发展目标较难实现。

基础设施是推进沿线国家可持续发展过程中的最大短板，且演变趋势多样化。2015 年，沿线各国基础设施发展指数的均值为 33.4，是可持续发展五大子系统中均值最小的，说明基础设施建设是沿线国家推进可持续发展过程中的最大短板。但中国的基础设施发展指数最高，达到 76.1，远超其他国家，而且基础设施发展水平在不同国家间差异极大，表明实施双边或多边的基础设施合作具有较好的可行性和前景。

机制是沿线各国可持续发展系统中总体水平最高的子系统，且发展趋势相对分散。2015 年，各国机制子系统发展指数的均值为 63.2，但极度不均衡，从区域来看，机制发展水平最高的是中东欧地区。各国机制发展水平的演变趋势主要有趋于上升、趋于下降、趋于稳定、趋于波动四类。

5. 变量与数据

根据实证模型，被解释变量表示国家可持续发展水平，为了论证"一带一路"倡议对国家总体以及重点领域可持续发展水平的影响，我们分别用上一部分评价得出的各国可持续发展综合指数以及经济、社会、环境、基础设施、机制五大维度的可持续发展指数作为被解释变量。

解释变量中，treated 为虚拟变量，区分处理组和对照组，赋值分别为 1 和 0；time 代表时间，"一带一路"倡议提出之前的年份为 0，提出之后的年份为 1；treated × time 是交叉项，即 did，用来衡量"一带一路"倡议的净影响。

此外，为了排除其他一些影响国家可持续发展水平的因素，本节加入一些控制变量，具体如下：①区位因素。大量的研究表明，区位对于地区经济增长有显著影响，且区位与资源禀赋、制度环境、基础设施等可持续发展系统中的诸多要素密切相关，因此，区位是影响各国可持续发展水平的重要因素。本节样本的60 个"一带一路"沿线国家分布于中东欧、东亚及蒙俄、东南亚、南亚、西亚及中东、中亚六大区域，因此，引入虚拟变量，包括 mee（中东欧国家为 1，其余国家为 0）、nea（东亚及蒙俄国家为 1，其余国家为 0）、sea（东南亚国家为1，其余为 0）、sa（南亚国家为 1，其余国家为 0）、wa（西亚及中东国家为 1，其余国家为 0）。②收入因素。一方面，国际上收入较高的国家普遍可持续发展水平较高；另一方面，提高收入水平、优化收入结构对可持续发展亦具有明显的促进作用。本节根据世界银行的分类，将样本国家分为低收入国家、低中收入国家、高中收入国家以及高收入国家四类，并设置三人虚拟变量，即 lmid（低中收入国家为 1，其余国家为 0）、umid（高中收入国家为 1，其余国家为 0）、high（高收入国家为 1，其余国家为 0）。③政治因素。从理论上讲，政治制度、民主程度等，特别是社会稳定性深刻影响着一国的经济增长、社会发展以及机制完善等情况，进而决定其可持续发展水平。本节采用美国和平基金会发布的虚弱国家指数（Fragile States Index）来衡量各国包括社会、经济、政治和军事指标等在内的社会总体稳定性，该指标数值越大表明国家越可能走向失败，反之则反是。

6. 主要变量统计描述

从各主要变量的统计描述（见表 8-9）中可知：①沿线国家可持续发展水平两极差距极大，可持续发展综合指数最高的国家为 62.7，最低的为 20.4，两者之间的差距高达 42.3，标准差亦较高，为 7.4。②可持续发展的总体水平的两极差异同样存在于经济、社会、环境、基础设施以及机制五大重要领域中，且两极差距均超过可持续发展综合指数的差距，最大的为机制差距，达到94.7。③沿线国家五大子系统的可持续发展水平参差不齐，其中，机制、基础设施以及经济系统的分布相对更加离散。④沿线国家的虚弱国家指数的标准差为1.78，说明分布相对集中，但两极差距较大。

表 8 - 9　统计描述

变量	样本量	平均值	标准差	最小值	最大值
sustain	360	41.50	7.40	20.4	62.7
economic	360	36.66	11.50	13.2	81.9
social	360	44.76	9.69	19.9	68.5
environment	360	37.17	8.79	12.0	76.2
infrastructure	360	33.31	12.30	4.9	76.8
mechanism	360	61.53	16.96	4.3	99.0
treated	360	0.57	0.50	0	1.0
time	360	0.33	0.47	0	1.0
nea	360	0.05	0.22	0	1.0
sea	360	0.18	0.39	0	1.0
sa	360	0.13	0.34	0	1.0
wa	360	0.25	0.43	0	1.0
mee	360	0.30	0.46	0	1.0
lmid	360	0.38	0.49	0	1.0
umid	360	0.33	0.47	0	1.0
high	360	0.25	0.43	0	1.0
fsi	360	6.92	1.78	2.6	10.0

资料来源：根据 stata13 计算整理得出。

7. 回归分析结果

本节利用 DID 方法来评估"一带一路"倡议对沿线各国可持续发展的净效应，分别将国家可持续发展综合指数以及经济、社会、环境、基础设施、机制可持续发展指数作为被解释变量进行回归。根据表 8 - 10 的结果，可知"一带一路"倡议对于沿线各国可持续发展总体水平以及经济、社会、环境、基础设施、机制五大领域的可持续发展水平有正向影响，但不显著。原因可能有三：①"一带一路"倡议于 2013 年提出，目前正处于推进建设初期，尤其是对于一些重大项目来说周期相对较长，未来随着国际合作的进一步深入以及配套政策环境的改善，其对各国可持续发展的积极影响可能才会更加明显。②本节控制组的国家虽然并未明确响应"一带一路"倡议，但在建设过程中部分国家可能也会存在一定的民间参与，从而对该国可持续发展产生某些积极影响，这也会导致正向净效应的不显著。③从统计角度来说，回归中加入了不少控制变量，降低了自由度，在一定程度上也有可能导致标准误变大及结果不显著。

表 8 – 10　"一带一路"倡议对可持续发展的固定效应回归结果

被解释变量	解释变量					
	sustain	economic	social	environment	infrastructure	mechanism
did	1. 879	6. 352	0. 280	0. 326	0. 521	1. 935
	(0. 204)	(0. 626)	(0. 107)	(0. 315)	(0. 252)	(0. 703)
fsi	– 0. 585 ***	– 1. 803 ***	0. 104	0. 080	0. 047	– 1. 464 **
	(0. 199)	(0. 608)	(0. 104)	(0. 306)	(0. 244)	(0. 683)
cons	45. 190 ***	47. 931 ***	43. 987 ***	36. 68 ***	32. 880 ***	71. 294 ***
	(1. 375)	(4. 210)	(0. 719)	(2. 120)	(1. 692)	(4. 729)
R – square	0. 529	0. 168	0. 391	0. 071	0. 115	0. 360
Obs	360	360	360	360	360	360

注：①表中括号内的数值为 Z 统计量；② * 、 ** 、 *** 分别表示统计检验在 10% 、 5% 和 1% 水平上显著。

根据交叉项系数，可持续发展五大子系统中，"一带一路"倡议对各国经济可持续发展的提升作用最大，这也与当前很多的双边或多边合作内容与项目非常吻合。经济方面的合作不仅提升了产出水平，而且改善了各国的公共产品供给和服务，提高了人民的生活质量，因而对于国家基础设施、社会可持续发展水平的提升作用也很大。

8. 稳健性检验

为了验证表 8 – 10 回归结果的稳健性，同时为了克服不同样本之间的扰动项可能存在的组间同期相关，即地理上相邻国家之间的同期包括经济、社会、环境等在内的促进可持续发展的活动可能相互影响，本节采用 FGLS 方法对实证模型进行重新回归。表 8 – 11 的结果显示，各主要变量的系数大小、符号以及显著性均近似或基本一致。本节还对不考虑控制变量的模型进行回归，变量符合同样基本一致。以上说明表 8 – 10 的回归结果是稳健可靠的。

表 8-11 FGLS 回归结果

被解释变量	解释变量					
	sustain	economic	social	environment	infrastructure	mechanism
did	0.38	0.184	0.504	0.342	1.252	0.26
	(0.5)	(0.13)	(0.46)	(0.21)	(0.74)	(0.1)
treated	1.037**	-1.398	2.328***	0.817	0.455	4.293***
	(2.21)	(-1.56)	(3.41)	(0.8)	(0.43)	(2.8)
time	1.527***	6.143***	-0.175	-0.621	-0.695	2.24
	(2.67)	(5.6)	(-0.21)	(-0.5)	(-0.54)	(1.2)
nea	3.419***	0.22	1.957	6.017***	16.526***	-5.459
	(3.27)	(0.11)	(1.28)	(2.64)	(7.06)	(-1.6)
sea	0.083	1.396	-1.521	0.91	-3.32*	2.435
	(0.11)	(0.96)	(-1.37)	(0.55)	(1.94)	(0.98)
sa	-2.226***	-1.905	-7.626***	2.083	-2.81	-0.047
	(-2.58)	(-1.15)	(-6.06)	(1.1)	(-1.45)	(-0.02)
wa	-2.112***	-0.182	-0.094	-5.015***	-2.121	-4.12*
	(-2.89)	(-0.13)	(-0.09)	(-3.13)	(-1.29)	(-1.72)
mee	-1.78**	-9.1***	3.830***	2.325	-2.085	-6.132**
	(-2.16)	(-5.76)	(3.18)	(1.29)	(-1.13)	(-2.27)
lmid	3.651***	-1.39	3.498**	-1.609	11.198***	16.995***
	(3.18)	(-0.63)	(2.09)	(-0.64)	(4.35)	(4.53)
umid	8.472***	6.926***	8.54***	-6.551**	22.916***	27.019***
	(6.93)	(2.96)	(4.79)	(-2.45)	(8.36)	(6.76)
high	15.063***	20.874***	12.884***	-7.386**	26.455***	41.358***
	(11.4)	(8.25)	(6.68)	(-2.56)	(8.93)	(9.56)
fsi	-1.549***	-0.903***	-1.599***	-1.545***	-1.231***	-3.033***
	(-9.82)	(-2.99)	(-6.95)	(-4.48)	(-3.48)	(-5.88)
cons	44.226***	37.384***	47.127***	51.993***	24.326***	56.224***
	(21.98)	(9.7)	(16.06)	(11.82)	(5.39)	(8.54)
Obs	360	360	360	360	360	360
Wald chi2 (12)	1379.14	786.18	1042.64	153.81	597.38	493.68
Prob > chi2	0.0000	0.0000	0.0000	0.0000	0.0000	0.0000
Log likelihood	-947.286	-1181.194	-1083.135	-1228.867	-1237.811	-1374.01

注:①表中括号内的数值为 Z 统计量;②*、**、***分别表示统计检验在 10%、5% 和 1% 水平上显著。

五、"一带一路"政策效应评估结论与对策建议

基于以上分析，本节可以得出以下结论：①"一带一路"倡议与可持续发展是内在统一的。②"一带一路"沿线国家的可持续发展水平总体不高，而且区域间发展不平衡。中东欧国家的可持续发展水平总体最高，而南亚地区的可持续发展水平最低。③可持续发展五大重点领域中，"一带一路"国家最突出的短板是基础设施和环境。④"一带一路"建设有利于沿线各国的可持续发展水平提升，由于提出时间较短，"一带一路"倡议对可持续发展的正向效应并不显著。推进"一带一路"建设，提高沿线各国的可持续发展水平，需要从国家、企业以及社会组织三个层面入手。

1. 国家层面

（1）以可持续发展为目标推进"一带一路"建设。一是综合运用各种手段、媒介对"一带一路"倡议内容、宗旨等，特别是推动"一带一路"建设对促进各国可持续发展水平的内在逻辑、重要作用等进行宣传，形成可持续发展合力。目前，我国已经发布了《共建"一带一路"：理念、实践与中国的贡献》（七种语言版本），未来还可以通过各种国际交流平台、高峰论坛以及外交渠道等加强双边与多边沟通，寻求国际社会的理解与支持，并借助互联网等新媒体工具进行宣传。二是加强与参与各国以及国际组织发展战略、规划、宏观政策的对接与协调。目前，很多"一带一路"倡议参与国均制定了自身发展战略、规划与政策，其目的是推动本国或区域的可持续发展。在推进"一带一路"建设过程中，加强与这些战略、规划及政策的对接、共同实施实际上就是落实可持续发展目标。三是积极对标联合国2030可持续发展目标，将其涉及的领域和目标作为推进"一带一路"建设的重点合作领域和努力方向。四是基于联合国2030可持续发展目标，对"一带一路"建设所取得的成果、进展以及不足之处进行跟踪动态监测和研究分析，比如每年官方发布《"一带一路"国家可持续发展报告》等。

（2）以设施联通为"一带一路"建设切入口。基础设施是推动可持续发展的重要保障，应当进行适度超前发展。推进基础设施联通可以重点从以下四个方面入手：第一，契合本地需求。这是推进设施联通的前提，只有符合本地或区域内政府和民众的需求和利益，基础设施联通项目才有可能推进下去，因此，在项目开展之前必须做好沟通与宣传工作。第二，在项目规划、设计过程中，加强各方基础设施建设规划与技术标准体系的对接，推广应用中国标准，尽量降低如局部地区动乱等导致的项目风险。第三，创新基础设施项目建设运营模式，根据不同地区实际采用不同的项目建设运营方式，确保双方利益都能得

到保障。第四，首先开展一些关键通道、关键节点和重点工程建设，树立样板示范效应。

（3）因国、因域施策。通过对沿线各国可持续发展水平的综合评价，其表现出的最大特征就是不平衡，必须找准合作的契合点，提高针对性和精准性，合理利用不平衡所产生的竞合关系。一是要对东道国国情和基本诉求进行充分了解。具体的途径有：①加强人文、教育、旅游等领域的交流，促进不同国家人民之间的了解和信任；②进一步开展对"一带一路"国家政治、经济、文化等各方面的研究，编制更多的诸如《中国居民赴相关国家（地区）投资税收指南》《对外投资合作国别（地区）指南》等具有一定参考指导意义的文件或报告。二是要尊重对方并采用恰当的沟通方式。应特别注重文化影响，逐步促进价值认同和理念融合。

（4）加强区域内、区域间的协调发展。从区域视角来看，"一带一路"沿线地区的可持续发展在区域内、区域间均存在着较大的差异。促进"一带一路"区域内和区域间的协调发展关键在于引导要素自由有序流动，尽可能形成一个开放、竞争、统一的市场体系。一是立足本国资源禀赋，发展具有比较优势的产业，大力开展双边和多边贸易。二是为产业转移和吸收 FDI 创造良好的制度环境，在绿色发展的前提下，鼓励外商直接投资，促进欠发达地区工业化进程。三是实施不同国家间人员往来的便利化，共享由此产生的积极的外溢效应，加快发展理念的融合。为此，还需要采取一些保障举措，比如加快欠发达国家或地区交通及公共服务基础设施建设、大力推广对外贸易中进行人民币结算等。

2. 企业层面

（1）对可持续发展短板领域进行投资。一是认真、透彻研究东道国可持续发展中的短板领域，结合自身业务情况，确定可能适合投资的具体领域，并做好投资可行性分析。二是针对不同国家实际，积极培育有效需求。"一带一路"国家中有的能够清楚认识到当前推动自身可持续发展中的不足并有强烈的补短板的需求，而有的还未意识到不足或者并不认为是不足，因而尚未产生补短板的需求。对于不同类型的国家要根据实际情况，采用宣传、沟通、履行企业社会责任等多种手段培育有效需求。三是建立起与我国政府以及东道国政府的对话沟通机制。我国企业进行对外直接投资涉及双方政府有关部门对此的监管、辅导，作为企业来说，要积极构建并畅通与双方政府部门的沟通机制，除了自觉满足监管规定外，还可以表达诉求，寻求政府支持。四是尽可能用双赢理念与东道国本地企业形成合作伙伴关系。国内企业"走出去"必然会面临很多意想不到的困难，通过寻找东道国本地企业作为合作伙伴可以有效解决这些困难，比如更容易融入当地、更容易获得当地政府和民众的理解和支持等。

（2）做到真正负责。对外投资企业在东道国要认真履行社会责任，做到真正负责任。具体来说，可以从以下几个方面入手：一是结合企业发展需求，通过推进员工属地化管理，为东道国创造就业岗位，培养相关人才。二是企业投资运营过程中要加强对东道国的环境保护和节能减排，保证绿色发展。三是尊重当地的社会文化、生活习俗，以便更好地融入当地社会，获得理解和支持。四是多途径开展社会公益活动，可以根据企业营收情况，结合所在国社会人情，制订社会公益实施计划，因地制宜地开展扶贫帮困、捐资助学等献爱心公益活动。五是必须认真学习、遵守东道国的法律法规，尤其是关于外商投资、税收、外汇管制、劳工制度和融资环境等方面的法律法规，不但做到合法，还可以保护自己、降低投资风险。六是加强员工培训，合理设定工资及福利标准，增加属地化员工收入，保证员工休假等福利执行。

（3）实现双赢、多赢合作。"一带一路"倡议的本质是实现共赢，因此，国内企业对沿线国家进行投资也必须以实现共赢为目标。除了宏观层面对外投资必须符合我国推进新一轮高水平对外开放、以开放促改革、改善国际治理体系等国家目标以及也必须满足东道国的发展需求，提高其社会福利外，在微观层面，对外投资必须符合企业的发展战略，开展利益相关方合作，如明确法人治理结构，强化企业内部监管控制以保障股东利益；践行"命运共同体"观念，在企业成长的同时也确保员工利益的同步增长；加强信息透明公开，取得供应商等合作伙伴信任；依托企业业务，向当地提供先进的管理手段、优质的产品供应等，促进企业创造价值的持续提升。

3. 社会组织层面

（1）充分发挥社会组织的重要作用。社会组织是制度现代化的重要结构组成，可以弥补市场和政府失灵，实现社会资源的动员和整合，并提供公共产品。虽然"一带一路"是一个由政府主导的倡议，但在推进其建设过程中，存在着很多国家、市场力所不及或不宜染指的领域，需要社会组织去发挥其独特作用。一是高度重视社会组织的重要作用并积极培育和引导。社会组织的存在和发展，一方面可以加强政府与民众之间的信息与能量交换，凝聚共识和形成合力，另一方面作为外部动力可以发挥一定的监督功能，推动政府改革创新，提高效率，减少腐败，改善国内制度环境和治理水平。但是社会组织的发展需要正确的引导，不能任由其野蛮生长，否则效果会适得其反。二是提高政府信息透明度，并随着经济社会的发展，逐步加强政治参与。这是提高可持续发展水平、迈向现代文明社会的重要途径。

（2）加强非政府、非营利性组织的跨国合作。在推进"一带一路"沿线国家可持续发展过程中，有很多方面如设施联通、贸易互通、合作机制等需要多国协调解决，这就需要开展一些非政府、非营利性组织的跨国合作。比如，联合开展总体规划研究，并充分考虑各方的利益平衡；开展联合办学，扩大相互间的留学生规模；加强科技合作，共建实验室，广泛开展沿线国家间人才的交流合作；互办旅游推广周、宣传月等活动，共同打造具有"一带一路"特色的跨国精品旅游线路；协调开展设施联通的路线设计、技术标准等研究。特别需要指出的是，要在东道国建立完善中国企业商会，充分发挥商会的积极作用。

（3）促进政府、企业以及社会组织的多层互动。可持续发展涉及的方面较多，推进"一带一路"沿线国家的可持续发展需要广泛开展各国政府、企业与社会组织之间的多层级、双向互动。目前，主要是政府之间的互动，初步建立了双边及多边联合工作机制，搭建了一批多边合作平台，未来促进政府、企业以及社会组织多层互动的总体思路是，要整合升级现有的互动机制，共同探索建立新的合作机制，这一过程中要充分发挥政府的规划引导、企业的整合资源、社会组织的专业及监督作用。此外，还要创新企业与社会组织互动模式。企业与企业间的沟通互动往往具有点对点和非正式特征，难以形成有效机制。在推进"一带一路"建设过程中，可以探索"社会组织搭台，企业唱戏"的互动模式，比如由相关社会组织牵头定期举办企业恳洽会、产品博览会等。还可以尝试利用互联网技术建立政企社互动平台，主要提供与企业、社会组织相关的所有管理、扶持、监督以及诉求反映等服务。

附录

表a　处理组与对照组

	处理组	对照组
国家	中国、塔吉克斯坦、乌兹别克斯坦、哈萨克斯坦、吉尔吉斯斯坦、越南、泰国、柬埔寨、老挝、马来西亚、尼泊尔、斯里兰卡、缅甸、巴基斯坦、阿富汗、蒙古、俄罗斯、阿塞拜疆、孟加拉国、亚美尼亚、沙特阿拉伯、白俄罗斯、以色列、卡塔尔、约旦、伊朗、伊拉克、埃及、斯洛文尼亚、匈牙利、波兰、捷克、塞尔维亚、乌克兰	斯洛伐克、立陶宛、摩尔多瓦、新加坡、罗马尼亚、爱沙尼亚、马尔代夫、拉脱维亚、菲律宾、印度尼西亚、土耳其、科威特、印度、阿尔巴尼亚、土库曼斯坦、克罗地亚、阿曼、黑山、东帝汶、也门、文莱、不丹、格鲁吉亚、黎巴嫩、保加利亚、马其顿

表 b 国家可持续发展评价指标体系

目标	系统	维度	细分维度	指标
可持续发展	经济	经济规模	产值	人均 GDP
			增长	GDP 年增长率
		经济质量	结构	资本形成总额占 GDP 比例
				服务业增加值占 GDP 比例
				FDI 占 GDP 比重
				经常项目余额占贸易总额比重
			效益	全社会劳动生产率
		经济活力	创新	国家创新指数
			开放	经济外向度
			风险	债务占 GDP 比重
	社会	人口基础	人口禀赋	人口自然增长率
				人口密度
			人口结构	出生性别比
				每万人科技人员数
				人口城镇化率
		生活水平	营养	营养不良发生率
			贫困	低于 1.9 美元/天人口比例
			饥饿	人均粮食产量
				单位面积粮食产量
			居住	人口超过 100 万的城市群中人口比例
		平等就业	社会公平	基尼系数
				人类发展指数
			劳动就业	失业率
				劳动中妇女的比例
		公共服务	健康	人均医疗卫生支出
				每千人医院床位数
				预期寿命
				新生儿死亡率
				孕产妇死亡率
			教育	入学率（小学）
				入学率（中学）
				入学率（高等院校）

续表

目标	系统	维度	细分维度	指标
可持续发展	社会	公共服务	教育	识字率
				政府教育支出占比
	环境	资源	森林	人均森林面积
			土地	人均土地资源占有量
			水	人均淡水资源占有量
		能源	能源消耗	单位 GDP 能耗
				能源消耗弹性系数
			能源结构	二次能源占比
		污染	二氧化碳	人均二氧化碳排放量
			一氧化氮	人均一氧化氮排放量
			甲烷	人均甲烷排放量
			烟尘	人均烟尘排放量
		生态保护	保护区	自然保护区面积占国土面积比重
	基础设施	交通设施	铁路	人均铁路里程数
			港口	港口吞吐能力
			机场	航空运输量
		信息与公共服务设施	互联网	互联网普及率
			固定和移动电话	固定和移动电话普及率
			公共服务设施	用电普及率
				改善水源获得比例
				改善卫生设施获得比例
	机制	国内制度	经济制度	经济自由度指数
			社会治理	全球治理指数
		国际合作	承担国际义务	提供（接受）的官方发展援助占 GDP 比重

参考文献

[1] Abrams, F. K. Management's Responsibilities in a Complex World [J]. Harvard Business Review, 1951, XXIX: 29 – 34.

[2] Ackerman, R. W. , R. A. Bauer. Corporate Social Responsiveness: The Modern Dilemma [M]. Reston, Virginia: Reston Publishing Company, 1976.

[3] Adams, M. , Hardwick, P. An Analysis of Corporate Donations: United Kingdom Evidence [J]. Journal of Management Studies, 1998, 35 (5): 641 –654.

[4] Adner, R. , Kapoor, R. Value Creation in Innovation Ecosystems: How The Structure of Technological Interdependence Affects Firm Performance in New Technology Generations [J]. Strategic Management Journal, 2010, 31 (1) .

[5] Agle, B. , Mitchell, R. Who Matters to CEOs? An Investigation of Stakeholder Attributes and Salience, Corporate Performance and CEO Values [J]. Academy of Management Journal, 1999, 42 (5): 507 –526.

[6] Ahmed, A. S. , Duellman, S. Evidence on the Role of Accounting Conservatism in Corporate Governance [J]. Journal of Accounting and Economics, 2007 (43): 411 –437.

[7] Ahuja, G. , Katila, R. Technological Acquisitions and the Innovation Performance of Acquiring Firms: A Longitudinal Study [J]. Strategic Management Journal, 2001, 22 (3): 197 –220.

[8] Aktas, N. , Bodt, E. D. , Cousin, J. G. Do Financial Markets Care about SRI? Evidence from Mergers and Acquisitions [J]. Journal of Banking & Finance, 2001, 35 (7): 1753 –1761.

[9] Albareda, L. , Waddock S. Networked CSR Governance: A Whole Network Approach to Meta – Governance [J]. Business & Society, 2018, 57 (4): 636 –675.

[10] Alexander, F. Delaware Public Benefit Corporations: Widening the Fiduciary Aperture to Broaden the Corporate Mission [J]. Journal of Applied Corporate Finance, 2016, 28 (2): 66 –74.

［11］ Alter, K. Social Enterprise Typology ［EB/OL］. http：//www. virtueventure. com/typology, 2007.

［12］ Andornino, G. B. The Belt and Road Initiative in China's Emerging Grand Strategy of Connective Leadership ［J］. China & World Economy, 2017, 25 (5)：4 – 22.

［13］ André, R. Assessing the Accountability of Government – Sponsored Enterprises and Ouangos ［J］. Journal of Business Ethics, 2010, 97 (2)：271 – 289.

［14］ André, R. Assessing the Accountability of the Benefit Corporation：Will This New Gray Sector Organization Enhance Corporate Social Responsibility? ［J］. Journal of Business Ethics, 2012, 110 (1)：133 – 150.

［15］ André, R. Benefit Corporations at a Crossroads：As Lawyers Weigh in, Companies Weigh Their Options ［J］. Business Horizons, 2015, 58 (3)：243 – 252.

［16］ Arnold Toynbee. Reviewed Work：Lectures on the Industrial Revolution in England ［M］. London：Rivingtons, 1884.

［17］ Arthur, W. B. Competing Technologies, Increasing Returns, and Lock – in by Historical Events ［J］. Economic Journal, 1989, 99 (394)：116 – 131.

［18］ Aupperle, K. E., Carroll, A. B., Hatfield, J. D. An Empirical Examination of the Relationship Between Corporate Social Responsibility and Profitability ［J］. Academy of Management Journal, 1985 (28)：446 – 463.

［19］ Ball, R. Market and Political Regulatory Perspectives on the Recent Accounting Scandals ［J］. Journal of Accounting Research, 2009, 47 (2)：277 – 323.

［20］ Ball, R., Shivakumar, L. Earnings Quality in UK Private Firms ［J］. Journal of Accounting and Economics, 2005, 39 (1)：83 – 128.

［21］ Bansal, P., Clelland, I. Talking Trash：Legitimacy, Impression Management, and Unsystematic Risk in the Context of the Natural Environment ［J］. Academy of Management Journal, 2004, 47 (1)：93 – 103.

［22］ Barka, H. B. Dardour, A. Investigating the Relationship between Director's Profile, Board Interlocks and Corporate Social Responsibility ［J］. Management Decision, 2015, 53 (3)：553 – 570.

［23］ Barmea, A., Rubin, A. Corporate Social Responsibility as A Conflict Between Shareholders ［J］. Journal of Business Ethics, 2010 (97)：71 – 86.

［24］ Barney, J. B. Firm Resource and Sustained Competitive Advantage ［J］. Journal of Management, 1991, 17 (1).

［25］ Barney, J. B. Gaining and Sustaining Competitive Advantage (2nd Ed.)

[M]. New York: Pearson Education, Inc. , 2002.

[26] Baron, R. M. , Kenny, D. A. The Moderator – Mediator Variable Distinction in Social Psychological Research: Conceptual, Strategic and Statistical Considerations [J]. Journal of Personality and Social Psychology, 1986 (51): 1173 – 1182.

[27] Barton, D. M. , Sherman, R. The Price and Profit Effects of Horizontal Merger: A Case Study [J]. Journal of Industrial Economics, 2003, 33 (2): 165 – 177.

[28] Basu, S. The Conservatism Principle and the Asymmetric Timeliness of Earnings [J]. Journal of Accounting and Economics, 1997 (24): 3 – 37.

[29] Battilana, J, Dorado, S. Building Sustainable Hydrib Organizations: The Case of Commercial Microfinance Organization [J]. Academy of Management Journal, 2010, 53 (6): 1419 – 1440.

[30] Battilana, J. , Lee, M. Advancing Research on Hybrid Organizing – Insights from the Study of Social Enterprises [J]. Academy of Management Annals, 2014, 8 (1): 397 – 441.

[31] Bauer, J. , Umlas, E. Making Corporations Responsible: The Parallel Tracks of the B Corp Movement and the Business and Human Rights Movement [J]. Business & Society Review, 2017, 122 (3): 285 – 325.

[32] Baumann – Pauly, D. , Wickert, C. , Spence L. J. Organizing Corporate Social Responsibility in Small and Large Firms: Size Matters [J]. Journal of Business Ethics, 2013, 115 (4): 693 – 705.

[33] Baz, J. E. , Laguir, I. , Marais, M. , Staglianò, R. Influence of National Institutions on the Corporate Social Responsibility Practices of Small – and Medium – sized Enterprises in the Food – processing Industry: Differences Between France and Morocco [J]. Journal of Business Ethics, 2016, 134 (1): 117 – 133.

[34] Beaver, W. H. , Ryan, S. G. Conditional and Unconditional Conservatism: Concepts and Modeling [J]. Review of Accounting Studies, 2005, 10 (2 – 3): 269 – 309.

[35] Belgacem, I. , Omri, A. , Does Corporate Social Disclosure Affect Earnings Quality? Empirical Evidence From Tunisia [J]. International Journal of Advanced Research, 2015, 3 (2): 73 – 89.

[36] Belz, F. M. , Binder, J. K. Sustainable Entrepreneurship: A Convergent Process Model [J]. Business Strategy & the Environment, 2017, 26 (1): 1 – 17.

[37] Berger, I. E. , Cunningham, P. H. , Drumwright, M. E. Identity, Identification, and Relationship through Social Alliances [J]. Journal of the Academy of Mar-

keting Science, 2006, 34 (2): 128 - 137.

［38］Berger, P. L. , Luckmann, T. The Social Construction of Reality: A Treatise in The Sociology of Knowledge ［J］. Sociological Analysis, 2013, 131 (2): 400 - 403.

［39］Berger, A. N. , Hannan, T. H. The Efficiency Cost of Market Power in the Banking Industry: A Test of the 'Quiet Life' and Related Hypotheses ［J］. Review of Economics & Statistics, 1998, 80 (3): 454 - 465.

［40］Berger, I. E. , Cunningham, P. , Drumwright, M. E. Mainstreaming Corporate Social Responsibility: Developing Markets for Virtue ［J］. California Management Review, 2007, 49 (4): 132 - 157.

［41］Berman, S. L. , Wicks A. C. Does Stakeholder, Orientation Matter? The Relationship Between Stakeholder Management Models and Firm Financial Performance ［J］. Academy of Management Journal, 1999, 42 (5): 488 - 508.

［42］Bernstein, J. I. , Mohnen, P. International R&D Spillovers between US and Japanese R&D Intensive Sectors ［J］. Journal of International Economics, 1998, 44 (2): 315 - 338.

［43］Besharov, M. L. , Smith W. K. Multiple Institutional Logics in Organizations: Explaining Their Varied Nature and Implications ［J］. Academy of Management Review, 2014, 39 (3): 364 - 381.

［44］Bhattacharya, C. B. , Sen S. Doing Better at Doing Good: When, Why, and How Consumers Respond To Corporate Social Initiatives ［J］. California Management Review, 2004, 47 (1): 9 - 24.

［45］Billett, M. T. , Mauer, D. C. Diversification and the Value of Internal Capital Markets: The Case of Tracking Stock ［J］. Journal of Banking & Finance, 2004, 24 (9): 1457 - 1490.

［46］Billis, D. Hybrid Organizations and the Third Sector ［M］. Palgrave Macmillan, 2010.

［47］Blombäck, A. , Wigren, C. Challenging the Importance of Size as Determinant for CSR Activities ［J］. *Management of Environmental Quality*, 2009, 20 (3): 255 - 270.

［48］Blount, J. , Offei - Danso, K. The Benefit Corporation: A Questionable Solution to a Non - existent Problem ［J］. St. Mary's Law Journal, 2013, 44 (3): 617 - 670.

［49］Blowfield, M. , Murray, A. Corporate Responsibility: A Critical Introduction [M]. Oxford University Press, 2008.

[50] Borzaga, C., J., Defourny. The Emergence of Social Enterprise [M]. London: Routledge, 2001.

[51] Borzaga, C., Defourny, J. The Emergence of Social Enterprise [M]. New York: Routledge, 2001.

[52] Boudreau, K. Open Platform Strategies and Innovation: Granting Access vs. Devolving Control [J]. Management Science, 2010, 56 (10): 1849 – 1872.

[53] Bouée, C. E. Light Footprint Management: Leadership in times of change [M]. London: Bloomsbury, 2013.

[54] Bourgeois, L. J. On the Measurement of Organizational Slack [J]. Academy of Management Review, 1981, 6 (1): 29 – 39.

[55] Bowen, H. R., et al. Social Responsibilities of the Businessman [J]. American Catholic Sociological Review, 1953, 15 (1): 266.

[56] Brammer, S., Millington, A. Firm Size, Organizational Visibility and Corporate Philanthropy: An Empirical Analysis [J]. Business Ethics A European Review, 2006, 15 (1): 6 – 18.

[57] Brammer, S., Millington, A. Does it Pay to be Different? An Analysis of the Relationship between Corporate Social and Financial Performance [J]. Strategic Management Journal, 2008, 29 (12): 1325 – 1343.

[58] Brandenburger, A. M., Nalebuff, B. J. Co – opetition [M]. New York: Doubleday, 1996.

[59] Bromiley, P. Testing a Causal Model of Corporate Risk Taking and Performance [J]. Academy of Management Journal, 1991, 34 (1): 37 59.

[60] Bühner, R., Rashee, A., Rosenstein, J., Yoshikawa, T. Research on Corporate Governance: A Comparison of Germany, Japan, and United States [J]. Advances in international comparative management, 2008 (12): 121 – 156.

[61] Burke, L., Logsdon, J. M. How Corporate Social Responsibility Pays Off [J]. Long Range Planning, 1996, 29 (4): 495 – 502.

[62] Busse, M., L. Groizard. Foreign Direct Investment, Regulations and Growth [J]. The World Economy, 2008, 31 (7): 861 – 886.

[63] Caillaud, B., Jullien, B. Chicken & Egg: Competition among Intermediation Service Providers [J]. The RAND Journal of Economics, 2003, 34 (2): 309 – 328.

[64] Callen, J. L., Fang, X. H. Crash Risk and the Auditor – Client Relation-

ship [R]. Working Paper, 2014.

[65] Campbell, J. L. Why Would Corporations Behave in Socially Responsible Ways? An Institutional Theory of Corporate Social Responsibility [J]. Academy of Management Review, 2007, 32 (3): 946 – 967.

[66] Campbell, O. M. R. , Graham, W. J. , Lancet Maternal Survival Series Steering Group. Strategies for Reducing Maternal Mortality: Getting on with What Works [J]. The Lancet, 2006, 368 (9543): 1284 – 1299.

[67] Cao, K. , Gehman, J. , Grimes, M. G. Standing Out and Fitting In: Charting The Emergence of Certified B Corporations by Industry and Region [A]. In A. C. Corbett & J. A. Katz (Eds. Advances in Entrepreneurship, Firm Emergence and Growth [C]. Emerald Publishing, 2017: 1 – 38.

[68] Carroll, A. B. A Three – Dimensional Conceptual Model of Corporate Performance [J]. Academy of Management Review, 1979, 4 (4): 497 – 505.

[69] Carroll, A. B. The Pyramid of Corporate Social Responsibility: Toward the Moral Management of Organizational Stakeholders [J]. Business Horizons, 1991 (4): 39 – 48.

[70] Chandler, A. D. Jr. The Visible Hand [M]. Cambridge: The Belknap Press of Harvard University Press, 1977.

[71] Chang, Y. K. , Oh, W. Y. , Jung, J. C. , Lee, J. Y. Firm Size and Corporate Social Performance: The Mediating Role of Outside Director Representation [J]. Journal of Leadership & Organizational Studies, 2012, 19 (4): 486 – 500.

[72] Chase, D. G. , Burns, D. J. , Claypool, G. A. A Suggested Ethical Framework for Evaluating Corporate Mergers and Acquisitions [J]. Journal of Business Ethics, 1997, 16 (16): 1753 – 1763.

[73] Chatterji, A. K. , Fabrizio, K. R. Using Users: When Does External Knowledge Enhance Corporate Product Innovation? [J]. Strategic Management Journal, 2014 (35) .

[74] Cheikbossian, G. Heterogenous Groups and Rent – Seeking for Public Goods [J]. Cahiers Du Laser, 2005, 24 (1): 133 – 150.

[75] Chen, X. , Kelly, T. F. B – Corps—A Growing Form of Social Enterprise: Tracing Their Progress and Assessing Their Performance [J]. Journal of Leadership & Organizational Studies, 2015, 22 (1): 102 – 114.

[76] Chen, Y. X. , Xie, J. H. Cross – Market Network Effect with Asymmetric Customer Loyalty: Implications for Competitive Advantage [J]. Marketing Science,

2007, 26 (1): 52 – 66.

［77］ Cheng, J. L. C. , Kesner, I. F. Organizational Slack and Response to Environmental Shifts: The Impact of Resource Allocation Patterns ［J］. Journal of Management, 1997, 23 (1): 1 – 18.

［78］ Cheng, L. K. Three Questions on China's "Belt and Road Initiative" ［J］. China Economic Review, 2016 (40): 309 – 313.

［79］ Choi, J. , Wang, H. Stakeholder Relations and the Persistence of Corporate Financial Performance ［J］. Strategic Management Journal, 2009, 30 (8): 895 – 907.

［80］ Chomsky, N. Neoliberalism and Global Order ［M］. New York: Sevem Stories Press, 1999: 19.

［81］ Christensen, C. The Innovator's Dilemma: When New Technologies Cause Great Firms to Fail ［M］. Boston: Harvard Business School, 1997.

［82］ Clark, J. M. The Changing Basis of Economic Responsibility ［J］. The Journal of Political Economy, 1916, 24 (3): 209 – 229.

［83］ Clarkson, M. B. E. A Stakeholder Framework for Analyzing and Evaluating Corporate Social Performance ［J］. Academy of Management Review, 1995, 20 (1): 92 – 117.

［84］ Cochran, P. L. , Wood, R. A. Corporate Social Responsibility and Financial Performance ［J］. Academy of Management Journal, 1984, 27 (1): 42 – 56.

［85］ Coe, D. T. , Helpman, E. International R&D Spillovers ［J］. European Economic Review, 1995, 39 (5): 859 – 887.

［86］ Cohen, W. M. , Levinthal, D. A. Absorptive Capacity: A New Perspective on Learning and Innovation ［J］. Administrative Science Quarterly, 1990, 35 (1): 128 – 152.

［87］ Cole, M. , R. Elliott, J. Zhang. Corruption, Governance and FDI Location in China: A Province – Level Analysis ［J］. Journal of Development Studies, 2009, 45 (9): 1494 – 1512.

［88］ Cole, M. A. , R. Elliott, J. Zhang. Environmental Regulation Anti – Corruption Government Efficiency and FDI Location in China: A Province Level Analysis ［J］. Department of Economics, University of Birmingham Working Paper, 2007.

［89］ Coleman, J. S. Foundations of Social Theory Cambridge ［M］. MA: Harvard University Press, 1990.

［90］ Conroy, S. J. , Emerson, T. L. N. Business Ethics and Religion: Religiosity as a Predictor of Ethical Awareness among Students [J]. Journal of business ethics, 2004, 50 (4): 383 – 396.

[91] Cooke, P. Biotechnology Cluster as Regional Sectoral Innovation Systems [J]. International Regional Science Review, 2002, 25 (1): 8 – 37.

[92] Cording, M. , Christmann, P. , Bourgeois, L. J. A Focus on Resources in M&A Success: A Literature Review and Research Agenda to Resolve Two Paradoxes [J]. To be Presented at Academy of Management, 2002.

[93] Cui, V. , Ding, S. , Liu, M. , Wu, Z. Revisiting the Effect of Family Involvement on Corporate Social Responsibility: A Behavioral Agency Perspective [J]. Journal of Business Ethics, 2016, 27 (8): 1 – 19.

[94] Cull, R. , Xu, L. C. Institutions, Ownership, and Finance: The Determinants of Profit Reinvestment among Chinese Firms [J]. Journal of Financial Economics, 2005, 77 (7): 117 – 146.

[95] Cusumano, M. A. , Gawer, A. The Elements of Platform Leadership [J]. MIT Sloan Management Review, 2002, 43 (3): 51 – 58.

[96] D' Aveni , R. Hyper Competition [M]. New York: Free Press, 1994.

[97] Dagnino, G. B. , Padula, G. Coopetition Strategy: A New Kind of Interfirm Dynamics for Value Creation [J]. In Innovative Research in Management, European Academy of Management (EURAM), Vol 9, Second Annual Conference, Stockholm, May 2002.

[98] Dahlsrud, A. How Corporate Social Responsibility is Defined: An Analysis of 37 Definitions [J]. Corporate Social Responsibility and Environmental Management, 2008, 15 (1): 1 – 13.

[99] Danneels, E. Organizational Antecedents of Second – order Competences [J]. Strategic Management Journal, 2008, 29 (5): 519 – 543.

[100] Daunoriene, A. , Drakšaité, A. , Snieška, V. Evaluating Sustainability of Sharing Economy Trade Market Business Models [J]. Procedia – Social and Behavioral Sciences, 2015, 21 (3): 836 – 841.

[101] Davis, K. Can Business Afford to Ignore Social Responsibilities? [J]. California Management Review, 1960, 2 (3): 70 – 76.

[102] Davis, K. Understanding The Social Responsibility Puzzle: What does The Businessman Owe to Society? [J]. Business Horizon, 1967, 10 (4): 45 – 51.

[103] Debra, H. Getting to World – Class Supply Chain Measurement [J]. Supply Chain Management, 2006, 10 (7): 18 – 24.

[104] Deng, X., Kang, J. K., Low, B. S. Corporate Social Responsibility and Stakeholder Value Maximization: Evidence from Mergers [J]. Journal of Financial Economics, 2013, 110 (1): 87 – 109.

[105] Derwall, J., Koedijk, K., Ter Horst, J. A Tale of Values – Driven and Profit – Seeking Social Investors [J]. Journal of Banking and Finance, 2011 (35): 2137 – 2147.

[106] Devereux, P., Griffith, R. Taxes and the Location of Production: Evidence from a Panel of US Multinationals [J]. Journal of Public Economics, 1998 (68): 335 – 367.

[107] Dhaliwal, D. S., Li, O. Z., Tsang, A., Yang, Y., G. Voluntary Nonfinancial Disclosure and the Cost of Equity Capital: The Initiation of Corporate Social Responsibility Reporting [J]. The Accounting Review, 2011, 86 (1): 59 – 100.

[108] Dimaggio, P. J., Powell, W. W. The Iron Cage Revisited: Institutional Isomorphism and Collective Rationality in Organizational Fields [J]. American Sociological Review, 1983, 48 (2): 147 – 160.

[109] Dodd, E. M. For Whom Are Corporate Managers Trustees? [J]. Harvard Business Review, 1932 (7): 1145 – 1163.

[110] Dolan, S. L., S., Garcia. Managing by Values: Cultural Redesign for Strategic Organizational Change at the Dawn of the Twenty – First Century [J]. The Journal of Management Development, 2002, 21 (2): 101 – 117.

[111] Domenico, M. L. D., Tracey, P., Haugh, H., et al. The Dialectic of Social Exchange: Theorizing Corporate – social Enterprise Collaboration [J]. Organization Studies, 2009, 30 (8): 887 – 907.

[112] Donaldson, T., Dunfee, T. W. Toward a Unified Conception of Business Ethics: Integrative Social Contracts Theory [J]. Academy of Management Review, 1994, 19 (2): 252 – 284.

[113] Donaldson, T., Preston, L. The Stakeholder Theory of the Corporation: Concepts, Evidence, and Implications [J]. The Academy of Management Review, 1995, 20 (1): 65 – 91.

[114] Dowling, J., Pfeffer, J. Organizational Legitimacy: Social Values and Organizational Behavior [J]. Pacific Sociological Review, 1975, 18 (1): 122 – 136.

[115] Drucker, P. F. Converting Social Problems into Business Opportunities: The New Meaning of Corporate Social Responsibility [J]. California Management Review, 1984, 26 (2): 53 – 63.

[116] Drucker, P. F. Management Task, Responsibilities and Practices [M]. New York: Harper & Row, Inc. , 1973.

[117] Drucker, P. Converting Social Problems into Business Opportunities: The New Meaning of Corporate Social Responsibility [J]. California Management Review, 1984, 26 (2): 53 - 63.

[118] Drucker, P. F. Management Task, Responsibilities and Practices [M]. New York: Harper & Row, Inc. , 1973.

[119] Duncan, R. The Ambidextrous Organization: Designing Dual Structures for Innovation [A] . in Killman, R H, Pondy, L R, and Sleven, D (Eds.) . The Management of Organization [C]. New York: North Holland, 1976.

[120] Dunning, J. H. , Lundan, S. Institutions and the OLI Paradigm of the Multinational Enterprise [J]. Asia Pacific Journal of Management, 2008, 25 (4): 573 - 593.

[121] Dunning, J. H. Multinational Enterprises and the Globalization of Innova-tory Capacity [J]. Research Policy, 1994, 23 (1): 67 - 88.

[122] Eagly, A. H. The His and Hers of Prosocial Behavior: An Examination of the Social Psychology of Gender [J]. American Psychologist, 2009, 64 (8): 644.

[123] Eisenmann, T. , Parker, G. , M. Van Alstyne. Platform Envelopment [J]. Strategic Management Journal, 2011, 32 (12): 1270 - 1285.

[124] El Ghoul, S. , Guedhami, O. , Kwok, C. C. Y. , Mishra, D. R. Does Corporate Social Responsibility Affect the Cost of Capital? [J]. Journal of Banking and Finance, 2011, 35 (9): 2388 - 2406.

[125] Elkington, J. , Hartigan, P. , Schwab, K. The Power of Unreasonable People: How Social Entrepreneurs Create Markets That Change The World [J]. World Future Review, 2008, 41 (5): 579 - 579.

[126] Elkington, J. Biting The Bullet Points. In European Business Forum, EBF on Corporate Social Response [M]. London: EBF, 2004.

[127] Elkington, J. Cannibals with Forks: The Triple Bottom Line of 21st Centu-ry Business [J]. Environmental Quality Management, 1998, 8 (1): 37 - 51.

[128] Elkington, J. Towards the Sustainable Corporation: Win - Win - Win Bus-iness Strategies for Sustainable Development [J]. California Management Review, 1994, 36 (2): 90 - 100.

[129] Elliott, R. , Y. Zhou. Environmental Regulation Induced Foreign Direct Investment [J]. Environmental and Resource Economics, 2013 (55): 141 - 158.

[130] Ellis, L., Bastin, C. Corporate Social Responsibility in Times of Recession: Changing Discourses and Implications for Policy and Practice [J]. Corporate Social Responsibility and Environmental Management, 2011, 18 (5): 294 –305.

[131] Eskeland, G. S. A. E. Harrison. Moving to Greener Pastures? Multinationals and the Pollution Haven Hypothesis [J]. Journal of Development Economics, 2003, 70 (1): 1 –23.

[132] Evans, D. S. The Antitrust Economics of Multi – Sided Platform Markets [J]. Yale Journal on Regulation, 2003, 20 (2): 325 –381.

[133] Evans, D., Schmalensee, R. The Industrial Organization of Markets with Two – sided Platforms [J]. Competition Policy International, 2007, 3 (1) .

[134] Fairbrass, J. Exploring Corporate Social Responsibility Policy in the European Union: A Discursive Institutionalist Analysis [J]. Journal of Common Market Studies, 2011, 49 (5): 949 –970.

[135] Faisal, M. N. Analysing the Barriers to Corporate Social Responsibility in Supply Chains: An Interpretive Structural Modelling Approach [J]. International Journal of Logistics Research and Applications, 2010, 13 (3): 179 –195.

[136] Fama, E. F. Agency Problems and the Theory of the Firm [J]. The Journal of Political Economy, 1980: 288 –307.

[137] Fardella, E. Prodi, G. The Belt and Road Initiative Impact on Europe: An Italian Perspective [J]. China & World Economy, 2017, 25 (5): 125 –138.

[138] Felin, T., Zenger, T. R. Closed or Open Innovation? Problem Solving and the Governance Choice [J]. Research Policy, 2014, 43 (5): 914 –925.

[139] Feltham, G. A., Ohlson, J. A. Valuation and Clean Surplus Accounting for Operating and Financial Activities [J]. Contemporary Accounting Research, 1995, 11 (2): 689 –731.

[140] Fernández – Kranz, D., Santaló, J. When Necessity Becomes a Virtue: The Effect of Product Market Competition on Corporate Social Responsibility [J]. Journal of Economics & Management Strategy, 2010, 19 (2): 453 –487.

[141] Finkelstein, S., Cooper, C. L. The Use of Accounting – Based Measures in Measuring M&A Performance: A Review of Five Decades of Research [J]. Advances in Mergers & Acquisitions, 2012, 10 (6): 103 –120.

[142] Flammer, C. Does Product Market Competition Foster Corporate Social Responsibility? Evidence from Trade Liberalization [J]. Strategic Management Journal, 2015, 36 (10): 1469 –1485.

[143] Fleming, P. The End of Corporate Social Responsibility: Crisis and Critique [M]. Sage, 2012.

[144] Focarelli, D., Panetta, F. Are Mergers Beneficial to Consumers? Evidence from the Market for Bank Deposits [J]. American Economic Review, 2003, 93 (4): 1152 –1172.

[145] Fombrun, C., Shanley, M. What's in a Name? Reputation Building and Corporate Strategy [J]. Academy of Management Journal, 1990, 33 (2): 233 –258.

[146] Fox, T., Ward, H., Howard, B. Public Sector Roles in Strengthening Corporate Social Responsibility: A Baseline Study [J]. Washington, D. C.: World Bank, 2002.

[147] Francis, B., Hasan I., Li L. X. Abnormal Real Operations, Real Earnings Management, and Subsequent Crashes in Stock Prices [R]. Working Paper, 2014.

[148] Francis, J. D., Philbrick, D., Schipper, K. Shareholder Litigation and Corporate Disclosures [J]. Journal of Accounting Research, 1994, 32 (2): 137 –164.

[149] Fraser, D. R., Zhang, H. Mergers and Long – Term Corporate Performance: Evidence from Cross – Border Bank Acquisitions [J]. Journal of Money Credit & Banking, 2009, 41 (7): 1503 –1513.

[150] Frazer, M. J. Ethics and Social Responsibility in Science Education [M]. Ethics and Social Responsibility in Science Education. Published for the ICSU Press by Pergamon, 1986: 273.

[151] Frederick, W. C. Corporate Social Responsibility: Deep Roots, Flourishing Growth, Promising Future. In Crane, A., McWilliams, A., Matten, D., Moon, J. and Siegel, D. (eds), The Oxford Handbook of Corporate Social Responsibility. Oxford: Oxford University Press, 2008: 522 –531.

[152] Frederick, W. C. From CSR1 to CSR2: The Maturing of Business and Society Thought [R]. Graduate School of Business, University of Pittsburgh, 1978: 279.

[153] Frederick, W. C. The Growing Concern Over Social Responsibility [J]. California Management Review, 1960 (2): 54 –61.

[154] Frederick, W. C. From CSR1 to CSR2 [J]. Business and Society, 1994, 33 (2): 150 –163.

[155] Frederick, W. C. Toward CSR3: Why Ethical Analysis is Indispensable and Unavoidable in Corporate Affairs [J]. California Management Review, 1986, 28

(2): 126 - 141.

[156] Fredrikesson, G. , A. List, L. Millimet. Bureaucratic Corruption, Environmental Policy and Inbound US FDI: Theory and Evidence [J]. Journal of Public Economics, 2003 (87): 1407 - 1430.

[157] Freeman, R. E. , Phillips, R. A. Stakeholder Theory [J]. Business Ethics Quarterly, 2002, 12 (3): 331 - 349.

[158] Freeman, R. E. , Velamuri, S. R. A New Approach to CSR: Company stakeholder responsibility [M]. Corporate Social Responsibility. New York: Palgrave Macmillan, 2006.

[159] Freeman, R. E. , Harrison, J. S. , Wicks, A. C. Managing for Stakeholders: Survival, Reputation, and Success [M]. Yale University Press: New Haven, CT, 2007.

[160] Freeman, R. E. , Evan, W. Corporate Governance: A Stakeholder Interpretation [J]. Journal of Behavioral Economics, 1990, 19 (4): 337 - 359.

[161] Friedman, M. A Friedman Doctrine: The Social Responsibility of Business is to Increase its Profit [J]. New York Times, 1970.

[162] Friedman, M. Capitalism and Freedom [M]. Chicago: University of Chicago Press, 1962.

[163] Friedman, M. The Social Responsibility of Business is to Increase Its Profits [N]. The New York Times Magazine, 1970, September 13.

[164] Frumkin, P. , Andre - Clark A. When Missions, Markets, and Politics Collide: Values and Strategy in The Nonprofit Human Services [J]. Nonprofit & Voluntary Sector Quarterly, 2000, 29 (1): 141 - 163.

[165] Fuller, K. , Netter, J. , Stegemoller, M. What Do Returns to Acquiring Firms Tell Us? Evidence from Firms That Make Many Acquisitions [J]. The Journal of Finance, 2002, 57 (4): 1763 - 1793.

[166] Gabusi, G. Crossing the River by Feeling the Gold: The Asian Infrastructure Investment Bank and the Financial Support to the Belt and Road Initiative [J]. China & World Economy, 2017, 25 (5): 23 - 45.

[167] Garlick, J. If You Can't Beat'em, Join' em: Shaping India's Response to China's "Belt and Road" Gambit [J]. China Report, 2017, 53 (2): 143 - 157.

[168] Gilbert, C. G. Unbundling the Structure of Inertia: Resource versus Routine Rigidity [J]. Academy of Management Journal, 2005, 48 (5): 741 - 763.

[169] Giner, S. Civil Society and Its Future. In J. A. Hall (ed.) . Civil Society:

Theory, History, Comparison [M]. Cambridge: Polity Press, 1995.

[170] Girling, R. The Good Company [M]. VA: Hill Press, 2012.

[171] Godfrey, P. C., Merrill, C. B., Hansen, J. M. The Relationship between Corporate Social Responsibility and Shareholder Value: An Empirical Test of The Risk Management Hypothesis [J]. Strategic Management Journal, 2010, 30 (4): 425 – 445.

[172] Goodrick, E., T., Reay. Constellations of Institutional Logics Changes in the Professional Work of Pharmacists [J]. Work & Occupations, 2011, 38 (3): 372 – 416.

[173] Gorenflo, N. Collaborative Consumption is Dead, Long Live the Real Sharing Economy [EB/OL]. http: //pando. com, March 19.

[174] Goss, A., Roberts, G. S. The Impact of Corporate Social Responsibility on the Cost of Bank Loans [J]. Jounal of Banking Finance, 2011 (35): 1794 – 1810.

[175] Gough, I. Recomposing Consumption: Defining Necessities for Sustainable and Equitable Well – being [J]. Philosophical Transactions of the Royal Society A: Mathematical, Physical and Engineering Science, 2017, 375 (2095).

[176] Granovetter, M. The Strength Of Weak Ties [J]. American Journal of Sociology, 1973 (78): 1360 – 1380.

[177] Granovetter, M. Problems of Explanation in Economic Sociology [M]. Boston, MA: Harvard Business School Press, 1992.

[178] Granovetter, M. Economic Action and Social Structure: The Problem of Embeddedness [J]. American Journal of Sociology, 1985, 91 (3): 481 – 510.

[179] Greenley, G. E. Oktemgil, M. A Comparison of Slack Resources in High and Low Performing British Companies [J]. Journal of Management Studies, 1998, 35 (3): 377 – 398.

[180] Greenwood, R., Díaz, A. M., Li, S. X., et al. The Multiplicity of Institutional Logics and the Heterogeneity of Organizational Responses [J]. Organization Science, 2010, 21 (2): 521 – 539.

[181] Greenwood, R., Raynard, M., Kodcih, F. Institutional Complexity and Organizational Responses [J]. The Academy of Management Annals, 2011, 5 (1): 317 – 371.

[182] Greenwood, R., Suddaby, R., Hinings, C. R. Theorizing Change: The Role of Professional Associations in the Transformation of Institutionalized Fields [J]. Academy of Management Journal, 2002, 45 (1): 58 – 80.

[183] Grewal, R., Chakravarty, A., Saini, A. Governance Mechanisms in

Business – to – business Electronic Markets [J]. Journal of Marketing, 2010, 74 (4): 45 – 62.

[184] Griffin, J. J., Mahon, J. F. Corporate Social Performance & Corporate Financial Performance: Correlations and Implications [J]. 1995, 6 (1): 749 – 760.

[185] Grimes, M. G., Gehman, J., Cao, K. Positively Deviant: Ldentity Work Through B Corporation Certification [J]. Journal of Business Venturing, 2018, 33 (2): 130 – 148.

[186] Groening, C., V. K., Kanuri. Investor Reaction to Positive and Negative Corporate Social events [J]. Journal of Business Research, 2013, 66 (10): 1852 – 1860.

[187] Gross, M. M. Ryan. FDI Location and Size: Does Employment Protection Legislation Matter? [J]. Regional Science and Urban Economics, 2008 (38): 590 – 605.

[188] Guo, C., Bielefeld, W. Social Entrepreneurship: An Evidence – based Approach to Creating Social Value [M]. New York: Jossey – Bass, 2014.

[189] Haaland, J., I. Wooton, G. Faggio. Multinational Firms: Easy Come, Easy Go? [J]. Finanz Archiv, 2002 (59): 3 – 26.

[190] Haigh, N., Hoffman, A. J. Hybrid Organizations: The Next Chapter of Sustainable Business [J]. Organizational Dynamics, 2012, 41 (2): 126 – 134.

[191] Hambrick, D. C., Chen, M. J. New Academic Fields as Admittance – seeking Social Movements: The Case of Strategic Management [J]. Academy of Management Review, 2008, 33 (1): 32 – 54.

[192] Hamel, G. Competition for Competence and Inter – partner Learning within International Strategic Alliances [J]. Strategic Management Journal, 1991, 12 (SI): 83 – 103.

[193] Hammond, A. Adriaanse, A., Rodenburg, E. et al. Environmental Indicators: A System Approach to Measuring and Reporting on Environmental Policy Performance in the Context of Sustainable Development [J]. World Resources Institute: New York, NY, US, 1995.

[194] Hanna, R. US Environmental Regulation and FDI: Evidence from a Panel of US – Based Multinational Firms [J]. Applied Economics, 2010, 2 (3): 158 – 189.

[195] Hanneman, R. A., Riddle, M. Introduction to Social Network Methods [J]. Department of Sociology University of California Riverside.

[196] Hasan, M. B Corp Entrepreneurs—Analysing The Motivations and Values behind Running a Social Business [M]. New York : Springer International Publishing,

2018.

［197］Hayes, R. H. , Wheelwrigh, S. C. , K. B. , Clark. Dynamic Manufacturing: Creating the Learning Organization［M］. New York: The Free Press, 1988.

［198］Healy, P. , Palepu, K. , Ruback, R. Does Corporate Performance Improve After Mergers?［J］. Journal of Financial Economics, 1992, 31（2）: 135 – 175.

［199］Heinrichs, H. Sharing Economy: A Potential New Pathway to Sustainability［J］. Ecological Perspective for Science and Society, 2013, 22（4）: 228 – 231.

［200］Hemingway, C. , Maclagan, P. Managers' personal Values as Drivers of Corporate Social Responsibility［J］. Journal of Business Ethics, 2004, 50（1）: 33 – 44.

［201］Hemphill, T. A. , F. , Cullari. The Benefit Corporation: Corporate Governance and the For – profit Social Entrepreneur［J］. Business & Society Review, 2014, 119（4）: 519 – 536.

［202］Herman, R. D. , Renz, D. O. Advancing Nonprofit Organizational Effectiveness Research and Theory: Nine Theses［J］. Nonprofit Management & Leadership, 2008, 18（4）: 399 – 415.

［203］Herold, D. M. , Jayaraman, N. , Narayanaswamy, C. R. What is the Relationship between Organizational Slack and Innovation?［J］. Journal of Managerial Issues, 2006, 18（3）: 372 – 392.

［204］Herrero, A. G. , Xu, J. W. China's Belt and Road Initiative: Can Europe Expect Trade Gains?［J］. China & World Economy, 2017, 25（6）: 84 – 99.

［205］Hiller, J. S. The Benefit Corporation and Corporate Social Responsibility［J］. Journal of Business Ethics, 2013, 118（2）: 287 – 301.

［206］Hillman, A. J. , Keim, G. D. Shareholder Value, Stakeholder Management, and Social Issues: What's The Bottom Line?［J］. Strategic Management Journal, 2002（2）: 125 – 139.

［207］Ho, V. , H. Enlightened Shareholder Value: Corporate Governance Beyond the Shareholder – Stakeholder Divide［J］. Journal of Corporation Law, 2010, 36（1）: 59 – 112.

［208］Hoffman, A. J. , Haigh, N. The New Heretics: Hybrid Organizations and The Challenges They Present to Corporate Sustainability［J］. Organization & Environment, 2014, 18（3）: 223 – 241.

［209］Hollensbe, E. , C. , Wookey, L. , Hickey, G. , George, V. , Nichols. From the Editors: Organizations with Purpose［J］. Academy of Management

Journal, 2014, 57 (5): 1227 - 1234.

[210] Holmstrom, B. Moral Hazard in Teams [J]. Bell. Journal of Economics, 1982, 13 (2): 324 - 340.

[211] Honeyman, R. The B Corp Handbook [M]. San Francisco: Berrett - Koehler, 2014.

[212] Howard, R. Bowen. Social Responsibility of the Businessman [M]. New York: Harper and Brothers, 1953.

[213] Hsueh, C. F. Improving Corporate Social Responsibility in a Supply Chain through a new Revenue Sharing Contract [J]. International Journal of Production Economics, 2014, 151 (3): 214 - 222.

[214] Hsueh, C. F., Chang, M. S. Equilibrium Analysis and Corporate Social Responsibility for Supply Chain Integration [J]. European Journal of Operational Research, 2008, 190 (1): 116 - 129.

[215] Huang, C. C. Employees' Perception of Corporate Social Responsibility: Corporate Volunteer and Organizational Commitment [J]. International Business Research, 2016, 9 (9): 142.

[216] Huang, Y. P. Understanding China's Belt & Road Initiative: Motivation, Framework and Assessment [J]. China Economic Review, 2016 (40): 314 - 321.

[217] Hutton, A. P., Marcus, A. J., Tehranian, H. Opaque Financial Reports, R2, and Crash Risk [J]. Journal of Financial Economics, 2009, 94 (1): 67 - 86.

[218] Hyde, J. S. Gender Similarities and Differences [J]. Annual Review of Psychology, 2014 (65): 373 - 398.

[219] Hyewon, Y., Hua, N., Seoki, L. Does Size Matter? Corporate Social Responsibility and Firm Performance in the Restaurant Industry [J]. International Journal of Hospitality Management, 2015 (51): 127 - 134.

[220] Iansiti, M., Levien, R. Strategy as Ecology [J]. Harvard Business Review, 2004, 82 (3): 68 - 78.

[221] Ioannou, I., Serafeim, G. The Consequences of Mandatory Corporate Sustainability Reporting: Evidence from Four Countries [R]. Working Paper, 2014.

[222] ISO. ISO26000: Guidance on Social Responsibility [S]. Geneva: ISO, 2010.

[223] Jacob, J. T. China's Belt and Road Initiative: Perspectives from India [J]. China & World Economy, 2017, 25 (5): 78 - 100.

［224］James Manyika, Michael Chui. Big Data: The Next Frontier for Innovation, Competition and Productivity ［J］. McKinsey Quarterly, 2011 (5) .

［225］Jan De Vries J. The Industrial Revolution and the Industrious Revolution ［J］. Journal of Economic History, 1994, 54 (54): 249 – 270.

［226］Javorcik, B. , M. Spatareanu. Do Foreign Investor Care about Labor Market Regulations? ［J］. Review of World Economics, 2005, 141 (3): 375 – 403.

［227］Jay, J. Navigating Paradox as a Mechanism of Change and Innovation in Hybrid Organizations ［J］. Academy of Management Journal, 2013, 56 (1): 137 – 159.

［228］Jensen, M. C. , Meckling, W. H. Theory of The Firm: Managerial Behavior, Agency Costs and Ownership Structure ［J］. Journal of Financial Economics, 1976, 3 (4): 305 – 360.

［229］Jensen, M. C. Value Maximization, Stakeholder Theory, and the Corporate Objective Function ［J］. Business Ethics Quarterly, 2002 (12): 235 – 56.

［230］Jin, L. , Myers, S. C. R2 around The World: New Theory and New Tests ［J］. Journal of Financial Economics, 2006, 79 (2): 257 – 292.

［231］Johnson, R. A. , Greening, D. W. The Effect of Corporate Governance and Institutional Ownership Types on Corporate Social Performance ［J］. Academy of Management Journal, 1999, 42 (5): 564 – 576.

［232］Jones, T. M. Instrumental Stakeholder Theory: A Synthesis of Ethics and Economics ［J］. The Academy of Management Review, 1995, 20 (2): 404 – 437.

［233］Kacperczyk, A. With Greater Power Comes Greater Responsibility? Takeover Protection and Corporate Attention to Stakeholders ［J］. Strategic Management Journal, 2009, 30 (3): 261 – 285.

［234］Kahouli, B. , A. Omri, A. Chaibi. Environmental Regulations, Trade and Foreign Direct Investment: Evidence from Gravity Equations ［R］. IPAG Business School Working Paper, 2014.

［235］Kaiser, U. , Wright, J. Price Structure in Two – Sided Markets: Evidence from the Magazine Industry ［J］. International Journal of Industrial Organization, 2006, 24 (1): 1 – 28.

［236］Kang, J. The Relationship between Corporate Diversification and Corporate Social Performance ［J］. Strategic Management Journal, 2013, 34 (1): 94 – 109.

［237］Kanter, R. M. From Spare Change to Real Change: The Social Sector as a Beta Site for Business Innovation ［J］. Harvard Business Review, 1999, 77 (3): 122 – 132.

［238］Keller, W. International Technology Diffusion［J］. Journal of Economic Literature, 2004, 42（3）: 752 – 782.

［239］Kemper, A. , Martin, R. L. After The Fall: The Global Financial Crisis as a Test of Corporate Social Responsibility Theories［J］. European Management Review, 2010, 7（4）: 229 – 239.

［240］Khan, M. , Watts, R. L. Estimation and Empirical Properties of a Firm – year Measure of Accounting Conservatism［J］. Journal of Accounting and Economics, 2009, 48（2 – 3）: 132 – 150.

［241］Kim, H. , et al. The Role of IT in Business Ecosystems［J］. Communications of the ACM, 2010, 53（3）.

［242］Kim, J. B. , Zhang, L. D. Does Accounting Conservatism Reduce Stock Price Crash Risk? Firm – level Evidence［J］. Contemporary Accounting Research, 2015, Forthcoming.

［243］Kim, J. B. , Li, Y. , Zhang, L. CFOs versus CEOs: Equity Incentives and Crashes［J］. Journal of Financial Economics, 2011, 101（3）: 713 – 730.

［244］Kim, J. B. , Li, Y. , Zhang, L. Corporate Tax Avoidance and Stock Price Crash Risk: Firm – Level Analysis［J］. Journal of Financial Economics, 2011, 100（3）: 639 – 662.

［245］Kim, Y. , Park, M. S. , Wier, B. Is Earnings Quality Associated with Corporate Social Responsibility?［J］. The Accounting Review, 2012, 8（3）: 761 – 796.

［246］Kinderman, D. Corporate Social Responsibility in the EU, 1993 – 2013: Institutional Ambiguity, Economic crises, Business Legitimacy and Bureaucratic Politics［J］. Journal of Common Market Studies, 2013, 51（4）: 701 – 720.

［247］Klemperer, P. Markets with Consumer Switching Costs［J］. Quarterly Journal of Economics, 1987（102）.

［248］Kong, L. J. The Belt and Road Initiative and China's Foreign Policy Toward Its Territorial and Boundary Disputes［J］. China Quarterly of International Strategic Studies, 2015, 1（2）: 325 – 345.

［249］Kotchen, M. J. , Moon, J. J. Corporate Social Responsibility for Irresponsibility［J］. The B. E. Journal of Economic Analysis and Policy, 2012, 12（1）: 1 – 23.

［250］Kothari, S. P. , Shu, S. , Wysockl, P. D. Do Managers Withhold Bad News?［J］. Journal of Accounting Research, 2009, 47（1）: 241 – 276.

［251］Krishnan, R. , Kozhikode, R. K. Status and Corporate Illegality: Illegal

Loan Recovery Practices of Commercial Banks in India [J]. Academy of Management Journal, 2015, 58 (5): 1287 - 3112.

[252] Kurucz, E. , Colbert, B. , Wheeler, D. The Business Case for Corporate Social Responsibility. In Crane, A. , McWilliams, A. , Matten, D. , Moon, J. and Siegel, D. (eds), The Oxford Handbook of Corporate Social Responsibility. Oxford: Oxford University Press, 2008: 83 - 112.

[253] LaFond, R. , Watts, R. L. The Information Role of Conservatism [J]. The Accounting Review, 2008, 83 (2): 447 - 478.

[254] Lambrecht, B. M. The Timing and Terms of Mergers Motivated by Economies of Scale [J]. Journal of Financial Economics, 2004, 72 (1): 41 - 62.

[255] Latham, S. F. , Braun, M. R. The Performance Implications of Financial Slack during Economic Recession and Recovery: Observations from the Software Industry (2001 - 2003) [J]. Journal of Managerial Issues, 2008, 20 (1): 30 - 50.

[256] Lawson, M. B. In Praise of Slack: Time Is of the Essence [J]. The Academy of Management Executive, 2001, 15 (3): 125 - 135.

[257] Lee, D. D. , Faff, R. W. Corporate Sustainability Performance and Idiosyncratic Risk: A Global Perspective [J]. The Financial Review, 2009, 44 (2): 213 - 237.

[258] Lee, J. , Song, J. , Yang, J. , S. Network Structure Effects on Incumbency Advantage [J]. Strategic Management Journal, 2016, 37 (8): 1632 - 1648.

[259] Lee, M. , Battilana, J. How The Zebra Got Its Stripes: Imprinting of Individuals and Hybrid Social Ventures [R]. Harvard Business School Working Papers, 2013.

[260] Lee, S. Y. , Klassen, R. D. , Furlan, A. The Green Bull - whip Effect: Transferring Environmental Requirements Along a Supply Chain [J]. International Journal of Production Economics, 2014, 156 (10): 39 - 51.

[261] Levitt, T. The Dangers of Social Responsibility [J]. Harvard Business Review, 1958 (9 - 10): 41 - 50.

[262] Lim, W. M. , Ting, D. H. , Bonaventure, V. S. , Sendiawan, A. P. , Tanusina, P. P. What Happens When Consumers Realise About Green Washing? A Qualitative Investigation [J]. International Journal of Global Environmental Issues, 2013, 13 (1): 14 - 24.

[263] Lin, K. J. , Tan, J. , Zhao, L. , Karim, K. In the Name of Charity: Political Connections and Strategic Corporate Social Responsibility in a Transition Econ-

omy [J]. Journal of Corporate Finance, 2015, 32 (6): 327 –346.

[264] Liu, S. , Wu, D. Competing by Conducting Good Deeds: The Peer Effect of Corporate Social Responsibility [J]. Finance Research Letters, 2016 (16): 47 –54.

[265] Lo, S. M. Effects of Supply Chain Position on the Motivation and Prac; tic; es of Firms Going Green [J]. International Journal of Operations & Production Management, 2013, 34 (1): 93 –114.

[266] Louis, H. , Sun, A. , Urcan, O. Value of Cash Holdings and Accounting Conservatism [J]. Contemporary Accounting Research, 2009, 29 (4): 1249 – 1271.

[267] Lounsboury, M. A. Tale Two Cities: Competing Logics and Practice Variation in the Professionalizing of Mature Funds [J]. Academy of Management Journal, 2007, 50 (2): 289 –307.

[268] Lozano, J. M. , Albareda, L. , Ysa, T. Governments and Corporate Social Responsibility: Public Policies beyond Regulation and Voluntary Compliance [M]. New York: Palgrave Macmillan, 2008.

[269] Ma, J. The Challenge of Different Perceptions on the Belt and Road Initiative [J]. CIRR, 2017, 23 (78): 149 –168.

[270] Maak, T. Responsible Leadership, Stakeholder Engagement, and the Emergence of Social Capital [J]. Journal of Business Ethics, 2007, 74 (4): 329 –343.

[271] Macneil, I. R. Relational Contract: What We Do and We Do Not Know [J]. Wisconsin Law Review, 1985 (3): 483 –525.

[272] Maekinen, S. J. , Kanniainen, J. , Peltola, I. Investigating Adoption of Free Beta Applications in a Platform – based Business Ecosystem [J]. Journal of Product Innovation Management, 2013, 31 (3): 451 –465.

[273] Mamun, M. A. , Sohog, K. , Akhter, A. A Dynamic Panel Analysis of the Financial Determinants of CSR in Bangladeshi Banking Industry [J]. Asian Economic & Financial Review, 2013, 3 (5): 560 –578.

[274] Manne, H. G. , Wallich, H. C. The Modern Corporation and Social Responsibility [M]. American Enterprise Institute for Public Policy Research, Washington D. C. , 1972.

[275] Marquis, C. , Lee, M. Who Is Governing Whom? Executives, Governance, and The Structure of Generosity in Large U. S. Firms [J]. Strategic Management Journal, 2013, 34 (4): 483 –497.

[276] Martynova, M. , Renneboog, L. What Determines the Financing Decision

in Corporate Takeovers: Cost of Capital, Agency Problems, or the Means of Payment? [J]. Journal of Corporate Finance, 2009, 15 (3): 290 - 315.

[277] Martynova, M., Renneboog, L. The Performance of the European Market for Corporate Control: Evidence from the Fifth Takeover Wave [J]. European Financial Management, 2011, 17 (2): 208 - 259.

[278] Mathews, M. R. Social and Enviromental Accouting: A Practical Demonstration of Ethical Concern? [J]. Journal of Business Ethics, 1995, 14 (8): 663 - 671.

[279] Matos, S., B. S., Silvestre. Managing Stakeholder Relations When Developing Sustainable Business Models: The Case of the Brazilian Energy Sector [J]. Journal of Cleaner Production, 2013, 45 (2): 61 - 73.

[280] Matten, D., J. Moon. Implicit and Explicit CSR: A Conceptual Framework for a Comparative Understanding of Corporate Social Responsibility [J]. Academy of Management Review, 2008, 33 (2): 404 - 424.

[281] Matten, D., Crane, A. Corporate Citizenship: Toward an Extended Theoretical Conceptualization [J]. The Academy of Management Review, 2005, 30 (1): 166 - 179.

[282] Matten, D., Moon, J. "Implicit" and "Explicit" CSR: A Conceptual Framework for A Comparative Understanding of Corporate Social Responsibility [J]. Academy of Management Review, 2008, 33 (2): 404 - 424.

[283] Matten, A., Crane, D. Corporate Citizenship: Toward an Extended Theoretical Conceptualization [J]. Academy of Management Review, 2005, 30 (1): 166 - 179.

[284] McGuire, J. Business and Society [M]. New York: McGraw - Hill, 1963.

[285] McWilliams, A., Siegel, D. S. Creating and Capturing Value: Strategic Corporate Social Responsibility, Resource - Based Theory, and Sustainable Competitive Advantage [J]. Journal of Management, 2011, 37 (5): 1480 - 1495.

[286] McWilliams, A., Siegel, D. Profit - Maximizing Corporate Social Responsibility [J]. Academy of Management Review, 2001, 26 (4): 504 - 505.

[287] McWilliams, A., Siegel, D., Wright, P. Guest Editors' Introduction Corporate Social Responsibility: Strategic Implications [J]. Journal of Management Studies, 2006, 43 (1): 1 - 18.

[288] Merriman, K. K., Gupta, S. Deckop, J. The Effect of CEO Pay Structure on Corporate Social Performance [J]. Journal of Management Official Journal of the

Southern Management Association, 2006, 32 (3): 329 - 342.

[289] Miao, J. Expectations and Realities: Managing the Risks of the "Belt and Road" Initiative [J]. China Quarterly of International Strategic Studies, 2015, 1 (3), 497 - 522.

[290] Midttun, A. , M. , Gjølberg, A. , Kourula. Public Policies for Corporate Social Responsibility in Advanced Welfare States [A]. Midttun, A. Csr & Beyond A Nordic Perspective [C]. Oslo: J. W. Cappelens Forlag AS, 2013.

[291] Miller - Stevens, K. , Taylor, J. A. , Morris, J. C. , et al. Assessing Value Differences Between Leaders of Two Social Venture Types: Benefit Corporations and Nonprofit Organizations [J]. Voluntas International Journal of Voluntary & Nonprofit Organizations, 2018, 29 (5): 938 - 950.

[292] Mills, M. P. , Ottino, J. M. The Coming Tech - led Boom [N]. The Wall Street Journal, Jan. 30, 2012.

[293] Moeller, T. Let's Make a Deal! How Shareholders Control Impact Merger Payoff [J]. Journal of Financial Economics, 2005, 76 (1): 167 - 190.

[294] Moore, G. Corporate Social and Financial Performance: An Investigation in the U. K. Supermarket Industry [J]. Journal of Business Ethics, 2001, 34 (3 - 4): 299 - 315.

[295] Moore, J. F. Predators and Prey: A New Ecology of Competition [J]. Harvard Business Review, 1993, 71 (3): 75 - 86.

[296] Moore, J. F. The Rise of a New Corporate Form [J]. Washington Quarterly, 1998, 21 (1) .

[297] Mukasa, K. D. , Kim, K. Lim, H. How do Corporate Social Responsibility Activities Influence Corporate Reputation? Evidence from Korean Firms [J]. Journal of Applied Business Research, 2015, 31 (2): 383 - 395.

[298] Muller, A. , Kolk, A. Extrinsic and Intrinsic Drivers of Corporate Social Performance: Evidence from Foreign and Domestic Firms in Mexico [J]. Journal of Management Studies, 2010, 47 (1): 1 - 26.

[299] Murphy, P. E. An Evolution: Corporate Social Responsiveness [J]. University of Michigan Business Review, 1978 (11): 20 - 22.

[300] Musabelliu, M. China's Belt and Road Initiative Extension to Central and Eastern European Countries - Sixteen Nations, Five Summits, Many Challenges [J]. CIRR, 2017, 23 (78): 57 - 76.

[301] Narver, J. C. , Slater, S. F. The Effect of a Market Orientation on Busi-

ness Profitability [J]. Journal of Marketing, 1990, 54 (4): 20 – 35.

[302] Neumeier, S. Why Do Social Innovations in Rural Development Matter and Should They be Considered More Seriously in Rural Development Research? [J]. Sociologia Ruralis, 2012 (1): 54 – 55.

[303] Newman, W. H., M. J., Chen. World – Class Enterprises: Resource Conversion and Balanced Integration Challenges for Global Enterprise in the 21st Century [R]. Academy of Management National Meetings, 1999.

[304] Norris, C. Contest of Faculties (Routledge Revivals): Philosophy and Theory after Deconstruction [M]. Routledge, 2009.

[305] OECD. Environmental Indicators: OECD Core Set. OECD: Paris, 1994.

[306] OECD. Towards Sustainable Development Environmental Indicators. OECD: Paris, 1998.

[307] Ogrizek, M. The Effect of Corporate Social Responsibility on the Branding of Financial Services [J]. Journal of Financial Services Marketing, 2002, 6 (3): 215 – 228.

[308] Olson, M. The Logic of Collective Action [M]. Harvard University Press: Cambridge, Mass, 1965.

[309] Omurgonulsen, U., Oktem, M. K. Is There Any Change in the Public Service Values of Different Generations of Public Administrators? The Case of Turkish Governors and District Governors [J]. Journal of Business Ethics, 2009, 88 (1): 137 – 156.

[310] Orlitzky, M. Does Firm Size Comfound the Relationship Between Corporate Social Performance and Firm Financial Performance? [J]. Journal of Business Ethics, 2001, 33 (2): 167 – 180.

[311] Owen – Smith, J., Powell, W. W. Knowledge Networks as Channels and Conduits: The Effects of Spillovers in the Boston Biotechnology Community [J]. Organization Science, 2004, 15 (1): 5 – 21.

[312] Pache, A. C., Santos, F. Inside The Hybrid Organization: Selective Coupling as a Response to Competing Institutional Logics [J]. Academy of Management Journal, 2013, 56 (4): 972 – 1001.

[313] Pache, A. C., Santos, F. When Worlds Collide: the Internal Dynamics of Organizational Response to Conflicting Institutional Demands [J]. Academy of Management Reviews, 2010, 35 (3): 455 – 467.

[314] Palmer, T. B., Wiseman, R. M. Decoupling Risk Taking from Income

Stream Uncertainty: A Holistic Model of Risk [J]. Strategic Management Journal, 1999, 20 (11): 1037 –1062.

[315] Papachroni, A., L., Heracleous, S., Paroutis. Organizational Ambidexterity Through the Lens of Paradox Theory: Building a Novel Research Agenda [J]. The Journal of Applied Behavioral Science, 2015, 51 (1): 71 –93.

[316] Patricia Bromley, Walter, W. Powell. From Smoke and Mirrors to Walking the Talk: Decoupling in the Contemporary World [J]. Academy of Management Annals, 2012, 6 (1): 483 –530.

[317] Peltoniemi, M., Vuori, E. Business Ecosystem as the New Approach to Complex Adaptive Business Environments [J]. In Conference Proceedings of eBRF 2004. Tampere Finland.

[318] Penrose, E. T. The Theory of the Growth of the Firm [M]. New York: Wiley, 1959.

[319] Pentland, B. T., M. S., Feldman, M. C., Becker. Dynamics of Organizational Routines: A Generative Model [J]. Journal of Management Studies, 2012, 49 (8): 1484 –1508.

[320] Perez, Carlota. Technological Revolutions, Paradigm Shifts and Socio – institutional Change [A]. E. Reinert, ed. Globalization, Economic Development and Inequality, An Alternative Perspective [C]. Edward Elgar, Cheltenham, 2004.

[321] Peter, F., Jones, M. T. The End of Corporate Social Responsibility [M]. Crisis and Critique, London, Sage Publication, 2013.

[322] Peteraf, M. A., Barney, J. B. Unraveling the Resource – based Tangle [J]. Managerial & Decision Economics, 2003, 24 (1) .

[323] Phillips, R., Freeman, E., Wicks, A. What Stakeholder Theory Is Not [J]. Business Ethics Quarterly, 2003, 13 (4): 479 –502.

[324] Pisano, Gary, Shih, Willy. Does America Really Need Manufacturing [J]. Harvard Business Review, 2012 (March) .

[325] Polanyi, K., The Great Transformation: The Political and Economic Origins of Our Time [M]. Boston: Beacon Press, 1944.

[326] Porter, M. E., Kramer, M. R. Strategy and Society [J]. Harvard Business Review, 2006, 84 (3): 78 –91.

[327] Porter, M. E., Kramer, M. R. The Competitive Advantage of Corporate Philanthropy [J]. Harvard Business Review, 2002, 80 (12): 56 –68.

[328] Porter, M., Kramer, M. Creating Shared Value [J]. Harvard Business

Review, 2011, Jan. – Feb.

[329] Porter, M. E. The Competitive Advantage of Nations [M]. New York: The Free Press, 1990.

[330] Porter, M. E. , Kramer, M. R. Creating Shared Value: How to Reinvent Capitalism—and Unleash a Wave of Innovation and Growth [J]. Harvard Business Review, 2011, 89 (1 – 2): 62 – 77.

[331] Porter, M. E. , Kramer, M. R. Strategy and Society: The Link Between Competitive Advantage and Corporate Social Responsibility [J]. Harvard Business Review, 2006, 84 (12): 78 – 92 .

[332] Porter, M. E. , Kramer, M. R. The Link between Competitive Advantage and Corporate Social Responsibility [J]. Harvard Business Review, 2006 (12): 1 – 13.

[333] Potterie, B. V. P. , Lichtenberg, F. Does Foreign Direct Investment Transfer Technology Across Borders? [J]. Review of Economics and Statistics, 2001, 83 (3): 490 – 497.

[334] Prahalad, C. K. , G. Hamel. The Core Competence of the Corporation [J]. Harvard Business Review, 1990, 68 (3): 235 – 256.

[335] Preacher, K. J. , Hayes, A. F. SPSS and SAS Procedures for Estimating Indirect Effects in Simple Mediation Models [J]. Behavior Research Methods, Instruments, & Computers, 2004, 36 (4): 717 – 731.

[336] Preston, L. E. , Obannon, D. P. The Corporate Social – Financial Performance Relationship: A Typology and Analysis [J]. Business & Society, 2004, 36 (4): 419 – 429.

[337] Pynes, J. Human Resources Management for Public and Nonprofit Organizations [M]. Jossey – Bass Publishers, 1997.

[338] Quinn, D. P. , Jones, T. M. An Agent Morality View of Business Policy [J]. Academy of Management Review, 1995, 20 (1): 22 – 42.

[339] Ravenscraft, D. J. , Scherer, F. M. Life after Takeover [J]. Journal of Industrial Economics, 1987, 36 (2): 147 – 156.

[340] Rawhouser, H. , Cummings, M. , Cranc, A. Benefit Corporation Legislation and the Emergence of a Social Hybrid Category [J]. California Management Review, 2015, 57 (3): 13 – 35.

[341] Rees, W. , Rodionova, T. The Influence of Family Ownership on Corporate Social Responsibility: An International Analysis of Publicly Listed Companies [J].

Corporate Governance An International Review, 2014, 23 (3): 184 – 202.

［342］ Rifkin, Jeremy. The Third Industrial Revolution: How Lateral Power is Transforming Energy, the Economy, & the World ［M］. Palgrave Macmillan, 2011.

［343］ Roberts, J. The Manufacture of Corporate Social Responsibility: Constructing Corporate Sensibility ［J］. Organization, 2003, 10 (2): 249 – 265.

［344］ Roberts, S. Supply Chain Specific? Understanding The Patchy Success of Ethical Sourcing Initiatives ［J］. Journal of Business Ethics, 2003, 44 (2 – 3): 159 – 170.

［345］ Robson, R. A New Look at Benefit Corporations: Game Theory and Game Changer ［J］. American Business Law Journal, 2015, 52 (3): 501 – 555.

［346］ Roe, M. J. Chaos and Evolution in Law and Economics ［J］. Harvard Law Review, 1996, 109 (3): 641 – 668.

［347］ Roll, R. The Hubris Hypothesis of Corporate Takeovers ［J］. Journal of Business, 1986, 59 (2): 197 – 216.

［348］ Rolland, N. China's "Belt and Road Initiative": Underwhelming or Game – Changer? ［J］. The Washington Quarterly, 2017, 40 (1): 127 – 142.

［349］ Rolland, N. China's "Belt and Road Initiative": Underwhelming or Game – Changer? ［J］. The Washington Quarterly, 2017, 40 (1): 127 – 142.

［350］ Rowley, T. , Berman, S. A Brand New Brand of Corporate Social Performance ［J］. Business and Society, 2000, 39 (12): 397 – 418.

［351］ Sabadoz, C. Between Profit – Seeking and Prosociality: Corporate Social Responsibility as Derridean Supplement ［J］. Journal of Business Ethics, 2011, 104 (1): 77 – 91.

［352］ Saltzman, W. , Schultz – Darken, N. J. , Severin, J. M. , Abbott, D. H. Escape from Social Suppression of Sexual Behavior and of Ovulation in Female Common Marmosetsa ［J］. Annals of the New York Academy of Sciences, 1997, 807 (1): 567 – 570.

［353］ Santos, F. , Pache, A. C. , Birkholz, C. Making Hybrids Work: Aligning Business Models and Organizational Design for Social Enterprises ［J］. California Management Review, 2015 (57): 36 – 58.

［354］ Scalet, S. , T. , Kelly. CSR Rating Agencies: What is Their Global Impact? ［J］. Journal of Business Ethics, 2010, 94 (1): 69 – 88.

［355］ Schaltegger, S. , Wagner, M. Sustainable Entrepreneurship and Sustainability Innovation: Categories and Interactions ［J］. Social & Environmental Accountability Journal, 2011, 20 (4): 222 – 237.

[356] Schaltegger, S. A Framework for Ecopreneurship [J]. Greener Management International, 2002 (38): 45 – 58.

[357] Schmidt, C., Foerstl, K., Schaltenbrand, B. The Supply Chain Position Paradox: Green Practices and Firm Performance [J]. Journal of Supply Chain Management, 2017, 53 (1): 3 – 25.

[358] Schneiberg, M., Bartley, T. Regulating American Industries: Markets, Politics, and the Institutional Determinants of Fire Insurance Regulation1 [J]. American Journal of Sociology, 2001, 107 (1): 101 – 146.

[359] Schuler, D. A., Cording, M. A Corporate Social Performance – Corporate Financial Performance Behavioral Model for Consumers [J]. Academy of Management Review, 2006, 31 (3): 540 – 558.

[360] Schwartz, M. S., Carroll, A. B. Corporal Social Responsibility: A Three Domain Approach [J]. Business Ethics Quarterly, 2008, 13 (4): 503 – 530.

[361] Scott, C. Private Regulation of the Public Sector: A Neglected Facet of Contemporary Governance [J]. Journal of Law & Society, 2002, 29 (1): 56 – 76.

[362] Scott, W. R. Institutions and Organizations [M]. London: Sage Publications, 2001.

[363] Sethi, S. P., Sama, L. M. Ethical Behavior as a Strategic Choice by Large Corporations: The Interactive Effect of Marketplace Competition, Industry Structure and Firm Resources [J]. Business Ethics Quarterly, 1998, 8 (1): 85 – 104.

[364] Sethi, S. P. Dimensions of Corporate Social Performance: An Analytical Framework [J]. California Management Review, 1975, 17 (3): 58 – 64.

[365] Shahzad, A. M., Mousa, F. T., Sharfman, M. P. The Implications of Slack Heterogeneity for the Slack – resources and Corporate Social Performance Relationship [J]. Journal of Business Research, 2016, 69 (12): 5964 – 5971.

[366] Sharfman, M. P., Wolf, G., Chase, R. B., Tansik, D. A. Antecedents of Organizational Slack [J]. The Academy of Management Review, 1998, 13 (4): 601 – 614.

[367] Sharma, D. S., Ho, J. The Impact of Acquisitions on Operating Performance: Some Australian Evidence [J]. Journal of Business Finance & Accounting, 2010, 29 (1&2): 155 – 200.

[368] Shediac, R., Abouchakra, R., Moujaes, C. N., Najjar, M. R. Economic Diversification: The Road to Sustainable Development [EB/OL]. Booz & Co.

http://www. ideationcenter. com/media/file/Economic_ diversification2. pdf.

[369] Sheldon, O. The Philosophy of Management [M]. Sir Isaac Pitman And Sons Ltd, 1924.

[370] Shewhart, W. A. Statistical Method from the Viewpoint of Quality Control [M]. Washington, D. C. : The Graduate School, the Department of Agriculture, 1939.

[371] Shimizu, K. Prospect Theory, Behavioral Theory, and the Threat - Rigidity Thesis: Combinative Effects on Organizational Decisions to Divest Formerly Acquired Units [J]. Academy of Management Journal, 2007, 50 (6): 1495 - 1514.

[372] Simon, H. A. Administrative Behavior: A Study of Decision - making Processes in Administrative Organization [M]. London : Pickering & Chatto, 1948.

[373] Singh, J. V. Performance, Slack, and Risk Taking in Organizational Decision Making [J]. Academy of Management Journal, 1986, 29 (3): 562 - 585.

[374] Smith, W. K. , Gonin, M. , Besharov, M. L. Managing Social - business Tensions: A Review and Research Agenda for Social Enterprise [J]. Business Ethics Quarterly, 2013, 23 (3): 407 - 442.

[375] Spence, L. J. Does Size Matter? The State of the art in Small Business Ethics [J]. Business Ethics: A European Review, 1999, 8 (3): 163 - 174.

[376] Spicer, B. H. Investors, Corporate Social Performance and Information Disclosure: An Empirical Study [J]. Accounting Review, 1978: 94 - 111.

[377] Spruds, A. Towards a Balanced Synergy of Visions and Interests: Latvia's Perspectives in 16 + 1 and Belt and Road Initiatives. CIRR, 2017, 23 (78): 37 - 56.

[378] Stahl, G. K. , de Luque, M. S. Antecedents of Responsible Leadership Behavior: A Research Synthesis, Conceptual Framework, and Agenda for Future [J]. Academy of Management Perspectives, 2014, 28 (3): 235 - 254.

[379] Stanwick, P. A. , Stanwick, S. D. The Relationship between Corporate Social Performance and Environmental Performance: An Empirical Examination [J]. Journal of Business Ethics, 1998, 17 (2): 195 - 204.

[380] Steiner, G. , A. , Steiner, J. F. Business, Government, and Society [J]. New York: Random House, 1980.

[381] Stigler, G. J. Monopoly and Oligopoly by Merger [J]. American Economic Review, 1950, 40 (2): 23 - 34.

[382] Stone, C. D. Where The Law Ends: The Social Control of Corporate Behavior [M]. Harper & Row, 1975.

［383］ Strike, V. M. , Gao, J. , Bansal, P. Being Good While Being Bad: Social Responsibility and the International Diversification of US Firms ［J］. Journal of International Business Studies, 2006, 37 (6): 850 – 862.

［384］ Stubbs, W. , Cocklin, C. Conceptualizing a "Sustainability Business Model" ［J］. Organization & Environment, 2008, 21 (2): 103 – 127.

［385］ Stubbs, W. Characterising B Corps as a Sustainable Business Model: An Exploratory Study of B Corps in Australia ［J］. Journal of Cleaner Production, 2017 (144): 299 – 312.

［386］ Stubbs, W. Sustainable Entrepreneurship and B Corps ［J］. Business Strategy & the Environment, 2016 (26): 331 – 344.

［387］ Subramanian, A. , Nilakanta, S. Organizational Innovativeness: Exploring the Relationship Between Organizational Determinants of Innovation, Types of Innovations, and Measures of Organizational Performance ［J］. Omega, 1996, 24 (6): 631 – 647.

［388］ Suchman, M. C. Managing Legitimacy: Strategic and Institutional Approaches ［J］. Academy of Management Review, 1995, 20 (3): 571 – 610.

［389］ Swanson, D. Addressing a Theoretical Problem by Reorienting the Corporate Social Performance Model ［J］. The Academy of Management Review, 1995, 20 (1): 43 – 64.

［390］ Swanson, D. L. Toward an Integrative Theory of Business and Society : A Research Strategy for Corporate Social Performance ［J］. Academy of Management Review, 1999, 24 (3): 506 – 521.

［391］ Sydow, J. J. Koch. Organizational Path Dependence: Opening the Black Box ［J］. Academy of Management Review, 2009, 34 (4): 689 – 709.

［392］ Tan, J. , Peng, M. W. Organizational Slack and Firm Performance during Economic Transitions: Two Studies from an Emerging Economy ［J］. Strategic Management Journal, 2004, 25 (3): 307.

［393］ Tanaka, T. Foreign Investors and Corporate Social Responsibility: Evidence from the Career Advancement of Women in Japan ［J］. Applied Economics, 2015, 47 (33): 3510 – 3524.

［394］ Teece, D. J. , Pisano, G. , A. Shuen. Dynamic Capabilities and Strategic Management ［J］. Strategic Management Journal, 1997, 18 (7): 509 – 533.

［395］ Thomas, P. Lyon, John, W. Maxwell. Greenwash: Corporate Environmental Disclosure under Threat of Audit ［R］. Ross School of Business Working Paper

Series Working Paper No. 1055. March 2006.

[396] Thompson, J. D. Organizations in Action [M]. New York: McGraw – Hill, 1967.

[397] Thornton, P. H., Ocasio, W. Institutional Logics and The Historical Contingency of Power in Organizations: Executive Succession in The Higher Education Publishing Industry, 1958 – 1990 [J]. American Journal of Sociology, 1999, 105 (3): 801 – 843.

[398] Timofeev, I., Lissovolik, Y., Filippova, L. Russia's Vision of the Belt and Road Initiative: From the Rivalry of the Great Powers to Forging a New Cooperation Model in Eurasia [J]. China & World Economy, 2017, 25 (5): 62 – 77.

[399] Tollison, R. D. Rent Seeking: A Survey [J]. Kyklos, 1982, 35 (4): 575 – 602.

[400] Udayasankar, K. Corporate Social Responsibility and Firm Size [J]. Journal of Business Ethics, 2008, 83 (2): 167 – 175.

[401] Ungericht, B., Hirt, C. CSR as a Political Arena: The Struggle for a European Framework [J]. Business and Politics, 2010, 12 (4).

[402] Uzzi, B. Social Structure and Competition in Inter – firm Networks: The Paradox of Embeddedness [J]. Administrative Science Quarterly, 1997, 42 (1): 36 – 67.

[403] Vaara, E., Sarala, R., Stahl, G. K., Björkman, I. The Impact of Organizational and National Cultural Differences on Social Conflict and Knowledge Transfer in International Acquisitions [J]. Journal of Management Studies, 2012, 49 (1): 1 – 27.

[404] Van Horen, N. Customer Market Power and the Provision of Trade Credit: Evidence from Eastern Europe and Central Asia [R]. The World Bank, Policy Research Working Paper Series, 2007: 4284.

[405] Van Marrewijk, M. Concepts and Definitions of CSR and Corporate Sustainability: Between Agency and Communion [J]. Journal of Business Ethics, 2003, 44 (2 – 3): 95 – 105.

[406] Van Tulder, R., van Wijk, J., Kolk, A. From Chain Liability to Chain Responsibility: MNE Approaches to Implement Safety and Health Codes in International Supply Chains [J]. Journal of Business Ethics, 2009, 85 (Suppl. 2): 399 – 412.

[407] Vanacker, T., Collewaert, V., Paeleman, I. The Relationship between Slack Resources and the Performance of Entrepreneurial Firms: The Role of Venture

Capital and Angel Investors [J]. Journal of Management Studies, 2013, 50 (6): 1070 – 1096.

[408] Vangeli, A. China's Engagement with the Sixteen Countries of Central, East and Southeast Europe under the Belt and Road Initiative [J]. China & World Economy, 2017, 25 (5): 101 – 124.

[409] Vita, M. G., Sacher, S. The Competitive Effects of Not – for – Profit Hospital Mergers: A Case Study [J]. Journal of Industrial Economics, 2010, 49 (1): 63 – 84.

[410] Voegtlin, C. Development of a Scale Measuring Discursive Responsible Leadership [J]. Journal of Business Ethics, 2011, 98 (1): 57 – 73.

[411] Voss, G. B., Sirdeshmukh, D., Voss, Z. G. The Effects of Slack Resources and Environmental Threat on Product Exploration and Exploitation [J]. Academy of Management Journal, 2008, 51 (1): 147 – 164.

[412] Waddock, S, Bodwell, C. From TQM to TRM [J]. Journal of Corporate Citizenship, 2002 (7): 113 – 126.

[413] Waddock, S. Building a New Institutional Infrastructure for Corporate Responsibility [J]. Academy of Management Perspectives, 2008, 22 (3): 87 – 108.

[414] Waddock, S., Graves, S. B. The Corporate Social Performance – Financial Performance Link [J]. Strategic Management Journal, 1997, 18 (4): 303 – 319.

[415] Waddock, S., Graves, S. B. The Impact of Mergers and Acquisitions on Corporate Stakeholder Practices [J]. Journal of Corporate Citizenship, 2006, 22 (6): 91 – 109.

[416] Waddock, S., Mcintosh, M. Business Unusual: Corporate Responsibility in a 2.0 World [J]. Business and Society Review, 2011, 116 (3): 303 – 330.

[417] Wadhwa, A., A. P., Petkova, X., Yao, S., Jain. Reputation and Decision Making under Ambiguity: A Study of U. S. Venture Capital Investments in the Emerging Clean Energy Sector [J]. Academy of Management Journal, 2013, 57 (2): 422 – 448.

[418] Wadhwa, Vivek. Why It's China's Turn to Worry About Manufacturing [N]. Washington Post, Jan. 12, 2012.

[419] Wang, H. C., Barney, J. B. Employee Incentives to Make Firm – Specific Investments: Implications for Resource – Based Theories of Corporate Diversification [J]. Academy of Management Review, 2006, 31 (2): 466 – 476.

[420] Wang, H., Barney, J. B., Reuer, J. J. Stimulating Firm – specific Investment through Risk Management [J]. Long Range Planning, 2003, 36 (1):

49 – 59.

[421] Wartick, S. L. , Cochran, P. L. The Evolution of the Corporate Social Performance Model [J]. Academy of Management Review, 1985, 10 (4): 758 – 769.

[422] Watts, R. L. Conservatism in Accounting, Part I: Explanations and Implications [J]. Accounting Horizons, 2003 (17): 207 – 221.

[423] Wells, H. The Cycles of Corporate Social Responsibility: An Historical Retrospective for The Twenty – first Century [J]. U. Kan. L. Rev, 2002 (51): 77 – 140.

[424] Wernerfelt, B. A. Resource – Based View of the Firm [J]. Strategic Management Journal, 1984 (5) .

[425] White, A. Fade, Integrate or Transform? The Future of CSR [J]. Business for Social Responsibility, 2005.

[426] White, H. C. Markets from Networks: Socioeconomic Models of Production [M]. New Jersey: Princeton University Press, 2001.

[427] Wickert, C. , Scherer, A. G. , Spence, L. J. Walking and Talking Corporate Social Responsibility: Implications of Firm Size and Organizational Cost [J]. Journal of Management Studies, 2016, 53 (7): 1169 – 1196.

[428] Wijen, F. Means versus Ends in Opaque Institutional Fields: Trading Off Compliance and Achievement in Sustainability Standard Adoption [J]. Academy of Management Review, 2014, 39 (3): 302 – 323.

[429] William, H. Clark, Jr. , Elizabeth, K. Babson. How Benefit Corporations are Redefining the Purpose of Business Corporations [J] . William Mitchell Law Review, 2012 (38): 817 – 851.

[430] Wilson, L. What One Company is Doing About Today's Demands on Business [C]. In: Steiner, G. A. (ed.) . Changing Business – society Interrelationships. Los Angeles: Graduate School of Management, Ucla, 1975: 121 – 140.

[431] Winter, S. G. Toward a Neo – Schumpeterian Theory of the Firm [J]. Industrial and Corporate Change, 2006, 15 (1): 125 – 141.

[432] Wiseman, R. M. , Catanach, A. H. A Longitudinal Disaggregation of Operational Risk under Changing Regulations: Evidence from the Savings and Loan Industry [J] . Academy of Management Journal, 1997, 40 (4): 799 – 830.

[433] Wolf, J. The Relationship Between Sustainable Supply Chain Management, Stakeholder Pressure and Corporate Sustainability Performance [J] . Journal of Business Ethics, 2014, 119 (3): 317 – 328.

［434］Wood, D. J. Corporate Social Performance Revisited ［J］. Academy of Management Review, 1991, 16 (4): 691 – 718.

［435］Xu, E. , Yang, H. , Quan, J. M. , Lu, Y. Organizational Slack and Corporate Social Performance: Empirical Evidence from China's Public Firms ［J］. Asia Pacific Journal of Management, 2015, 32 (1): 181 – 198.

［436］Xu, N. H. , Li, X. R. , Yuan, Q. B. , Chan, K. C. Excess Perks and Stock Price Crash Risk: Evidence from China ［J］. Journal of Corporate Finance, 2014 (25): 419 – 434.

［437］Yilmaz, S. , Liu, C. M. The Rise of New Eurasianism: China's "Belt and Road" Initiative and Its Implications for Euro – Atlanticism ［J］. China Quarterly of International Strategic Studies, 2016, 2 (3): 401 – 419.

［438］Yin, J. , Singhapakdi, A. , Du, Y. Causes and Moderators of Corporate Social Responsibility in China: The Influence of Personal Values and Institutional Logics ［J］. Asian Business & Management, 2016, 15 (3): 226 – 254.

［439］Yuan, W. , Bao, Y. , Verbeke, A. Integrating CSR Initiatives in Business: An Organizing Framework ［J］. Journal of Business Ethics, 2011, 101 (1): 75 – 92.

［440］Zadek, S. Doing Good and Doing Well: Making the Business Case for Corporate Citizenship ［R］. Research Report 1282 – 00 – RR. New York: The Conference Board, 2000.

［441］Zelezny, L. C. , Chua, P. P. , Aldrich, C. Elaborating on Gender Differences in Environmentalism ［J］. Journal of Social Issues, 2000, 56 (3): 443 – 457.

［442］Zeng, L. L. Conceptual Analysis of China's Belt and Road Initiative: A Road towards a Regional Community of Common Destiny ［J］. Chinese Journal of International Law, 2016 (8): 517 – 541.

［443］Zhang, C. The Belt and Road Initiative and Global Governance in Transition ［J］. China Quarterly of International Strategic Studies, 2017, 3 (2): 175 – 191.

［444］Zhao, X. , Lynch, J. G. , Chen, Q. Reconsidering Baron and Kenny: Myths and Truths about Mediation Analysis ［J］. Journal of Consumer Research, 2010, 37 (2): 197 – 206.

［445］Zhu, Q. , Liu, J. , Lai, K. H. Corporate Social Responsibility Practices and Performance Improvement among Chinese National State – owned Enterprises ［J］. International Journal of Production Economics, 2016, 171 (1): 417 – 426.

［446］Zimbardo，P. The Lucifer Effect：Understanding How Good People Turn Evil［M］. New York：Random House，2008.

［447］Zineldin，M. Coopetition：The Organization of The Future［J］. Marketing Intelligence & Planning，2004，22（7）.

［448］［德］彼得·科斯洛夫斯基. 伦理经济学原理［M］. 北京：中国社会科学出版社，1997.

［449］［美］阿瑟·林克，威廉·卡顿. 1900 年以来的美国史（上册）［M］. 刘绪贻等译. 北京：中国社会科学出版社，1983.

［450］［美］杰米里·里夫金. 零边际成本社会［M］. 北京：中信出版社，2014.

［451］［美］唐斯，努内斯. 大爆炸式创新［M］. 杭州：浙江人民出版社，2014.

［452］［美］托马斯·库恩. 科学革命的结构［M］. 北京：北京大学出版社，2004.

［453］［英］阿萨·勃里格斯. 英国社会史［M］. 北京：中国人民大学出版社，1991.

［454］［英］齐格蒙特·鲍曼. 共同体［M］. 欧阳景根译. 南京：江苏人民出版社，2003.

［455］白雪洁，汪海凤，孙红印. 金融发展、资源特征与城市转型［J］. 经济与管理研究，2016（2）.

［456］保尔·芒图. 18 世纪产业革命［M］. 北京：商务印书馆，1983.

［457］鲍悦华，陈强. 质量概念的嬗变与城市发展质量［J］. 同济大学学报（社会科学版），2009（12）：46－52.

［458］波士顿咨询公司. 打造全球一流的价值创造型企业集团［R］. 2017.

［459］蔡双立，孙芳. 关系资本、要素整合与中小企业网络化成长［J］. 改革，2013（7）.

［460］曾向红. "一带一路"的地缘政治想象与地区合作［J］. 世界经济与政治，2016（1）：46－71.

［461］陈昌兵. 新时代我国经济高质量发展动力转换研究［J］. 上海经济研究，2018（5）：16－24.

［462］陈成文，陈海平. 西方社会学家眼中的"和谐社会"［J］. 湖南师范大学社会科学学报，2005（9）：5－10.

［463］陈凯. 从共同体到联合体——马克思共同体思想研究［D］. 华侨大学博士学位论文，2017.

［464］陈仕华，姜广省，卢昌崇．董事联结、目标公司选择与并购绩效——基于并购双方之间信息不对称的研究视角［J］.管理世界，2013（12）.

［465］陈雨露．"一带一路"与人民币国际化［J］.中国金融，2015（19）：40－42.

［466］陈孜昕．我国国有企业社会责任在不同时期的变迁研究［D］.复旦大学硕士学位论文，2014.

［467］程承坪，程鹏．国有企业性质：市场与政府的双重替代物［J］.当代经济研究，2013（1）：26－31.

［468］程文广，赵捷．高等教育质量：内涵、外延及其意义［J］.湖北社会科学，2012（11）：174－178.

［469］程雪莲，王夏阳，陈宏辉．企业管理者真的在意社会责任问题吗？［J］.中山大学学报（社会科学版），2018（1）：196－208.

［470］戴亦一，潘越，冯舒．中国企业的慈善捐赠是一种"政治献金"吗？——来自市委书记更替的证据［J］.经济研究，2014（2）：74－86.

［471］丹尼尔·A.雷恩．管理思想的演变［M］.孙耀军等译．北京：中国社会科学出版社，1986.

［472］单洪青，王曦．具有全球竞争力的世界一流能源化工公司研究［J］.当代石油石化，2018（2）：5－10.

［473］德勤华永会计师事务所．对标世界一流企业：做优做强，管理提升之路［M］.北京：经济管理出版社，2013.

［474］邓正来．国家与市民社会［M］.杭州：浙江人民出版社，1998.

［475］丁任重，陈姝兴．中国区域经济政策协调的再思考——兼论"一带一路"背景下区域经济发展的政策与手段［J］.南京大学学报（哲学人文科学社会科学版），2016（1）：26－33.

［476］董保华．企业社会责任与企业办社会［J］.上海师范大学学报（哲学社会科学版），2006（9）：44－50.

［477］杜爱国．中国经济高质量发展的制度逻辑与前景展望［J］.学习与实践，2018（7）：5－13.

［478］杜雪峰．国有企业快速扩张、企业绩效与社会责任［M］.成都：西南财经大学出版社，2017.

［479］范如国．复杂网络结构范型下的社会治理协同创新［J］.中国社会科学，2014（4）：98－120.

［480］费显政，李陈微，周舒华．一损俱损还是因祸得福？——企业社会责任声誉溢出效应研究［J］.管理世界，2010（4）：74－82.

［481］符刚，吴凡璐，符巍兰，王运陈．公司社会绩效与财务绩效关系模型优化及应用——来自中国上市公司的证据［J］.财务研究，2016（3）．

［482］高德步．英国工业革命时期的"城市病"及其初步治理［J］.学术研究，2001（1）：103-106.

［483］高小升．欧盟高端智库对"一带一路"倡议的认知评析［J］.国外理论动态，2017（12）：110-120.

［484］高勇强，陈亚静，张云均．"红领巾"还是"绿领巾"：民营企业慈善捐赠动机研究［J］.管理世界，2012（8）：106-114.

［485］管佩韦．英国工业革命的后果［J］.浙江大学学报（人文社会科学版），1980（3）：22-28.

［486］郭洪涛．国有企业经济目标和社会目标间的权衡［J］.现代经济探讨，2012（3）：10-13.

［487］郭劲光，高静美．国有企业改革：企业制度的变迁与选择［J］.经济评论，2003（6）：51-57.

［488］郭克莎．质量经济学概论［M］.广州：广东人民出版社，1992.

［489］国务院国有资产监督管理委员会．做强做优中央企业、培育具有国际竞争力的世界一流企业要素指引［R］.2013.

［490］韩丽欣，郑国．中西方慈善文化传统资源的比较研究［J］.南昌大学学报（人文社会科学版），2014（1）：104-109.

［491］何健．组织学习视角下企业使命演化研究［D］.华南理工大学硕士学位论文，2016.

［492］贺晓宇，沈坤荣．现代化经济体系、全要素生产率与高质量发展［J］.上海经济研究博士学论文，2018（6）：25-34.

［493］洪必纲．公共物品供给中的租及寻租博弈研究［D］.湖南大学博士学位论文，2010.

［494］华伟．单位制向社区的回归——中国城市基层管理体制50年变迁［J］.战略与管理，2001（1）：86-99.

［495］黄建．社会失灵：内涵、表现与启示［J］.党政论坛，2015（2）：23-26.

［496］黄群慧，贺俊．"第三次工业革命"与中国经济发展战略调整［J］.中国工业经济，2013（1）．

［497］黄群慧，余菁，王涛．培育世界一流企业：国际经验与中国情境［J］.中国工业经济，2017（11）：5-25.

［498］黄群慧，余菁．新时期的新思路：国有企业分类改革与治理［J］.中

国工业经济，2013（11）：5－17.

［499］黄群慧．"十三五"时期新一轮国有经济战略性调整研究［J］．北京交通大学学报（社会科学版），2016（4）：1－14.

［500］黄群慧．"新国企"是怎样炼成的——中国国有企业改革40年回顾［J］．中国经济学人，2018（1）：58－83.

［501］黄速建，黄群慧，王钦，肖红军．中国国有企业改革三十年回顾与展望．载陈佳贵．中国国有企业改革三十年［C］．北京：中国财政经济出版社，2008.

［502］黄速建，余菁．国有企业的性质、目标与社会责任［J］．中国工业经济，2006（2）：68－76.

［503］黄速建．国有企业改革三十年：成就、问题与趋势［J］．首都经济贸易大学学报，2008（6）：5－22.

［504］黄伟合．英国近代自由主义研究——从洛克、边沁到密尔［M］．北京：北京大学出版社，2005.

［505］贾根良．第三次工业革命与新型工业化道路的新思维［J］．中国人民大学学报，2013（2）：43－52.

［506］贾根良．"第三次工业革命"终结中国崛起？［J］．社会观察，2012（6）.

［507］姜地忠，王国伟．单位社会的消解及社会建设的难题［J］．湖北经济学院学报，2006（9）：119－124.

［508］蒋春燕，赵曙明．组织冗余与绩效的关系：中国上市公司的时间序列实证研究［J］．管理世界，2004（5）.

［509］蒋一苇．"企业本位论"刍议［J］．经济管理，1979（6）：20－27.

［510］解维敏，魏化倩．市场竞争、组织冗余与企业研发投入［J］．中国软科学，2016（8）.

［511］金碚．关于"高质量发展"的经济学研究［J］．中国工业经济，2018（4）：5－18.

［512］金碚．论国有企业是特殊企业［J］．学习与探索，1999（3）：11－14.

［513］金碚．新常态下国企改革与发展的战略方向［J］．北京交通大学学报（社会科学版），2015（4）：1－6.

［514］金玲．"一带一路"：中国的马歇尔计划？［J］．国际问题研究，2015（1）：88－99.

［515］凯文·布德罗，卡里姆·拉哈尼．独创新不如众创新［J］．哈佛商业评论，2013（4）.

[516] ［英］克拉潘. 现代英国经济史（中卷）［M］.北京：商务印书馆，1975.

[517] 蓝海林. 建立"世界级企业"：优势路径与战略选择［J］.管理学报，2008（1）：9－13.

[518] 黎来芳，叶宇航，孙健. 市场竞争、负债融资与过度投资［J］.中国软科学，2013（11）.

[519] 黎文靖. 政治寻租视角下的公司社会责任研究——基于中国转轨经济的一个新政治经济学解读［J］.财政研究，2011（2）：42－46.

[520] 李泊溪. 世界一流企业发展思考［J］.经济研究参考，2012（10）：25－37.

[521] 李金华. 第四次工业革命的兴起与中国的行动选择［J］.新疆师范大学学报（哲学社会科学版），2018（5）：77－86.

[522] 李路路，李汉林. 中国的单位组织——资源、权利与交换［M］.杭州：浙江人民出版社，2004.

[523] 李善民，朱滔. 多元化并购能给股东创造价值吗？——兼论影响多元化并购长期绩效的因素［J］.管理世界，2006（3）.

[524] 李伟阳，肖红军. 企业社会责任的逻辑［J］.中国工业经济，2011（10）：87－97.

[525] 李伟阳，肖红军. 全面社会责任管理：新的企业管理模式［J］.中国工业经济，2010（1）：114－123.

[526] 李伟阳，肖红军. 基于社会资源优化配置视角的企业社会责任研究——兼对新古典经济学企业社会责任观的批判［J］.中国工业经济，2009（253）：116－127.

[527] 李伟阳，肖红军. 企业社会责任的逻辑［J］.中国工业经济，2011（10）：87-97.

[528] 李伟阳，肖红军. 走出"丛林"——企业社会责任的新探索［M］.北京：经济管理出版社，2012.

[529] 李伟阳. 基于企业本质的企业社会责任边界研究［J］.中国工业经济，2010（9）：89－100.

[530] 李文莲，夏健明. 基于"大数据"的商业模式创新［J］.中国工业经济，2013（5）.

[531] 李晓琳. 中国特色国有企业社会责任论［D］.吉林大学博士学位论文，2015.

[532] 李晓翔，刘春林. 高流动性冗余资源还是低流动性冗余资源——一项

关于组织冗余结构的经验研究 [J].中国工业经济,2010(7).

[533] 李晓翔,刘春林.冗余资源、并购行为和剥离行为:一项关于我国 ST 企业的配对研究 [J].经济管理,2011(6).

[534] 李新颖.媒体在企业社会责任传播中存在的问题 [J].人民论坛, 2014(3):96-98.

[535] 李正,向锐.中国企业社会责任信息披露的内容界定、计量方法和现状研究 [J].会计研究,2007(7).

[536] 李正.企业社会责任与企业价值的相关性研究——来自沪市上市公司的经验证据 [J].中国工业经济,2006(2):77-83.

[537] 林海芬,于泽川,王涛.初创企业组织共享基模的形成机理研究 [J].管理科学,2015(5):15-30.

[538] 林钧海,张跃发.试论世界近代史上工业革命与技术革命的关系 [J].青海师范大学学报(哲学社会科学版),1984(1):92-97.

[539] 刘德鹏,贾良定,刘畅唱,蔡亚华,郑雅琴.从自利到德行:商业组织的制度逻辑变革研究 [J].管理世界,2017(11):94-111.

[540] 刘江鹏.企业成长的双元模型:平台增长及其内在机理 [J].中国工业经济,2015(6):148-160.

[541] 刘金源.近代英国劳资政策指导思想的演变 [J].史学月刊,2013(6):94-101.

[542] 刘启君.寻租理论研究 [D].华中科技大学博士学位论文,2005.

[543] 刘世锦.中国国有企业的性质与改革逻辑 [J].经济研究,1995(4):29-36.

[544] 刘小玄,赵农.论公共部门合理边界的决定——兼论混合公共部门的价格形成机制 [J].经济研究,2007(3):45-56.

[545] 刘笑萍,黄晓薇,郭红玉.产业周期、并购类型与并购绩效的实证研究 [J].金融研究,2009(3).

[546] 刘友金,周健."换道超车":新时代经济高质量发展路径创新 [J].湖南科技大学学报(社会科学版),2018(1):49-57.

[547] 刘志彪.理解高质量发展:基本特征、支撑要素与当前重点问题 [J].学术月刊,2018(7):39-45.

[548] 龙文滨,宋献中.基于合法性视角的国有企业社会责任行为演进 [J].华南理工大学学报(社会科学版),2012(12):18-40.

[549] 罗兰贝格.中国如何造就全球龙头企业 [J].中国工业评论,2017(7):18-25.

[550] 罗珉，何长见. 组织间关系：界面规则与治理机制 [J]. 中国工业经济，2006（5）：87 – 95.

[551] 罗珉，任丽丽. 组织间关系：界面规则的演进与内在机理研究 [J]. 中国工业经济，2010（1）：84 – 93.

[552] 罗仲伟，李先军，宋翔，李亚光. 从"赋权"到"赋能"的企业组织结构演进 [J]. 中国工业经济，2017（9）：174 – 192.

[553] 罗仲伟. 中国国有企业改革：方法论和策略 [J]. 中国工业经济，2009（1）：5 – 17.

[554] 吕方. 单位社会变革与社会基础秩序重构 [D]. 吉林大学博士学位论文，2010.

[555] 吕政，黄速建. 中国国有企业改革 30 年研究 [M]. 北京：中国经济出版社，2008.

[556] 吕政. 论另一只无形的手——社会文化传统对经济发展的影响 [J]. 经济管理，2001（2）：6 – 9.

[557] 马虹，李杰. 战略性的企业社会责任投资与市场竞争——基于 Hotelling 模型的分析框架 [J]. 经济学动态，2014（8）.

[558] 马建英. 美国对中国"一带一路"倡议的认知与反应 [J]. 世界经济与政治，2015（10）：104 – 132.

[559] 麦肯锡. 完善系统对标，推动管理转型，打造世界一流企业 [R]. 2012.

[560] 梅雪芹. 工业革命以来西方主要国家环境污染与治理的历史考察 [J]. 世界历史，2000（6）：20 – 29.

[561] 孟晓俊，肖作平，曲佳莉. 企业社会责任信息披露与资本成本的互动关系 ——基于信息不对称视角的一个分析框架 [J]. 会计研究，2010（9）：25 – 30.

[562] 倪昌红，张洁慧. 多元化战略视角下的企业社会绩效驱动机制研究 [J]. 工业技术经济，2013（9）.

[563] 潘越，戴亦一，林超群. 信息不透明、分析师关注与个股暴跌风险 [J]. 金融研究，2011（9）：138 – 151.

[564] 彭华岗，楚序平. 企业社会责任管理体系研究 [M]. 北京：经济管理出版社，2011.

[565] 彭泗清，李兰，潘建成等. 企业家对企业社会责任的认识与评价——2007 年中国企业经营者成长与发展专题调查报告 [J]. 管理世界，2007（6）.

[566] 蒲晓晔，Fidrmuc, J. 中国经济高质量发展的动力结构优化机理研究 [J]. 西北大学学报（哲学社会科学版），2018（1）：113 – 118.

[567] 戚聿东，刘健. 第三次工业革命趋势下产业组织转型 [J]. 财经问题

研究，2014（1）.

［568］权衡．经济全球化的实践困境与"一带一路"建设的新引擎［J］.世界经济研究，2017（12）：3－8.

［569］任保平，李禹墨．新时代我国高质量发展评判体系的构建及其转型路径［J］.陕西师范大学学报（哲学社会科学版），2018（5）：105－113.

［570］任保平，魏婕，郭晗．超越数量：质量经济学的范式与标准研究［M］.北京：人民出版社，2017.

［571］任保平，文安丰．新时代中国高质量发展的判断标准、决定因素与实现途径［J］.改革，2018（4）：5－16.

［572］任保平．新时代高质量发展的政治经济学理论逻辑及其现实性［J］.人文杂志，2018（2）：26－34.

［573］茹少峰，魏博阳，刘家旗．以效率变革为核心的我国经济高质量发展的实现路径［J］.陕西师范大学学报（哲学社会科学版），2018（5）：114－125.

［574］邵传林．国有企业性质的比较制度分析［J］.经济学动态，2011（9）：37－43.

［575］沈洪涛，沈艺峰．企业社会责任思想起源与演变［M］.上海：上海人民出版社，2007.

［576］沈弋，徐光华，王正艳．"言行一致"的企业社会责任信息披露［J］.会计研究，2014（9）：29－37.

［577］盛毅．新一轮国有企业分类改革思路发凡［J］.改革，2014（12）：44－51.

［578］师博，任保平．中国省际经济高质量发展的测度与分析［J］.经济问题，2018（4）：1－6.

［579］师博，张冰瑶．新时代、新动能、新经济——当前中国经济高质量发展解析［J］.上海经济研究，2018（5）：25－33.

［580］石国亮．慈善组织公信力的影响因素分析［J］.中国行政管理，2014（5）.

［581］时立荣，王安岩．社会企业与社会治理创新［J］.理论探讨，2016（3）：141－144.

［582］宋方敏．论"国有企业做强做优做大"和"国有资本做强做优做大"的一致性［J］.政治经济学评论，2018（3）：3－15.

［583］苏勇，冯臻．不同规模企业选择参与社会责任动机的研究［J］.经济管理，2009（Z1）.

［584］孙秋柏，唐志丹，孙耀唯．培育具有国际竞争力的世界级企业［J］.

经济管理，2002（13）：6-7.

[585] 孙燕芬. 关于竞争中立规则的中外发展与启示 [D]. 吉林大学硕士学位论文，2017.

[586] 檀菲菲，陆兆华. 基于 NLPCA-GSO 可持续发展评价——以环渤海地区为例 [J]. 生态学报，2016（8）：2403-2412.

[587] 陶红梅，陈葵阳. 西方自由主义的源与流 [J]. 学术界，2012（5）：170-180.

[588] 田素华，杨烨超. FDI 进入中国区位变动的决定因素：基于 D-G 模型的经验研究 [J]. 世界经济，2012（11）.

[589] 田毅鹏，吕方. 单位社会的终结及其社会风险 [J]. 吉林大学社会科学学报，2009（11）：17-23.

[590] 万君宝，秦施洁. 美国企业慈善的历史演进及长效机制研究 [J]. 经济管理，2015（1）：158-167.

[591] 王发银. 超竞争环境下企业组织控制能力研究 [D]. 哈尔滨工业大学硕士学位论文，2007.

[592] 王凤霞. 新时期中国制造企业转变竞争范式的思考 [J]. 理论探讨，2009（4）.

[593] 王海燕. 公益性社会组织公信力研究 [J]. 征信，2014（11）：23-27.

[594] 王茂福. 组织分类研究：韦伯与帕森斯之比较 [J]. 社会科学研究，1997（1）：96-101.

[595] 王敏，李伟阳. 中央企业社会责任内容的三层次研究 [J]. 财政监督，2008（6）：14-15.

[596] 王钦，赵剑波. 价值观引领与资源再组合：以海尔网络化战略变革为例 [J]. 中国工业经济，2014（12）.

[597] 王钦. 新工业革命背景下的管理变革：影响、反思和展望 [J]. 经济管理，2014（11）.

[598] 王生升. 经济发展新时代离不开国有经济和民营经济的共同发展 [N]. 光明日报，2018-02-07.

[599] 王涛，陈金亮. 双元制度逻辑与多中心融合情境的组织合法性——兼论国有企业分类改革 [J]. 经济管理，2018（8）：38-54.

[600] 王永宁. 企业社会责任"公共物品"论：经济学视角 [J]. 生产力研究，2011（4）：22-24.

[601] 王媛. 未竟的公共性：我国国有企业社会责任研究 [D]. 南京大学研究生毕业论文，2017.

［602］王增涛，杨雪艳．规模对跨国企业在华社会责任行为的影响研究［J］．财政研究，2010（10）．

［603］王志强．为什么"企业办社会"是低效率的［J］．中国经济问题，2001（2）：36－40．

［604］王子平，冯百侠，徐静珍．资源论［M］．石家庄：河北科学技术出版社，2001．

［605］魏杰，李东红．30 年国有企业改革历程评析［J］．经济与管理研究，2009（1）：23－28．

［606］魏婧恬，葛鹏，王健．制度环境、制度依赖性与企业全要素生产率［J］．统计研究，2017（5）：38－48．

［607］魏龙，王磊．从嵌入全球价值链到主导区域价值链——"一带一路"战略的经济可行性分析［J］．国际贸易问题，2016（5）：104－115．

［608］温素彬，方苑．企业社会责任与财务绩效关系的实证研究——利益相关者视角的面板数据分析［J］．中国工业经济，2008（10）：150－160．

［609］温忠麟，张雷，侯杰泰．中介效应检验程序及其应用［J］．心理学报，2004（5）．

［610］巫强，刘志彪．中国沿海地区出口奇迹的发生机制分析［J］．经济研究，2009（6）．

［611］吴金明．"二维五元"价值分析模型——关于支撑我国高质量发展的基本理论研究［J］．湖南社会科学，2018（3）：113－129．

［612］吴敬琏．当代中国经济改革［M］．上海：上海远东出版社，2003．

［613］夏先良．开创世界经济开放、包容和可持续发展新局面——"一带一路"的划时代战略意义［J］．人民论坛·学术前沿，2017（9）：6－20．

［614］肖红军，张俊生，李伟阳．企业伪社会责任行为研究［J］．中国工业经济，2013（6）：109－121．

［615］肖红军，张哲．企业社会责任寻租行为研究［J］．经济管理，2016（2）：178－188．

［616］肖红军，李伟阳，胡叶琳．真命题还是伪命题：企业社会责任检验的新思路［J］．中国工业经济，2015（2）：102－114．

［617］肖红军，王晓光，李伟阳．责任采购管理［M］．北京：经济管理出版社，2014（1）：28－64．

［618］肖红军，张俊生，李伟阳．企业伪社会责任行为研究［J］．中国工业经济，2013（7）：109－121．

［619］肖红军，张哲．企业悲观论的反思［J］．管理学报，2017（5）：720－729．

［620］肖红军，郑若娟，李伟阳．企业社会责任综合价值创造机理研究［J］．中国社会科学院研究生院学报，2014（6）．

［621］肖红军，郑若娟，铉率．企业社会责任信息披露的资本成本效应［J］．经济与管理研究，2015（3）：136－144.

［622］肖红军．企业社会责任议题管理：理论建构与实践探索［M］．北京：经济管理出版社，2017.

［623］小宫隆大郎．竞争的市场机制和企业的作用．载于吴家骏，汪海波．经济理论与经济政策［M］．北京：经济管理出版社，1986.

［624］谢家平，刘鲁浩，梁玲．社会企业：发展异质性、现状定位及商业模式创新［J］．经济管理，2016，38（4）：190－199.

［625］辛迪诚．中国国有企业改革的制度变迁研究［D］．复旦大学博士学位论文，2008.

［626］辛小柏．建立现代企业制度必须解决"企业办社会"［J］．经济理论与经济管理，1997（2）：20－26.

［627］徐晋，张祥建．平台经济学初探［J］．中国工业经济，2006（5）：40－47.

［628］徐莉萍，辛宇，祝继高．媒体关注与上市公司社会责任之履行——基于汶川地震捐款的实证研究［J］．管理世界，2011（3）：135－143.

［629］徐士伟，陈德棉，陈鑫等．企业社会责任与并购绩效——来自中国上市公司的经验证据［J］．投资研究，2017（6）．

［630］徐玮．略论美国第二次工业革命［J］．世界历史，1989（6）：20－29.

［631］徐一民，张志宏．产品市场竞争、政府控制与投资效率［J］．软科学，2010（12）．

［632］徐昭．上市公司市值管理的有效性研究——基于企业并购绩效的实证分析［J］．经济理论与经济管理，2017（1）．

［633］许晖，许守任，王睿智．网络嵌入、组织学习与资源承诺的协同演进——基于3家外贸企业转型的案例研究［J］．管理世界，2013（10）．

［634］许年行，于上尧，伊志宏．机构投资者羊群行为与股价崩盘风险［J］．经济研究，2013（7）：31－43.

［635］严佳佳，辛文婷．"一带一路"倡议对人民币国际化的影响研究［J］．经济学家，2017（12）：83－90.

［636］颜建国．并购企业承担社会责任能获得超额收益吗？［J］．财经问题研究，2017（5）．

［637］杨思灵．"一带一路"倡议下中国与沿线国家关系治理及挑战［J］．

南亚研究，2015（2）：15－34.

［638］杨幽红. 创新质量理论框架：概念、内涵和特点［J］. 科研管理，2013（12）：320－325.

［639］姚立杰. 企业社会责任的披露意愿和表现对盈余管理有影响吗？［R］. 北京交通大学工作论文，2015.

［640］于津平，顾威. "一带一路"建设的利益、风险与策略［J］. 南开学报（哲学社会科学版），2016（1）：65－70.

［641］于淼. 企业与社会的关系定位与和谐社会建设［J］. 沈阳农业大学学报（社会科学版），2006（1）：33－36.

［642］袁纯清. 共生理论——兼论小型经济［M］. 北京：经济科学出版社，1998.

［643］袁辉. 国有企业功能的历史透视与新时期定位［J］. 江苏行政学院学报，2014（2）：46－50.

［644］［英］约翰·密尔. 论自由［M］. 许宝骙译. 北京：商务印书馆，1998.

［645］张川，娄祝坤，詹丹碧. 政治关联、财务绩效与企业社会责任——来自中国化工行业上市公司的证据［J］. 管理评论，2014（1）.

［646］张敬伟，王迎军. 基于价值三角形逻辑的商业模式概念模型研究［J］. 外国经济与管理，2010（6）：1－8.

［647］张可云，蔡之兵. 全球化4.0、区域协调发展4.0与工业4.0——"一带一路"战略的背景、内在本质与关键动力［J］. 郑州大学学报（哲学社会科学版），2015（3）：87－92.

［648］张明. 直面"一带一路"的六大风险［J］. 国际经济评论，2015（4）：38－41.

［649］张其仔. 第四次工业革命与产业政策的转型［J］. 天津社会科学，2018（1）：96－104.

［650］张庆垒，施建军，刘春林. 技术多元化、冗余资源与企业绩效关系研究［J］. 科研管理，2015（11）.

［651］张文魁. 国有企业改革30年的中国范式及其挑战［J］. 改革，2008（10）：5－18.

［652］张文魁. 世界一流企业八个特征［J］. 港口经济，2012（2）：26.

［653］张新民，王珏，祝继高. 市场地位、商业信用与企业经营性融资［J］.《会计研究》，2012（8）.

［654］张宇燕，何帆. 国有企业的性质（上）［J］. 管理世界，1996（5）：

128 – 135.

[655] 赵凌云. 1978～1998 年间中国国有企业改革发生与推进过程的历史分析 [J]. 当代中国史研究, 1999 (5 – 6): 199 – 218.

[656] 郑海东. 企业社会责任行为表现: 测量维度、影响因素及绩效关系 [M]. 北京: 高等教育出版社, 2012.

[657] 中国宏观经济分析与预测课题组. 新时期新国企的新改革思路 [J]. 经济理论与经济管理, 2017 (5): 5 – 24.

[658] 中国社会科学院工业经济研究所课题组. 第三次工业革命与中国制造业的应对战略 [J]. 学习与探索, 2012 (9).

[659] 仲伟周. 寻租行为的理论研究及实证分析 [M]. 北京: 科学出版社, 2010.

[660] 周俊, 薛求知. 双元型组织构建研究前沿探析 [J]. 外国经济与管理, 2009 (1): 50 – 57.

[661] 周叔莲. 20 年中国国有企业改革经验的理论分析 [J]. 中国社会科学院研究生院学报, 2000 (3): 1 – 11.

[662] 周五七. "一带一路" 沿线直接投资分布与挑战应对 [J]. 改革, 2015 (8): 39 – 47.

[663] 周原冰. 什么样的企业称得上 "国际一流企业"? [N]. 国家电网报, 2012 – 01 – 17.

[664] 周长富, 杜宇玮, 彭安平. 环境规制是否影响了我国 FDI 的区位选择? ——基于成本视角的实证研究 [J]. 世界经济研究, 2016 (1).

[665] 周中胜, 何德旭, 李正. 制度环境与企业社会责任履行: 来自中国上市公司的经验证据 [J]. 中国软科学, 2012 (10): 59 – 68.

[666] 宗芳宇, 路江涌, 武常岐. 双边投资协定、制度环境和企业对外直接投资区位选择 [J]. 经济研究, 2012 (5).

[667] 邹穗. 英国工业革命中的福音运动 [J]. 世界历史, 1998 (3): 55 – 62.

[668] [美] C. I. 巴纳德. 经理人员的职能 [M]. 孙耀君译. 北京: 中国社会科学出版社, 1997.

[669] 陈宏民, 胥莉. 双边市场 [M]. 上海: 上海人民出版社, 2007.

[670] 陈威如, 余卓轩. 平台战略 [M]. 北京: 中信出版社, 2013.

[671] 戴克清, 陈万明, 李小涛. 共享经济研究脉络及其发展趋势 [J]. 经济学动态, 2017 (11).

[672] 费显政, 李陈微, 周舒华. 一损俱损还是因祸得福? ——企业社会责任声誉溢出效应研究 [J]. 管理世界, 2010 (4).

［673］冯道军．企业社会责任建设中的政府行为研究［D］．华中师范大学博士学位论文，2014.

［674］傅瑜，隋广军，赵子乐．单寡头竞争性垄断：新型市场结构理论构建［J］．中国工业经济，2014（1）．

［675］龚丽敏，江诗松．平台型商业生态系统战略研究前沿：视角和对象［J］．外国经济与管理，2016（6）．

［676］郝斌，任浩．企业间领导力：一种理解联盟企业行为与战略的新视角［J］．中国工业经济，2011（3）．

［677］侯赟慧，杨琛珠．网络平台商务生态系统商业模式选择策略研究［J］．软科学，2015（11）．

［678］姜丽群．企业社会失责行为的动因、影响及其治理研究［J］．管理世界，2016（3）．

［679］［德］克劳斯·施瓦布．第四次工业革命：转型的力量［M］．李菁译．北京：中信出版社，2016.

［680］李广乾，陶涛．电子商务平台生态化与平台治理政策［J］．管理世界，2018（6）．

［681］李金华．基于整合视角的供应链社会责任价值创造机理研究［J］．华南师范大学学报（社会科学版），2015（8）．

［682］李雷，赵先德，简兆权．以开放式网络平台为依托的新服务开发模式［J］．研究与发展管理，2015（1）．

［683］李维安，李勇建，石丹．供应链治理理论研究：概念、内涵与规范性分析框架［J］．南开管理评论，2016（1）．

［684］李伟阳．基于企业本质的企业社会责任边界研究［J］．中国工业经济，2010（9）．

［685］李伟阳，肖红军．企业社会责任概念探究［J］．经济管理，2008（21－22）．

［686］李伟阳，肖红军．企业社会责任的逻辑［J］．中国工业经济，2011（10）．

［687］李鑫．分享经济监管困境与信用监管体系构建［J］．学习与实践，2017（8）．

［688］凌永辉，张月友．市场结构、搜索引擎与竞价排名——以魏则西事件为例［J］．广东财经大学学报，2017（2）．

［689］刘江鹏．企业成长的双元模型：平台增长及其内在机理［J］．中国工业经济，2015（6）．

［690］刘文彬．企业社会责任的动态边界假说［J］．贵州财经学院学报，2006（4）．

［691］刘奕，夏杰长．共享经济理论与政策研究动态［J］．经济学动态，2016（4）．

［692］［美］马尔科，扬西蒂，罗伊·莱维思．共赢［M］．王凤彬，王保伦等译．北京：商务印书馆，2006.

［693］欧阳志远．生态化——第三次产业革命的实质与方向［M］．北京：中国人民大学出版社，1994.

［694］戚聿东，李颖．新经济与规制改革［J］．中国工业经济，2018（3）．

［695］秦铮，王钦．分享经济演绎的三方协同机制：例证共享单车［J］．改革，2017（5）．

［696］汪旭晖，张其林．平台型网络市场"平台—政府"双元管理范式研究［J］．中国工业经济，2015（3）．

［697］汪旭晖，张其林．平台型电商企业的温室管理模式研究［J］．中国工业经济，2016（11）．

［698］汪旭晖，张其林．平台型电商声誉的构建：平台企业和平台卖家价值共创视角［J］．中国工业经济，2017（11）．

［699］王节祥．互联网平台企业的边界选择与开放度治理研究：平台二重性视角［D］．浙江大学博士学位论文，2016.

［700］王勇，冯骅．平台经济的双重监管：私人监管与公共监管［J］．经济学家，2017（11）．

［701］吴德胜．网上交易中的私人秩序——社区、声誉与第三方中介［J］．经济学（季刊），2007（3）．

［702］吴定玉．供应链企业社会责任管理研究［J］．中国软科学，2013（2）．

［703］吴定玉，张治觉，刘叶云．企业社会责任视角下产业集群治理的逻辑与机制［J］．湖南师范大学社会科学学报，2017（1）．

［704］肖红军．共享价值、商业生态圈与企业竞争范式转变［J］．改革，2015（7）．

［705］肖红军．平台化履责：企业社会责任实践新范式［J］．经济管理，2017（3）．

［706］肖红军．企业社会责任议题管理：理论建构与实践探索［M］．北京：经济管理出版社，2017.

［707］肖红军，阳镇．共益企业：社会责任实践的合意性组织范式［J］．中

国工业经济，2018（7）.

［708］肖红军，张俊生，李伟阳．企业伪社会责任行为研究［J］.中国工业经济，2013（6）.

［709］谢佩洪，陈昌东，周帆．平台型企业生态圈战略研究前沿探析［J］.上海对外经贸大学学报，2017（9）.

［710］辛杰．企业生态系统社会责任互动：内涵、治理、内化与实现［J］.经济管理，2015（8）.

［711］辛杰，李丹丹．企业生态系统社会责任互动的涵蕴与管理变革［J］.商业经济与管理，2016（1）.

［712］徐晋．平台经济学［M］.上海：上海交通大学出版社，2013.

［713］宣博，易开刚．互联网平台企业的社会责任治理［J］.光明日报，2018-03-27.

［714］杨春方．企业社会责任的治理模式：自三个维度观察［J］.改革，2012（5）.

［715］杨雪冬．"生态化治理"：地方治理新取向［J］.领导科学，2017（27）.

［716］阳镇，许英杰．平台经济背景下企业社会责任的治理［J］.企业经济，2018（5）.

［717］阳镇，许英杰．企业社会责任治理：成因、模式与机制［J］.南大商学评论，2017（40）.

［718］袁纯清．共生理论及其对小型经济的应用研究（下）［J］.改革，1998（3）.

［719］张聪群．产业集群治理的逻辑与机制［J］.经济地理，2008（3）.

［720］张丹宁，刘永刚．产业集群社会责任建设模式研究［J］.商业研究，2017（7）.

［721］张丹宁，唐晓华．网络组织视角下产业集群社会责任建设研究［J］.中国工业经济，2012（3）.

［722］张丹宁，唐晓华．产业集群社会责任建设模式及其适用性［J］.辽宁大学学报（哲学社会科学版），2013（11）.

［723］郑称德，于笑丰，杨雪，吴宜真．平台治理的国外研究综述［J］.南京邮电大学学报（社会科学版），2016（3）.

［724］郑胜华，陈乐平，丁琼瑶．双边平台商业生态系统理论及管理策略［J］.浙江工业大学学报（社会科学版），2017（12）.

［725］周祖城．走出企业社会责任定义的丛林［J］.伦理学研究，2011

（3）．

［726］周祖城．企业社会责任的关键问题辨析与研究建议［J］.管理学报，2017（5）．

［727］蔡宁，王节祥，杨大鹏．产业融合背景下平台包括战略选择与竞争优势构建［J］.中国工业经济，2015（5）：96－109.

［728］邓少军，芮明杰，赵付春．组织响应制度复杂性：分析框架与研究模型［J］.外国经济与管理，2018，40（8）：3－16，29.

［729］杜运周，尤树洋．制度逻辑与制度多元性研究前沿探析与未来研究展望［J］.外国经济与管理，2013，35（12）：2－10.

［730］肖红军，阳镇．共益企业：社会责任实践的合意性组织范式［J］.中国工业经济，2018（7）：174－192.

［731］肖红军，张哲．企业社会责任寻租行为研究［J］.经济管理，2016（2）：178－188.

［732］谢家平，刘鲁浩，梁玲．社会企业：发展异质性、现状定位及商业模式创新［J］.经济管理，2016，38（4）：190－199.

［733］王涛，陈金亮．双元制度逻辑的多中心融合情景的组织合法性［J］.经济管理，2018，40（8）：38－54.

［734］黄速建，余菁．国有企业的性质、目标与社会责任［J］.中国工业经济，2006（2）：68－76.

［735］吴照云，刘灵．我国国有企业社会责任的层级模型和制度共生［J］.经济管理，2008（19－20）：25－32.

［736］乔明哲，刘福成．基于性质与功能的我国国有企业社会责任研究［J］.华东经济管理，2010（3）：86－90.

［737］沈志渔，刘兴国，周小虎．基于社会责任的国有企业改革研究［J］.中国工业经济，2008（9）：141－149.

［738］李伟阳，肖红军．企业社会责任的逻辑［J］.中国工业经济，2011（10）：87－97.